基金会管理译丛

慈善基金会和评估学：

有效慈善行为的环境和实践

Foundations and Evaluation
Contexts and Practices for Effective Philanthropy

马克·T·布雷弗曼（Marc T. Braverman）
诺曼·A·康斯坦丁（Norman A. Constantine） 编辑
贾纳·凯·斯莱特（Jana Kay Slater）

陈津竹 刘佳 姚宇 译

中国劳动社会保障出版社

图书在版编目(CIP)数据

慈善基金会和评估学：有效慈善行为的环境和实践/（美）布雷弗曼（Braverman，M. T.），（美）康斯坦丁（Constantine，N. A.），（美）斯莱特（Jana Kay Slater）编辑；陈津竹，刘佳，姚宇译. —北京：中国劳动社会保障出版社，2013

（基金会管理译丛）

书名原文：Foundations and evaluation：contexts and practices for effective philanthropy

ISBN 978-7-5045-9897-4

Ⅰ.①慈… Ⅱ.①布…②康…③斯…④陈…⑤刘…⑥姚… Ⅲ.①慈善事业-基金会-评估 Ⅳ.①C913.7

中国版本图书馆 CIP 数据核字(2013)第 157071 号

中国劳动社会保障出版社出版发行

（北京市惠新东街 1 号　邮政编码：100029）

出 版 人：张梦欣

*

中国铁道出版社印刷厂印刷装订　新华书店经销

787 毫米×1092 毫米　16 开本　23.75 印张　1 插页　358 千字

2013 年 7 月第 1 版　　2013 年 7 月第 1 次印刷

定价：49.00 元

读者服务部电话：（010）64929211/64921644/84643933

发行部电话：（010）64961894

出版社网址：http://www.class.com.cn

编委会名单

总前言

自2004年6月新《基金会管理条例》实施以来，我国基金会发展非常迅猛。根据“基金会中心网”的统计，截至2012年10月18日，大陆地区基金会总数从2005年的974家增加到2 835家，其中公募基金会1 279家，非公募基金会1 556家。其方兴未艾的发展之势代表了全球新公共管理语境下，基金会作为推动中国社会发展的有生力量已经日益成长、壮大。与此同时，中国基金会发展中的一些问题也逐渐浮出水面并引发各方思考，其中较为突出的是生态系统的不完善带来的两难困境。一方面，日益严重的经费不足问题成为中国的社会组织发展以及社会福利体系发展面临的重要问题。与此同时，作为资源供给端的基金会行业也挑战重重，公募基金会的备受社会信用缺失的诟病，非公募基金会的资金投入领域和方向仍较为单一，甚至大部分还局限于自我运作型模式。

如何破解当前的两难困境？这无疑需要系统、全面的价值重构和社会变革。作为中国社会发展领域最为重要的学术研究和知识教育力量之一，北京师范大学社会发展与公共政策学院一直紧密地关注着基金会及相关的社会发展领域的发展，希望透过基金会专业管理知识库建设和专业人才的培养来滋养该领域的“浩然之气”。为此，北京师范大学社会发展与公共政策学院在创新设立基金会管理方向公共管理硕士学位的基础上，联合学界知名专家、业界实践精英、政府主管官员，在国外战略合作伙伴的支持下，携手中国劳动社会保障出版社一起推出“基金会管理译丛”计划。该计划将翻译并出版一批西方基金会领域的优秀前沿性教材及学术专著，我们期望这些兼具时效性、前沿性和建设性的知识分享会为蓬勃发展的中国基金会专业管理人才带来行业新风与行业新知。

我们期待，这一译丛能够成为中国基金会行业发展的国际经验借鉴之窗。这是因为国际经验的分享已经成为中国现代化过程中的重要建设路径。现代意义上的基金会，起源、发展并完善于西方国家，无论是广为人知的洛克菲勒基金会、卡耐基基金会、福特基金会、比尔及梅琳达·盖茨基金会，还是并不为世人熟知的地域性、专业性及社区基金会，都在整个20世纪彰显了崇高人性的光芒与魅力——它们成为社会分层日趋恶化的裂缝弥合者、政府福利政策的倡导和先驱者、前沿公益慈善理念的拥趸和践行者、世界友好与和平的连接和倡导者。作为除却政府、市场外的“第三部门”中的主力组成力量，西方的基金会事业已经在百余年的发展历程中，推动并见证了社会整体公平与福利水平的完善与提升，并为发展中国家的后发行动提供了极佳的借鉴意义与参考性视角。

我们期待，这一译丛能够成为中国基金会行业实践者、研究者的行动实践之友。译丛试图精选近十年来在国际视野中较为成熟与经典的基金会管理领域著作，涵盖了有关基金会管理领域的概念综述、规划管理、基金项目选拔、基金项目管理、提升公益组织能力以及基金会评估考核的关键内容，尤为值得提出的是，每个专题均为理论研究与实用工具系列书目相结合，不仅可以配合各大院校基金会管理等相关专业的课程讲授，更能作为全国范围内，正在从事抑或有志于从事基金会事业的读者之必读书目。

我们期待，这一译丛的策划实施过程也会促进中国基金会行业发展中的官学产研的无缝对接。此套丛书的引进与翻译、出版本身就是政府、学界与基金会实践界密切合作的成果，也是急速发展中的中国非营利组织事业的代表性智慧汇聚。在此，感谢徐永光、王振耀、高小平、何道峰、王名、康晓光、刘忠祥、庄爱玲等专家编委的大力支持和积极参与。本丛书的即时付梓也离不开中国劳动社会保障出版社刁翠萍女士以及郭烁等精心组织的策划和翻译工作。这仅是一个新的起点，希望本译丛不断推陈出新的过程能够有利于进一步催化行业内外信息共享、知识共建的生态建设。

张秀兰

2012年10月20日

目录

第 2 部分　基金会如何进行评估实践能力建设

前言

大卫和露西尔·帕卡德基金会对评估的兴趣建立在我们的一项核心价值之上，即对有效性的追求。戴维·帕卡德和惠普公司开创了“目标管理”方法，并施行了“持续质量改进”。这些政策和措施为惠普公司的经营打下了基础，也对公司的成功作出了贡献。有了这样的传统，我们的理事和员工都有决心为识别战略机会和评估我们主要工作的有效性而奋斗。时至今日，基金会创始人的远见一直在为我们的工作指引方向。

在为帕卡德基金会开发并完善评估流程的过程中，我们始终牢记自己作为管家的职责。我们有责任确保创始人托付给我们的资源得到有效利用，并承诺向理事会报告我们的评估结果，向受资助者和公众告知我们的工作进展。与此同时，我们也把评估当作一种促进基金会内部学习以及与合作者共同学习的有力工具，从而改进我们的长期项目策略。

评估在基金会中得到了广泛的应用。正如我的同事和其他基金会的管理者在下文指出的那样，评估数据的使用非常有助于向理事会成员、资助申请者以及基金会项目人员提供信息，借以推动战略方向和学习进程。包罗万象的评估框架使我们得以衡量多家机构的各项活动进展情况，对它们加以比较并做出改进。

尽早对围绕我们工作的一切评估活动的主要目的进行说明，这已成为增强评估有效性的最重要因素之一。在制定评估方案时，我们会力求把开展该项评估的目的、它的主要受众以及如何利用评估产生的信息确定下来。不断提出并回答这些问题，能够帮助我们选择更好的评估方案并加以实施。另外，我们也意识到了根据每个项目、每种方法的特性来选用不同评估工具的好处。

虽然我们知道，要保证评估的有效性，就必须为何时以及如何使用评估建立明确的规则，但是仍然存在一些重要的问题。基金会经常需要在一些尚未定型的领域开展工作，而社会问题和环境问题往往也是复杂多变的，因此若要获得影响力，就必须拥有多样化的方法和长期性的视角。要想对事件进行归因或是建立因果关系，是非常困难的，有时甚至是根本做不到的。在有些情况下，开展复杂评估的经济成本高得令人望而却步。尽管我们对根据医学模型设计的评估方法表示认可（我们曾经资助过一些这类活动），但我们也看到了“变革理论”这类评估方法的价值，因为它详细说明了项目逻辑，并且在整个项目实施过程中对其关键步骤进行了测度。如何找到能够推动学习并持续可行的评估方法，对我们和对整个评估领域来说，都仍是一大挑战。

就慈善业而言，这是一个令人兴奋的时刻。对评估工作和基金会有效性的关注继续指引着我们的许多讨论。有效组织的资助者和资助者评估网络的合并凸显了评估对有效组织的重要性。基金会和非营利性机构的评估问题一直是美国评估协会（American Evaluation Association）和基金会业内会议的重点议题。我们预计会在这些领域开展更多的活动，获得更大投入，并期待着充满活力、富有成效的交流活动。

我们很荣幸能对《慈善基金会和评估学：有效慈善行为的环境和实践》（*Foundations and Evaluation: Contexts and Practices for Effective Philanthropy*）一书的写作进行资助。这一课题的想法最初是由我们基金会于2001年发起的，后来我们和公共卫生研究所以及加州大学戴维斯分校建立了伙伴关系，使得这个想法变成了现实。令我们感到特别高兴的是，我们在公共卫生研究所和加州大学戴维斯分校的合作伙伴为这项课题承担了领导工作。他们的努力和洞见在这些文字中都得到了体现。我们还要感谢那些贡献了自己最卓越、最前沿思想的值得尊敬的评估人员，和那些长期投身于慈善事业并就本话题分享了自己观点的同行们。

本书突出了和基金会对评估的应用密切相关的一些重要话题，并展现了多样化的观点和意见是如何碰撞出更有创意的评估方法的。它一定能使我们继续就如何更好地评估自身工作展开讨论，并对帮助基金会理事会、员工、受资助者和专业评估人员提升愿景、认识和实践起到关键作用。我希望你们可以和我一起考虑这些观点，并用最好的办法来更好地完成我们共同追求的重要使命。

理查德·T·施洛斯伯格（Richard T. Schlosberg Ⅲ）

大卫和露西尔·帕卡德基金会前董事长兼首席执行官

2004年6月

编者的话

本书是大卫和露西尔·帕卡德基金会（David and Lucile Packard Foundation）向公共卫生研究所（Public Health Institute）和加州大学戴维斯分校提供的一笔经费的产物。借助此笔经费，我们得以召集起一批评估和慈善研究领域的知名专家，共同探讨如何利用评估手段来更好地为慈善服务，并为此献计献策。参与者包括慈善基金会的管理者和员工、评估专家、大学教授和咨询师。所有这些人都通过以下多种渠道获得了在慈善基金会或评估实践方面的丰富经验，或是二者兼备：在慈善基金会工作，以外聘人员的身份为慈善基金会服务，还有对慈善基金会和评估方法进行研究和论述。

我们的工作组最初是于2002年5月在帕卡德基金会位于加州洛斯拉图斯（Los Altos）的总部会面的，历时3天。在那次会议上，我们讨论了如何利用评估来更好地帮助慈善基金会成为善于思考、不断学习的组织。这个工作组拟定了一系列这方面的论文题目，并把写作任务分配给成员们。并不是所有的工作组成员都成为了本书作者，但他们都积极地并且富有创造性地参与了前期讨论。除了本书各章的作者以外，工作组还包括以下成员：保罗·布莱斯特（Paul Brest），威廉和弗洛拉·休利特基金会；迈克尔·科斯特（Michael Cortés），旧金山大学；欧内斯特·豪斯

(Ernest House)，科罗拉多大学；芭芭拉·基比（Barbara Kibbe)，大卫和露西尔·帕卡德基金会，目前在斯克尔基金会；朱迪斯·克罗尔（Judith Kroll)，全美基金会理事会；卡罗·拉森（Carol Larson)，大卫和露西尔·帕卡德基金会；肯特·麦圭尔（Kent McGuire)，人力示范研究公司，目前在坦普尔大学，和卡罗利娜·雷耶斯（Carolina Reyes)，加州基金会，目前在雪松西奈山医学中心。此外，在这次会议后不久，又有一些同事被工作组吸纳，加入了本书的作者行列。2002 年 11 月，工作组成员于华盛顿再度聚首，继续讨论上次会议的议题，并探讨了文章的发表路径。最后，我们还邀请 3 家基金会的现任主席——霍丁·卡特（Hodding Carter)、迈克尔·豪（Michael Howe）和瑞莎·拉维佐-默瑞（Risa Lavizzo-Mourey）——就他们对评估方法及其在现有基金会工作中的作用的看法各写了一篇短文。

在各章的写作过程中，每篇文稿（除了三位主席的短文）我们都会邀请数位同行，让他们根据自己对该文主题的了解来进行评审和反馈，他们也都给出了内容翔实的评论和建议。这些评审稿大约有一半来自工作组成员（其中有人审了不止一篇文章)，另一半则来自非本项目组成员的专家学者。前者包括莱斯特·巴克斯特（Lester Baxter)、威廉·比里（William Beery)、德博拉·邦尼特（Deborah Bonnet)、温迪·康斯坦丁(Wendy Constantine)、罗德尼·霍普森（Rodney Hopson)、欧内斯特·豪斯（Ernest House)、朱迪思·克罗尔（Judith Kroll)、维克托·郭(Victor Kuo)、劳拉·莱维坦（Luara Leviton)、梅尔文·马克（Melvin Mark)、迈克尔·巴顿（Michael Patton）和爱德华·波利（Edward Pauly)。外部评审包括马莎·坎贝尔（Martha Campbell)、玛丽亚·凯西(Maria Casey)、丽贝卡·科尔内霍（Rebecca Cornejo)、大卫·费雷罗(David Ferrero)、约翰·格罗夫（John Grove)、迈克尔·亨德里克斯(Michael Hendricks)、马克·利普西（Mark Lipsey)、利萨·科尔温(Lisa Korwin)、加思·诺伊弗（Garth Neuffer)、琳达·诺伊豪泽尔(Linda Neuhauser)、苏珊·欧巴斯基（Susan Obarski)、萨拉·彼得森

(Sara Peterson)、达纳·菲利普斯（Dana Phillips)、埃米尔·波萨瓦克(Emil Posavac)、特蕾西·拉特尼克（Tracey Rutnik）和苏珊·怀斯利(Susan Wisely)。对于这些慷慨地贡献出时间和专业建议的同事们，我们深感谢意。整个评审过程平等友好而富有建设性。我们相信，所有文章都因此而被修改得更加完善。

我们还要感谢乔西-巴斯（Jossey-Bass）出版社的两位编辑，约翰娜·冯德林（Johanna Vondeling）和阿利森·布伦纳（Allison Brunner)。他们给予了我们指导、耐心和建议，并且对于本书高度协作化的写作过程尤为肯定。我们也要对乔西-巴斯出版社后来招募的两位匿名评审表示感谢。他们对本书做出了整体反馈，并提供了很多颇有见地的意见。对于他们的付出我们非常感激。

工作组的全体成员以数不胜数的形式为本项目作出了贡献，但作为项目召集人和本书的编辑，让我们感到尤为幸运的是获得了来自由罗斯·康纳（Ross Conner)、朱迪思·克罗尔（Judith Kroll)、劳拉·莱维坦(Luara Leviton）和爱德华·波利（Edward Pauly）组成的内部顾问小组的咨询建议。这个小组在本项目的几个关键环节都做出了重要指导。

我们还想把最深的敬意献给大卫和露西尔·帕卡德基金会的项目赞助人。我们的项目主任维克托·郭（Victor Kuo）不仅是一位不知疲倦且颇受敬重的工作组成员，同时他也给予了本项目大量的指导、支持和鼓励。帕卡德基金会的主席兼首席执行官卡罗尔·拉森（Carol Larson）就慈善活动该如何持续提高效率并提升价值给出了富有智慧的前瞻性看法。我们还要感谢在本项目获得帕卡德基金会资助时担任评估和教学服务主管的加里·亨利（Gary Henry)，他对本项目的启动帮助甚多。

我们也要感谢加州大学戴维斯分校的迈克尔·P·史密斯（Michael P. Smith）和公共卫生研究所的唐娜·索费尔（Donna Sofaer）在整个过程中与我们多次富有实际意义的谈话。

在本项目的组织过程和本书的编辑过程中，作为一个团队，我们共同分担了相关的各项任务。相应地，编辑姓名是按字母顺序排列的。

最后，从个人角度来讲，我们要感谢我们的女儿们，布莱尔·布雷弗曼（Blair Braverman）和玛拉·康斯坦丁（Mara Constantine），她们以青少年特有的机智和热情鼓舞我们在整个过程中一直保持了高昂的工作斗志。

马克·T·布雷弗曼
戴维斯，加州
诺曼·A·康斯坦丁
拉法叶特，加州
贾纳·凯·斯莱特
戴维斯，加州
2004年6月

导言
慈善基金会对评估手段的应用

贾纳·凯·斯莱特　诺曼·A·康斯坦丁　马克·T·布雷弗曼

现代这种以拨付经费为运营模式的慈善基金会始创于美国。其中第一批基金会创建于20世纪早期，是由一些在商界获得了巨大成功的人士捐资设立的。他们通过这样一种正规渠道进行捐赠的原因也是五花八门的。有许多捐赠者纯粹是受到一种社会责任感的驱使，想为社会作些贡献。另一些人则是看中了税收方面的优惠，并借此将一大笔财产继续控制在自己和家人或是商业伙伴的手中，而不是拱手让给政府。还有一些人可能是出于虚荣而被这样的愿景所吸引：有一家实力雄厚、受人景仰的机构以他们的名字命名，并在他们离开人世后还在继续行善。当然，对于某些捐赠者，以上种种动机都交织在一起，赋予了这一新的财富组织方式无可抵挡的诱惑力。

不管最初催生基金会第一轮成长的原因究竟有哪些，这一理念迅速成型、扩散并开始分化。不可否认的是，在过去100年中，慈善基金会的捐助项目从大大小小各个方面改变了美国社会（参见例如 Nielsen，1972，1996）。它们的工作也在世界其他地方拥有了越来越大的影响力。

这些年来，传统上单一捐赠者的私人基金会衍生出了许多其他形式。**社区基金会**由公众出资，其款项来源多种多样，并服务于一个特定的地理区域。**企业基金会**是由私营企业设立的赠款型慈善机构，通常专注于和该公司的产品、地理位置或员工有关的事项。**健康转换基金会**是用保健组织和非营利医院转型成营利性机构所产生的收入设立的。

无论从数量还是从管理资产来看，过去的这个时代都是慈善基金会发展最快的一个时期。据美国的基金会中心（Foundation Center）统计，2001 年美国共有 61 810 家赠款型慈善基金会，共控制了约计 4 770 亿美元的资产，并拨付了大约 305 亿美元的项目经费。

与公共部门每年对民生项目的拨款相比，慈善基金会发放的资金数额并不算多，甚至比起每年美国的个人捐款总额也颇有不如。最近的评估数据也表明，非营利组织获得的捐款中，有 88%来自个人的直接捐赠和遗赠（Dowie，2001）。尽管如此，由慈善基金会分配的资源仍是一笔不容小觑的数目。

慈善基金会——社会的引擎

对于慈善的早期传统认识是，一种以向有需要的社会成员提供直接援助为目的的捐赠行为（Bremner，1994）。但有许多慈善基金会对于自身使命和目标的理解与此大相径庭。它们的实际奋斗方向是，由捐赠者、理事和工作人员认定能够为一些人和一些社会群体谋求重要而持久的福利的方式，并以这些方式来改变社会。这当然是一个非常宏大的理想，而事实上，一些基金会取得巨大成功的原因就在于它们的愿景包含了社会、科学、人类健康和环境等多种要素，并对此追求不懈。

观察家们发现，把慈善基金会当做推动社会变革的引擎是再合适不过了。原因之一当然就是它们有能力为解决迫切的社会问题提供资金和智力支持。除此之外，另一个原因则是基金会在各类社会机构中保有一种特殊地位，从而不受公共和私营部门特有的一些限制条件的约束。例如，政府机构要对选民负责，它们的经费来源和活动项目也与政权更迭密切相关。大多数政府机构的运作必须保持很高的透明度，而且要准备好应付来自纳税人、立法者和各种关注者的批评和要求。企业则有义务以优良的财务业绩回报股东，而且公众公司和自有企业都要面对来自市场的竞争压力。

在思想自由和对新知识的探索方面，大学和基金会有些类似。但是大学除了研究工作之外还要承担一系列复杂的责任，无法像基金会一样集全机构之力专攻几个项目，而且它们还要对多类外部观察者负责（公立大学和私立大学的观察者在组成上还不完全重叠）。

与此形成对比的是，慈善基金会的资金是自主支配的，也没有营利的义务。除了自己的理事会之外，它们理论上不用对任何机构负责。它们在经营方面最大的约束就是每年必须付出前一年资产总值的5%来维持税收优惠地位。因此，在自身章程框定的范围内，基金会事实上比任何其他机构类型都能更自由地根据理事、管理者和工作人员的兴趣、偏好、创造性和专业能力去设定并追求目标。很显然，这为追求大胆的社会理想、制订长期规划以及探索新知提供了一个很有利的平台。

基金会究竟在多大程度上利用了它们的这种独特优势呢？各家基金会在创新性和有效性方面的工作和取得的成就相去甚远。很多基金会收效甚微，另一些基金会取得了一些不大不小的成绩，有少数基金会则获得了非凡的影响力，并且这种影响力在经历了数年、数十年的发展后愈发显著（Nielsen，1996）。实践模式被永久地改变了；文理科学的新研究方向被培育成熟并且取得了欣欣向荣的发展；大学、研究中心以及其他学术机构得以创建及加强。

不仅如此，对今后数十年基金会资产的增长预测表明，它们的影响力很可能还会进一步增大。20世纪八九十年代经济的显著增长（尽管过去几年发生了经济衰退）创造了一笔巨大的财富，并将被传给下一代人。如果相关的遗产税法和慈善基金法没有发生根本变化的话，这笔财富的很大一部分注定会流入慈善基金会。多维（Dowie，2001）引用的一项保守估计把这笔财富估为几万亿美元。随着资源的逐步扩张，慈善基金会的影响和潜力将会比现在更上一层楼。

评估手段的潜在贡献

基金会推动社会变革的宏大目标及其重要影响自然催生了许多问题。例如：

• 基金会如何向自身以及自己资助的项目学习经验？
• 基金会如何决定组织的优先目标？
• 基金会如何了解并评价自己取得的成就及成功度？
• 基金会对于资助对象的效率以及影响其成果的因素有多了解？
• 志趣相投的出资人如何交流经验，从而促进整个行业的发展？

要回答这些以及其他许多问题，就必须采取一些评估手段，这也促使我们开展了本书的写作。考虑到慈善基金会为自己设定的目标以及它们在追求这些目标时能动用的资源，评估方法应该很自然地成为慈善活动的一项核心内容，毕竟它涵盖了一大类评价项目和政策的运作及成果的活动。在这种情况下，基金会对评估方法的相对低下的使用率就颇为令人惊讶（Wisely，2002）。不过，慈善行业目前已经走到了一个十字路口，许多人呼吁要更多地了解慈善活动究竟取得了哪些成果，为什么会取得这些成果，以及这些成果到底有多重要。

在基金会的圈子里，对于评估手段的应用正日渐受到关注——应该怎么用，可以用在什么地方，能取得什么效果，所需成本是多少，有哪些不同方法，以及为什么需要评估。许多大型基金会和区域性的慈善家协会都对评估非常重视，把它放在慈善家会议上进行讨论，并且发布了许多见解深刻的分析报告。在慈善行业里，有关评估以及它和有效组织行为之间关系的著述日渐增多，其中多数采取了在有限范围内公开的报告形式，但近几年由于因特网的普及也变得越来越易于获得。最近的一个例子就是《实践的重要性：不断改进的慈善项目》——这是由 5 家大型基金会赞助、并由基金会中心（Foundation Center，2004）发布在网上的一组论文。

尽管如此，对于大部分基金会而言，评估方法仍然是一种新鲜事物，也没能被纳入它们的主要运营内容中去。自然地，多数基金会也不会系统严谨地应用评估手段。在实践中，由于缺少与项目拨款有关的评估信息，许多基金会，特别是那些中小型基金会，很难客观地报告它们的捐助效果、为何会取得这些成果、以及从这些捐助项目中学到了哪些能影响到日后运作模式的东西。

就其本身而言，评估手段在过去 10 年中已经取得了迅猛的发展。这一学科也通过从其他各类学科汲取养分丰富自身，由依赖少量几种大众模型和方法变成了一个不断扩展的领域。如今，那些富有创意、技术娴熟的评估者已经拥有了广泛的可选工具和方法。作为结果，评估者需要解决的一大问题就是，如何根据项目需要选择最合适的评估方法，而这往往比第一眼看上去要复杂得多。

同样地，作为一项为越来越多类型的顾客提供服务的职业，在评估学的发展过程中，所谓的评估师也出现了明显分化。这部分人在专业应用时的观点、技能、关注重点和方法偏好等方面的差异变得越来越显著。美国评估协会（The American Evaluation Association）在意识到这种差异后，为评估方法的应用制定了一系列准则（Shadish，Newman，Scheirer and Wye，1995），其产物《评估人员指导原则》（Guiding Principles for Evaluators，见表 1 的摘要）于 1994 年得到了该协会成员的认可。该指导原则的完整版可见于美国评估协会的网站，也可以在它的旗舰杂志《美国评估杂志》（*The American Journal of Evaluation*）的每一期上找到。随着评估学在非营利部门中的广泛应用，客户可以把这些指导原则作为评价基础，进而获得对各种评估合作和评估协议的收益预期。

表 1　　美国评估协会的评估人员指导原则

美国评估协会作为美国评估师的职业协会，努力保证对项目、产品、人员以及政策的评估工作的道德。本协会为了指导专业评估师的日常工作并使评估服务的客户和公众了解什么是有道德的行为，特制定本指导原则，并确立如下标准：

1. 系统化调查：评估师对于被评估事物进行系统的、以数据为基础的调查。
2. 称职性：评估师要向相关方提供称职的服务。
3. 正直/诚实：评估师要保证整个评估过程的诚实性和正直性。
4. 尊重他人：评估师应该尊重调查对象、项目参与者、客户以及其他交流对象的安全、尊严和自尊。
5. 对公众及公共福利的责任：评估师要把和公众及公共福利相关的各种利益和价值作为重要的考虑因素。

备注：完整的指导原则可见美国评估协会的网站 www. eval. org。

资料来源：经美国评估协会许可使用。

本书的目的就在于促进评估方法在慈善界的有效应用，从而帮助基金会实现它们推动社会向更好方向发展的雄心壮志。评估学是一门复杂的应用学科，它不仅需要创造新的知识，同时还必须对政治、经济、实际操作以及项目运行过程中的各种日常细节都给予关注。这一学科本身的文献已是浩如烟海，但本书作者们探究的，是如何针对慈善行业和它不同寻常的特征、需求、运作模式以及合作伙伴来对评估方法进行应用。关于这个话题，目前还鲜有已面世的著述，但可用于分析讨论的资料已经很丰富了。

本书适用的读者

我们心目中的读者主要分两类。首先，我们希望本书能被基金会官员和其他授权、设计并使用评估手段来回答我们之前提出过的那类问题的人员读到。其次，我们希望能被那些直接服务于基金会的评估师或由基金会赞助的非营利项目的评估师读到。这两类读者通过用评估手段服务于基金会，能为改善加强活动的效果作出重大贡献。

本书架构

我们以 3 家基金会主席的观点性短文作为本书的开篇。每一位都表述了他/她所代表的基金会对评估学的展望。约翰和詹姆斯·奈特基金会（The John S. and James L. Knight Foundation）的主席兼首席执行官霍丁·卡特三世（Hodding Carter Ⅲ）就基金会理解自身慈善目标、规划流程以及社会影响力的职责与评估学之间的关系进行了论述。东湾社区基金会（The East Bay Community Foundation）的主席迈克尔·M·豪（Michael M. Howe）讲述了他的基金会是如何将评估方法与组织学习过程结合起来的。最后，罗伯特·伍德·约翰逊基金会（The Robert Wood Johnson Foundation）的主席兼首席执行官瑞莎·拉维佐-默瑞（Risa Lavizzo-Mourey）讲述了评估学如何在该基金会的项目开发与拨款过程中起到了关键作用。尽管各家慈善基金会对评估的应用方法绝非千篇一律，但这 3 家和其他一些基金会都为开发及运用评估手段来提高项目经费有效性制定了积极的远景规划。

本书的剩余部分主要分两大块内容。第 1 部分《了解基金会：一种特定的评估环境》收集的文章通过分析慈善基金会独有的组织特性以及背景视角，揭示了评估学在基金会的特有应用方式。第 2 部分《基金会如何进行评估实践能力建设》描述了有助于提高基金会工作人员和评估师的策划、实施以及传播有效评估方案的能力的因素，以及这些因素如何支持了基金会的高效运作。

第 1 章由劳拉・C・莱维坦（Laura C. Leviton）和玛丽安・E・巴斯（Marian E. Bass）完成。她们根据自己的和同事的经验，利用一些案例对慈善基金会赞助的评估项目的开展和应用进行了描述。这些案例对于一些重要的**内因**（基金会的规模、文化以及评估职责在组织中的定位）和**外因**（基金会的社会影响力、易受批判的特性以及受资助者对评估过程的看法）对评估实践的影响进行了生动阐述。莱维坦和巴斯借此来探讨评估学的潜在价值和可能贡献。

在第 2 章中，彼得・多布金・霍尔（Peter Dobkin Hall）考查了基金会对评估学看法的历史演变。如他所说，20 世纪 70 年代是评估学的一个成长期，一批颇具影响力的基金会表达了它们对评估学的强烈支持，并把它认定为基金会赖以了解自身活动的价值和效果的一种努力。近年来，评估学的发展并没有按照这些先行者设想的剧本上演。霍尔指出了基金会在应用评估方法时遇到的很多困难。这段时期，评估手段已经有所丰富，但非营利及慈善团体对评估学的兴趣还是处于上升期。霍尔研究了这些现象之间的相互作用，并分析了变化着的观点和看法是如何发展至今的。

在第 3 章中，马克・R・克雷默（Mark R. Kramer）和威廉・E・比克尔（William E. Bickel）研究了为什么目前由基金会资助的评估项目通常未能在组织学习、知识共享等领域为基金会创造更多的价值。他们得出的原因主要包括一些系统上和文化上的障碍。从基金会方面来看，这些障碍包括对基金会业绩的关注不足、对基金会经理及项目官员专业自主权的默许，以及资助周期造成的时间上的压力。从评估方面来看，困难在于如何确定评估者的资质、评估者面对的政治压力，以及评估者更愿意评估单个资助项目而不是基金会的整体战略或组织发展的倾向。面对这些挑战，克雷默和比克尔对数种现有的基金会做法进行了举例介绍，并提出了几条积极的战略设想，其中第一条就是基金会要加强领导和管理能力。

基金会和它们的资助对象之间的关系可能会受到评估方案和要求的影响。在第 4 章中，迈克尔・奎因・巴顿（Michael Quinn Patton）、约翰・贝尔（John Bare）和德博拉・G・邦尼特（Deborah G. Bonnet）回顾了几类基金会和资助对象的关系，以及这几类关系在资助过程中恶化的数种可能情况，包括因为评估而造成的紧张状态。几位作者认为，顺畅而持续的沟通可以缓解部分紧张态势，但不是全部。接下来他们就把风险分析作为一种促进交流、缓解压力的有效策略，对其进行了阐述。

在第 5 章中，珍妮弗 · C · 格林（Jennifer C. Greene），里卡多 · A · 米利特（Ricardo A. Millett）和罗德尼 · K · 霍普森（Rodney K. Hopson）把视线投向了评估学在教育方面的作用，并把它提升到了民主化的层面——通过项目受益人及其所在团体的意见表达和积极参与，可以直接对抗各种特权、权力和权威给评估方案施加的压力。他们论述了慈善基金会在评估学实现这些功能方面的重要性，还为实施富有教育性、民主性的基金会项目评估提出了关键性原则和策略。

劳拉 · C · 莱维坦（Laura C. Leviton）和威廉 · E · 比克尔（William E. Bickel）在第 6 章中介绍了 7 类基金会周期，这 7 类周期共同决定了基金会的基本工作流程。两位作者的观点是，要想让基金会的评估实践真正发挥作用，就必须将其纳入基本工作流程。这些周期包括受资助项目的流程、项目的生命周期、每年的支付需要（即项目的决策周期）、影响到基金会所获捐赠的商业周期、非营利性机构的生命周期、理事会投票时间表以及机构工作重点的兴替。对于关心评估学的人而言，这些复杂的程序会带来什么样的挑战呢？他们必须对这些周期、机构最需要评估信息的时点以及在这些时点上亟须回答的问题加以识别。

即使在慈善基金会，资源也往往是供不应求的，而评估费用可能会很昂贵。在第 7 章中，梅尔文 · M · 马克（Melvin M. Mark）和威廉 · L · 比里（William L. Beery）讨论了应该如何决定评估资源的配给。在制订评估计划时，必须解决两个主要问题。第一，应该评估**什么**？这可能包括单独一项拨款、一组拨给类似项目的款项、一组目标相似的拨款（尽管项目内容不同）、一个基金会的战略措施或者是其他一些方面。第二，该评估适用**什么样的强度**？这里的强度包含几个维度，例如应该采用多严格的标准、评估所需要的监管力度，以及应该选择内部的还是第三方评估人员。马克和比里列举了在计划阶段做出这些决策时适用的准则，并用一个帕卡德基金会的近期案例印证了他们的观点。

基金会是一类复杂的机构。其评估方法非常灵活，可以采用多种形式并回答许多类问题。罗斯 · F · 康纳（Ross F. Conner），维克托 · 郭（Victor Kuo），马里 · S · 梅尔顿（Marli S. Melton）和里卡多 · A · 米利特（Ricardo A. Millett）曾服务于或供职于大大小小各种规模的基金会。在第 8 章中，他们分享了自己对能影响到基金会的 4 种评估计划、实施和应用的重要因素的看法。首先，资源的丰富程度对评估活动会产生什么影响？其次，基金会的内部因素会如何影响有关评估方向的决策？再次，基金会的组织气氛是否支持以加强问责和提高性学习为目的的评估？最后，各种各样的利益相关方以及他们所关心的问题会对评估活动产生什么影响？当我们认识到这些因素并有效利用它们的影响力时，评估就更有可能被接受并对基金会的运作有所帮助。

在第 9 章中，帕特里夏·帕特利兹（Patricia Patrizi）和爱德华·波利（Edward Pauly）强调了基于现场的评估方法的重要性。为了增强有效性和责任感，他们敦促慈善机构在计划和决策过程中多吸纳新的信息和观点。如果基金会和现场负责人能够共同确定评估的目标和要解决的问题的话，就能使评估变得更加实用。基于现场的评估和现场产生的问题能够触及更深层的课题，从而提高慈善活动的有效性。本章作者把评估学在基金会遭遇的滑铁卢归因于这样一种习惯，即不考虑广泛的现场情况而只是就狭隘的命题进行研究。评估学要想为社会进步做出贡献，就必须关注两个更大的问题：第一，这门学科怎样才能从整体上更加有效地满足社会需求？第二，这个学科需要获得哪些信息，才能变得真正有效？

美国的大部分基金会都很小，员工也很少，甚至根本没有正式员工，而且极为缺乏评估经验。但这些基金会也能利用系统收集的数据去解决有关其资助项目的问题。第 10 章主要针对的就是这部分小基金会的受众。马里·S·梅尔顿（Marli S. Melton），贾纳·凯·斯莱特（Jana Kay Slater）和温迪·L·康斯坦丁（Wendy L. Constantine）讨论了低成本评估方法。这一章对于那些刚开始将评估纳入其现有项目的基金会尤其有用。本章开头介绍了用于基金会内部审核款项的评估方法，接着推荐了一些向受资助者介绍评估的方法，包括逻辑模型的建立，最后建议了一些实地考察的评估手段。整章都以举例的方式说明了各类报告形式在基金会和受资助者两个层面帮助评估活动融入资助过程的潜在作用。

基金会资助的社区项目已经变得越来越复杂了，有的包含多个交付地点，还有的是由多家基金会共同资助的。这些项目牵涉面非常广，因此给描述、合作和测量都带来了极大挑战。在第 11 章中，黛布拉·J·罗格

(Debra J. Rog) 和詹姆斯·R·尼克曼 (James R. Knickman) 讨论了在对这类项目的成果进行评估时会遇到的一些内在困难。例如，这些项目通常需要数年甚至更长的时间才能成长到需要评估的程度；它们也会随着时间的推移而发生变化，而各个项目也会因其所在社区的不同特点而发展出不同特性来。这类项目往往投资巨大，而且评估也常被认作其必要的组成部分。罗格和尼克曼因此基于对战略性评估思想的需要，提出了一些有关评估实践的建议。

对于评估方法及其在基金会中的潜在用途而言，有关项目有效性的问题是至关重要的，但评估很少能就资助项目的效果给出简单确凿的结论。在第12章中，诺曼·A·康斯坦丁 (Norman A. Constantine) 和马克·T·布雷弗曼 (Marc T. Braverman) 讨论了在评估项目有效性时会遇到的重要事项。本章的主要目的是促进、支持评估师以及评估结果使用者对有效性证据更具批判性的评估以及更好的运用。文中讨论了歧义和误读的常见起因，以及发现并应对这些挑战的策略。作者举了数个颇具影响力的评估项目为例来证明这些观点。

第13章是为基金会的资助对象而写的。E·简·戴维森 (E. Jane Davidson)，迈克尔·M·豪 (Michael M. Howe) 和迈克尔·斯克里夫 (Michael Scriven) 阐释了受资助者应该如何以特定的方式将评估和评估思想吸纳入项目，从而帮助其组织从中获益。文中列举的案例和建议包括如何利用评估来制定更有说服力的方案、提高项目成功率、鼓舞并凝聚项目工作人员、向组织的支持者和批评者展示其活动价值，以及帮助人们识别何种行为有助于实现社会进步。这一章的主旨在于以受资助者的已有优势为基础，尽量减少对评估的担心，并提高受资助者的获益。

最后，在第14章，莱斯特·W·巴克斯特 (Lester W. Baxter) 和马克·T·布雷弗曼 (Marc T. Braverman) 探讨了评估结果的传播。他们认为，之所以评估结果的应用如此有限，原因之一就在于对沟通过程和特定受众的需求关注不足。他们对包括基金会的内部人员（受托人、经理、项目官员和内部评估师）和外部人员（受资助者、政府、其他基金会、公众和媒体）在内的评估的潜在受众进行了分析。本章作者还介绍了一系列的沟通模式，并讨论了这些模式对于各种类型受众的应用。他们强调，必须策略性地决定沟通方式，才能让这些信息对其使用者的价值最大化。

展示评估价值的必要性

两个中心主题贯穿了本书的所有章节：第一，评估人员在适应基金会架构时遇到的挑战；第二，给定基金会特殊的组织特征，评估能带来什么好处。基金会经营的是信息。无论是它们发布的报告、推动的研究、还是支持的项目，信息都是它们的重头戏之一。可能有人会因此而好奇，究竟是什么让评估对基金会来说成了如此艰巨的一项挑战。为什么基金会并不急于通过评估来获得信息——有关它们自身的计划、活动、运营、伙伴以及成果的信息？

答案之一当然就在于，和评估的潜在收益相伴的是显著的成本。这些成本包括财务资源的分散、一些尖锐的有时甚至是伤人的问题的提出、组织变革时的内在张力，以及把透明度和严谨性强加于原本随意或权术的决策过程的努力，而由此挖掘出的信息必须被认为是值得花费这些成本的。正如我们注意到的，评估对手大部分基金会而言并不是强制的。与此相反，其他社会机构则要面对来自各种内部及外部利益相关者的要求它们开展一些评估性质的检查活动的压力。和其他任何类型的机构相比，基金会都有更大的自主权，**只有**在看到评估的价值时——或者更直白地说，只有在它们愿意的时候——才进行评估或是要求其受资助者开展评估活动。

因此，考虑到现今基金会的运营方式，要想让评估成为其运作过程中一个关键的、不可或缺的部分，必然只能依靠评估产生的内在价值。除非基金会的运营环境发生改变（这当然不是不可能的），否则无论是外部要求还是来自外部观察者的需求压力都无法强迫其采取评估措施。基金会的这一独特特征要求非营利部门的评估人员想象力和务实思想两者兼备。由此看来，对于评估学这门学科而言，慈善基金会已经成为了它最难以体现价值的实验室之一。

参考书目

Bremner，R. H. （1994）. *Giving：Charity and philanthropy in history*. New Brunswick，NJ：Transaction Publishers.

Dowie，M. （2001）. *American foundation：An investigative history*. Cambridge，MA：The MIT Press.

Foundation Center. (2003). *Foundation Yearbook*：*Facts and figures on private and community foundations*. New York：Foundation Center.

Foundation Center. (2004). *Practice Matters*：*The Improving Philanthropy Project*. Available on-line at http://fdncenter. org/for_grantmakers/practice_matters. Accessed January 22，2004.

Nielsen，W. A. (1972). *The big foundations*：*A Twentieth Century Fund study*. New York：Columbia University Press.

Nielsen，W. A. (1996). *Inside American philanthropy*：*The dramas of donorship*. Norman，OK：University of Oklahoma Press.

Shadish，W. R.，Newman，D. L.，Scheirer，M. A.，& Wye，C. (Eds.). (1995). *Guiding principles for evaluators*. New Directions for Program Evaluation，no. 66. San Francisco：Jossey-Bass.

Wisely，D. S. (2002). Parting thoughts on foundation evaluation. *American Journal of Evaluation*，23 (2)，159—164.

基金会主席的观点

霍丁·卡特三世的观点

约翰和詹姆斯·奈特基金会主席兼首席执行官

评估需要一个基础，一个受到普遍认可的出发点。以下是一些奠定了我本人关于评估的基础印象及成见的观察，希望能为后续评论提供一些客观依据。

搞新闻的——我一直到 40 多岁都算是这一行的——一般刚步入职业生涯就学会了有关“真相”的一堂基础课。那些总要求我们刊登“真相”的读者并不一定表达的是他们的真实意图。很多甚至是大多数批评者希望在报纸上读到的是**他们**所认为的真相。

在我临时受命，略带茫然地成为一名基金会负责人的 5 年多时间里，上述认识给了我极大的安慰。在这个圈子里，那些身处基金会投资者和非营利性受资助者之间错综复杂的关系中的人，原来并不真都愿意对我们资助的项目、资助方式及其产物进行严谨的评估。毫不意外地，双方的首要目的都是力求证实出于好心的善款产生了可见的、持续的成果。

我还发现，在这个圈子里工作的男男女女脸皮几乎和记者一样薄——也就是说，非常之薄。这听上去有些奇怪，但我从经验中学到了这样一条真理：那些以指出他人以及社会的缺陷为职业的人，反而极难容忍对他们自身的批评。当面对尖锐的问题时，我们的本能表现是充满敌意而戒备的。我们宁可百般抵赖，也不愿正视那些本质差异。这是一个早年写过大约 6 500 篇社论——其中有许多对他人进行了无情的揭短——的人亲口承认的。他自己就永远都无法以一种成熟而优雅的态度去回应负面评价。

我还曾在美国国务院工作过几年，并在那里遇到过（有时还产生过）另一种非营利性机构和基金会圈子里常见的心态。许多外事人员和那些负责美国外交政策的高级政府官员都相信，他们所从事的工作如此复杂，以至于外部审计人员根本无法对其进行准确的评判。他们对于那些要求建立问责机制的国会及媒体人员的动机表示怀疑，对长期政策的中期审核可能造成的严重危害保持警惕，并意识到一些即期评估的要求来自那些更热衷于让当局或某个外国政府下不来台而不是给他们纠错的党派分子，因此他们坚信，封闭式的工作环境才是更好的选择。他们常常抱怨，“只有在没被持续猜疑时，我们才能做得最好。”只有历史才能对我们做出公正的判断，而且只在所有事实都已呈现的前提下。

换句话说，我们都只是凡人，对自己的工作成果百般护短，对外人的批评敏感易怒。这使得想把系统的评估引入任何机构的努力都障碍重重，更别说慈善机构了。有些评估学的信徒把它的科学性和准确性鼓吹到了一个荒谬的高度，但在实际中或常识中却得不到验证。这根本无济于事。另一些人把它定位为一种惩罚失败而不是指向成功的方法，这也是非常有害的。

尽管如此不情愿，要求对我们在这个独立领域里所从事的伟大事业进行知情审核的呼声还是愈演愈烈。这也是必然的。我们试图做的事情对于如此多的人如此重要，以至于我们无法再打着“我们不知道的事无伤大雅”的旗号继续走下去。

说到底，大部分资助的申请和拨付都不是随意的。很多都是那些消耗了无数张纸、无数人力的复杂官僚程序的最终产物。申请者和赠予者都要经历发起、回应、谈判、阐述、启动等多道程序，并相互对投入和产出进行了保证。资助者在付钱之后要求看到资质证明、工作计划和定期报告，并可能以此作为下一笔拨款的前提条件。受资助者承诺获得一定的成果以回报资助者，并对其所从事的重要事业产生助力。在所有这些过程中，人们默认每名当事人都会严格履行其作为受托人和项目参与者的义务。

即便评估被公认为一件好事，还是存在一个棘手的问题："评估"作为一个词很容易被定义，但它作为一个程序就不那么容易理解了。此外，就像你将在后续章节中注意到的，即便这一程序被理解了，对于其成果的应用方式仍然不一而足。

最后，我们所要解决的问题越是盘根错节——也就是说它和那些弱势群体陷入的生活泥潭纠缠得越紧——评估工作就越困难，同时也越有必要。正是因为奈特基金会在过去 10 年中越来越多地致力于探索解决这类问题所需的社会变革，才使得我们现在对评估十分重视，并把它作为贯穿资助项目始终的一项必备工具。对于我们基金会 54 年的历史来说，这是一种新生事物。对于我更长的人生路程来说，这也是一件新鲜事，因此我不敢说自己对此有多深的见解——这应该是属于本书的其他专家作者的。

但对于我们这些奈特基金会的工作人员来说，经历了数年严谨的内部研究和讨论之后，关于评估必要性的辩论已经尘埃落定。我们的结论是，不管是对那些捐出遗产使得我们不再默默无闻的奈特兄弟们，还是对我们的受资助者，或者是对制定了承认私人慈善合法地位的税法的更广大社会群体，我们都有义务对自身工作成效以及从中可以汲取的经验教训进行尽可能精确的量化处理。

这并不是说所有基金会拨款都需要烦琐的评估。很多对授予者和接受者都非常重要的资助，只要进行简单的评估就可以了。比如有人提议建一个表演艺术中心，奈特基金会对此进行赞助，项目根据建筑方案在指定地点被完成了。在一场盛大华丽的庆典上，大门被推开了——结论：成功了，钱花得很值。

但即便是这种简单明了的项目，其实也没那么容易。修建这个新中心的目的是什么？是作为一个装饰？还是帮助当地表演艺术团体取得更大成绩并稳定财务？还是两者都有？产生的债务应该如何清还？当地机构真能负担得起吗？纳税人会不会接到一张意料之外的账单？还是说这个新建筑为了吸引更多的付费客户，会被各种拙劣的巡回演出或类似活动所充斥？

如果是这样，那社区艺术事业的发展怎么办？该怎样下评估结论？应该从中吸取什么教训？

在项目开始之前，在没有设立基准也没有商定绩效定义之前，如果不先把这些难题提出来，就无法对其进行有凭有据的评估。不错，时间将说明一切，但随着这个艺术中心的管理者顺应环境的变化对其使命进行调整，时间的说明对象就成了一个移动目标。下一回，当另一个社区出现一个类似机会时，奈特基金会如果愿意的话，也能提供资助，但它除了像如何造一座社区地标这样的建议之外，就提不出更多关于该做什么、不该做什么的有用建议了。而这种建议可能并不足以解决该不该建造该中心的问题。

现在，让我们转到基金会拨款这一话题上来。它的目的是帮助某些群体获得福利、激励或是权利，而后者有多少需要，这个国家在满足这些需要时就遭遇过多少次失败。在这里，对于真实评估的需要遭遇了同样巨大的障碍。奈特基金会将每年的大部分资金都分配给了由我们的 26 个社区的顾问委员会在与奈特的联络人和方案设计专家紧密合作基础上精选出的几个项目。幼儿启蒙和初级、中级教育都是我们偏爱的投资方向，另外还有针对贫困社区的经济发展计划。我们还设立了目标和绩效评价指标。基金会对各个社区项目都承诺了至少 3～5 年的资金援助。社区工作计划都是灵活可变的，而非僵化的总体规划。奈特有决心与其合作伙伴保持精诚合作的关系，并全程参与测算、反馈和评估等工作。

我们的终极理想是在每个项目上都能取得成功，但也知道这是不可能的。我们自认为所从事的是风险投资，而在风险投资领域，大败亏输的项目要远远多于那些实现盈利的。但和投机资本家一样，我们也想从自己的失败中吸取教训，并毫不手软地将其应用到后续项目上。在真实的公众资金的世界里，更确切地说是在慈善资金这个更小的圈子里，我们的资源其实真的是非常有限的，就像 7 月的雪花一样，不应该被随意挥洒。我们不能容忍无知，即使我们不可能了解一切。

话虽如此，只有盲从者或傻瓜才会宣称，在社会变革的大环境下，评估结果是有可能做到绝对明白无误的。我们的对象不是实验室里的豚鼠，也不是简练精确的数学公式。我们面对的社区不是密不透风的，而是受到了各种意外因素的“污染”。我们面对的是——包括我们自己也是——一群凡人，他们试图战胜的是一个被各种不确定性所包围的极度艰难的环境。

在此需要复申一下，奈特基金会的社区项目方案经过了精心设计，包含了起点、基准、双方商定的目标、系统性审核和最终结论。然而，拥有内部流程和拥有对自身验证能力的内在信念完全不是一回事。即使是在我们严格界定的社区目标范围内，我们的资金仍然是有限的。这些目标能否实现还取决于大量的其他因素和条件。对此，无论是我们还是我们的非营利伙伴都只有很少甚至没有控制力：国家经济和地方经济都可能发生动荡；地方政府的更迭可能使其工作重点和合作对象发生改变；逃离中心城市的人潮前赴后继，势不可挡，可能就此淹没了一所青年想象力开发活动的定点学校；一个富有魅力的校长也可能突然就辞职或被调走了。

也有可能不管前期分析如何细致，对行动计划的筛选如何彻底，合作机构在各方面的表现还是由于这样那样的原因不尽如人意。在这种情况下，“失败”就像刚才那个行为艺术中心案例中的“成功”一样容易评估——一样的容易，但也一样的毫无意义。一个项目在这种情境下的失败可能与其核心思想正确与否毫无关系。

所有这些都必须在评估工作的开展过程中被注意、确认并加以归纳吸收。我们不能指望在计划过程中就能预见一切。和苏联的五年计划一样，这种自以为是的骄傲态度早已遭到了唾弃。但是评估的这种不够精确的特性使得对其正确理解变得更为重要。

我们能够尝试从数据中搜寻每一丝信息。对于哪些措施是有效的、哪些是无效的以及为什么会这样，那些我们所不知道的，是我们的敌人，而我们所能掌握的，就是一笔财富。因为不能知晓所有事情而担忧是徒劳的。在这种情况下，我们了解得最多的也就是我们的敌人。

不过，即使我们认为自己已从评估过程中了解到了所有可能被了解的事，对于哪些措施在类似环境中是有效的，哪些是无效的，这也很少足以支持我们得出颠扑不破的定律。就社会变革而言，不存在终极解决方案。对于那些认定评估是基金会工作中一个宝贵而不可缺少的环节的人，谦逊是我送给他们的箴言。在社会科学领域，确立后又被证伪的结论尸横遍野，就像在非洲的太阳底下暴晒的大象骨头。诚实的自然科学家从不认为自己得出的就是最终结论，好的社会科学家也不应该这样。

这也是我的最终观点。评估的背景环境和我们通过评估所掌握的知识一样重要。背景就是设定一些明确的目标，比如说帮助儿童学习。项目就是我们用于实现这些目标的手段，但项目本身不是目标，正确的做法是用目标来检验项目。不管是在政府部门、私营部门还是独立部门，一个共同通常会把项目和目标这两者混为一谈。比如说在政界，人们的倾向就是给失败的政策裹上国旗，从而把实事求是的评估等同于毫无爱国心的对国家价值的抨击。诚实的评估的作用就是把那层国旗给揭开，让人们看到理想和现实之间的差别。因此，评估是理想的盟友，而不是敌人。

在本文的开头，我先谈了一些个人体会，内容是我自认为从之前的职业生涯中揣摩到的人性，以及如何把它和我现任职务涉及的评估工作结合起来。让我也以这样的形式来做个总结。对于某个特定项目的发起人来说，把该项目当成最高要务来投资，这样的想法不可谓不诱人，但却注定会迷失它的预定目标。我为两位总统服务的经历——不管具体职务是多么外围——都证实了这点。

全面彻底、意向明确、结论严谨的评估能帮助我们保持心智的诚实。如果以根本性的社会变革为目标的话，就必须边做边学，边学边做。在这个领域里，不存在简易答案，但无知注定是会导致失败的。

迈克尔·豪的观点

东湾社区基金会主席

尽管长期以来，评估在慈善业界就被认做组织构造中的一个必要成分，但实际上，只是从最近开始，它才被用在了最初设定用途上。许多基金会都会要求对某些（通常是那些资助额度较大的）或者全体受资助者进行评估。不幸的是，在大多数情况下，基金会并没有把评估结果用于计划及评制自身工作，更遑论对新的和现有的拨款的指引了。随着基金会内部评估的发展，对受资助者的评估开始显得越发重要。它不仅仅是对资助项目有效性的一个报告，同时也是对基金会工作效用的一项检验。

加州奥克兰（Oakland）的东湾社区基金会正努力使我们的慈善工作变得更加积极。在过去10年中，员工和理事已经建立了一个以我们在东湾完成的工作为样本的信息、报告和数据基地。我们覆盖的人群是这个国家最多元化的。基本上不管是哪个种族、文化还是语言群体，在我们这里都能找到代表性社区。我们还覆盖了农村、城市、郊区等各类地区中所有能被想象得到的社会经济群体，其中包括从加州最富有的到最贫穷的社区。鉴于我们基金会覆盖的地域范围比某些州还要大，人口基数也有大约240万人，因此就我们的工作性质和效果提供简洁明了的信息就显得非常重要了。

在东湾社区基金会，我们相信对自身以及我们的资助对象的成果进行评估是我们最重要的工作内容之一。为什么呢？首先，作为一家社区基金会，我们依靠的是给我们捐款并通过我们向社区捐款的慈善家。如今的捐赠人可不仅仅想要知道我们是否在努力，或是那些由基金会资助的机构是否在努力，他们还想要了解我们以及受我们资助的机构会采取了哪些策略，以改变那些持续对我们的社区造成伤害的因素。另外，他们也想看到这些投资在社区中取得了预期成果的证据。

一提起捐赠人，我们通常会想到个人、家庭或是企业。实际上，公共部门才是我们最大的捐款来源。在20世纪90年代，奥克兰市请东湾社区基金会帮忙运作并评估“儿童优先”资助项目。1996年，该项目由青少年提出并进入投票程序，投票人同意将奥克兰市总财政的2.5%用于帮助奥克兰青少年的项目。在该决议通过之后，这个城市在开展“儿童优先”项目的过程中遇到了一些困难。几乎没有人对它分配资金的过程感到满意，而且关于被资助项目的有效性根本就不存在反馈机制。因此，这个城市请我们基金会帮他们对“儿童优先”的运营及评估进行重新设计。在对该项目进行了全面分析之后，东湾社区基金会同意暂时接管其运营及评估工作，并约定在建立起具有这些功能的系统并且进入正常运行阶段后，就把该项目交还给市政府。

在4年时间里，我们基金会重构了该项目的经营方式，从而更好地体现了法令设定的目标，并建立了一个评估体系，用以向被资助人提供有关项目有效性的反馈、向市政府提供以评估和再投资为目的的反馈、向社区提供有关效果和影响的反馈。4年过去后，“儿童优先”又被移交回奥克兰市，此时它已经拥有了一个可帮助市政府进行计划、分配的彻底重组过的管理结构和评估体系，并获得了被资助人的交口称赞和社区的理解支持。

东湾社区基金会相信，为“儿童优先”项目投入的员工时间和专业技能是一项明智的投资，因为该市资助的许多项目同时也获得了我们及其他一些基金会的资助。其结果就是，第一份评估报告一出炉，公家和私人捐助者都会在进行投资决策时采用它。在此之后，奥克兰的捐助人就开始利用这些评估报告，通过共同资助的方式来对自己的资源进行杠杆放大。另外，面向同一批服务对象的受资助者们也开始利用我们基金会全面的评估系统来实现跨学科的合作。如果没有这一系统，市政府将无法对被资助项目的有效性进行证实，被资助项目将无法相互配合，捐助人也就不得不孤军奋战。

如今，东湾社区基金会的申请者们更倾向于讨论基金会做出资助决策的依据。在缺少能反映我们选择资助的项目的清晰数据情况下，我们只能更多地依靠传闻而不是条理明晰且有数据支持的证据来对提案进行肤浅的讨论。不幸的是，我们不可能对所有项目都进行评估。在过去数年中，东湾社区基金会尝试为我们发起的项目建立一个标准化的评估系统，用已有的和新收集的数据记录项目活动，并对其有效性进行测算。这些信息被反馈给项目负责人，以便他们对运营方式进行相应的修改。自从 4 年前启动该系统以来，该类项目的有效性得到了相当大的提高。我们现在能够向理事会提供有关这些项目的详细资料，并向更广泛的社区提供有关项目成果的信息。这使得我们对这些项目的成绩的真实性有了更大信心，并更有能力对续资申请进行评价。在对我们自己发起的项目的评估取得成功后，我们已经开始考虑将其应用扩展到由别人提出、我们资助的项目上。

东湾社区基金会的理事会很早就开始让员工提供有关资助有效性的数据。就像如今大多数慈善机构的理事会一样，我们的想法，是社区投资必须要有清晰直接的证据来证明它们达到了预期效果，如果没有达到，就要指出可能的原因。上文提到的已经在我们自己发起的项目上测试过、并正向其他资助项目扩展的评估系统能够提供这方面的信息。

在对证实我们工作的有效性（或无效性）的数据的要求上，社区的期望值一点也不比我们低。在面对媒体、政府机关以及社区组织时，自夸已经不再能满足它们了。同样地，我们的新评估系统能够将这些信息传播到我们的服务区域，甚至更远的地方。

对于东湾社区基金会来说，有必要为拨款和项目制订一个集监督、审查、评估于一体的综合策略。作为一家约有资产1.6亿美元、每年共拨付1 500万美元的社区基金会，我们算不上大型慈善组织，也没有足够的资金评估所有项目。但我们必须具备向我们的捐款人、受资助者、理事会和社区报告工作成果的能力。最重要的是，作为一家社区基金会，我们必须持续地向广大公众提供有关我们工作情况的信息。为此，我们采取的办法是把来自员工的监督报告、受资助者的自我评价以及某些拨款、方案和项目评估的信息综合起来。所有这些信息都被整合录入我们的社区投资矩阵。它不仅能对拨款及项目运行进行监测，还能从评估角度对这些行动是否符合我们《社区投资指引》关于目标、宗旨和效果的规定进行审核。一旦我们的拓展评估系统投入使用，我们将会对社区投资进行更有效的记录和报告。

我相信，东湾社区基金会的未来取决于我们运用自身评估报告的能力。这意味着，我们有责任学习这些报告并利用它们来做出更好的拨款及项目决策，有责任去了解自身已经朝着实现组织目标的方向走了多远，有责任向我们的利益相关者和更广大的社区报告我们的成功及失败。

这种责任意味着我们必须学会根据评估信息调整事物的优先次序、修订我们的计划。显然，这是一项极为艰巨的任务，因为它要求基金会的员工、管理层和理事会都下定决心做出改变。但在有了评估结果之后，我们发现无论是对于项目拨款的整体运作还是基金会的发展方向，都更容易做出清楚明确的决定。

在过去4年中，我们已经认识到了评估在这方面的重要性，并发现基金会从整体上采取了更为主动、更加以成果为导向的策略。这使得我们的工作成果变得更加明确，同时也给予了我们更大的成就感。在某些情况下，它还让我们更容易意识到需要对哪些重要事项进行调整。

最后，通过保证对评估的应用，我们正在进行的组织发展工作使得这一基金会内部的组织学习过程合法化、正规化了。作为一个慈善组织，我们一直在努力超越平凡，并探索如何能以不同方式来考察、处理那些持续困扰着我们社会的问题。就我们基金会而言，评估被用于帮助我们成为更具有战略性、更成功的社区慈善组织。我们要确保在自己梦想未来的同时，还利用评估来把梦想引向更成功、更易理解的现实方向。

瑞莎·拉维佐-默瑞的观点

罗伯特·伍德·约翰逊基金会主席兼首席执行官

当我成为罗伯特·伍德·约翰逊基金会的首席执行官时，我所接手的这家慈善机构已经拥有了丰富的评估文化，以及很长一段依靠评估来指导拨款、为复制项目提供信息的历史。评估在罗伯特·伍德·约翰逊基金会扮演的角色正在转变过程中，但它对于我们项目的成功比以往任何时候都要来得关键。

为什么会这样呢？因为我们基金会已经把重心由单个拨款项目转移到了一个“影响力框架”上，它把所有项目根据其特征、期限、战略和目标划分为四种类型。这给基金会的研究与评估团队带来了一个新的令人兴奋的挑战，也就是为这些项目组合成功实现预定目标提供指导性信息。通过这种方式，评估把明智的策略、娴熟的运作和有效的沟通在影响力框架下结合起来，成为我们获取成功的三大支柱。

影响力框架

我们之所以选用“影响力框架”一词，是因为它表明了我们的目标是通过资助项目来产生影响，也就是改变现状并获得耐久成果。影响力框架的提出并不意味着对我们的慈善方式进行颠覆，相反，它是许多已经被用于我们的资助实践多年的不成文原则的升级版。实际上，组建这一框架的过程增强了我们对本基金会的基本工作方向和资助领域的信心。不过，它也把重心更多地转移到了展示结果和驱动社会变革上，这也是为什么评估变得如此关键的原因。这一新框架能够帮助我们解决三个难题：（1）同时应付过多问题；（2）对于期望值的设定不够清晰；（3）对投资金额和进度时间表不设明确目标。

我们相信，通过使我们的方法更明确、重点更突出、更具备可测性，我们自己和受资助者都能更好地完成预定任务，并在这一过程中对进展进行评估，在需要时进行调整。进展评估是对投资组合进行评估的直接结果，它能为战略调整和投资组合之间的平衡提供信息支持。

我们把新的影响力框架中四大板块的项目视为在目的、绩效衡量、时间范围和风险状况等方面互不相同的类似于共同基金的投资组合。我们的影响和目标进展情况部分取决于能否在各个板块之间维持一个适当的平衡。我们预计这一平衡点会随着时间的推移而改变，当然，这还要取决于经济和公共政策环境等多种因素。

这些项目板块命名如下：定向投资，人力资本，弱势群体，开拓者。"定向投资"被用于解决健康和卫生保健领域的系统问题，其规模要远远超过其他三个系列。它涵盖了我们目标范围内的九大战略目标——而这已经比过去少多了。

在 20 世纪 90 年代的繁荣时期，不断增长的资产使得我们能够解决多得多的问题。当时我们制定了 36 个战略目标以指导项目拨款。这是一个很大的数字，特别是对如今这种紧缩时期而言。自那以后，我们便非常谨慎地精简目标、削减开支。现在剩下来的 9 个目标各有特定的时间期限和明确可测的结果。例如在定向投资这一块，为儿童肥胖设定的目标是"在 2015 年以前遏制儿童超重现象的泛滥势头"。为卫生保健质量（也属于定向投资这类）设定的目标是"到 2007 年，在 5 个不同类型的示范市场中有 25%的病人自认为得到了最佳护理服务"。

第二个项目板块"人力资本"致力于为改善劳动力现在和未来的健康和卫生保健状况提供长期投资。不幸的是，我们每到一处，都会遇到卫生保健人员匮乏的问题。"人力资本"板块将会覆盖一些新项目以及像"临床学者""少数民族医学教员项目""健康和社会学者""药物滥用改革""牙科预备项目"等很多我们的标志性长期项目。我们的目的是吸引、发展并保持一支强大的劳动力队伍所必备的高超领导力和其他素质，从而提高整个国家的健康和卫生保健状况。

第三个项目板块服务于改善"弱势群体"的健康和卫生保健状况。这一板块包含了我们很多的服务性项目，比如"相信行动"这一项目就支持当地社区的教众志愿者向有需要的人提供服务。此外还有我们的"地方倡议出资伙伴项目"和"经验兵团"，后者把退休人员引入资金匮乏的学校，让他们教育危险儿童并帮助他们学习。

最后，我们的"开拓者"板块的设计用意是推动特别有创意、高风险的资助方式。对于这类理应由我们这样的慈善机构从事的大胆冒险的探索，这是我们首次为其划拨专项基金。通过这一系列项目，我们就能在健康和卫生保健领域的新生问题与我们的现行工作之间取得资源分配上的平衡，也就是说，我们既能维持战略，又能抓住机会。

绩效指标

为了促进战略的实施并提高其公信力，同时也为了强化本基金会作为一家学习型机构的角色，我们从罗伊斯共同基金（The Royce Mutual Funds）引入了一个模型，用于设计一揽子可测指标来监测我们的成果。罗伯特·伍德·约翰逊基金会的评估小组和各项目小组通力合作，为四大项目板块的每一个目标都设定了 8～10 个指标。该模型可见图 1。

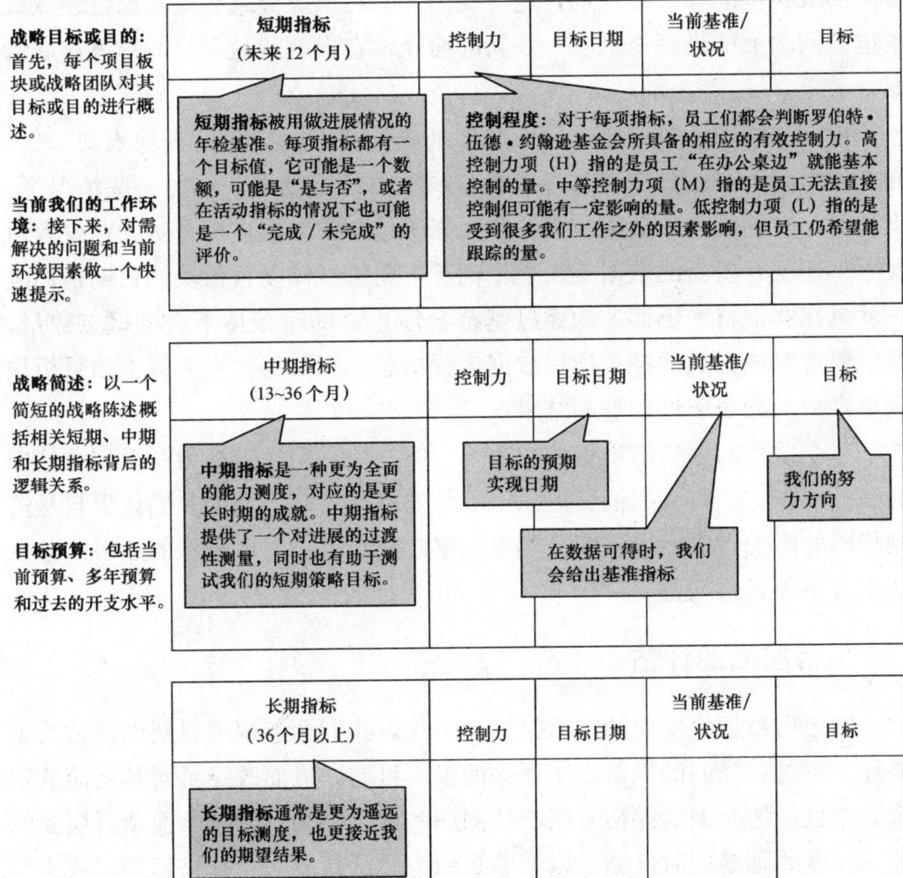

图 1　罗伯特·伍德·约翰逊基金会用于检测项目成果的模型

有几个特征需要在此强调一下。第一，我们把这些指标按短期、中期和长期划分，纳入一个时间框架，以帮助我们跟踪战略实施情况并更好地理解项目之间的关系。短期指标可能是过程导向而不是结果导向的，而且有可能与单项拨款或单个项目绑定。与此相反，中期和长期指标则专注于结果以及拨款、项目的组合。第二，针对每个项目，我们都会评估罗伯特·伍德·约翰逊基金会及其受资助者对被关注结果的控制力和影响力，并对控制力按低、中、高三档进行评级。这一做法意味着我们承认，很多我们及被资助者想要实现的目标可能会被不受我们控制的因素所影响。这也增进了我们对结果和影响因素两者的了解。第三，每项指标都设定了一个可测的成功标准和目标日期。这为我们评判在解决健康和卫生保健领域最紧迫的问题上的进度提供了一条新的途径，它强调的是项目的总体进展情况。

评估团队的任务是通过分析数据来告诉我们每个项目板块表现如何。在有些情况下，这意味着对各项拨款或项目进行加总；在另一些情况下，则是对已有的国家数据集或其他数据集所包含的数据进行分析。在少数情况下，还要开发新的数据集。举个例子，弱势群体项目板块的长期指标之一就是在罗伯特·伍德·约翰逊基金会停止资助后维持下去的试点数量，这就要求对该板块的各个项目数据进行加总。相对地，人力资本项目板块则更多地依赖全国性调查的结果。

单个项目的评估结果仍然很重要，但如今它们已被视为一系列评估中的一分子。它们将和我们新近制定的绩效指标一起，帮助我们认识自身资助战略的影响，进而设法解决像吸烟率、肥胖率、对不投保的后果的公众认识水平等紧迫问题。

项目层面的评估

制定项目板块层面的绩效指标并不代表我们会忽视项目层面评估的重要性。不过，我们的确修正了评估的根本目的，进而改变了对其功能的定位。项目板块层面的评估着眼于估测那些重大持久的影响，而项目层面的评估提供的则是即时反馈，以帮助我们为尝试新方法、开拓新领域或进行长期项目投入做好准备。在这些情况下，评估团队获取的信息就是无价之宝。因为如果没有可信的评估结果，任何首席执行官和理事会的冒险意愿都会受挫。就像人们在未知地带需要一个指南针一样，能对项目调整起到指导作用的精确、可信的信息也是必要的。比如说，对于以创新为重点的开拓者项目板块，项目层面的评估是我们开拓新的资助领域所必不可少的。同样地，对“相信行动”（一个通过宗教团体联盟为行动不便者提供志愿服务的项目）的评估为该项目自 1992 年以来三个实施阶段的重新设计工作提供了重要帮助。

结论

作为一名首席执行官，我必须依靠评估成果及其所提供的知识，因为我们对解决这个国家面临的最急迫的健康及卫生保健问题有着深切关注。对于像如何覆盖这个国家的数百万名未投保民众、如何寻找治疗慢性病的更好方法、如何减少药物滥用、以及如何改善最脆弱的群体的健康状况这样的问题，我们要用军火库中的每一件武器将其坚决消灭。

我们希望能培养出正确的观点，并借此获得这些挑战的可靠解决方案。同样重要的是，我们赞成资助那些影响可测且能带来及时、全面、重要的改变的项目。之所以需要**可测影响**，是因为我们的目标是推行覆盖更多美国人并帮助他们改善健康状况的保健措施；之所以需要**及时的改变**，是因为我们希望受资助者能有所作为。要想知道我们是否真的促成了这种作为，同时也为了使我们的慈善事业更加有效，评估是必不可少的。

第1部分

了解基金会

——一种特定的评估环境

第 1 章

用评估方法来推动基金会的使命[①]

劳拉·C·莱维坦　玛丽安·E·巴斯

基金会和它们的受资助者为什么要开展评估活动？对此，我们需要给出合理的解释。所幸我们有很多好理由，也有很多应用评估结果的好方法。本章将会介绍评估在由基金会资助的项目中的几种应用方法。我们希望借此能激发读者的想象力，能说清楚对哪些成果的预期是现实的，还能指出一些在基金会这样的环境下进行有效评估所必需的关键条件。

本章对于评估的使用者和执行者都适用。要保证对基金会的评估有用，一个前提条件就是参与者对评估目的有着清醒的认识。这里的参与者包括评估人员、基金会员工以及受资助者，其中受资助者可能自行评估，也可能由别人来评估他们的活动。同样重要的是，评估专家要对基金会特有的环境有所认识。在本章的结论部分，我们将对这一环境的重要特征进行总结，对评估在基金会环境下的一些可能用途进行描述，并就如何在此

---

① 我们对达纳·菲利普斯（Dana Phillips）和欧内斯特·豪斯（Ernest House）的建议深表感谢。托马斯·吉尔摩（Thomas Gilmore）最先推荐了案例 8 和案例 9 的素材；威廉·比克尔（William Bickel）推荐了案例 2 的内容。

环境下改进评估方法提出具体建议。

我们在本章提出的两个基本观点，分别代表了两个不同的视角：

➢**基金会内部视角**：评估的有用性取决于机构的规模、文化以及对评估的权责分配。

➢**基金会外部视角**：如果评估能够考虑到基金会的影响力和弱点，以及它们的权力对受资助者、评估者和资助者本身的可预见的影响，就能变得更加完善，它的用处也能变得更大。

我们一开始就必须面对两个基本问题：(1) 大多数基金会开展的评估活动都不尽如人意（Patrizi，2002），就像在公共部门的情况一样；(2) 人们常会在进行评估或使用评估结果时掺入错误的先见，这往往妨碍了我们获得有用的信息。例如，受资助者会害怕自己被“估价”，而事实上，当评估被不当应用时，情况也的确如此。这与本章将要展示的正确的评估方法正好背道而驰。这些问题带来的后果就是，对于评估应该遵守的规则，行为、角色和职责的基本原则，以及对评估结果的可能应用，总会有很多忧虑和担心。基金会的领导层、理事、员工和受资助者也常会对评估结果的使用价值感到失望。

产生这种状况的部分原因在于，慈善机构内部对评估的目的及可能结果认识不清。人们自以为理解了**评估**这个词，但往往并不是那么一回事。即使是声名卓著的专家和经验丰富的基金会官员也常会弄错。尽管评估作为一门学科，已经积累了数十年的整体经验，但在慈善界，不管是评估人员还是评估结果使用者，就连这一学科的基本著述都不熟悉。因此他们需要为学习评估投入时间、资源和宝贵的机会，才能使其充分发挥作用。为利益相关者（也就是那些对项目或其评估感兴趣的人）揭开蒙在评估程序及其产物上的那层神秘面纱，找到决定评估是否能获得有用信息的前提条件，这些都是很重要的事。

评估学多年积累所得的一项重要产物已在导言中有所概括，并有助于揭示评估的本质。美国评估协会（AEA）认可的《评估人员指导原则》（见导言的表 1）是一份涵盖了当今包罗万象的评估方法的关键性文件。不管是评估人员还是评估结果使用者，通读这篇可见于美国评估协会网站（www. eval. org）和每期《美国评估杂志》的原则都能得到莫大的好处。这些原则能够帮助利益相关者了解，好的评估实践能起到什么作用（Leviton，2001)。通过阅读、分享这些原则，评估人员和评估授权人往往就能调和矛盾、避免失望。

还有一件很重要的事，就是对评估的“使用”进行定义。莱维坦和休斯（Leviton and Hughes，1981）描述了三种今天仍然适用的惯用类别：(1) **说服性用法**用于支持或反对一项政策或项目；(2) **工具性用法**用于可识别的决策；(3) **概念性用法**（例如在决策过程中对评估结果进行的慎重考量，对于项目真实情况的揭露，或是测试对根本问题的假设)。就像本书整体反映的那样，基金会的实践为这些常规类别打上了特有的烙印。在本章末，我们会指出慈善评估的一些独有目的。

基金会内审

基金会在很多对评估很重要的方面都不是千篇一律的。其中很多都可见于本书的其他部分，本章仅着重分析三种内在驱动力：(1) 基金会规模；(2) 基金会文化；(3) 评估的权责分配。

基金会规模

基金会的规模指的是它的资产、开支（每年的资助拨款金额）和员工数。大约有 350 家基金会每年要支付至少 1 000 万美元，但其中仅有 29 家在 2001 年支付了超过 1 亿美元（Foundation Center，2004)。这一数目常会影响到基金会能够维持的项目管理人员数量，以及它们在项目领域和像评估这样的技术支持领域的专业程度。其他因素也能影响项目官员对评估的参与程度：他们可能自行支付并监督所有项目，也可能通过多家居间的“再拨款”机构进行运作（Szanton，2002)。而“营运基金会”则拥有实际参与项目管理和实施的人员。

高质量的评估是可实现的

拨款金额不一定会影响评估的质量和有用性，但规模较小的基金会可能会觉得自己根本没有能力完成高质量的评估。实际上，不管是为政府、为独立机构还是为基金会进行的评估，费用对于操作者来说都是一个永恒的问题。决策者通常都不清楚一次合格的评估到底要花多少成本。

不过，在基金会为评估活动配置资源时，成本还不是核心因素。更重要的是在实现评估目标的前提下，找到最具成本效益的方法。也就是说，目标受众真正的信息需求是什么？评估结果有多重要？究竟需要多强大的证据？既然我们已经有了那么多受到认可的可选方法，高质量的评估就不一定意味着高成本了，而是应该先确定，对于当前目标而言，什么才算“够有力”的证据，然后再得出费用标准（Rossi，Lipsey and Freeman，2004）。

第 7 章更详细地叙述了在资源配置过程中会遇到的挑战。读者在第 10 章还将会看到，有时，一些低成本方案可能会与目标有很高的契合度。但在其他一些时候，出于战略目标的需要，必须为评估投入甚至高于项目本身的费用。如案例 1 所示，除非评估有一个恰当的重点，否则基金会很容易就会迷失其战略目标。另外，评估永远都不应该流于形式，也就是说，不能因为有些人觉得该搞评估了，就开始搞评估。如果评估质量很有可能不过关，或者缺乏目的性（比如基金会工作人员和项目经理不打算在决策和思考过程中应用评估结果），那么不管多便宜的评估都太贵了。

案例 1：领域建设中的战略评估

项目经理和项目倡导者倾向于把评估视为一种占用项目资源的活动，但基金会官员有时会给予它重视，因为他们找到了一些办法，使得评估可用于帮助他们创建一个符合基金会宗旨的活动领域（Hirschhorn，Kelly and Gilmore，2002）。领域建设的例子包括：

- 鼓励对艺术的参与（华莱士基金会）
- 支持对健康政策的研究（罗伯特·伍德·约翰逊基金会）
- 加强社区领导力（W. K. 凯洛格基金会）
- 在欠发达国家创建临床流行病学科（洛克菲勒基金会）
- 为青少年发展项目进行能力建设（埃德娜·麦康奈尔·克拉克基金会）

许多单个项目可能共同组成一个领域。比如说，罗伯特·伍德·

约翰逊基金会资助了数个旨在提高公共卫生机构效率的项目，其中包括领导力训练、信息基础设施改进，以及提高支持力度和公众关注度的方案。作为领域建设战略的一部分，评估既可以在个体项目层面发挥作用，也可以跨越多种与该领域的建设有关的项目。

2003 年，罗伯特·伍德·约翰逊基金会就是否要对两个全国性项目进行评估开展了讨论。这个项目的官员都认为，如果不对该项目的评估进行资助的话，也就没有必要资助项目本身了。罗伯特·伍德·约翰逊基金会的多数项目官员认为，对于个体项目的评估有助于他们创建一个领域。他们先从自己负责的全国性项目中发现战略优势，再由评估通过展示待建领域的重要性、向资助人报告进展情况、还有评价该领域对社会的价值，辅助战略的实施。

实际操作过程当然不可能尽善尽美，但罗伯特·伍德·约翰逊基金会的工作人员和受资助者通常都认为，评估可以推动一个领域发生重大改变，而且不管评估结果是正面的、负面的还是正负参半的，都会如此。如果评估结果是正面的，会为该领域带来很好的宣传效果，因为评估是独立进行的而且通常质量很高，能够增强其公信力。如果评估结果是负面或正负参半的，就为继续研究该领域提供了依据。这可能不那么令人愉快，却能为一场有益对话打下基础（第 6 章对 SUPPORT 研究的描述就是一个很好的例子）。

什么是“证据的标准”？

今天，已经有很多种评估方法获得了认可。基金会项目的目标各不相同，因此在获取信息时也会偏爱不同的评估方法。在所有评估方法中，没有所谓的首选方法，只有对所提出的问题适不适合的方法。不过，所有正规的评估方法都有一套被认可的证据标准，也就是获得公认的规定和准则，有信誉的评估人员都会遵循。这些方法的涵盖范围极为广泛，一端是对所谓的硬结果的定量分析（例如某种疾病传染范围的变化），另一个极端则是根据社会构造论对项目讲述的“故事”进行定性阐释（例如利益相关者对艺术参与的看法）。基金会官员和受资助者应该熟悉并坚持采用与所选方法配套的证据标准。

在选择评估方法时，最难决定的就是是否要采用像随机试验、类试验这样的因果探测法。这些方法在揭示公共政策和项目方案的价值上有着引人注目却褒贬不一的历史。不幸的是，有关它们是否适用的意见往往是在信息不充分的情况下提出的。有些人认为，除非能对项目成果做出严谨科学的分析，否则评估就毫无价值。但在很多情况下，做随机试验的时机尚未成熟，或者根本就不适用，反倒是其他方法更有助于减少不确定性及为投资把准方向。另一些人则认为社会实验是不道德的，而且他们往往对社会项目的真实价值评价过低。可是如果不做社会实验的话，基金会就有可能决定资助那些一直无法得到验证的项目和政策，最终可能导致自身声誉受损。我们认为，以上这些有关随机试验的观点都是错误的（Dennis，1994）。田野实验只是工具箱里的一种工具，需要审慎使用（见第 12 章）。

基金会规模能影响其目标

不同规模的基金会对其目标的评估在内容、重点、结构和结果上会有很大差异。规模最大的那些基金会常会追求其实际支出之上的社会变革。这类基金会的评估对象就常常与引起社会变革或建立一个领域有关。它们的员工可能就是某一工作领域的国内外专家，他们的声望部分来自他们提供的资金以及在实现社会变革方面的口碑。评估可能提高也可能威胁他们在相关领域的地位。不管是哪种情况，其结果都是可想而知的。

其他基金会则将业务范围限于当地或附近区域，这其中包括大部分社区基金会和转换基金会。和那些大型基金会一样，他们资助慈善事业，有时也资助领域建设，但他们同时也是民生事业的重要领袖。他们在当地的幕后影响力往往远超其实际提供的资金量。对这些慈善机构而言，与其他机构的长期关系非常重要。评估通过给出有利的或有害的批评意见以及作用于非营利性机构的财务表，就能以可以预见的方式影响这类关系。

宾夕法尼亚州匹兹堡的基金会圈子为慈善组织在民生方面扮演的角色提供了一个生动写照。在 20 世纪 80 年代的并购潮之前，匹兹堡拥有全美排名第三的公司总部集中度。从以安德鲁·卡耐基（Andrew Carnegie）和亨利·克莱·弗里克（Henry Clay Frick）为代表的强盗式资本家的年代开始，企业家的财富便造就了一批至今规模仍居全国前列的显赫的私人基金会和企业基金会。这些基金会通过阿勒根尼社区发展协会（Alleghenyny Conference on Community Development）进行运作，它们在民生事业上的领导地位也因大大提高了这一地区的生活质量而广受好评（其历史和成就可见 www. accdpel. org)。在它们的这些功绩中，评估扮演了一个很重要的角色。案例 2 讲述的有关匹兹堡公立教育的故事展示了基金会在民生方面的领导力以及评估如何能够对此产生帮助，同时也反映了人们对于基金会势力的矛盾心态。

案例 2：评估、民生领导力和慈善组织的势力

匹兹堡于 20 世纪 80 年代建立了全国最好的城市学校系统之一，这要部分归功于阿勒根尼协会的副主任大卫·伯格霍尔兹（David Bergholz)。通过明确改进学校系统的必要措施并提供有关“哪些努力能奏效”的信息，评估对这些改进起到了指导作用（Bickel and Cooley，1986)。不过，在这一过程中，慈善组织无疑是隐身幕后的。近年来，基金会在民生方面的领导地位和由其支持的评估则获得了一种截然不同的应用方式。

到了 2002 年，匹兹堡学校董事会的无能已是臭名远扬，这使得该学区的管理工作几近崩溃。在此之前，有 3 家基金会为该学区的“加强读写能力”项目提供了资助其目的是提高具有合格阅读能力的小学三年级学生人数。但这些基金会的相关人员出于对项目实施的担心，要求该学区满足一些特定的绩效指标。如果达不到这些条件的话，这几家基金会就会从项目撤资。他们也的确是公开这么做的，以示对学校董事会的声讨。

围绕这一决定产生了很大争议，因为慈善机构通常扮演的是一个持重而私密的角色。亨氏捐助基金会（Heinz Endowments）的副主任格兰特·奥利芬特（Grant Oliphant）解释说，这一决定“受到了我们越来越强调评估和问责一事的影响。它也反映了我们一直以来的一种决心，就是把对沟通交流的策略性运用当成一种有效拨款服务的工具”(私人交流，2002 年 12 月)。

在《H：亨氏捐助基金会杂志》（*H：The Magazine of the Heinz Endowments*）中，金（King）和奥利芬特写道：

“在慈善界，问责制已经快成为老生常谈了。但基金会对问责的要求经常会高到一种吹毛求疵的程度，以至于不得不停止对某名很有价值的受资助者或某个被看好的项目的投资——这种决定通常也是令人痛苦的。

“‘我们必须成为一个规模虽小但不容忽视的、无论结局好坏都能坚持不懈的机构……这也是我们能拥有一席之地的保证’，位于克利夫兰的乔治·冈德基金会（George Gund Foundation）（现任）执行董事大卫·伯格霍尔兹在《匹兹堡邮政公报》（*Post-Gazette*）发表的一篇文章对我们的行为进行了这样毫不留情的批判。……这种理论的问题在于，它把问责制度当成了嘲弄的对象。按照这样的理论，哪怕受资助者在尽力的情况下，还是做不到或者不愿做到遵守双方约定的行为准则，基金会也必须继续对其提供资助。这无异于为糟糕的表现开了一张空白支票。问责制度如果没有配套的强制措施的话，就不能被叫做问责制度了……

“这一举措迅速产生了积极作用。仅仅第二天，该学区的管理和领导问题就上了新闻头条，并顺理成章地进入了危机状态……没过几天，之前一直对涉及学校的问题漠不关心的汤姆·墨菲（Tom Murphy）市长就宣布成立了一个泛社区行动小组，其任务就是调查学区问题并提出解决方案……这正是我们希望通过这一决定引起的社区反应，也是该委员会工作获得了 3 家基金会赞助的原因所在。这个委员会无权独立就其调查结果采取行动，但它在章程、人员构成和公众支持度等方面都有着很高的起点，这使得人们很难忽视其工作成果。”（King and Oliphant，2002：20，24）

基金会文化

文化决定了基金会是否会重视评估信息，以及它们倾向于采用哪类评估方法。有些基金会认为，证据标准越接近严谨的科学方法越好，另一些则依赖于不那么正规但仍很系统的评估方法。文化还在很大程度上决定了评估的用途（更多关于基金会文化效应的讨论请见第 8 章）。

价值和期望

基金会的文化是由其利益相关者重视什么、期望什么决定的。基金会的内部利益相关者包括理事会、高级经理、项目官员和受资助者（对于这类人也被算做利益相关者，有些人可能会感到吃惊）。对受资助者而言，内外之间的界限往往不是不可逾越的，这也体现出了私人关系的力量。基金会可能会邀请可信的或曾经的受资助者列席顾问委员会，或是起草指导拨款方案的白皮书。受资助者也可能被聘为财务官员，甚至他们有可能本来就是财务官员出身。有时他们还会成为基金会的理事会成员。在案例 3 中，我们将会展示一段关于某位评估人员脱颖而出，成为深受一家重要基金会信任的顾问的口述历史。

案例 3：正直的回报

这是一段口述历史，讲的是一名研究人员如何通过坚持评估的真实完整性，成为一家基金会颇有权威的顾问的。这一事件主人公姓名不详，但大多数细节都已得到了证实。不过，相对于该事件对这家基金会文化的影响，这些都是次要的了。人类学家会说，这只是这家机构众多“传奇”中的一个（甚至是一个创世神话），其作用就是描述这家基金会是如何以及为什么要支持评估的。它同时也展现了在这类精英组织中，“家族”关系是如何形成的（Weatherford，1985）。

在 20 世纪 80 年代，一家大型基金会启动了一个全国性项目。但随着时间的推移，该项目被证明存在致命的缺陷。项目甫一开始，就聘用了一支来自大学的评估团队。他们的报告认定该项目没有产生任何可见效果，并针对该现象进行了令人信服且很有建设性的原因分析。

这家基金会为该项目成立了一个层次很高、在政治上颇具影响力的顾问委员会。几方面的消息证实，该顾问委员会的主席曾威胁评估团，如果他们发表结论的话，就要承担政治后果，而评估团的一名成员当时正准备参加大学终身教职的评选。评估团拒绝了顾问委员会的要求，向基金会提交了初始结论，后来还发表了他们的评估结果。不过，有一些理由让人相信，该评估团可能因为图书评审员受到的政治压力而丧失了一本书的出版机会。

从基金会的角度来看，该顾问委员会的威胁却是事与愿违。与他们的预期效果正好相反，对评估团的威胁增强了这个团队在基金会眼中的可信度。那些已对项目的进展情况感到不满的基金会官员认识到，他们可以依靠这些评估员们来勇敢地揭露真相。在之后的 10 年中，这家基金会又让这个团队承担了好几项重大评估工作。那个还没评上终身教授的评估员获得了终身教职，成为一名颇受信任的基金会顾问，并最终担任了一个由该基金会资助的著名奖学金项目的管理人。

使命和愿景

慈善事业至今仍是一项高度私人化的活动，因此各利益相关者之间的关系在决定价值取向时就显得至关重要了。个性化因素使得这一过程与公共部门相比更为灵活可塑，但也使其在分拨资金、向申请者提供反馈以及发挥影响等方面没有什么统一的流程规则可以遵循——这和公办资助机构形成了鲜明对比（Downs，1994）。如第 6 章所示，流程的相对缺失要求每个财务官员就如何满足利益相关者的要求形成一套自己的办法。这对评估肯定是有影响的。

基金会的工作人员在法律上只就基金会资金的用途向理事会负责，而基金会本身也只用向国税局保证，所有资金的使用都是符合法律规定的。一些委员会和全国性协会的行动也表明，关于基金会员工和理事会应该如何约束自身行为以避免利益冲突和滥用职权，还是存在一定共识的。除了这些基本原则之外，每个基金会还要就其受托职责和义务制定出一套自己的规则和惯例。

基金会员工和理事会对于财政资源和基金会声誉的可靠性和管理工作都是有要求的。基金会人员的拨款决定要符合他们对基金会宗旨的理解以及对公共利益的看法（当然，对于公共利益的看法会因政治派别而相差甚远，而这一分歧也在慈善界有所体现）。

不管是正面还是负面的评估结果，只要是建设性的并且符合对使命和愿景的公认定义，基金会通常都能给予重视。比如说，一项能为新领域的建设提供新信息的评估会得到有些基金会的看重（Hirschhorn，Kelly and Gilmore，2002）。如案例 4、案例 5 所示，另一些基金会看重的评估则有助于受资助者改进服务，或是为它们向其他投资人及政府机构申请资助提供依据。

案例 4：评估对后续拨款的影响

“地方首倡资金合作伙伴项目”（The Local Initiatives Funding Partners program）特别能够展现资助人是如何对评估做出反应的。在这个罗伯特·伍德·约翰逊基金会的项目中，地方组织在多家慈善机构的资助下，开展了一系列和健康有关的子项目。罗伯特·伍德·约翰逊基金会再把地方上的资金和子项目一笔一笔进行匹配。这些资金合作伙伴中有像克利夫兰基金会（Cleveland Foundation）那样规模居全国前列的社区基金会，也有一些小型慈善团体和个人捐赠者联合起来，共同资助一个项目。每个子项目的资金合作伙伴数量的中位数为 5 个，罗伯特·伍德·约翰逊基金会的资助金额则由 5 万至 50 万美元不等。项目内容包括预防药品滥用、健康疗养和提高医疗护理的可获得性等。数学政策研究公司（Mathematica Policy Research）最近针对罗伯特·伍德·约翰逊基金会结束资助后相关项目的后续命运进行了一项调查（Stevens，Peikes and Patel，2003），其中包括 120 个从 1986 年“地方首倡资金合作伙伴项目”创立伊始直至 2001 年 7 月一直受到资助的项目。75%的项目存活了下来，并且至今仍在继续。在这些存活下来的项目中，有 61%从其他基金会、59%从财政收入、50%从个人捐赠者、42%从企业捐赠者、35%从客户收费和服务、24%从联合劝募协会（United Way）获得了后续资助。

评估对于这些存活项目获取后续资金可能是至关重要的。其中，有 92%的项目曾对自身活动进行过评估，50%认为正面的评估结果显著增进了自身的可持续性。这些数据在评估专家眼里可能显得偏低，但对很多基金会人员和非营利性机构而言，就已经很高了。以下评论表明了这些机构对于评估的看法：

“不管你是要招募志愿者还是寻求财政支持，你的卖点都应该是好处，而不是特点。

“在罗伯特·伍德·约翰逊基金会的资助下，我们证明了……我们的模型是有效的。之后我们就把成果提交给政府。接下来的选择根本不用他们费脑筋：他们可以选择以每年 36 000 美元的代价把吸毒犯投入监狱，也可以花费不到 6 000 美元，在社区里对他们进行更有效的治疗。”

案例 5：对社会企业公益事业的评估

除了接受私人捐赠以及从基金会和政府获得资助外，非营利性机构有时还能自己获得一定的收入流。对非营利性机构来说，赚取的收入有助于（1）支付项目运营费用，（2）提高灵活性和改善财务状况，（3）在一项资助到期时帮助实现“软着陆”。社会企业公益事业（也被称为公益创投）有志于帮助非营利性机构在以下领域开发创收战略：

- 帮助他们营销知识产权并收取相应费用
- 帮助他们创建或扩充服务收费表
- 提供低成本贷款或项目相关投资，或者承销从别处获得的贷款

尽管贷款可能有风险，但通过建立一个投资组合，基金会可以获得由还款和利息组成的“混合投资回报”，再加上预期的社会效益（Emerson，2003）。

社会企业公益事业在美国西部更为盛行，因为那些近期利用高科技带来的财富创办的基金会觉得这一模式很有吸引力。参与社会企业公益事业的基金会规模大小不一，包括皮尤纪念信托基金（The Pew Memorial Trusts）、时代华纳基金会（The Time-Warner Foundation）、UPS 基金会（The UPS Foundation）和伊利诺伊州设施基金

(The Illinois Facilities Fund)。从社会企业联盟(Social Enterprise Alliance)和“有效组织的资助者”(Grantmakers for Effective Organizations，网址 www. geofunders. org)可以获得更多相关信息。有关采用了社会企业模式的非营利性机构的描述可从罗伯茨企业发展基金(The Roberts Enterprise Development Fund，网址 www. redf. org)和“独立部门”(Independent Sector，网址 www. independentsector. org)获得。

关于社会企业模式，已经出现了一些评估方面的问题，其中包括:

预期的“混合投资回报”应该有多高?基金会的投入在社会企业组织中能否产生高于一比一的收益?

与其他非营利性组织相比，社会企业组织赚得的收入能否有助于分担一些服务费用，还是说反而会增加经费开支?

要想对社会企业的投资进行评估，都有哪些适用的进展指标?

通过采用这一模式能否提高可持续性?

如果社会企业组织及其行动、服务的可持续性都更强，那么它们所能赚取的收入流和存续项目可能都要归功于高明的管理;反之，如果这类组织更容易夭折，那就出问题了。这个问题的答案可能会决定这类组织的未来。

反应性。基金会的文化和责任也可能会影响其对受资助者和资助申请者的反应强度和方式。对不同的基金会而言，“反应性”一词代表了不同的东西，特别是在评估一事上，因为它的目的和方法都是允许有差异的。一些大型基金会采取了一种全面参与或社区主导的方式，其他基金会则历来通过自上而下的方式，强调评估的独立性以“保证流程的诚实性”。案例 6 对这些不同的风格进行了对比。对于基金会人员来说，最起码的反应性意味着他们必须清楚地表述自身的使命和愿景、将会资助的项目，以及为受资助者和基金会支持的领域设定的“参与规则”。评估对于传达这些信息非常重要。

案例6：参与规则

在进行评估时，评估人员和拨款人员都会对参与规则进行说明。一件很重要的事情就是，评估问题和方法的确定是否会有基金会内部人员的参与，还是会由外部人员代表投资人来决定。让我们对罗伯特·伍德·约翰逊基金会（RWJF）和W. K. 凯洛格基金会（WKKF）做一个对比。2001年，WKKF的资产规模位居全美基金会第八名，RWJF为第四名（Foundation Center，2003）。对于评估，RWJF秉承的观念通常（但也不是绝对地）是依靠社会科学的定量方法。此外，该基金会还把独立评估当成保证结果真实性的一项机制，倍加重视。其评估过程很少有内部人员的参与，重点也较少放在受资助项目本身的改进上，而是更多地关注与健康有关的领域的建设，例如医疗护理的可获得性、烟草控制或是解决护理人员短缺的问题（Hirschhorn，Kelly and Gilmore，2002）。WKKF则对评估采取了一种截然不同的态度：他们的方法更偏定性化，研究对象通常由一个内部参与的过程决定，评估产物也更多地倾向于“吸取的经验教训”而不是有关受资助项目因果效应的结论（见www. wkkf. org）。普吉特湾群体健康合作社（Group Health Cooperative of Puget Sound，网址www. ghcfoundation. org）旗下的群体健康社区基金会（Group Health Community Foundation）所做的评估在某些方面的内部参与度甚至更高。其他基金会可能将评估视为一种审计或问责机制，或者纯粹就是一种用于管理资金组合的绩效监控工具。

RWJF和WKKF的方法各有利弊。内部参与性度高的模式无法保证获得有用的或是高质量的产物，尽管这样的情况也不少见。要想完成访谈社区和项目利益相关者这样看起来冗长复杂的流程，同时还要获得高质量的产物，就必须掌握一系列重要技能。同样地，外部委托的独立评估可能会对项目本身产生威胁。因此，要获得焦虑不安的项目利益相关者的认同和配合，也需要一定技巧。要向客户展示，对利益相关者的访谈如何有助于设计出更有意义的问题，并获得更有用的结果，同样需要技巧。评估人员的独立性并不代表他们对项目一无所知，也不意味着一次“黑箱”评估（也就是只分析结果，却不试图去了解项目本身），更不代表对项目人员和服务对象的压制。事实上，高质量的评估必须在某种意义上跨越“独立”和“参与”两者之间的界线。

评估责任和授权

有效的评估不仅需要基金会领导层的授权，还需要基金会员工对它怀有一种责任感和认同感。我们相信，大型基金会评估的各种资助和组织模式是有高下之分的。埃莉诺·赫利姆斯基（Eleanor Chelimsky，2001）也是这么认为的。她为美国会计总署（U. S. General Accounting Office）创建了被认为是联邦政府最有效的评估机构。在介绍应该如何组织对基金会的评估时，她指出，“我在这里需要特别强调的是，如果希望评估结果是客观的、技术过硬的、适应基金会的需要并且有用的话，就得保证评估办公室的独立性、资源供给、有能力的员工、受各方认可的工作日程、重点突出的流程、畅通的汇报渠道以及其他一些事项”（第 26 页）。

预算过程决定了评估的职权归属

评估的独立性在很大程度上取决于其在组织中的归属，特别是资金的控制权在谁手上。洛克菲勒基金会（The Rockefeller Foundation）于 1990 年正式设立了一个评估小组，从而确立了一种模式。这个新成立的小组名为中央评估小组（Central Evaluation Unit）。它向一名副主席负责，但评估经费则是由各个项目部门通过年度预算划拨的。其结果就是，每年在各个部门提交次年预算之前，评估主管要和各部门主管碰一下头，确认次年是否会有项目达到评估时机。接下来，他们会协商确定一名合适的评估员。最终的评估项目名单是由基金会主席批准的。

在这一模式下，评估主管相对部门主管处于弱势。前者可以推动但不能强迫后者选择某个项目进行评估。类似地，他可以赞成或反对任用某名评估员，但由于预算权掌握在项目组而不是评估小组手里，他无权决定最终的任命。双方关系通常是友好而专业的，但也难免存在这样的风险，即基金会的财务官员强烈支持由某位与项目有着不妥的关联或利益关系的评估员进行评估。

在一般情况下，洛克菲勒基金会的项目主管和评估主管通过讨论，是能够就合适的项目和评估员达成共识的。但至少有一次，评估的可靠性遭遇了危机。评估人员被要求在与项目官员打交道时圆滑通透，手腕老道。鉴于至少有一部分项目官员自然而然地就会担心评估促使高管人员终止或大幅修改项目，而他们已经为该项目投入了数年时间和心血，评估人员就更需要重视沟通技巧了。评估主管必须让人们相信，他不仅会为基金会的利益最大化服务，也会考虑各个项目和员工的利益。因为没有预算权，评估主管只能通过培养信任感和影响力这些间接手段来获得一定权力。

罗伯特·伍德·约翰逊基金会则为大型慈善机构的另一种评估组织模式做出了示范。在RWJF，研究和评估小组有自己的分管副主席，并直接向基金会主席报告。评估方案要和其他提案一起竞争经费，并且有权自行选择要评估的项目和相应的评估员。他们可能会咨询一下项目官员，但最终决定权还是掌握在负责研究和评估的副主席和基金会主席手里。

建议：独立授权，责任共担

在这两种模式下，只有当基金会的项目官员认同评估有正当的理由时，评估行为才是有意义的。正当理由包括：

- 找出项目的设计和实施亮点
- 发现可以校正的缺陷
- 改进经费调配和项目方案的实施

如果项目官员怀疑评估人员的目的是“揪他们的小辫子”或者枪毙他们的项目，那么评估就不可能获取最多的信息，有时甚至是获取不到任何信息。只有当基金会的评估人员和项目官员本着通力协作、相互支持的精神处理双方关系时，评估才能获得最佳效果。这种协作关系为被评估的项目和承担该项工作的评估员定下了一个重要基调。我们已经看到，要想对慈善事业做出有用的评估，就既不能独立于项目之外，也不能成为项目的附庸，而是通过责任共担的制度安排，尽量结合两种模式的优点以获得有效成果。

基金会的外部环境

基金会也会对其环境做出反应。基金会的重要外部利益相关者包括受资助者、政府和公众，他们的反应决定了评估所能采取的方式以及它向基金会展示价值的途径。一些最重要的外部因素包括基金会的势力、对批判的承受能力以及受资助者根据基金会的势力所形成的对评估的看法。

基金会的势力

基金会人员常会提醒人们，他们和受资助者的关系是不平等的。很多人竭尽所能，力图使这一关系变得平等。他们这样做的目的之一是确保自己获悉关系到项目能否获得资助的重要因素。和其他地方一样，当权者得到的信息都是经过筛选的，但坏消息和好消息对于负责任的管理工作都是必要的。能干的项目官员常会发现，作为资助人，他们被与负面的真实情况隔离了，因此评估所能提供的外部看法就变得举足轻重了。案例 7 为外部看法的必要性提供了一个佐证。

案例 7：他们想听什么，就说什么给他们听

最近，我们熟悉的一位艺术界评估员参加了一个东海岸的资助人和受资助者的会议。在那次会议上，一位受资助者向资助的人们发问："你们有没有意识到，我们经常在纸上写下你们希望听到的东西，就是为了拿到钱好去做我们本来想做的事？" 那些艺术资助人对于这一说法深感震惊，并坚称自己从未遇到过这类事情。对此的另一种解释就是，他们已经被与真实的项目情况隔绝了。

慈善机构可以采用几种做法来纠正这一现象。自然地，针对实际情况开展尽职调查，能够在很大程度上保证受资助者按照预定方案推进项目。项目官员的持续监督也可能把受资助者控制在既定轨道上，或者至少能让基金会官员对于什么是能做到的、什么是做不到的保持清醒的认识。此外，评估也可能有助于基金会官员了解真相，并保证资金是按计划使用的。监控、实地考察以及成果检验都能增强可信度。

项目的副作用。基金会的影响力能产生意料之内的和意料之外的后果。评估通过记录这些后果，特别是那些可预见或可控的慈善力量的副产品，能起到很大作用。案例 8 和案例 9 举了两个例子，用于展示慈善机构的影响力是如何引发这些副作用的。

案例 8：绿色革命（Green Revolution）的演变

洛克菲勒基金会主席戈登·康韦（Gordon Conway）曾针对绿色革命的正面及负面影响写下了大量文字（Conway and Ruttan, 1999）。在 2003 年，康韦详述了他的基金会通过这一经历所学到的东西，以及他们会如何从缓解非洲饥饿问题的新方法中吸取相关经验。在接下来的工作中，一项重要原则就是要让社区、小农和非政府组织共同参与制定更好的"倾向穷人"的食品政策。

第一轮绿色革命运动向农民提供了新的谷物品种，以帮助他们提高农产品产量，也就是在每英亩土地上种出更多的小麦和稻米……催生这一举措的，是有关印度会于 20 世纪 60 年代陷入大规模饥荒的预测……。

绿色革命曾遭受各种批评，其中有正确的，也有错误的，有经过深思熟虑的，也有草率提出的。……它使得所有人承受的食品价格都下降了，包括城市和乡村的穷人。这非常重要，因为对穷人而言，食品开销所占的收入比例是最高的。在绿色革命之前，欠发达国家的半数人口都吃不饱；如今，这一比例已经降到了 1/5。绿色革命还大幅提高了乡村非农经济的雇工数，并使农业工资普遍上涨，尽管上涨路径各有不同。在整个亚洲地区，人均年收入增长了 7 倍，贫困人口的数量也迅速下降。在 1975 年，每 10 个亚洲人就有 6 个生活在贫困中；到了 1993 年，这一数字在东亚降到了 2 个，在南亚则是 4 个。

尽管如此，这次革命的缺陷也是确实存在的。这些缺陷既有环境方面的，也有社会方面的——在这幅历史素描中，我用的是非常粗略的笔触（新的谷物品种需要更多的水、化肥和农药，并且省略了翻土、轮作和为土壤施加有机肥这些劳动强度很高的作业）。但我们现在明白了，这些步骤对长期可持续发展极为关键。省略它们的后果包括水土流失、养分枯竭、地下水位下降和盐化。……这些新品种的种子和需要的投入品……都很贵，一般只有较富裕的农民（按西方标准来看仍然是很穷的）才能负担得起。那些“富人”变得更富，还在一些地区买断了穷人的土地——按批评家的说法，他们“把穷人赶了出去”。……到了 20 世纪 70 年代早期，很多和绿色革命相关的问题都已有了大量文献资料，人们对它们的理解也加深了。在之后的 20 年中，世界多个地区的政府……实施政策……以保证绿色革命更有利于穷人。对于新技术对南印度第二代居民的影响的村庄层面研究显示，小农户收入的上升比例要高于大农户，收入分布也有了一定改善。在印度的大部分地区，土地分配不均的状况也没有恶化……。

从绿色革命发轫至今，这个世界和洛克菲勒基金会都发生了相当大的变化。我们现在意识到了，要在社会、环境问题和新技术的应用之间取得平衡。……我们也力求抓住并利用全球化的机会：让流程更透明些，对偏远地区不利影响的报道更多些，有凭有据的批判更多些，以及在研讨结果要求对现有路线进行调整时，能够做出更迅速、更精准的反应（Conway，2003：1～6）。

案例 9：福特基金会推动纽约市学校分散治理的努力

这一提案使得原本就在扩大的非裔美国人和犹太人之间的裂痕愈加恶化。在历史上，这两组人群曾团结一致，争取到了多项民事权利。

[在 20 世纪 60 年代后期，福特基金会资助了] 对公立教育进行结构性调整的试验，特别是对纽约市教育系统的分散化管理。在 1967 年，麦乔治·邦迪（McGeorge Bundy，福特基金会主席）领导了一个由林赛市长（Mayor Lindsay）指定的专家小组，为学校改革献计献策。在该专家组发布报告之后，该基金会资助了教育委员会在黑人聚居区建立的两个“示范学区”。这就在实际上把各学区对学校的权力转授给了新成立的社区委员会。随后发生的地方委员会、教育

委员会和教师工会之间关于课程设置和雇佣、解雇教师的权利的争执直接导致了1968年的一系列教师罢工事件，并大大加剧了黑人和犹太人社区之间的紧张态势。福特基金会，特别是邦迪在整个事件中扮演的角色招致了大量批评。纽约市教师工会的领袖阿尔伯特·尚克(Albert Shanker)甚至进行了全国巡讲，提醒其他教师组织警惕慈善机构“不负责任的干预”背后的势力及其对他们地位的威胁(Nielsen，1972：357)。

人们可能会想，如果在一开始就先对相关方进行访谈，或是开展一次正式评估，是不是就能向基金会提出有关负面效应风险的预警。据我们了解，福特基金会似乎并没有就此改变策略，但既然它宣称的第一要务就是为少数族群谋福利，至少它应该事先权衡一下民权运动的潜在利弊，而前期的这些工作也能缓和一下公众的批评。

揭露错误的假设

评估常常对于揭露错误假设大有用处（Leviton，2003)。案例10就是一个简单的例子。对假设进行验证往往有助于坚持项目的初始目标，保证经费使用得当，并维护基金会的声誉。

对假设的这类检测为什么是必要的？这是因为，基金会常会依赖一个自己信任的精英专家圈子，而这些精英对事物的运行往往持有相同的假设。这些假设有时是错误的，或者至少是和这个圈子之外的项目利益相关者不一致的。在这一点上，慈善界并不特殊：错误但公认的假设也经常会造成商业和公共政策的失误（Allison and Zelikow，1999；Mitroff，1998)（这一点与第5章的中心论点密切相关，即：在规划项目和拨付经费时以及对结果进行评估时，兼收并蓄、广开言路能为慈善事业带来什么好处)。

案例 10：让社区领袖参与进来

在 20 世纪 90 年代早期，本文的第一作者为一些地方资助人进行了一次评估，重点关注为 3 个低收入少数族裔街区设立药物滥用服务一事的计划过程。在计划中，这些街区的社区领袖也会参与这一过程。其中有一个街区已经被这个城市的权力机构遗忘很久了。很长时间以来，这是资助人头一次就某一话题征询该社区的意见。当时，这些资助人以为自己知道这个社区的领袖是谁，但很显然，他们其实并不知道。在头一次会谈中，人们的不满情绪就爆发了。他们叫嚷着："你们甚至不知道我们真正的领袖是谁。他们在哪儿？为什么你们总是邀请［某机构］的人——他们不代表我们；他们是我们这儿的殖民者！"

那些资助人被人们的这种反应弄得十分诧异。不过，我们的评估为他们解决了这一困惑。评估报告指出，很多在低收入社区成功的举办会谈中，一开始居民们总是需要先发泄一下自己的失意和伤痛，并要试探一下对方是否是真心邀请他们参与会谈的。该报告还提供了一些在未来更好地识别社区领袖的方法。这一过程随着时间的推移仍时不时会出现一些紧张局面，但总体上还是取得了进展。时至今日，在该计划指导下开展的服务仍在延续。这份评估报告坚定了资助人继续在该社区开展活动的信心。

慈善组织的弱点

不论是作为组织还是个人，基金会在面对批评时都是脆弱的，不管批评的内容是否正确。在过去的一个世纪中，基金会的内部和外部人士都曾把基金会看成是精英主义的、享有过多特权的、势力过大的、有时甚至是执迷不悟的一种组织（Brilliant，2001；Cohen，2002；Council on Foundations，2003；Nielsen，1972）。

批评的后果

对于我们来说，比起基金会在面对声誉损害时的脆弱性，这些批评的公正性反倒不那么重要了。美国通过在税法中设置优惠条款，对基金会进行补贴（Porter and Kramer，1999）。当基金会受到批评时，就有可能面临失去这些税惠待遇的危险。例如，在20世纪70年代早期，国会创建了私人慈善和公共需求委员会（Commission on Private Philanthropy and Public Needs），目的就是“在20世纪60年代后期，一系列有关管理者劣行的丑闻和报道败坏了美国基金会原本纯洁的名声之后，澄清一下事实”（Cohen，2002，ii；另见：Brilliant，2001）。在2003年，众议院以一家重要基金会高管的薪酬过高为依据，提议不再把管理费用算入国税局为私募基金会设定的5%支出要求中。[①] 这一提案没能通过，但如果通过了，对于那些依靠内部专家和外包研究来贯彻执行其战略的基金会来说，就会是一场灾难（Foundation Center，2004）。

基金会文化都十分重视自身名誉的维护。外人往往很难理解他们的这一想法。基金会靠的是他们的“声誉”资本和财务资源，才能进行项目规划，并对整个领域的发展方向产生影响。一个慈善组织的好名声得到很不容易，但失去却很容易。基金会人士对联合劝募协会（United Way）在20世纪90年代早期爆发丑闻之后的遭遇仍心有余悸（Glaser，1994；Sinclair，2002）。从1992—1996年，联合劝募协会的善款收入仅仅增长了6.9%，而在同一时期，全美私人捐赠总额增长了24%（National Committee for Responsive Philanthropy，1998）。

价值体现

评估可以证明慈善活动的价值，从而对基金会可能遭受的批评做出回应。评估能够通过几种方式来展现慈善活动的价值，比如展示某个项目设计或项目干预的价值。不过（接下来的话对当前讨论十分关键），如果评估的另一大用处在于通过矫正基金会的错误路线，助其规避负面影响以及后续批评（Chelimsky，2001）。

---

① 根据美国联邦税法规定，私募基金会每年必须支出其净投资资产价值的5%用于慈善事业和管理费用。——译者注

受资助者眼中的评估过程

虽然本章的重点是基金会眼中的和基金会设计的评估，但当评估的重点较突出、目标较明确时，受资助者也能从中受益。尽管如此，鉴于评估使得他们处在了一个相对弱势的地位，并有可能因此而丧失对项目的控制权，他们的担心也是情有可原的了。

可预见的龃龉

基金会的势力使得受资助者对评估普遍产生了一种恐惧心理。因此，在基金会的受资助者和其委任的评估人员之间，也需要建立起信任和合作关系。就像在其他地方一样，我们看到了太多对评估的不配合反应。我们见到过采取防御姿态的受资助者因为越轨行为而伤及自身；我们也见到过评估人员由于思想僵化且不顾及受资助者自然产生的焦虑情绪，从而丧失了获取有用信息的可能。这些情况给人们一种印象，就是基金会对受资助者采取了高压政策。

评估和项目的相互依存

从实际角度出发，对基金会的评估往往依赖于项目本身的配合。这有助于使受资助者和评估人员两者的关系更为平衡，并建立起一种商业化的互惠协议。无论如何，评估人员都要对受资助方的工作人员进行访谈，以获取对项目进程的初步认知。此外还可能需要访谈项目的参与者，并借此评估项目效果。即便对数据的收集并不依赖于受资助者的配合（例如在有现成数据的情况下），公平起见，评估也需要表现出对项目的逻辑模型或变革理论的了解，以及对项目实施和收获过程中遇到的所谓障碍和助力的了解。因此，整个评估过程都必须要有受资助者的参与。从另一个方面说，人们对一件和他们的命运息息相关的事情也应该拥有知情权。当评估过程及结果在未来遭到攻击时，公正性（以及能够证明公正性的纸质记录）往往就是最佳保护。

结　论

对基金会的内部和外部环境都加以考虑的评估更有可能是高质量的、有意义的并且有用的。对于评估目的及其结果用途的预期也会影响到它的实用价值。本章引用的多个案例不仅展示了有效评估的潜力，也表现出了它的现实状况。

基金会的环境

就**基金会内部**而言，我们已经提出了三个左右着评估的选择的重要特征：

➢基金会**规模**（资产、开支和员工数）

• **不一定会**影响评估的质量和实用价值（见第 8 章和第 10 章）

• **会**影响评估的目的，因为大型基金会和小型基金会的项目目标往往并不相同（案例 1 和案例 2）

• **会**影响基金会员工及受资助者对评估的敏感度（案例 2、案例 3 和案例 10）

➢基金会**文化**（共有的价值观和期望值）

• 决定了评估是否受到重视（见第 3 章和第 8 章）

• 对某些评估方法比另一些方法更加看重（案例 1、案例 3、案例 4 和案例 6）

• 重视那些讨论了基金会的共同使命和基金会人员对公共利益看法的评估结果（不管是好的还是坏的；案例 1 至案例 5）

➢评估的**权责**分配

• 影响了评估相对于项目的独立性（Chelimsky，2001）

• 要求基金会项目人员和评估人员相互信任，权利共享，从而保证评估的有效性（案例 1、案例 3 和案例 10）

关于**基金会外部**，我们认为有三个重要的推动评估的因素。

➢基金会的社会**势力**

• 可能使基金会人员无法接触到事实真相，因此评估能够提供有关项目存在的问题和机会的信息（案例 7 和案例 10）

• 可能给资助行为带来意外的副作用，而评估或许能在早期发现这些副作用，从而对其进行矫正（案例 8 和案例 9）

• 可能导致基金会做出未经证实的假设，而一次从相反视角出发的评估会对此很有帮助（案例 7、案例 9 和案例 10）

➢基金会面对批评的**脆弱性**

• 催生了展示资助行为价值的需要

• 可能促使基金会依靠评估来避免公开犯错（案例 8 至案例 10）

➢受资助者**对评估过程的看法**（恐惧、认同度）

• 可能有助于也可能有损于评估工作（案例 3、案例 6 和案例 10）

• 可能导致对评估结果的接受或攻击（案例 3、案例 4 和案例 6）

• 可以通过一个公正透明的过程影响这些看法（案例 6 和案例 10）

由基金会开展的评估的一些建设性用法

在基金会内部，评估可以被用于以下任何一种用途：

• 由基金会人员进行尽职调查，从而预先获得关于某个提案的潜在效用或价值的信息（案例 4、案例 5 和案例 9）

• 减少对某个项目或战略的投资的不确定性（案例 4、案例 5、案例 8 和案例 10）

• 纠正投资人对于某种社会需求、某个项目策略或某项社会变革的政治氛围的错误假设（案例 7 至案例 10）

• 促使基金会工作人员就其资助策略或投资选择向理事会负责（案例 1、案例 3、案例 5 和案例 8）

• 向基金会的高管人员和理事会提供针对续资的合理性说明（见第 7 章；案例 1、案例 4 和案例 10）

在基金会外部，评估可以有以下用处：

• 使得受资助者一直要为绩效负责（案例 2、案例 3、案例 5 和案例 7）

• 向其他人阐释基金会做出选择的理论依据（案例 1、案例 2 和案例 8）

• 创建一个领域（见第 9 章；案例 1 和案例 8）

• 证实或推翻某个项目方案的价值，以吸引外部人士的关注和支持

（案例 1、案例 2、案例 4 和案例 8）

- “修理”偏离方向的投资（案例 1、案例 2、案例 7 和案例 8）
- 为追加投资向基金会人员提供针对续资的合理性说明（案例 4）

由基金会赞助的评估的改进之路

也许，评估最重要的作用，就在于它有可能扩大那些围绕项目投资和资助奖励展开的辩论的影响力。慈善活动仍然是一件极为私人化的事情，而正当的评估活动就能对这一过程起到去私人化的作用。其实现路径包括求助于利他主义和责任感——这也是许多基金会官员选择投身于慈善事业的崇高动机。当基金会人员把项目拨款看成投资组合的一部分，并认为自己应该为此承担受托责任时，这种方法就会特别有效。以此看来，对于这些资产组合的管理人来说，不管是正面的还是负面的评估结果都是重要信息。这些信息可被用于增加知识储备及改进项目，从而对整个领域起到提升作用。正面的评估结果可以为基金会改善某一领域的战略提供支持，同样，负面的评估结果也能将其未来的活动领向更新、更有成效的方向。

参考书目

Allison, G. T., & Zelikow, P. (1999). *Essence of decision: Explaining the Cuban missile crisis* (2nd ed.). Upper Saddle River, NJ: Pearson PTP.

Bickel, W., & Cooley, W. W. (1986). *Decision-oriented educational research* (Evaluation in Education and Human Services, no. 11). New York: Kluwer Academic Publishers.

Brilliant, E. L. (2001). *Private charity and public inquiry: A history of the Filer and Peterson Commissions*. Bloomington, IN: Indiana University Press.

Chelimsky, E. (2001). What evaluation could do to support foundations: A framework with nine component parts. *American Journal of Evaluation*, 22, 13—28.

Cohen, R. (2002). Introduction. In *The state of philanthropy*, 2002. Washington, DC: National Committee for Responsive Philanthropy (pp. iii-vii). Available at www.ncrp.org. Accessed June 17, 2003.

Conway, G. (2003, March 12). *From the green revolution to the biotechnology revolution: Food for poor people in the 21st century*. Woodrow Wilson International Center for Scholars Director's Forum. Availabe at www.rockfound.org/documents/

566/Conway. pdf. Accessed Juley 22，2003.

Conway，G.，& Ruttan，V. W. （1999）. *The doubly green revolution：Food for all in the twenty-first century*. Ithaca，NY：Comstock Publishing Association.

Council on Foundations. （2003）. *Council on Foundations，Inc. records*，1949—1981. New York：Rockefeller University. Available at www. rockefeller. edu/archive. ctr/council. html. Accessed June 18，2003.

Dennis，M. L. （1994）. Ethical and practical randomized field experiments. In J. S. Wholey，H. P. Hatry，and K. E. Newcomer（Eds.），*handbook of practical program evaluation*. San Francisco：Jossey-Bass.

Downs，A. （1994）. *Inside bureaucracy*（reissue ed.）. Prospect heights，IL：Waveland Press.

Emerson，J. （2003）. *Total foundation asset management：Exploring elements of engagement within philanthropic practice*. Available at www. redf. org. Accessed May 20，2003.

Foundation Center. （2004）. *Top U. S. foundations by total giving*. Available at fdncenter. org/research/trends_analysis/top100giving. html. Accessed May 27，2004.

Glaser，J. S. （1994）. *An insider's account of the United Way scandal：What went wrong and why*. New York：Wiley.

Hirschhorn，L.，Kelly，M.，& Gilmore，T. N. （2002）. *"Field" work in philanthropic strategy*. Contribution to the project，Improving the Practices of Philanthropy，supported by The Robert Wood Johnson Foundation，The Ewing Marion Kauffman Foundation，The John S. and James L. Knight Foundation，and The David and Lucile Pckard Foundation. Philadelphia：Center for Applied Research.

King，M.，& Opilhant，G. （2002）. Tough love. *H：The Magazine of the Heinz Endowments*，2，10—25. Available at http://www. heinz. org. Accessed July 9，2003.

Leviton，L. C. （2001）. Building evaluation's collective capacity：American Evaluation Association presidential address. *American Journal of Evaluation*，22，1—12.

Leviton，L. C. （2003）. Evaluation use：Advances，challenges，and application. *American Journal of Evaluation*，24，525—535.

Leviton，L. C.，& Hughes，E. F. X. （1981）. Research on the utilization of evaluations：A review andsynthesis. *Evaluation Review*，1981，5，525—547.

Mitroff，I. I.（1998）. *Smart thinking for crazy times：The art of solving the right problems*. San Francisco：Berrett-Koehler.

National Committee for Responsive Philanthropy. （1998）. *Charity in the workplace*, 1997. Whashington，DC：Author. Available at www. ncrp. org/reports/charity97. htm. Accessed March 28，2004.

Nielsen，W. A. （1972）. *The big foundations*. New York：Columbia University Press.

Patrizi，P. （2002）. *Briefing notes to the Evaluation II Roundtable*. Presented at the meeting of the Grantmakers Evaluation Network，Council on Foundations，Washington，DC，April 4，2002.

Porter，M. E.，& Kramer，M. R. （1999）. Philanthropy's new agenda：Creating value. *Harvard Business Review*，77，121—130.

Rossi，P. H.，Lipsey，M. W.，& Freeman，H. L. （2004）. *Evaluation：A systematic approach* （7th ed.）. Thousand Oaks，CA：Sage.

Sinclair，M. （2002，March 1）. William Aramony is back on the streets. Parsippany，NJ：*The NonProfit Times*. Available at www. nptimes. com/Mar02/npt2. html. Accessed April 15，2003.

Stevens，B.，Peikes，D.，& Patel，S. （2003）. Preliminary findings from the survey "When the Funding Stops." Princeton，NJ：Mathematica Policy Research. Manuscript submitted for publication.

Szanton，P. （2002）. *Toward more effective use of intermediaries*. A contribution to the project，Improving the Practices of Philanthropy，supported by The Robert Wood Johnson Foundation，The Iwing Marion Kauffman Foundation，The John S. and James L. Knight Foundation，and The David and Lucile Packard Foundation. Philadelphia：Center for Applied Research.

Weatherford，J. M. （1985）. *Tribes on the Hill：The U. S. Congress-Rituals and realities* （Rev. ed.）. New York：Bergin and Garvey.

第2章

从历史角度看基金会评估[①]

彼得·多布金·霍尔

即使是评估的支持者也承认，这是一个既费钱又费时的过程，而它的批评者更是认为其产出物的价值十分可疑，那为什么基金会还希望或需要对自身进行评估呢？本章通过回顾过去的半个世纪中，基金会决策者在试图评估自身的努力对于服务公众、促进社会变革以及向心存疑虑的公众证实私人慈善活动的影响力时说过、做过的事情，对这个问题进行了回答。

慈善业的发展历史为当代基金会的决策者们提供了非常有帮助的经验教训。由于基金会的官员、主管和经理不用承担市场压力和大部分其他形式的责任，他们也往往认为自己用不着关注历史。本章对评估学在基金会

---

① 利萨·柏林杰（Lisa Berlinger）、埃莉诺·布里连特（Eleanor Brilliant）、厄娜·盖利斯（Erna Gelles）、劳拉·莱维坦（Laura Leviton）、罗伯特·朗（Robert Long）、乔治亚·W·麦克丹尼尔（Georgia W. McDaniel）、马克·穆尔（Mark Moore）、安德鲁·莫里斯（Andrew Morris）、迈克尔·奥尼尔（Michael O'Neill）、马克·罗森曼（Mark Rosenman）、卡罗尔·H·韦斯（Carol H. Weiss）和罗伯特·瓦恩伯格（Robert Wineburg）分享了他们关于发展评估研究的想法和经验，我们对此深表感谢。

的应用历史进行了回顾，并提出，如果今天的慈善业领袖想要避免重蹈覆辙的话，最好是从历史中吸取教训。

管理学大师罗莎贝斯·莫斯·坎特（Rosabeth Moss Kanter）和大卫·V·萨默斯（David V. Summers）在1987年的文章中描述了非营利环境下评估问题的本质。他们写道：

> 非营利性机构不是以财务回报，而是以其使命或提供的服务来作为自身衡量标准的。而众所周知，服务是很难界定和衡量的。接受服务的顾客和提供服务的专业人士可能对其质量持有截然不同的看法，而资助人可能又有套不同标准。“做得好”代表了一种社会价值判断，对此很少有公认的标准。正是因为非营利性机构把社会价值而不是财务价值置于核心地位，才使得对它们的测量变得十分复杂（第154页）。

非营利性机构作为一类无主机构，同时又有着不确定的目标、不明确的技术和各种各样的相关者，因此，要为它设计出一种令人满意的绩效评估方法是非常困难的，甚至是做不到的。无独有偶，彼得·德鲁克（Peter Drucker）也在1968年的文中写道，任何对组织绩效的测量都是价值判断。

> 以床位——一种稀缺而昂贵的商品——利用率来衡量一家精神病院的效率，这听起来似乎是可行的。但是一项对退伍军人管理局（Veterans Administration）下属精神病院所做的研究发现，使用这一衡量标准会导致医院不让精神病人出院，而从治疗角度来说，这也许是医院能对病人做出的最糟糕的事了。但很显然地，利用率不足，或者说床位空置率，也不是合适的标准。那么，在我们对精神疾病少得可怜的知识范围内，应该如何衡量一家精神病院到底做得好不好呢？（Drucker，1968：196～197）

令这些问题变得更为复杂的是，作为无主的机构，我们并不清楚评估活动究竟应该对谁负责。是不是对资助人——用以证明对其拨款的高效使用或对其意图的忠实贯彻？还是对客户——用以保证服务质量？还是对理事和主管——用以展示经理层的能力？还是对政府机构和其他机构出资人——用以为其项目的有效性提供佐证？或是对普罗大众——用以证明通过免税和允许用捐款抵税等形式来补贴慈善是物有所值的？正如坎特（Kanter）和萨默斯（Summers）所说的，这些不同的人群很可能会倾向于采用不同的绩效标准。除了机构的理事会（在法律意义上也就是这个机构本身）和司法部长（代表公众利益）以外，没有任何人能以合乎法理的方式向基金会问责的。与此相反，股东、顾客、选民和议员都能要求——并在某些情况下拥有权力和法律地位去命令——商业公司和政府机构负责。

如果说非营利性机构普遍都较难评估的话，那么专门资助项目的基金会就是其中最棘手的一类。基金会常常把自己的目标定义得非常宽泛，比如洛克菲勒基金会的使命就是“为人类服务”，这就给予了它们的理事会极大权限去定义、修改其目标和方向（Fosdick，1952：22）。和大学、医院不同，基金会并不参与销售任何产品和服务，因此也不必对任何客户、顾客负责。同时，因为它们并不和其他企业构成竞争关系，也就没有义务把自己或自己的活动同其他资助人进行比较。由于基金会的主要工作就是管理自己它有的捐赠资产并分配收入，因此它们无需从个体捐款人、其他资助者或是政府机构寻求支持。同理，除了遵循和税务、法律以及受托关系相关的义务外，它们也没有任何义务向这些群体负责。

尽管在很多情况下，基金会都是由个人和家庭创办的，但出资人却无法要求自己的创造物对其接受的馈赠的用途负责。一旦完成了慈善捐赠，出资人在法律上就无权要求其按自己的意图行事了。尽管捐赠人可以通过加入理事会或是指派家庭成员和代表为理事会成员，来提高他们建立的基金会对其意愿保持忠诚的概率，但法律已经通过对这类实体进行更严格的监管审查，并减少这种限制条件下慈善捐赠所能享受的税收优惠，削弱了捐赠人对基金会的控制。无论如何，不管捐赠人如何费尽心机去保证基金会忠于他们的意愿，基金会通常都是长久存在的，随着时间的流逝和世代的更迭，捐赠人也无法保证自己的子孙就能对他/她的初始意图保持忠诚。

企业的存在是为了实现它们在章程中设立的目标，并最大化地对投资者的回报。政府机构的存在是为了履行它们在设立时被赋予的立法委任权。非营利性产品和服务生产者的存在是为了完成它们的使命。所有这些主体大都根据其所在的行业，需要遵守各种各样的职业或行业规范。比如说，所有的医院，不管是公立的、私有的，还是非营利性的，都必须获得执照并且依照相关政府规章制度开展经营活动。但大多数奖助型基金会的经营并未受到类似的公共或私人限制。除了需要履行一些常规的受托人和制度性义务以外，它们可以自由地按自己的想法来设定目标和宗旨，而不用对任何人负实际责任。

本章回顾了慈善业的近期历史，目的是探究基金会使用评估的原因、用途以及这些努力获得了多大程度的成功。我首先提出，基金会是在第二次世界大战之后10年的政治背景下，产生了应用评估技术的想法的。在那个年代，公众对税收变得越来越敏感，时不时就会爆发对富人和机构可能利用的法律漏洞的关注。其次，我会探讨基金会作为一类复杂组织的独特之处，并指出当决策是在很多不可定性的环境下做出的时候，评估能起到什么作用。最后，我考察了基金会对评估研究的应用以及基金会管理层对其实用价值的看法。我希望通过讨论这些问题，可以帮助相关从业人员理解评估的局限性以及在基金会圈子内部和外部的社会、政治力量——这些力量时不时地引发了对组织进行问责的诉求。

1953—1969年，被抨击的基金会

在20世纪50年代之前，基金会事实上是不受监管的。由于基金会的数量非常之少，而且是免税的，因此国税局对它们兴趣缺缺。第二次世界大战结束后，随着个人和公司税率的提高，这种特性大大增加了基金会对税务顾问和遗产规划师的吸引力。1945年以后，基金会的数量就像坐火箭一样地一路飙升。国会调查员很快就开始怀疑，其中有很多是为了避税而不是出于慈善目的而建立的，因此把注意力转向了基金会和其他免税机构。虽然基金会挺过了20世纪50年代初的两次国会调查，但那些有远见的基金会领袖还是担心，对他们的审查远未结束。

在这些人当中，为首的是拉塞尔·塞奇基金会（Russell Sage Foundation）的官员们。该基金会创建于1907年，也是首家现代奖助型基金会。虽然它的宗旨非常宽泛，即要把资源用于“改善美国的社会和生活现状”，但到了20世纪40年代，它已经把注意力集中到了跟踪慈善事业的发展和基金会的扩散上。它赞助编写了第一批基金会名录——这也是现在的标准汇编文件《基金会名录》（*The Foundation Directory*）的前身，其中第一份出版于1920年。从1946年起，它发起编写了一系列分析性刊物，用于辨析基金会的发展趋势和实践活动。

赛奇基金会组织了1956年的普林斯顿慈善史会议（the 1956 Princeton Conference on the History of Philanthropy），力求激发学者对有组织的慈善事业的兴趣（Russell Sage Foundation，1956）。它在建立基金会中心的过程中也处于领导地位，后者是一家以收集和传播与基金会有关的信息为己任的机构。基金会中心于1960年开始发行《基金会名录》，并创办了《基金会新闻》（*Foundation News*）——这本期刊现在由基金会委员会（Council on Foundations）以《基金会新闻和评论》（*Foundation News and Commentary*）的名称出版（Hall，1992）。

显然，赛奇基金会想要做的不仅仅是机械地收集信息并对基金会进行分析。从《基金会新闻》创刊伊始，其内容就清晰地传达了赛奇基金会对通过提倡公开透明、问责制和最佳做法来防止滥用职权并提高曝光度的关注。

赛奇基金会以及少数其他主要资助人的努力无法消除公众对基金会日渐增长的财富以及对其创办者和管理人动机的猜疑。在整个20世纪60年代，美国国会和财政部都把注意力集中在了基金会的可疑活动和对事务优先次序的可疑排列上。国会的敌意在由众议院筹款委员会（House Ways and Means Committee）和参议院金融委员会（Senate Finance Committee）举办的对1969年税改法案的听证会上达到了顶点。该法案增加了基金会的报告义务，对捐赠人的控制力和基金会对商业资产的过度持有做了限制，并规定基金会每年必须支出当年收入的一定比例。

有些慈善业的领军人物也和国会一样对基金会的行为表现存有疑虑，其中名声较大的有约翰·D·洛克菲勒三世（John D. Rockefeller Ⅲ）。当税改法案还在讨论过程中时，他就组建了一个全国性的特别工作组——基金会和私人慈善委员会（Commission on Foundations and Private Philanthropy），由工业家皮特·彼得森（Pete Peterson）带队，研究“所有会对基金会和私人慈善机构产生影响的事情”，从而做出“长期性政策建议”（Commission on Foundations and Private Philanthropy，1970：7）。在该委员会试图解决的所有问题中，有一个是最基本的：“基金会在提高大众福利方面是否较其他手段更有优势？”（第117页）

尽管该委员会无法就政府损失的税收和基金会创造的社会福利进行成本收益分析，但它提出，这些收益及其成本可以通过定量和定性的方法来评估。它在最终建议稿中题为《政府和非政府的项目评估》的一章中指出，“公正的评估”不仅对政府的政策和项目是有价值的，对包括基金会在内的其他机构也一样有价值（Commission on Foundations and Private Philanthropy，1970：129～130）。这种评估除了为项目策划者和政策制定者创造实际效益外，对基金会业绩的“定期评估”“一旦与公众分享……就会有助于弱化基金会活动的神秘感，并传达基金会对公众看法的重视，而这在之前并不常见”（第130～131页）。

尽管该委员会的报告对于税改法案的内容并未产生影响，对各基金会本身也影响甚小，但它无疑鼓舞了赛奇基金会的人员开始去研究评估技术的潜力以及它们对基金会和基金会活动的适用性。作为一家主要关注社会福利政策并且与社会学家的合作比大多数资助者都要紧密的机构，赛奇基金会在评估研究这一新兴领域的开发方面具有无可比拟的优势（Glenn，Brandt and Andrews，1947；Hammack and Wheeler，1994）。

基金会评估研究的起源

各式各样的评估都和社会改革运动有一定的历史联系。从19世纪中期起，提倡“道德地对待”精神病患者的公共卫生倡导者和医生开始使用统计方法来证明这一做法的有效性。美国卫生委员会（United States Sanitary Commission）——一家由政府授权负责军队卫生和缓解痛苦的私营机构——的内战时期报告就以丰富的数据证明了由专业人士运营的项目价值。在这次战争结束后的10年中，国有慈善委员会和私营慈善机构社团纷纷开始运用数据来解决问题并证明“科学慈善”——即致力于根治社会问题而不仅仅是对其受害者提供救助的慈善行为——的经济和社会效益（Frederickson，1965；Lagemann，2000）。

在整个20世纪，拉塞尔·赛奇基金会一直将这种识别并解决社会问题的方法作为私人慈善业和政府社会福利政策改革的产物来加以推广。因此，在1969年税改法案获准通过，而彼得森委员会（Peterson Commission）的报告也得以发表之后，它成为首家严肃对待评估的基金会也就不足为奇了。在1973年，曾于1964—1972年担任该基金会主席的社会学家小奥维尔·G·布里姆（Orville G. Brim Jr.）为美国大会（American Assembly）编辑出版的《基金会的未来》（The Future of Foundations）一书撰写了一篇题为《我们知不知道自己在做什么?》（Do We Know What We Are Doing?）的文风坦率的文章，这本书也是那个年代最有影响力的关于公共政策的专题讨论（Heimann，1973）。在该文中，布里姆不仅激烈抨击了基金会在信息不充分情况下的决策质量以及它们与公众实际生活的脱节，还就赛奇基金会对评估方法的发展和应用做了详细介绍。作者通过强调赛奇基金会对基金会慈善业的未来的全面关注，对这些内容做了一个归纳。布里姆（1973：220）写道：

公众机构在基金会的成败中也有一定的利害关系。1969年的税改法案迫使基金会设法证明自己以一种有别于政府和企业活动的方式，在社会和政治层面对多元主义作出了贡献。

需要注意的是，在过去20年中，“公众对于自身是否从私营基金会的免税待遇中获得了对应的好处，表现出了极大关心”。布里姆认为，“通过评估获得的知识”“不仅满足了基金会管理者的个人兴趣”，还可能“帮助他们维持这类机构在美国人的生活中的存在”（第220页）。

布里姆列举了五类可能有助于实现这些目标的信息：（1）由基金会管理层、受资助者和其他利益相关者对特定项目的成败做出的评估；（2）对同类项目在经营方面的比较；（3）帮助基金会项目策划人员对其活动领域进行的项目间比较分析；（4）对各家基金会在锁定并有效解决问题方面的相对成功率的比较；（5）对基金会和“其他致力于生产公共品的公共及私营机构”的目标和活动进行的比较（第222页）。

接下来，布里姆对当时评估研究的基本概念进行了总结。他写道：

评估研究就是运用社会研究方法为管理者提供有关其行为后果的准确信息。其主要目标就是衡量项目收益，特别是那些和项目的预定目标对应的收益，并将其与花费的成本联系起来。更确切地说，评估研究必须确定项目目标的完成情况、关键性项目参数的相对影响以及项目本身相对于外部参数及影响的角色（1973：226）。

通过引用爱德华·A·萨奇曼（Edward A. Suchman）——他的开创性专著《评估性研究》（Evaluative Research）（1967）是由赛奇基金会资助并出版的——的论述，布里姆把管理者、政治家和记者使用的“主观评估程序”与“实际的”“明确的”评估根据以下标准区分了开来：

(1) 对项目目标（包括基本假设）的全面检验；(2) 专门为这些目标制定相应的可测标准；(3) 创造可控情境，从而确定这些目标的进展情况以及造成了多大的负面作用（第226～227页）。

在开始介绍赛奇基金会的评估努力之前，布里姆对“基金会评估的现状”进行了评价。他注意到了基金会圈子内外对评估的“持续敦促”，并发现人们对正规评估的实际兴趣并不大，理解也不够深入。“基金会的管理者似乎受困于慈善界关于决策方法的传统经验，”他写道，“传统观念有很大一部分是由未经验证的传言组成的，这些成为了用事实说话的评估信息的快餐式替代品”（第228页）。他呼吁大家对有限的几次已知评估努力给予关注，包括“萨奇曼（Suchman）和里克（Ricker）对莫里斯·福尔克医学基金（Maurice Falk Medical Fund）的研究，尤金·斯特拉克夫（Eugene Struckoff）对纽黑文基金会（New Haven Foundation）的研究，温斯顿·富兰克林（Winston Franklin）对凯特林基金会（Kettering Foundation）的评估，以及洛克菲勒、斯隆、福特和马克尔基金会对一些特定项目的评估”（第230页）。

赛奇基金会开展过的最重要的评估活动就是耗时1年，对其在过去10年中所有项目开展的一次分析。该活动由1名外部人员——纽约城市大学（CUNY）的社会学教授林赛·邱吉尔（Lindsay Churchill，曾是赛奇基金会的工作人员）带队，由布里姆和其他两位基金会雇员协助，共评估了110个研究项目、11个研究和培训项目、10个学术奖金项目、16个传播项目（对出版及会议的资助）和15项对访问学者的资助，采用的信息包括基金会文档中有关项目和受资助者的文字资料以及一个对项目主管的调查，在调查中，他们被要求对自己负责的由赛奇基金会资助的项目进行影响评估。按布里姆的说法，该研究引出的问题似乎比它解决的还要多。评估人员得出了一个充分量化的排名，却不清楚这一信息究竟代表了什么：

如果我们在对成功的各种衡量标准与项目特征、运营方式之间找不到很强的正的或负的相关性的话，就必须考虑至少三种潜在原因。第一，原因可能在于对成功度的不可靠的或不正确的等级划分。第二，我们使用的一系列潜在预测因子中，可能缺失了一些真正能对成功程度产生重大影响的因素，也就是说，我们的记录中可能缺少了这部分信息，也没想过去索要这些信息。或者第三，也许我们对成功度的衡量和预测因子都是符合要求的，而之所以找不到项目成果和我们之前用做预测因素的项目、管理特征之间的显著联系，是因为项目成败受到了太多偶然因素的影响，也就是说，在某个项目的进行过程中，有很多无法预期且分布不规律的因素。我们完全可以想象，这对“理性的”基金会管理准则意味着什么（第 238 页）。

如布里姆发现的那样，根据“实际的”“明确的”以结果为导向的假设对复杂的环境和组织进行评估是一回事，而要获得真能指导基金会决策者的重要的、可靠的发现就完全是另一回事了，不管这种发现能在多大程度上被量化。

尽管布里姆在文章的结论部分鼓励继续发展基金会环境下的评估，并列举了一系列基金会可用于了解自身运营情况和公众看法的方法，但他未能足够有力地证明评估可以在基金会得到有效应用，这也许解释了为什么第二个大型的全国性非营利性机构专家组——法勒委员会（Filer Commission，即 1974—1979 Commission on Private Philanthropy and Public Needs，它也是应约翰·D·洛克菲勒三世的要求组建的）对该话题鲜有评论，以及为什么 1978 年后兴起的对非营利性机构的学术研究没有把评估列为一个主要课题方向（Commission on Private Philanthropy and Public Needs，1975，1977；Brewster，Lindbloom and Simon，1975）。看来，通过把基金会包装成一种涵盖范围更广的组织类型——“非营利部门”——的一部分，资助者们就和其他慈善机构一样，享有了钻进由公众认可织成的温暖的被窝里的权利（Karl，1987）。这样一来，基金会就感觉不到证明自身存在意义的必要了。

大社会立法，保守的革命和评估研究的发展

评估研究发展的真正动力来自两处：（1）政府；（2）社会和行为科学。社会科学学科总是认为自己的作用是努力为社会和经济变革提供信

息、找出问题并提供解决方案。第二次世界大战结束后，随着政府职能和规模的扩张，学者们也试图将自身专业的应用扩展到新的政策和实践领域。这种做法激发了开发策划、评估政府干预的方法的热情。在20世纪60年代，联邦政府开展了多项旨在消除贫困的重大社会工程。在社会和政策学家的敦促下，其中很多项目都被要求进行评估，并为此划拨了专项经费。1964年的经济机会法案（Economic Opportunity Act of 1964）和1965年的中小学教育法案（Elementary and Secondary Education Act of 1965），作为大社会立法（Great Society Legislation）中的主要法案，都要求评估并提供了经费。据布里姆（1973：239）所说，“在1970财政年度中，联邦政府在社会福利和社会服务、住房、教育等领域大概投入了4 500万～5 000万美元用于评估研究，其中最大的一笔经费拨给了健康、教育和福利部（Department of Health，Education，and Welfare）”。

像1972年刊发的《评估：社会服务决策者的论坛》（Evaluation：A Forum for Human Services Decision-Makers）这样的出版物证实了评估研究的真正动力来源和创新来源是公共而不是私营部门。这本杂志由国家心理健康研究所（National Institute of Mental Health）出资，由明尼阿波利斯医学研究基金会（Minneapolis Medical Research Foundation）出版。它的创刊号重点推出了一篇由明尼苏达州议员沃尔特·蒙代尔（Walter Mondale）撰写的题为《社会核算、评估和社会服务的未来》的文章以及对尼克松政府的健康、教育和福利秘书埃利奥特·理查森（Elliot Richardson）进行的采访。编辑苏珊·萨拉辛（Susan Salasin）阐述了该期刊对评估的潜在作用的看法。她写道：

在当代有关评估的所有文章或讨论中，有一个问题总是或隐或显地被提出：“它到底有什么用?”有些人公开抨击当前可用的评估方法，有些人则抱怨评估成果并未得到利用，还有一些人在看到评估揭露出的社会服务项目的不足之处后裹足不前（Salasin，1972：2）。

萨拉辛还认为，比起关于评估有效性的问题，更基本的问题是我们对其过程抱有怎样的预期：

如果我们问自己，评估给我们带来了什么，我们给不出确切的答案，但我们却能发现评估的一项新功能。我们可以先不讨论评估做不到的，而是讨论它所能做到的。此处介绍的经验显示，通过评估，的确可以发现社会服务项目的一些问题。评估突出了一个事实，那就是我们自认为能做到的要多于实际能做到的。从这个角度来看，评估是一件可贵的、有效的工具，它能帮助我们找出项目中存在的问题，并让我们在向别人承诺帮助内容时保持客观。

萨拉辛把**评估**定义为“一件用于发现问题、看清事实的工具”以及“一场致力于检验我们的社会服务项目质量并指出怎样才能做得更好的社会运动”。这样的定义显然表明，萨拉辛把评估当成了一种维持公众对社会服务的投入的工具。这种做法也清楚地反映出，《评估》一刊的自我定位是为福利国家的进步而服务。同时，由她执笔的社论提出，由于评估的使用方法、使用对象及使用目的都牵扯了很多政治和金融利益，这一学科及其方法的发展必然不会在象牙塔圈起来的遥远的世外桃源里进行，而会发生在动荡的政治环境中。这一时期，美国在公共部门对年幼的、贫穷的和残疾的公民应负什么责任这一问题上出现了越来越大的分歧。

有疑点的成果、受到质疑的方法和政治冲突都未能阻挡评估研究前进的步伐。该领域的持续扩张由 1978 年两份新期刊的创立就可见一斑，它们分别是《评估和项目策划：国际性期刊》（Evaluation and Program Planning：An International Journal and Evaluation Quarterly）和《评估学季刊》（Evaluation Quarterly，后来改名为《评估学评论》，Evaluation Review）。

《评估学季刊》创刊号的主打文章作者彼得·罗西（Peter Rossi）是美国社会学界一颗冉冉升起的新星。该文作为一篇评估研究发展状况的分析文章，对之前 10 年中的重大评估活动做出了评价（Rossi and Wright，1977）。文章的结论是，尽管评估努力中有一些已经做到了最好，但大多数还是远远不足的。“现阶段的平均技术水平要远远低于这里描述的水平”（第 1 页）。到了 20 世纪 80 年代，评估研究无疑已经确立了自己作为一种可靠技术的地位。尽管对它的目标、理念和方法还存在争议，但它已经拥有了自己的学术期刊、课程和培训项目，从而由应用社会科学的边缘踏入了彻底制度化（或者也彻底合理化了）的阶段。当这一切都已就绪时，它开始吸引了来自基金会管理者和行业协会的关注。

1972—1980年，基金会评估的先驱

罗伯特·伍德·约翰逊基金会对评估的热衷推动了20世纪80年代非营利性机构对该领域兴趣的增长，这点是毋庸置疑的。该基金会是由医药巨头强生公司的总裁罗伯特·伍德·约翰逊将军创建的。当它于1972年开始运营时，乃是美国第二大基金会（Nielsen，1985；Rogers，1987）。它的理事会成员对于基金会的使命和项目拥有很宽泛的决定权。他们选择了用商业视角来看待慈善义务，并决定“约翰逊基金会应该是‘富有成效的’，也就是具有明确的目标和优先考虑、按时完成任务、展示成果并远离麻烦”（Nielsen，1985：123）。它的员工主要是由大卫·罗杰斯（David Rogers）领导下的医生和卫生政策专家组成的，并采取了积极的、改革导向型的方针。他们并没有采用资助医院建设、医学研究和教育这样的传统模式，而是寻找并力求解决像基本卫生保健服务的缺失、卫生保健服务的分配不公这样的政策性问题（第124页）。这种干预“野外试验型”政策的倾向是以“由第三方”对这些干预“的结果进行客观评估”作为前提的（第125页）。

《评估和项目策划》的首篇文章就记述了约翰逊基金会对评估研究的应用，作为与整个基金会圈子对评估研究的应用情况的一个对比。这篇文章是由基金会主席大卫·罗杰斯、工作人员琳达·艾肯（Linda Aiken）和罗伯特·布伦登（Robert Blendon），以及加州大学洛杉矶分校的社会学家霍华德·E·弗里曼（Howard E. Freeman）合写的。它不厌其烦地要把罗伯特·伍德·约翰逊基金会所做的和“‘评估’一词在基金会圈子里的典型含义”区分开来（Aiken，Blendon，Rogers and Freeman，1980：120）。“很多大型基金会‘评估’他们的资助项目”，他们如是写道：

> 从这个意义来说，评估常常被用于描述基金会评判某名受资助者的项目进展情况的常规方法。尽管这种评估看似提供了一种评价某种努力的“价值”的明确而理性的基础，实际上却并不常以列举客观事实和证据的方式来公正地记录有关项目在开展过程中，是否改善了人们的生活或是提高了某个组织的业绩。我们可以毫不夸张地说，它们通常只是基于资助期

间的一些相关的不系统信息做出的一种主观判断。

与此相反，罗伯特·伍德·约翰逊基金会“采用了社会学研究的做法，包括系统采集真实数据以及使用恰当的分析方法，从而获得一个可以复制的结论，并据此判断某个项目的实施过程和结果是成功了还是失败了”(第121页)。这些努力主要集中在两点上：(1) 待解决的问题的严重程度（哪些人受到了影响、影响程度以及持续时间）；(2) 通过监测和影响力研究来定量分析项目在多大程度上影响了卫生保健问题。

由于此前没有关于卫生保健可获得性问题的可靠数据，约翰逊基金会从一开始就赞助了一系列基线研究，旨在测量“美国人民在获取理想的医疗服务方面遇到了多大困难，以及这一问题应该在多大程度上归结于医疗资源的缺失或是专科医生与其他医疗服务提供者之间的数量失衡”（第122页)。这些研究后来成为了评估基金会项目影响力的标杆。

尽管罗伯特·伍德·约翰逊基金会一直是评估的铁杆支持者，并且在1980年还自称有20多项这样的活动正在进行当中，但其也坦然承认了这一举措的困难本质。罗杰斯和他的合著者写道：

随着评估项目的开展，我们也越来越明白为什么基金会很少进行这类研究了。私募基金会应不应该为“评估”自己的项目投入重资呢？这个问题的答案并不像彼得森委员会的报告结论那么明显。评估是一项昂贵的活动，而且，若要回答具有普遍性的重要问题，就必须在评估的设计和实施过程中极度审慎。

对于那些牵涉到很多人和机构的复杂项目，相应的评估工具是很不完善的。这类调研活动往往需要开展旷日持久的数据收集工作，而且需要持久的关注和耐心才能保持不偏离正轨（Aiken等人，1980：127)。

鉴于一次跨区域评估的花费动辄上百万美元，在那个全国21 000家资助机构中仅有50家的年开支超过了400万美元的年代，这种活动显然已经超出了大多数基金会的支付能力。“因此，”他们总结道，“仅仅是对3～4个资助项目认真地做一次独立评估的费用，就已经超出了全国95％的私营基金会的负担能力”(第127页)。评估活动同时还需要“几乎全身心投入该类项目的设计和监督的训练有素的研究人员”，而在那个年代，只有2％的基金会拥有专业人员。最后，和约翰逊基金会的那些被设计成能产生可测结果的项目不同，大多数基金会的项目都是“难以客观评估的”（第128页）。虽然这篇文章的结论是，评估对约翰逊基金会是很有帮助的，但它在结尾处断言，评估费用“很可能对全国99%的基金会来说都太贵了”（第128页）。

评估的局限性

大卫·罗杰斯于1987年从罗伯特·伍德·约翰逊基金会主席任上退休。他在《基金会新闻》——一本由全国资助机构的行业协会即基金会委员会出版的杂志——发表了一篇文章，回顾自己在任期间的成就，并重申了自己对评估价值的信心。罗杰斯并未宣称评估提供了对项目影响的可靠测度，而是指出它的主要贡献是在组织意义上的。通过把注意力集中于受资助项目的成果而不是“我们或我们的受资助者获得该成果”的过程，评估使得基金会人员——“一群有着五花八门的价值体系和政治理念的人”——能够就“项目重点”达成一致（Rogers，1987：49）。这一评论揭示了当时很少有评估研究人员愿意承认的关于评估的一个事实：评估的主要价值并不在于对基金会干预的影响做出“客观的”测度，而是减少捐赠型机构内部的不确定性和争议。

早在1973年，哥伦比亚大学评估研究的先行者卡罗尔·H·韦斯（Carol H. Weiss）就在《评估》上发表了一篇题为《当政治和评估研究相遇》（Where Politics and Evaluation Research Meet）的警示性文章，呼吁对该问题进行关注。虽然“评估研究是一种理性的活动，”她写道，“但它必然发生在某种政治环境中”（Weiss，1973b：37）。接下来，她概括了政治“侵扰”评估的三种主要方式。首先，她提出，“作为评估对象的政策和项目是政治决策的产物，它们的提出、确定、讨论、执行和经费的获得都要通过政治过程来实现。”其次，评估的目的是为政治人物的决策提供信息，因此其结果必然会带来政治后果。第三，她认为，“[评估] 从本质上就得就一些问题表达政治立场，例如一些项目的困难本质和另一些项目的不可挑战性，项目目标和战略的合理性，渐进式改革策略的效果，甚至还包括社会科学家在政策和项目形成过程中的适当角色”（第37页）。

韦斯主张，评估人员要想变得“有创造性并且在战略上有价值”，就必须对“评估研究中的政治”具有敏感性，包括“系统中其他参与者的兴趣和动机，评估人员自己有意无意扮演的角色”，以及“实际应用评估结果的可能性和限制”（第38页）。韦斯清醒地认识到了在这样的政治环境中，评估可能和它的表面目的——衡量项目的成败——毫无关系。她写道，政策制定者的决定“植根于复杂的民主决策过程”。出于这个原因，和一个项目开展得好坏比起来，更重要的可能是该项目是否“和盛行的价值观相符合，能让选民满意，或者是否能起到偿还政治债务的作用”（第40页）。她注意到，正因如此，才使得评估研究看上去对公共政策的制定和再制定影响甚小。

在一种情况下，评估研究最有可能影响决策，那就是当研究人员接受了决策者的价值观、假设和目标的时候。“这明显意味着，”她写道，“决策者们只注意并使用那些符合他们心意的结果。”这表明，评估做得更多的是维护组织机构的政治及心理平衡，而不是对其影响进行客观测度。这也是大卫·罗杰斯后来在评价约翰逊基金会相关活动的影响时得出的结论。她观察到，正是社会科学家们评估项目的意愿“给这一行动披上了一层合理的外衣”（第41页）。

最后，韦斯总结道：“目前对于那些想为社会工程的改进作出贡献的社会科学家来说，可能还有比评估研究更有效的途径”——更确切地说，是“研究那些延续了某些社会问题的社会项目的流程和组织架构，以及社会科学在该类研究中更多的参与”（第45页）。

评估研究虽然存在显著弱点，特别是对基金会而言，但到了20世纪80年代中期，对于这一话题的兴趣还是有所加强。这颇为令人费解了。如果出版物的数量能作为证据的话，我们就会发现，在20世纪70年代早期拉塞尔·赛奇基金会和罗伯特·伍德·约翰逊基金会的行动之后，就连评估人员自己也对基金会兴趣缺缺。但在1981年，西北地区教育实验室（Northwest Regional Educational Laboratory）的尼克·L·史密斯（Nick L. Smith）公布了一项国立教育学院（National Institute of Education）对基金会的评估投入的研究结果。在同一时期，基金会的行业出版物和非营利性机构的学术期刊上出现了越来越多有关评估的文章。

史密斯的文章于1985年春季发表在了《评估学评论》上。文章一开头就呼吁人们注意以下事实：随着已经完全控制了保守革命的联邦政府

“倡议加大私营部门对社会项目的支持”，“原本来可用于评估的资源开始缩减”。“评估研究人员在寻找更广泛的资金支持，”他指出，“并询问基金会能否成为评估经费的一项来源”（Smith，1981：215）。随着联邦资金逐渐枯竭，评估研究人员开始寻找新的市场。史密斯提出：“基金会每年拨付的资金多达数十亿，因此它们在改进评估方法和实践方面拥有巨大潜力”（第 216 页）。

尽管史密斯就基金会的类型和规模以及它们采用过的评估类型为读者提供了一个很好的概述，但奇怪的是，对于大卫·罗杰斯和他在罗伯特·伍德·约翰逊基金会的同事 5 年前在评价自身的评估努力时提出的忠告，他却只字未提。该文的重点明显是基金会评估带来的机会，而不是它面临的障碍，其中最值得注意的就是，只有少数基金会能负担得起评估研究的费用或是雇佣足够的人员，以及在评估无法量化的结果时会遇到的困难。

在全国 450 家主要基金会中，史密斯只发现了由 76 家资助的 205 项评估。其中大多数是由几家基金会完成的：福特（22 项）、礼来基金会（Lilly Endowment，14 项）、凯洛格（12 项）、罗伯特·伍德·约翰逊（9 项）、克利夫兰基金会（Cleveland Foundation，8 项）、查尔斯·斯图尔特·莫特（Charles Stewart Mott，6 项）和马克尔（Markle，6 项）。这些基金会的平均出资规模大小不一，最大的是罗伯特·伍德·约翰逊基金会，9 个项目平均 338 026 美元，最小的是克利夫兰基金会，8 个项目平均 34 793 美元。绝大部分评估经费和合同都给了研究性大学，尽管有一家咨询公司——电视观众评估（Television Audience Assessment）——也是一个重要的受资助者。

史密斯的发现有些令人沮丧。他注意到，和基金会拥有的资源相比，它们对评估研究的应用少得可怜，而且已完成的大多数评估的产物只有内部文件，没有任何公开资料（这也强化了以下看法，即评估被基金会用来对付内部矛盾，而不是唤起公众对它们工作的支持）。史密斯在文章末尾附了一篇后记，内容是指导基金会资助的潜在申请者如何在被资助的情况下做研究以及如何和基金会打交道。他写道：“要把评估研究人员的兴趣和合适的基金会匹配起来，需要付出很多努力。”

在史密斯的文章发表于《评估学评论》之后的几个月，基金会协会的双月刊《基金会新闻》就刊登了一篇有关评估的重要专题文章（Butt，

1985)。这篇文章是由西北地区基金会（Northwest Area Foundation）的玛莎·巴特（Martha Butt）撰写的。它对各类评估及其应用给予了热情洋溢的称赞和详细的综述。她建议使用那些可以提供“极为宝贵的客观性、自主性和可靠性等特性”的独立顾问（第 29 页）。尽管该文在侧边栏内对评估的局限性也给出了一些警示，比如罗伯特·博思韦尔（Robert Bothwell）敦促资助人在慈善活动中把受资助者看成伙伴而不是二等公民，但文章的主旨是积极的。显然，它努力想帮助评估研究人员在基金会圈子里打开市场。西北地区基金会作为最受尊敬且创新意识最强的区域性资助机构之一，旗帜鲜明地为评估摇旗呐喊，这一举动必然在全国范围内引起反响。

评估的普及

到了 20 世纪 80 年代末，评估对于非营利性机构来说已经变得很普遍了。像基金会委员会（Council on Foundations）和独立部门（Independent Sector）这样重要的慈善行业组织都积极地对评估进行鼓吹，还出版了评估资源指南和倡导性备忘录，并在年会上举办评估讲座。1987 年之后的几乎每一年，《基金会新闻》都至少会有一篇重要文章是关于评估的。该行业的出版物——包括《非营利世界》（Nonprofit World，由以从业者为对象的非营利管理协会（Nonprofit Management Association）出版）、《慈善编年史》（Chronicle of Philanthropy）和《非营利组织时报》（Nonprofit Times）——在 1987—2002 年共刊登了 21 篇有关评估的文章。在 1990 年以前一直无视评估的非营利性组织的学术期刊《非营利与志愿组织季刊》（Nonprofit and Voluntary Sector Quarterly）、《非营利管理与领导》（Nonprofit Management and Leadership）和《意志》（Voluntas）也开始发表这一主题的文章了。从 1995—2002 年，这些期刊共刊登了 15 篇关于评估的文章，其中大多数是由之前从未写过相关文章的学者写的。专业出版物和学术出版物发表的有关评估的文章基本上覆盖了有非营利性活动的所有行业——艺术和文化、教育、卫生保健和社会服务。

对评估的兴趣为什么在 20 世纪 90 年代增长得如此迅速？评估的缺陷是否已经被技术上的显著进步克服了？非营利部门是否在一些基本面上发

生了改变，使得各家机构转而追捧一些以前往往不屑于去做的困难而昂贵的活动？还是说某些力量改变了非营利性组织的内在动力和非营利性部门的构成？

以上三种因素可能都推动了基金会和其他非营利性机构接受评估作为其工作的一部分。卡罗尔·韦斯相信，从像爱德华·萨奇曼这样的先驱于20世纪60年代表现出对可量化标准和实验方法的无条件信任开始，评估学已经进步了很多。她认为目前的评估方法在处理定性问题上要有效得多。当然，她本人在创建一种充分情境化的评估方法以及在帮助评估人员认识复杂组织的复杂性等方面作出的贡献也推动了该领域的进步。专注于定性问题的能力以及评估类型范围的扩大无疑使评估变得更加易学易用（Alie and Seita，1997：40～49）。

毋庸置疑，非营利部门的两大主要趋势提高了对评估研究或者至少是评估术语的接受程度。其中之一就是新创建的基金会数量于20世纪90年代有了一个大幅提升。正如基金会中心（Foundation Center）主席、卡耐基基金会（Carnegie Corporation）前主管萨拉·恩格尔哈特（Sara Engelhardt）在一次采访中指出的，现存的所有基金会中，有半数是在过去的20年中成立的（Saidel，2002：489）。基金会的迅速增加使得大量捐助人和受托人进入慈善界，其中大多数人都来自结果导向型的高科技行业。他们希望能看到自己慷慨付出的成果，而不管这个愿望是否现实。另一个变化则是非营利性机构管理层的职业化，特别是让管理者在商学院和公共管理学院接受培训。很多这类学校都在课程设置中加入了评估课程。接受过职业训练的经理人非常清楚捐助人和基金理事会能从评估术语中获得什么样的心理安慰，哪怕它与事实有出入。

这场评估运动是否有任何实质性的内容，目前尚无定论。恩格尔哈特说：

很多基金会在决定开展评估时，就已经落入了一个陷阱。它们并不是真对评估的要求和意义有什么兴趣，但它们感觉到了要求它们开展评估的压力。它们以为这样做就能帮到受资助者，但我不认为这真有什么用。事实上，在20世纪80年代中期，我还在担任基金会委员会的研究委员会主席时，它的基金会成员曾经就如何开展评估活动向我们求助，因此我们决定编一本评估手册，用于收集记录好的基金会评估模式。于是我们开始向基金会征集它们自认为有用的评估案例。我们收到的回复糟糕透顶，简直令人难以置信，比如有的所谓评估就是数一下收到了几份申请。甚至还有比这更糟的。显然，对于评估是什么、需要什么以及好的评估能告诉我们什么，人们的了解是非常贫乏的（Saidel，2002：493）。

无疑，《非营利世界》1997年做的调查“谁在使用评估”显示，20世纪80年代之后，情况并没有多少好转。这篇文章把“正式评估”定义为“对方案、项目、资助申请等对象的价值或作用进行系统调查”（Alie and Seita，1997：4）。这种方法主要依靠的信息包括书面报告、实地考察、间接联系、财务报告、客户数量、鉴定和许可情况以及对管理方法的分析——这和拉塞尔·赛奇基金会的布里姆、罗伯特·伍德·约翰逊基金会的罗杰斯心目中的硬数据大相径庭。

恩格尔哈特本人根据她30年来观察基金会的评估尝试的经验，对其价值持怀疑态度。在她看来，来自基金会理事会的内部压力在促使资助机构使用评估一事上扮演了重要角色。

在那些员工人数较多的基金会中，理事会成员通常并不是慈善界的，而是来自商界或是其他行业。由于在慈善业，你看不到以前在别处见过的巨大债务杠杆和巨大收益，因此就连理事会成员自己也需要去摸索该如何定义成功。有些基金会当时（20世纪70年代）就开始尝试开展评估，并在此过程中发现了这样一个真理：一般来说，除了告诉你在某个项目经理的选择上有没有赌对人以外，评估给不出任何有用的信息。通常，项目的成败无法归因于策略问题，而是更多地取决于其他因素。而且，要想通过分析项目成果来获得一些很有用的信息，所需花费往往超过了项目本身的花费。他们还发现，即使评估给出了一些问题的答案，也往往得不到正确使用，原因就在于人们并不信任评估（Saidel，1992：492）。

尽管恩格尔哈特觉得对评估的兴趣有所下降，但她也注意到了20世纪90年代后期关注度的猛增，并把它看成“实际上源于评估学领域的新研究，与基金会以及它们支持的特定研究项目关系不大”（第49页）。（我认为这一观点是错误的。）她继续写道：

我的个人看法是，评估作为资助周期和过程的一部分，还没有完善到能产生很大作用的程度。每一份续资申请、每一次续资都伴有某种评估。

这类评估的工作人员对项目运行的好坏以及原因做出价值判断，并常常对战略、人员配置或他们认为需要改进的其他地方进行调整。尽管这和没有评估的情况的确有些区别，但我认为，就我们能在多大程度上有效利用评估来开展资助项目而言，尚存在一些资源和时间方面的问题（第 492 页）。

恩格尔哈特重申了卡罗尔·韦斯早在 20 世纪 70 年代就提出过的一个观点："评估更多地是用来帮助机构组织，而不是为资助行为提供信息"（Weiss，1973a；Saidel，2002：492）。恩格尔哈特本人则更为直接，她觉得在凯洛格和礼来这样的大型基金会中，评估被更多地用于统一资助者和受资助者的预期，并保护基金会工作人员免受来自理事会的压力，而不是获得关于项目成效和影响的可测结果。

1998 年，由凯洛格基金会委托进行的一项对 21 家资助机构评估用法的研究证实，评估的作用可能更多地在于维持组织的平衡，而不是对其影响进行评价（Patrizi and McMullan，1999）。根据这项研究，20 世纪 90 年代中期以来，评估重要性的增长"在大多数情况下反映了基金会理事会成员对问责和绩效的关注度的提高"（第 30 页）。该项研究的参与者总结了开展评估的五个重要目的：（1）改进受资助者的表现；（2）改进基金会的做法；（3）为基金会理事会成员提供更多反馈；（4）理解资助行为会如何影响公共政策；（5）找出最佳做法。该项研究的组织者帕特里齐（Patrizi）和麦克马伦（McMullan）认为这些目的是有问题的。"'五大'目的的范围之广对评估是否能够满足加诸其上的五花八门的要求提出了严峻的挑战"（第 32 页）。

奇怪的是，帕特里齐和麦克马伦写道"管理层在评估中的参与度很小"，而员工们却对此颇感兴趣，原因是评估能帮助他们监控投资组合中的项目。尽管他们发现，人们不吝对评估作为一种改善受资助者表现的工具给予溢美之词，但很少能找到实质性的内容。"我们宣称想提高受资助者的操作和学习能力，"一位基金会评估主管说道，"但我们不愿为一些可能有帮助的东西埋单，比如说数据系统和研究，因为我们自己也不会去用它们"（第 33 页）。尽管该项研究以对评估的不那么强烈的支持作结，但它其实在对评估缺陷的描述上花了多得多的篇幅。他们的调查对象中有数人"质疑，既然一切迹象都表明，管理层和理事会都只关心未来，那么吸取过往经验到底还有没有价值”（第 35 页）。

帕特里齐和麦克马伦在基金会专业人士身上发现的怀疑态度也在其他研究和评论中获得了广泛回应。明尼阿波利斯基金会（Minneapolis Foundation）主席埃米特·卡森（Emmett Carson）在题为《寻找圣杯的资助人》（Grantmakers in Search of a Holy Grail）的一文中证实，“对于那些要求对成功‘计数’的社会项目，评估是管用的”，比如新建的廉价房数量和打了疫苗的儿童人数。“当投入品和产出品都是人的时候，”他认为，“评估的局限性就很严重了”（Carson，2000a：25）。不管怎样，他认为评估结果固有的模糊性限制了它的用途。评估研究人员维克·默里（Vic Murray）在《慈善筹款最新指南》（New Directions for Philanthropic Fundraising）期刊上撰文，对评估在提高非营利性机构绩效方面的潜力表示乐观。但在讨论现行评估实践能否产生各类非营利性机构所需的有用知识时，他只能得出“暂时不行”的结论（Murray，2001：40）。“看起来，”他写道，“要建立一个能被大多数非营利性机构用来剖析自身真实表现的可操作评估系统，还有很长的一段路要走”（第 48 页）。

对评估的怀疑

在基金会圈子仍对项目评估的价值普遍持怀疑态度时，这种活动却如火如荼地展开了。这一现象该做如何解释？显然，一个原因就是，对评估研究支持力度最高的基金会也是 20 世纪 90 年代对非营利性研究最慷慨的三家资助机构——大西洋慈善基金会（Atlantic Philanthropic Service）、礼来基金会和 W. K. 凯洛格基金会。它们对非营利性研究者协会的巨大影响力和以物质形式鼓励对它们看重的领域进行研究的能力都保证了学术圈对评估的青睐。

另一个原因就是基金会数量和规模的激增。在 20 世纪 90 年代，基金会的数量增长了将近 50%，它们的资产则翻了将近两番。和早期那些集中于东北部和中西部偏北地区的基金会不同，这些新的基金会更多地分布在东南部和西部地区，而这些地区的慈善氛围还不是那么浓厚。随着基金会委员会、独立部门、国家非营利理事会中心（National Center for Nonprofit Boards）、全国基金募集协会（National Society of Fund-Raising Executives）等全国性的慈善行业协会在整个 20 世纪 90 年代努力向新建的基金会伸出橄榄枝，这些新的慈善机构的官员和主管更有机会接触到有关评估的信息（在20世纪90年代，各大非学术性慈善期刊共刊登了超过30篇关于评估的文章，其中大部分写于1995年以后）。这些边干边学的“慈善基金会管事”急于通过展示自己对评估等“最佳做法”的知识，来回应来自那些看重结果的捐赠人和理事的压力。

基金会如今所做的评估除了给传统观念披上一层组织理性的修辞外衣以外，还有别的新鲜内容吗？布里姆在他写于1973年的有关评估的文章中，也提到了类似情况的泛滥：基金会仍然因为缺少外部利益相关者的问责机制而陷于被隔绝的境地——或者按照布里姆的说法，“他们不知道自己是不是真的在做自认为在做的事情，或者他们在做的事情是否对任何人有影响。制度性隔离滋生了自恋情绪和虚幻的权力掌控感，并使得管理者与思想前沿脱节了”（Brim，1973：223）。现在仍然“没有一种简易而客观的方法来评估基金会管理者的表现。没有绩效数据……也没有损益账目表”（第223页）。评估目前所能做到的最多就是根据资助者、受资助者和其他利益相关者关于目标和流程的一致预期来提高主观标准。虽然基金会的管理者和理事已经不再像30年前那样“被封装在一个隔开社会的胶囊里”了——理事会不再由男性白人新教徒占据绝对多数——这有点像说哈佛不再是一家精英学府了，因为它的学生现在更多地录取自公立学校，而不像半个世纪以前那样来自私立学校。和布里姆的时代相比，基金会管理者“在和主要选民——资助申请者打交道时也并没有更多地用事实说话”。由于很少有人尝试解决——哪怕只是研究——苏珊·奥斯特兰德（Susan Ostrander，1995）口中的问题重重的“慈善业的社会关系”，基金会官员不大可能从受资助者那里听到批评的话（这当然也包括评估人员，因为他们中的相当一部分人还要仰仗基金会的资助和合同）。最后，不管是过去还是现在，“基金会在我们的社会中都缺少天敌”（Brim，1973：224）。它们没有竞争对手，也不受记者、公共机构或行业协会的经常性、系统性监督。

结　论

当我们衡量当今评估研究在基金会中的作用时，就应该回想起罗伯特·伍德·约翰逊基金会的主席大卫·罗杰斯和他的同事们在20年前提出的忠告。根据他们的经验，除非是像约翰逊基金会这样，在项目设计阶段就把获得可评估的结果作为一项要求，否则评估费用将会超过大多数基金会的可承受范围，而且其实用价值也大成问题。虽然现在能负担得起评估的基金会肯定要比20世纪80年代中期多，但在所有基金会中仍然只占极小比例。即便有几家基金会有能力像约翰逊基金会一样把项目设计成可评估的，但大多数并没有这么做。

有关对评估研究的有用性的普遍怀疑，很可能源自两类错误的基本概念——一类和基金会是什么以及它们存在的原因有关，另一类则关乎什么才是有用的评估结果。

一个常见的错误观点就是，基金会的主要任务是追求工具性目标，以及尽可能有效地运用资金，从而创造期望的特定效果。有些资助机构（例如罗伯特·伍德·约翰逊基金会）固然是从工具性的角度看待自身工作的，很多别的机构却更有可能致力于表现性的目标——即宣传一些价值观念，而不是解决问题或者改造社会——例如好时信托基金（Hershey Trust）和巴恩斯基金会（Barnes Foundation）。把慈善基金会看成结果导向型的、致力于可测社会变革的机构这一观念可能产生了还不到一个世纪。即使在20世纪的高峰期，采用实效性目标的“科学”慈善也只不过占了美国人对慈善事业的捐款总额的一小部分（其余绝大部分被投入到了表现性活动中，主要是和宗教有关的）。由于基金会是如此多样，不仅仅在目标大小上有所差异，其目标本身也互不相同，因此假设适用于追求工具性目标的资助者的评估方法也对以表现为目的的资助者有用，肯定是不正确的。

从20世纪60年代起，面对基金会越来越大的复杂性和多样性，评估方法也在不断地对自身进行调整。与此同时，萨奇曼和布里姆所推崇的科学方法已经被更精微的认识所取代，这种认识不仅关乎评估的各种实施办法，还关乎它能实现的多种目标。工具作用导向型组织可能不会考虑那些主要用于在组织内部建立共识的评估方法，但很少有组织研究者（或管理者）会质疑那些已被广泛接受的目标和任务的价值。同样，对于那些允许干预目标或项目目标随时间推移而变化的评估，工具作用导向型组织可能会质疑它们的价值，但事实上，随着对问题研究的深入，有关最佳解决办法的认识也会不断被修正。意识不到这种改变的组织是失职的。

在基金会评估研究的先驱们的设想中，评估工具应该是一种对资助机构的各类目标都能适用的方法，而今天，我们已经拥有了一个由大量方法和技术组成的工具箱。它们可以被用于不同种类的机构和项目，并服务于多种多样的目标。这是为了满足基金会内外各种利益相关者的要求，而他们对受资助项目的效果都有着各自不同的关注点。

不可避免的是，可用工具范围的日益扩大也带来了一些挑战，其中最主要的就在于识别哪种工具对于当前目标最为适用，以及它们各有什么潜力和限制。本文的研究显示，在人们使用评估时，对它能产生的信息的有用性寄予了太多的不切实际的期望，并且太经常地试图用它来回答一些无解的问题。就算历史视角没有别的用处，它至少能促使实践者们在执行评估任务时采取一种更为谦逊的态度。

参考书目

Alkin，L. H.，Blendon，R. J.，Rogers，D. E.，& Freeman，H. E.（1980）. Evaluating a private foundation's health program. *Evaluation and Program Planning* 3，119－129.

Alie，R. E.，& Seita，J. R. （1997）. Who's using evaluation and how：New study gives insight. *Nonprofit World*，5（5），40－49.

Brewster，K.，Lindbloom，E. C.，& Simon，J. G. （1975）. "Proposal for a study of independent institutions." Unpublished grant proposal，Yale University，New Haven.

Brilliant，E. L. （2000）. *Private charity and public inquiry*：*A history of the Filer and Peterson commissions*. Bloomington：Indiana University Press.

Brim，O. G.，Jr.（1973）. Do we know what we are doing? In F. F. Heimann（Ed.）. *The future of foundations*. Englewood Cliffs，NJ：Prentice Hall.

Butt，M. G.（1985）. Getting to know you. *Foundation News and Commentary*，26，26－35.

Carson，E. （2000a）. Grantmakers in search of a holy grail. *Foundation News and Commentary*，41，24－26.

Carson，E. （2000b）. On foundations and outcome evaluation. *Nonprofit and Voluntary Sector Quarterly*，29，479－481.

Commission on Foundations and Private Philanthropy. (1970). *Foundations, private giving, and public policy: Report and recommendations of the Commission on Foundations and Private Philanthropy*. Chicago: University of Chicago Press.

Commission on Private Philanthropy and Public Needs. (1975). *Giving in America: Toward a stronger voluntary sector*. Report of the Commission on Private Philanthropy and Public Needs. Washington, DC: U. S. Department of the Treasury.

Commission on Private Philanthropy and Public Needs. (1977). *Research papers* (Vols. 1—6). Washington, DC: U. S. Department of the Treasury.

Drucker, P. (1968). *The age of discontinuity*. New York: Harper & Row.

Fine, A. H., Colette, E. T., Coghlan, A. T. (2000). Program evaluation practice in the nonprofit sector. *Nonprofit management and leadership*, 10, 331—339.

Fosdick, R. B. (1952). *The story of the Rockefeller Foundation*. New York: Harper & Row.

Frederickson, G. M. (1965). *The inner civil war: Northern intellectuals and the crisis of the union*. New York: Harper & Row.

Glasrud, B. (2000). So it's 2000-Now what? *Nonprofit World*, 18, 16—18.

Glenn, J. M., Brandt, L., & Andrews, F. E. (1947). *Russell Sage Foundation*, 1907—1946. New York: Russell Sage Foundation.

Guba, E. G. & Lincoln, Y. S. (1989). *Fourth generation evaluation*. Thousand Oaks, CA: Sage.

Hall, P. D. (1992). *Inventing the nonprofit sector and other essays on philanthropy, voluntarism, and nonprofit organizations*. Baltimore: Johns Hopkins University Press.

Hammack, D. C., & Wheeler, S. (1994). *Social science in the making: Essays on the Russell Sage Foundation*, 1907—1972. New York: Russell Sage Foundation.

Heimann, F. F. (1973). *The future of foundations*. Englewood Cliffs, NJ: Prentice Hall.

Kanter, R. M., & Summers, D. V. (1987). Doing well while doing good: Dilemmas of performance measurement in nonprofit organizations and the need for a multiple-constituency approach. In W. W. Powell (Ed.), *The nonprofit sector: A research handbook*. New Haven: Yale University Press.

Karl, B. D. (1987). Nonprofit institutions. Science, 236, 984—985.

Lagemann, E. C. (2000). *An elusive science: The troubling history of education research*. Chicago: University of Chicago Press.

Murray, V. (2001). The state of evaluation tools and systems for nonprofit organizations. *New Directions for Philanthropic Fundraising*, 31, 39—49.

Nielsen, W. A. (1972). *The big foundations*. New York: Columbia University Press.

Nielsen, W. A. (1985). *The golden donors: A new anatomy of the great foundations*. New York: E. P. Dutton.

Ostrander, S. A. (1995). *Money for change: Social movement philanthropy at Haymarket People's Fund*. Philadelphia: Temple University Press.

Patrizi, P., & McMullan, B. J. (1999, May-June). Realizing the potential of program evaluation: A new study looks at how 21foundations "do" evaluation. *Foundation News and Commentary*, pp. 30—35.

Rogers, D. E. (1987). On building a foundation. *Foundation News*, 28, 48—51.

Rossi, P. H., & Wright, S. R. (1977). Evaluation research: An assessment of theory, practice, and politics. *Evaluation Quarterly*, 1, 5—51.

Russell Sage Foundation. (1956). *Report of the Princeton conference on the history of philanthropy in the United sates*. New York: Russell Sage Foundation.

Saidel, J. (2002). Interview: Sara L. Engelhardt of the Foundation Center. *Nonprofit Management and Leadership*, 12, 485—498.

Salasin, S. (1972). What is evaluation good for? *Evaluation*, 1, 2.

Smith, N. L. (1981). Classic 1960s articles in educational evaluation. *Evaluation and Program Planning*, 4, 177—183.

Suchman, E. A. (1967). *Evaluative research: Principles and practice in public service and social action programs*. New York: Russell Sage Foundation.

Three funders: Process or outcome? (1996). *Foundation News and Commentary*, 37, 46—48.

To the reader. (1978). *Evaluation and Program Planning*, 1, iii.

Weiss, C. H. (1973a). Between the cup and the lip... *Evaluation*, 1 (2), 49—55.

Weiss, C. H. (1973b). Where politics and evaluation research meet. *Evaluation*, 1 (3), 37—45.

第3章
基金会和评估
——一对儿不易相处的学习伙伴[①]

马克·R·克雷默　威廉·E·比克尔

通过对评估预算进行非正式取样，我们估计美国的基金会每年花在评估自己资助的项目上的钱要远远超过1亿美元。这些评估的成果应该是极为宝贵的，其作用包括展示基金会对社会的贡献，找出能有力推动社会变革的新方法，决定将来的资助策略，以及引起对高效非营利性组织的关注。这些知识的创造和分享能够加强基金会作为社会改革者和学习型机构的作用。它们会开展建立在充分信息基础上的社会变革试验，并向别人传授自己从中学到的经验教训。

令人遗憾的是，现实情况和理想相距甚远。基金会长期以来一直纠结于如何利用评估来提高自身以及受资助者的绩效，并对其影响力进行评价。敬业的基金会人员试图寻找解决"评估困境"的办法——也就是希望找到某些咨询顾问、某个软件或某种方法来帮他们指出一条衡量自身工作的社会影响的路径，并提供和别人沟通的知识基础。但这种办法尚未被找

① 本章各部分基于比克尔（Bickel）、米利特（Millett）和尼尔森（Nelson）2002年以前的研究和分析。

到。尽管消耗了不少资源，但很少有评估真能给基金会、其他资助机构或是受资助者的行为带来显著改变（Patrizi，2002；Bickel，Millett and Nelson，2002；Easterling and Csuti，1999；Snow，1996）。同样，似乎也很少有基金会找到了利用评估结果来鼓励组织学习的一贯性方法（Knickman，2000）。

我认为在文章的开头做一下名词解释会对读者很有帮助：我们对评估一词的应用是非常宽泛的，包括涵盖范围很广的一系列用于支持项目和战略的制定和改进、决策、以及对成果和影响的测量的分析及信息收集活动。

评估的限制

基金会对评估的有效运用为什么如此艰难？基金会人员认为，原因在于缺少“好的”评估员以及阅读冗长的评估报告的困难，而且评估报告往往在关键决策时点过后很久才能成文。评估人员则反过来指责基金会对其投资的项目影响力以及对评估研究所能支持的结论类型期望过高，而且不愿面对坏消息，也不愿改弦更张。我们的研究表明，双方的不满都有一定道理，但都并非真正的障碍。

我们认为问题既不出在基金会人员的身上，也不出在评估人员身上，而是源自一系列复杂得多的系统性的、组织性的、文化上的限制，它们破坏了对评估的有效应用，妨碍了机构的自我学习过程。除非人们能够坦然面对并克服这些障碍，否则无论是基金会工作人员和评估人员的良好意图，还是他们的辛勤工作，都不足以保证实现评估能带给慈善事业的潜在好处。

本章对其中一些障碍进行了描述。其中有些内生于基金会工作人员和专业评估人员所共有的慈善文化，另一些则源自基金会特有的组织和决策结构以及当前评估实践的一些操作层面的问题。本章的目的在于帮助基金会管理者和理事创造一个更有利于有效应用评估的环境，以及帮助专业评估人员理解并预测他们在和基金会合作时可能会遇到的障碍。

在结论部分，我们就建设性变革的可能形式提供了一些想法，并指出其中一些变革已经在现实中发生了。我们断定，要想使评估和组织学习在慈善领域发挥更大的作用，基金会强有力的领导和提高效率的决心都是必不可少的。

对当前实践的观察

和我们这个社会中的其他机构都不同，基金会拥有一系列特权（Freund，1996；Wisely，1993）。它们在很大程度上独立于政治和市场力量，这使得它们可以在资助项目时冒一些别的机构不敢冒的险。它们有充裕的时间在资助项目之前对其进行仔细研究，也有条件去应用国际水平的专业知识，资助一些冷门课题，或是通过数十年维持同一项目来获得远期思考的能力。

不过，伴随着这些自由的，是一些重大挑战。由于基金会不用满足客户、投资者、选民或其他任何利益相关者的要求，因此它们缺少对自身表现的持续性的外部反馈。评估报告是仅有的几种对基金会表现的可靠、客观的衡量方法之一。随着时间的推移，对受资助项目的审慎评估应该能帮助基金会提高资助决策的准确性和有效性，阐明它们的策略，并提升它们资助的项目成功率。因此，对于基金会而言，评估为它们的组织学习提供了必不可少的知识基础。

事实上，评估在慈善机构中起到了三种不同作用：

➢**问责**。评估实现了基金会作为受托人去监控资金用途并保证照章使用拨款的责任。因此，评估能够证明受资助者和基金会履行了各自的义务。

➢**学习**。基金会通过了解过去有哪些办法奏效了，哪些没有奏效，可以改进其现有的战略和项目设计。通过从过往努力中提炼重要经验并为将来的活动打下知识基础，评估可以对组织学习做出贡献。

➢**知识共享**。不论是好的还是坏的评估结果，其传播都是一种向整个相关领域传递信息的方法，这使得其他基金会、非营利性组织或政府机构能够吸取益于该基金会的经验和教训，提高自身资助决策的有效性。

评估的这三种作用一个比一个强大，但同时在实践中也一个比一个少见。对资金用途的问责是最常见的评估形式，但它对基金会以及更广阔领域的学习帮助甚小。有助于基金会自身学习的评估更有价值，但也更为少见。整个领域的知识共享是最重要的，但也是最难得的。有一种理论认为，通过试验新的并且可能更有效的解决社会问题的办法来拓展知识和技能，**然后**把结果传达给其他基金会，从而影响它们的行为，这是基金会在我们的社会里所能起到的最强大的作用（Porter and Kramer，1999）。这一理论把评估的有效应用和结果的分享看成是决定基金会有效性的核心要素。

不过，除了一些值得注意的例外情况（Backer，1999），有太多时候，评估对慈善事业有效性的帮助只是它的支持者的讨论话题和宣言，而不是对真实情况的反映（Patrizi，2002；Wisely，2002；Bickel，1996）。尽管数据非常有限，我们仍可以观察到，美国的6万多家基金会绝大多数都从未开展过任何正式的评估活动。考虑到只有大约3 000家基金会雇有任何付薪员工，其中大多数也只有一两名雇员，这一情况并不令人意外。拥有全职评估官员的基金会只有不到40家（Patrizi，2002）。即便是全美最大的225家基金会（即那些最有能力为专业评估埋单的），也有大概1/3只对不到10%的项目做过评估，而这225家的绝大多数的评估项目覆盖率也不到50%（Center for Effective Philanthropy，2002：9）。据估计，“在1993年美国所有的基金会和企业捐赠计划中，看来只有不到100项对自己的或是受资助者的项目进行过严肃的、持续的评估”（Walling，1997：16）。这一情况在过去10年中看起来也没有多大改变（Wisely，2002；Grantmakers for Effective Organizations，1998）。的确，随着基金会资产的减少以及要求基金会把更多资源用于资助项目的呼声的加强，评估经费在短期内看来是不可能有什么增长了（Lipman and Wilhelm，2003）。

基金会圈子里用的**评估**一词本身就包含了很宽泛的一系列活动，从受资助者对资金用途的简要报告，到耗资数百万美元、利用精心挑选的实验组和对照组对项目效果进行的学术研究，都可能被称为评估。因此如果没有更准确的定义的话，是很难进行讨论的。最常见的评估形式也是最简单的：由受资助者在项目结束时做一份自陈报告，对资金的使用方式及获得的成果进行陈述，并通常为下一次资金申请做好铺垫（Snow，1996；McNelis and Bickel，1996；Bickel and Connors-Gilmore，1996）。在某些情况下，这样一份主观报告可以为受资助者提供一个认真自省的机会。这对基金会和受资助者的学习都会有所帮助。① 不过在大多数情况下，时间压力和对后续资金的需求可能会削弱这些自陈报告的质量和可信度。在缺少客观验证的情况下，这种限制性非常大的评估可能连最基本的问责功能都发挥不了。

要注意的是，我们并不是说对所有的受资助项目都要进行昂贵的外部评估，但相关组织若要通过开展项目学到任何经验，那么对项目成果的某些评估工作就是必不可少的。更有甚者，在当前的实际操作中，即便是那些“战略资助”——也就是那些对基金会的战略最关键、最有可能产生新知识的资助项目——也和其他项目一样，基本上都没有受到审查（Center for Effective Philanthropy，2002）。

与那些依赖受资助者出具的简要自陈报告的基金会正好相反，另一些基金会则会聘用外部评估人员进行一些极为复杂的评估，包括记录实施过程、评估受资助项目的有效性以及测试项目的理论依据。这些研究往往更为彻底、客观，但只在极少数情况下才会被采用。

近期的研究指出，即使是那些给予了专业评估相当大资金支持的规模最大的基金会，它们的评估目的往往也是不清晰的，而且经常是在被组织忽视的状态下完成的（Patrizi，2002；Chelimsky，2001）。他们通常是向项目的副总裁而不是直接向 CEO 或理事会报告。当评估结果不利于项目人员选择的方案时，就会产生一种令人不舒服的紧张气氛。评估人员的确也时常抱怨说，自己是项目部门的不速之客（Patrizi and McMullan，2000）。

同样，外部评估人员的经费往往来自由项目官员控制的项目预算。评估人员一般都是由那些负责审批项目的官员聘用的，他们的最终报告也是递交给这些人的，这就有可能造成利益冲突。除非项目官员愿意，否则这些报告可能根本无法在基金会内部及外部获得较大范围的传播。其结果就是，评估产生的知识得不到持续的分享。

一位评论家注意到，“当我们审视为基金会做的评估时，就会看到一

---

① 一个有关基金会（詹姆斯·欧文基金会）承诺提高其受资助者开展及使用评估的能力的例子，可见《营建一种好问的文化》（*Creating a Culture of Inquiry*，Hernandez and Visher，2001）。有关非营利性组织的能力建设和一些基金会在这方面的做法，另见 Draper（2000）、Backer and Bare（2000）。

幅令人沮丧的景象。通常的情况是，即使基金会做了评估，项目人员在做资助决策时也不使用它所报告的信息”（Hunter and Kaye，2001：1；另见 Wisely，2002；Bickel，Millett and Nelson，2002；Bickel，1996）。其他证据表明，基金会理事会在批准拨款或确定战略时，对评估报告用得更少（Center for Effective Philanthropy，2002）。

总而言之，尽管评估的重要性获得了广泛承认，也耗费了大量资源，但鲜有证据显示，当前多家基金会开展的评估有效实现了这三项目标中的任何一项：问责、学习和知识共享。

为什么这么多的努力换来的有用知识如此之少？原因并不是基金会人员和评估者缺少智慧、努力或是决心，而是基金会的本质及运营环境为有效的组织学习和对评估的建设性使用设置了严重障碍。在评估界内部以及它与基金会客户的关系中，也存在性质不同但同样严峻的挑战。这些障碍并非是不可逾越的，但要克服它们，就必须先对它们有充分的认识。

基金会方面的学习障碍

从基金会的角度来说，有三种特别强大的系统性障碍（Bickel，Millett and Nelson，2002）。第一种就是这一圈子给予绩效和成果的关注过少，从而削弱了自我提高的内在和外在压力。第二，慈善行为带来的正面反馈对现状起到了极大的强化作用，从而阻碍了变化并抬高了期望值。第三，基金会理事会往往缺少推行严格的问责制度的专业能力、时间和动力。

对绩效和成果缺乏关注

我们之前提到过，外部利益相关者对基金会没有问责权利。基金会能否获得税务优待，只取决于它们是否每年向 501(c)(3) 类机构拨付了足额比例的资产，以及是否规避了给捐赠人或理事会成员带来经济利益的内部交易。尽管近年来基金会受到的审查已经越来越严格了，但卓有见识的观察家们认为，相关批评还“远未达到危机关头”（Chelimsky，2001：17）。在该行业的外部绩效标准缺位的情况下，基金会并没有自我提高的义务，而是自由决定是否要针对工作的有效性和组织学习设立任何标准，以及设立什么标准。

在实践中，被广泛接受的基金会绩效衡量标准只有投资回报率和管理费用占资助拨款的比例这两种（Center for Effective Philanthropy，2002）。不幸的是，不论是投资表现还是管理费用占比都无法体现一家基金会资助的项目所能产生的社会影响。慈善界对绩效测量的忽视已经成为了基金会应用评估的一个关键障碍，相应需求的匮乏也阻碍了有效的绩效衡量工具的发展。

事实上，基金会绩效的可测和可比程度如今已成为了行业的一个热点论题。反对者会说，测量方面的困难几乎是无法克服的，而不准确的测量可能会导致基金会活动范围的缩小，或是向公众传达错误信息。而包括本章作者之一在内的支持者则坚持，可比的绩效标准是能够被制定出来的，并且对基金会的有效运作颇为关键（见图表 3.1）。不过双方都同意，目前大多数基金会都缺少评价自身表现的依据，并且对此也没有什么迫切的需要。

图表 3.1　可比绩效标准的必要性（马克·克雷默）

与我的合著者相比，我更加坚信，要想提高基金会行业的有效性、加强学习，就必须制定绩效标准。经典的评估方法关心的是单一资助项目的社会影响，因此无法发展成用一些共同标准来对所有受资助项目和所有基金会进行衡量。出于这个原因，许多评估员和基金会的管理者都坚决认为不可能制定出可比绩效标准。

但是，基金会的职责就是决定资助哪些项目，拒绝哪些项目。它们的工作质量并不取决于某一项资助的影响大不大，而在于是否能一直找到好的项目。可比标准正好能够表现出某家基金会是否持续地比另一家基金会创造了更多价值。这些衡量标准也许并不总能达到科学的严谨度，但它们能为管理层提供可靠的指导，并为基金会之间建设性的相互学习创造可能。有效慈善事业中心通过研究，已经就基金会向受资助者提供的服务质量和价值创造设计出了衡量标准，比如项目挑选流程的全面性、获得的杠杆比率、向受资助者提供的非货币帮助的有用程度，还有基金会在相关领域内对思想和实践的综合影响（有关基金会如何创造价值的讨论，可参见 www. effectivephilanthropy. org 网站上的一篇受资助者的认知报告，以及 Porter and Kramer（1999）。

我们的研究表明，基金会的管理者和理事会成员较为偏爱那些可比的或是有一定基准的绩效标准（Center for Effective Philanthropy，2002）。比如说，投资表现和管理费用占比之所以被仔细监测，部分原因就在于可以把某家基金会这方面的绩效和基准进行比较，从而判断它表现得好坏，借此制造更多的要好好表现的压力，以及更多从数据中获取知识的机会。例如，知道某个投资组合获得了 5%的收益是有用的，但若没有可比的基准值，我们就无法判断该投资顾问的表现是好是坏。简而言之，如果没有客观的绩效标准，我们就无法评判绩效，而不对绩效进行评判，就很难找到提高的办法。

单个资助相目的评估结果就和孤立地看某个投资顾问的回报率一样，也就是说，对单个项目乃至单个基金会一揽子项目的评估都无法让我们获得准确的信息。例如，罗伯特·伍德·约

续表

翰逊基金会的一位评估官员就有一次估算出，该基金会有大约 2/3 的受资助项目达到了预期目标，但他没有依据去判断这一比例是高于还是低于其他基金会（纽约时报赠送增刊，2001 年 11 月）。 当然，通过识别过去的资助项目哪个更成功，评估可以起到问责作用，同时在一定程度上提供学习机会。但是，各次评估即使是对于成功的定义也各不相同。通常，由于每个资助者或受资助者都会根据自己的需要去建立一套成果或绩效标准，因此对于相似项目的不同评估之间是无法进行有意义的比较的。许多慈善从业者把这种独立性看成是一件大好事。在整个非营利部门，对业绩比较都充斥着一种强烈而系统性的排斥。但是如果每个受资助者、每次评估、每家基金会都是唯一的且孤立的话，基金会通过评估来最大限度地汲取知识、逐步提高效率并互相传递有用信息的能力就会受到严重制约。

正面强化和膨胀的期望值

一家善于学习的组织必须让自己不断地改进和演化。即使没有清晰的衡量绩效的办法，人们在受到批评或是收到要他们做出改变的反馈时，也会自然而然地转用新方法。但基金会的问题恰恰在于它们收到的所有反馈基本上都是正面的，这使得它们严重缺乏改变自身的动力。

Wisely（2002：5）这样描写这一文化现象："私募基金会的势力和财富经常妨碍了它们获得有益的批评。人们不愿意赌上自己需要或渴望的好感，向势力团体说实话。"

可以理解的是，受资助者和那些可能希望被资助的人对于提出任何可能不利于获得后续资助的批评意见，都是非常谨慎的。理事会成员往往是通过家族、社会或商业纽带联系在一起的，因此无意冒犯其他成员，而基金会的工作人员自然也不想触怒理事会。这样一来，资助申请和审批过程的大多数参与者就都倾向于建立友善关系，从而换取别人在他们中意的项目上的支持，而不是提出可能导致争论的批评意见。即使是媒体，虽然它们有时会瞄准一些丑闻或滥用职权的事件开火，但也很难对送钱做好事的行为持批判态度。这种只做正面反馈的共识强化了基金会的现行做法，而不管这种做法是好是坏，这也降低了基金会通过学习提高身的动力。

在这种环境下，诚实的代价是巨大的。负面的评估结果在正面强化的大背景下显得格外刺目，并且很有可能是彻头彻尾地不受欢迎的。这种盲目给出成功结论的氛围也刺激了对项目成果的期望值的膨胀。急于推销自己项目的受资助者很自然地就会做出过分承诺，而任何态度较为保守的资金申请人或项目官员就有可能在对有限资金的竞争中败北。

这种夸大资金潜在影响力的倾向给评估带来了严重后果。比如说，假如有一家基金会不切实际地征集用小钱、快钱就能办大事的方案，那么资助申请者为了满足申请条件，就更有可能夸大预期成果，而不是质疑该基金会提出这种要求的依据，并因此被排除在考虑范围之外。接下来，项目官员可能就会用这些夸张的方案去说服理事会为该项目拨款，并否决那些与它竞争资金的项目。到了这个份上，评估工作已经是困难重重了。如果评估员想获得聘用，那么他/她要想告诉受资助者、项目官员和理事会，他们都认可的事情其实是不切实际的，就得承担极大的压力。而如果评估员从一开始就默认了各方人士对成果的预期，就很难在最终的评估中推翻这些假设了。受资助者为了获得续资，也不可能主动承认失败。每一个涉身其中的人都面临一个同样的困境，就是希望证明一开始的雄心壮志是有根据的，并最终推导出初始方案是成功的结论，不管它是多么的不切实际。

在实践中，只要大家对这样的事实心照不宣，即没有人真的会去测量结果而且评估结果在数年后也不会影响到受资助者的后续资金或项目官员的地位，那么这个浮肿的经济体就能一直平稳运转。反之，如果每项重要拨款都能受到例行评估，或者所有受资助者都能给出公正的反馈以及对项目影响的准确预测，这一过程就能运行得更好，基金会也能获得它们需要的对组织学习有用的信息。当这种改变无法实现时，那些对结果进行实事求是审核的评估员就要面对一种提倡正面评价的文化，它对改变现状的动力起到了强大的阻挠作用。

管理薄弱

除了之前提到过的最基本的税务方面的法律要求外，基金会只要对一处负责，那就是理事委员会（我们在此用“委员会”一词指代管理机构，而不管它是由理事还是董事组成的）。委员们可以提出绩效要求，对基金会的目标进程进行严谨评估，并为精确地预测项目效果或评价资助决策、策略提供必要的专业知识。他们可以要求工作人员从项目结果中吸取经验教训，并逐步提高自身水平。如果委员会能够一直扮演这样的角色，那么组织学习和评估就会成为每个基金会管理者和项目官员的必要工作。这种情况在现实中的确存在，但是非常少见。

最近爆出的公司丑闻说明了，即使是在那些绩效标准和法律责任都有明确规定、并且持续受到股东诉讼威胁的上市公司，董事会的监督效果也是非常有限的。相比之下，基金会理事会承担的责任和风险都要小得多，其委员需要满足的资质条件要模糊得多，而他们恪尽职守的动机也要比公司董事弱得多。

有关基金会委员会的组成和工作的信息非常少。我们自己的研究表明，基金会委员会成员并不总能为非营利性机构的管理、该基金会资助的领域或是该基金会的运行带来很多相关专业技能。在缺乏这些知识的情况下，委员会成员很难对项目人员或受资助者的表现进行评价。他们通常并不知道其他基金会在做什么，因此很轻易地就满足于受资助者提出的或是工作人员推荐的方案。对基金会所致力的复杂社会问题的不熟悉导致他们对资助成效的要求过低或是畸高，对社会变革和评估流程缺乏认识导致他们对项目见效所需的时间和能否产生决定性影响抱有不切实际的期望。

委员会的会议日程常常由冗长的项目提案名单组成，却没有多少讨论的机会。当现场有专业人员时，委员们就极有可能论为他们的建议的橡皮图章。委员们总是处于这样一种压力之下，就是在新的项目申请堆成下一份议事日程之前，得先完成手头这一轮项目的筛选工作，这使得他们根本就没时间对项目官员的判断做出独立分析，而过往业绩也就几乎没有任何重要性可言。

让这些问题变得更为严重的是，委员会成员并没有为他们对基金会的职责分配足够多的时间。他们通常都是一些忙碌而重要的人物，很少有时间去了解相关领域、拜访受资助者、检验过去资助决策的成果，或是阅读评估报告。一般而言，非营利性机构委员会在其他人眼中也是负有相对“较少的个人责任……相应地，委员会成员可能就不会全心全意对待治理问题了”（Taylor，Chait and Holland，1996，被引用于 Klusman，2003：40）。委员会对过往业绩及组织学习的漠不关心也削弱了员工们本身可能给予这些问题的关注（有关非营利性机构委员会在创建重视绩效的文化中扮演的角色的讨论，见 Letts，Ryan and Grossman，1998，还有 Trice Gray，1997）。

简而言之，基金会委员会、员工和受资助者所处的系统环境并没给他们太多理由去关注绩效或是改正缺点。相反，这个系统强化了维持现状所能带来的安逸感和安全感，避免了评估的内在风险，也逃避了可能推动组织学习的变革压力。和当前私营部门建议公司董事会进行的改革一样，基金会委员会也需要变得更加积极，掌握更全面的知识，从而更多地在实践中而不仅仅是在理论上履行他们的监督责任（Center for Effective Philanthropy，2004）。

文化和组织障碍

除了这些系统性障碍之外，基金会的一系列文化和组织特征也进一步阻碍了组织学习以及对评估的有效应用。其中之一就是“强调善意出发点的文化”。

强调善意出发点的文化

对于非营利性部门来说，在助人为乐的热情和客观衡量绩效的要求之间，经常存在一种紧张关系。即基金会和受资助者都受到一种“为他人服务的文化”感召，希望能帮助别人，哪怕成功的概率很小（Letts，Ryan and Grossman，1998）。这是非营利性部门的一大优势，但也造成了一定问题。

如果仅仅是因为没有完全达到理想目标，就拒绝那些真心想要帮助他人的热情奉献的申请人，这听上去似乎有违慈善精神。更困难的是指责那些献出钱财的捐赠人，或是那些长时间从事高强度工作却只拿微薄薪水的非营利性部门员工，而理由只不过是他们没能达到最高效率。但是，热情和真诚并不等同于有效的管理和积极的成果。如果资助决策只受善意的出发点左右，而不是取决于结果，就会不可避免地让评估的使用变得压力重重，因为不管怎样，评估的主要目的还是促进能力的增强以及通过测量结果来获得经验。这种压力是阻止人们利用过往评估结果去影响未来资助决策的最关键的文化障碍之一。

当然，我们描述的是一种极端情况。没有人会真的认为结果并不重要。但慈善领域本身就在理性分析和情感之间走了一条很微妙的路线。对于项目资助这样一种依托于远景展望的活动而言，更有逻辑性的分析方法似乎有些过于苛求了。不过，基金会也是想使自己的资源发挥出最大影响力的，这就要求对它们的有效性进行实事求是的评估。这种矛盾的后果就是，基金会对评估的好处和作用是又爱又恨，并且常常选择对自身做法的缺陷视而不见。

社会问题的复杂性和大多数非营利性机构资源的匮乏也常被用来解释为什么不能要求慈善成果有更强的一贯性。这种论调是这样的，受资助者缺少和营利性组织以同一水平运营的能力，而且没有人真能在那些难以克服的问题上取得重大进步。但评估的研究对象只能是有效性、业绩以及能从这两者学到的东西。如果善意的出发点、资源的匮乏或者对问题困难程度的认识妨碍了对成果（包括受资助者在获得这些成果时起到的作用）实事求是的审视，那么评估就失去意义了。

这种强调善意出发点的文化不仅不利于从评估中学习知识，也减少了传播知识的可能性。基金会意识到了受资助者的脆弱性，因此往往决定不公布那些可能威胁到受资助者存续的负面评估结果（当然，基金会也可能希望逃避公开承认项目失败的尴尬，从而维护自己的声誉）。不过，这种扣压负面评估报告的做法彰显了这样一种文化，那就是不愿意分享、分析自己遇到的挫折，从而对不尽如人意的表现网开一面。很不幸，这样做的后果就是削弱了评估影响后续项目审批以及提高整个行业知识和实践水平的能力。对评估保密的做法也阻止了其他评估人士对评估方法和操作人员进行审查，因而阻碍了整个评估学科的发展。

公正地说，把评估结果透露给其他资助机构会给受资助者带来很大风险。因此，基金会从一开始就应该表明自己有意公开评估结果，而受资助者也应该以学习伙伴的身份参与评估过程，不管结果是好是坏。但若只有正面结果得到分享，而缺点受到掩饰的话，评估在改进项目、完善学科方面的宝贵作用就得不到有效发挥了。

热情和对服务质量的评价在社会变革的舞台上都是值得称道。我们已经看到，对组织能力、有效性和学习的关注能使热情如虎添翼，同时还能提高服务的价值。要做的只是把热情和反思结合起来，最终共同为提高绩效做出贡献。

专业自治

基金会求知求新的行为常被拿来和大学进行比较。基金会管理者和首席执行官中有很多人过去是大学校长或行政人员，这也绝非巧合。不过，学校管理和其他管理类型是很不一样的。教授们拥有很强的自主性，而且在他们的专业领域内通常只接受同行的评判。这种“放任自流”的管理方式常常被移植到基金会，它所带来的组织文化使得项目官员几乎能够完全自主地制定战略、构建方案以及推荐审批项目，并且只用接受很少的独立验证、问责和监督。

基金会项目官员的背景非常多样化，也很少有机会就他们的新职责接受教育或培训，这使得这种自治文化得到了强化。与其他专业和行业不同，基金会人员的专业和文化背景往往互不相同（Orosz，2002）。这就使得一种观点在慈善业颇为盛行，也就是不存在正确的或是错误的答案。每个人都以自己特有的方式做出贡献，因此无法在项目官员的业绩之间进行比较，或是对某名项目官员的业绩做出有意义的评判。

即使是在最高层级，绩效考核也很少和实际成果挂钩。有效慈善事业中心（2002：11）在对很多美国最大的基金会首席执行官进行的访谈中发现：

> 各家委员会在是否评估以及如何评估首席执行官的表现上，存在很大差异。在有些情况下，委员会和首席执行官于年初以书面形式确定了目标，之后由首席执行官就每项目标的完成进度进行报告。在其他情况下，首席执行官则承认根本就没有开展过任何正式评估：委员会只要觉得大致“情况不错”，就满意了。

很少有基金会把绩效评审或薪酬与项目目标和学习目标是否完成挂上钩。因此，对过往项目的评估并不会真的影响基金会管理者或项目官员的职业发展，这就保证了他们用不着对谁负责，同时也使得评估变得毫无必要。在这种环境下，因为缺少对绩效、成果的客观衡量而留下的空白就为内部政治和偏袒徇私所填补，这样，那些以基金会为客户的评估员就更难开展工作了。

项目遴选周期和管理费用占比的“暴政”

大型基金会平均每年要资助400个项目，有些甚至在2 000个以上(Center for Effective Philanthropy，2002)。被考察、审查过的项目数量自然要远远大于通过的项目数量。

同时，基金会常常会在管理费用、研究投资、办公设施和评估上精打细算（Letts，Ryan and Grossman，1999)。委员会在无法判断社会影响力的情况下，就会过分看重精减管理费用。他们的依据是，如果能把更高比例的经费投入项目，就能带来更大效用，但这种看法是立不住脚的。这种态度可能源自更广义的非营利性组织治理，在这一领域，慈善机构常常被按管理和筹款费用占项目总开支的比例来进行评比。基金会的项目官员本身就有很多曾经在非营利性组织中工作过，因此也认同这种观念(Bickel，1996)。他们习惯于资金紧张的状态，从而把项目经费看得比什么都重，并竭力缩减分配给评估的资源（Letts，Ryan and Grossman，1999)。

当然，基金会有权决定采用什么样的经营模式。不过，如果它们选择了一种大规模资助和少量运营经费的组合，就不可避免地会导致它们总有赶进度的压力。基金会员工和委员会都很少能做到在下一轮评审材料堆积起来之前，就完成了上一轮项目遴选。这把项目人员和委员会都搁在了一辆永远在向前赶的脚踏车上，根本没空回顾过往业绩或是从中汲取经验教训。

但是，知识的学习需要人们抽出时间进行反思以及在同事之间进行观点的交流，这就和这种持续的压力构成了矛盾。系统性的知识获取过程更是需要相当大的投资。基金会对这些活动过低的投入阻碍了它们的应用，其结果就是，委员会、首席执行官和员工都没有时间对基金会开展的评估进行回顾、分享和学习。

即使他们有时间，评估结果也可能已经与当前要审批的项目无关了。许多基金会都频繁地更替资助项目，也很少在某一个项目上停留超过1～3年时间。而评估结果至少要在项目获批一年后才能得到，甚至常常还要数年时间。等到那个时候，大多数基金会早就转移到其他项目甚至是其他领域了。因此，一项能提高未来资助决策有效性的评估所产生的知识经常对基金会当前的资助决策是无用的。

总的来说，看重善意出发点甚于严谨评测的文化倾向、员工自治、注重证据和总结经验的绩效审核的缺失、有限的行政经费预算以及向不断变化的领域持续投入的压力都造就了这样一种组织结构，它从时间、资金和动机上都为严谨的评估和持续的组织学习设置了障碍。

评估方面的障碍

到目前为止，我们的讨论还集中在基金会的那些妨碍人们利用评估来提高学习和自身有效性的特征上。接下来，我们将会探讨，评估领域内的一些结构性和文化性的特征以及目前的实践如何也削弱了评估可能作出的贡献。

一个变化多样的领域

我们之前就提到过，评估一词可以指代很多不同的活动，从对有效实践的评价和需求核定，到非正式的受资助者自陈报告，再到专业评估人员的大量研究工作，一应俱全。在这里，我们主要关注最后一种类型，即专业评估人员对项目和政策所做的评估。不过，即使是在这个范围内，仍然存在着大量不同的实践和方法。

在过去 20 年中，评估实践的种类呈现出稳步上升的态势。即使在有关评估行业的未来和使命、哪些人能被称为评估人员、乃至评估到底算不算一种专业等问题的争论甚嚣尘上之时，评估的理论、模型和技术仍在迅速增加（Smith，2001；Worthen，1999）。这样的知识爆发，再加上缺乏对当前实践的可靠研究，使得人们很难对这一领域进行准确定义，更别说确切了解到底有哪些人在从事评估工作，以及这些实践者是否接受过训练、受过什么训练了。和其他专业及学科不同，要成为一名评估员，并不需要取得一系列的特定资质。

有限的数据显示，大多数被聘为评估员的人都拥有高等学历，其中多为社会科学学科的（Kistler，2002）。但很少有人接受过正规的项目评估训练。他们在开展评估活动时，持有各种各样的组织身份和独立身份；大约有 1/3 供职于大学或高等专科院校，另有 1/3 在非营利部门或私营部门工作，其余人则在各种地方上的、州立的和联邦政府机关以及公共机构中任职（Kistler，2002）。很多人（很可能还是大多数人）是兼职的。那些身为学者的人仅为评估投入了30%的时间，相比之下，那些从事实地操作类职业的人则拿出了60%的时间（Modarresi，Newman and Abolafia，2001：8）。

和其他领域一样，学术派的和实践派的评估人员之间存在着巨大差异。学者们的优势在于发表研究成果以及对评估策略、方法和作用进行理论总结，而绝大部分评估工作实际上是由非学术的从业者完成的（Modarresi，Newman and Abolafia，2001）。这两组人群之间的相互交流基本上没有听说过。

评估的兼职化以及学者和实践者之间的分化反映了另一种关键特征：评估工作的行业门槛很低。不存在任何正式的资质要求，尽管该领域的领军人物正在就设定这种资质的可能性展开激烈的讨论。在民意调查中，大多数在职评估人员都不出所料地反对认证（Worthen，1999）。就像一位行业领袖所说的那样，事实上很多“评估员”都是自封的，或者是在特定的组织环境下被分配了这样的任务（Sanders，2002）。

这样低的进入门槛意味着基金会在选聘评估员时，会碰上五花八门的评估方法和资质。人们无法断定某次评估是否满足了某种特定的专业标准，因此就不能完全信赖它的结果（这种问题并不是评估所特有的，而是各类研究的普遍现象。不同的是，研究成果在发表之后，就会受到人们的检验，但很少有评估研究得到公布）。即使是找到一名合格评估员这样的任务也会令基金会员工望而生畏，因为他们自己通常也缺少评估方面的训练。再加上基金会节约开支从而削减评估费用的倾向，人们都要怀疑基金会是否给予了评估设计和评估员资质足够的关注度。

这一领域的多样性也增加了比较不同评估的难度。即使是少量的那些受到专业评估的项目，相互之间在评估目的、收集的信息类型、数据的有效性和准确性、前提假设以及能得出的可靠结论上都存在着巨大差异。因此，通过对相似项目的不同类型的评估能获得多少效用、积累多少知识，就更加难以估量了。

除了培训和认证的问题以及评估产物的本质问题之外，这一领域至少在学术圈里还是论战频仍，其主题就是评估到底应该帮助社会以及它所服务的客户、机构实现什么样的核心目标。行业领袖们倡议的主要评估目标有责任核定、价值判定、组织学习、项目改进、知识获取以及向弱势群体赋予社会权利。所有这些，再加上其他一些功能，都是对评估的合理运用。

不仅是评估的目的，还有它的方法，都在过去20年中急速增长，其开端就是李·克龙巴赫和他的合作者们（Lee Cronbach and Associates，1980）出书呼吁对项目评估进行一场改革。格林（Greene，2001：399）在描述整个应用社会科学领域时这样写道：

> 对我们的方法是［一次］极好的……扩充……除了对参与者的现场观察记录进行叙事性分析［以及］……其他展示我们的成果的表现形式（例如故事、诗歌、公共论坛和小说式纪录片）之外……现在还［包括了］对多变量分析更精确的误差方差估计。

尽管新的阐释社会和人类行为的方法已经获得了越来越多的认可，而在研究和评估设计中对多种数据形式的应用也被接受了，但这些发展在实际操作中往往得不到体现（有关这些新发展，参见 Greene and McClintock，1991；Greene，2001）。社会科学和评估培训项目在课程调整上都很迟缓，很多客户甚至都没意识到有新的模型和方法可供选择。

同样，这一领域最近也出现了一些积极的发展，即通过倡导“项目评估标准”（教育评估标准联合委员会，Joint Committee on Standards for Educational Evaluation，1994）和“给评估人员的指导原则”（Shadish，Newman，Scheirer and Wye，1995）去解决一系列方法上的和道德上的问题。不过，这些标准对日常实践的影响程度还是个未知数。

这一领域在使命和策略、日益增加的方法、较低的专业门槛以及所谓评估员的多样性等方面都表现出了巨大的变动，这为基金会提供了各式各样的工具，可用于提高效率、获取知识以及把弱势群体的声音纳入政治考量。但是，这种多样性也有很严重的缺点。评估的目标、方法和资质是如此之多，以至于只说某个资助项目被“评估过了”而不加以详细说明，根本就没有多大意义。这损害了评估结果的可信度和其他基金会从中学习经验的能力。

安逸的传统角色

传统上，评估员是在项目运营了一段时间之后才被要求去考核它的成绩的。——事实上，很多这一领域的人都认为这才是评估的本质；任何其他做法，哪怕再有用，也都不是评估了（Scriven，1991）。评估要回答的典型的框架性问题有，“这个项目有没有实现目标?”或者“这个项目带来了什么样的影响?”外部评估人员被要求和项目保持一定距离，以增强他们的客观性。

与评估的传统角色恰恰相反，新方法更多地强调评估结果的使用（Patton，1997）。评估人员在项目的早期就开始介入，他们协助阐释项目的理论基础，对它的可评估性进行考量，并对实施过程进行分析。评估的这些“非传统”功能远在项目结果和影响能被估算之前就开始发挥作用了，因此被看做是加强项目**潜在**影响力的方法。这种做法使得评估员在提炼经验教训以及积极传播这些经验教训等方面发挥了重要作用。它鼓励评估员尽量贴近项目，并且把评估过程视为项目开展和实施的一个基本组成部分。

最近，通过强调**组织发展**，这种实用方法又得到了进一步的发展（Patton，1997）。这样，评估过程就成了受资助者开展活动的一个不可缺少的部分，它的核心功能就是支持持续的学习，以打造未来的组织策略和行动方案。

随着评估领域发生了前述的一些进步，评估也越来越多地在基金会中被用于一些相应的用途，从而推动了战略规划、项目设计和知识获取。近年来涌现出的很多创新方法把内部评估人员的工作与基金会的项目开展、知识创造、交流传播等职能联系在了一起（Backer，1999）。

我们在这里的观点要分两层。首先，在评估人员从传统角色转向提高受资助者的组织能力、指导基金会战略等新职责的过程中，需要掌握一套全新的技能。评估人员已经开始扮演起管理咨询师、战略策划师、组织变革的推动者等多种角色，但未必针对这些新职责接受过培训或有过相关经验。其次，正是因为许多评估人员在这些新行当没接受过训练，他们即使在被要求承担更宽泛的顾问职责时，也常常不愿意完全接受这一任命。相反，只有在把评估人员的责任局限于考核成果、评判功绩等传统范畴内时，他们的感觉才是最舒服的，而且他们在其他能帮助受资助者和基金会的事情上也不总是全力以赴。

我们并不是说评估的传统角色不适合基金会的工作，当然也更不是说基金会不应该帮助受资助者提高组织能力或把评估专家纳入它们的战略制定过程中。问题在于，评估人员能否自如地兼顾所有这些职能，并已为此做好了充分准备。

评估内容取决于服务对象

评估人员通常按照客户和利益相关者的要求工作。尽管评估人员可能在“灵魂上”是独立的，但他们很少在行动上也是独立的。在美国乃至世界各地，我们的项目评估实践都不是由我们的专业训练决定的，而是受到了我们的客户和项目经理对公司和责任的看法左右。“我们是一个服务行业”，斯特克如是说（Stake，2001：349）。

很多文献都有意无意地对客户和评估人员之间的微妙关系以及内部推举的固有风险进行了讨论。当客户是基金会时，评估员和客户之间的不平等关系就得到了强化。基金会经常选择依靠复杂的项目策略、有限的经费和未经验证的变革理论来对付“棘手的社会问题”。在大多数情况下，只有在项目已被选定并获得资助之后，才会引入评估人员，而此时已经不剩什么对基本假设进行反思或重设效果预期的机会了。在这种情况下，严谨的评估方案设计（这也是很多评估员最擅长的）常常会不出意外地得出“没有效果”的结论。因此，评估过程可能会让人非常痛苦，同时还冒着浪费宝贵资源的危险。

评估人员自愿与有缺陷的社会项目勾结的动机和其他来往于基金会和受资助者之间的人非常相似。他们很难去告诉 1 名潜在的投资人，他/她的方案设想是毫无根据的，或者在进行下一步之前还要做很多研究去加强资源、活动、成果和目标之间的联系，或者在为保证项目审批通过时向委员会做出的承诺很可能无法实现。无论如何，基金会都是评估员的客户，而且是潜在的回头客。只要评估员想获得聘用，他/她就有很强的动机去接受而不是质疑基金会及其受资助者所承诺的成果。

对项目而不是战略的评估

我们之前就提到过，大多数由基金会资助的评估主要关注的都是受资助者（Snow，1996；McNelis 和 Bickel，1996；Patrizi 和 McMullan，1998）。除了一些值得注意的例外——例如罗伯特·伍德·约翰逊基金会、皮尤慈善信托基金（The Pew Charitable Trusts）、查尔斯和海伦·施瓦布基金会（The Charles and Helen Schwab Foundation），还有很多别的基金会，项目评估员通常都被要求考察项目的影响。这对于很多评估员来说是非常合适的，因为他们接受的就是这样的训练。但是很少有单个项目能够在基金会要解决的宽泛的社会问题上取得重大突破。社会问题是相互影响的，即使某个项目成功地解决了其中一个，也有可能被其他因素所抵消。因此，单个试点项目极难表现出足以让它获得复制或延伸的效用。更展开来说，把评估局限于单个项目会削弱组织的学习社会问题之间的关系和积累知识的能力。同样重要的是，仅对受资助者给予关注会让基金会的项目战略和它自身的有效性得不到检验。

出现这种现象，基金会和评估界都有责任。关注受资助者的工作要比关注自己的工作容易得多，而评估领域才刚刚开始发展评估项目策略和基金会使命的可操作标准。集合评估设计能起到一定帮助，但它们往往是复杂的、耗时的、昂贵的、烦琐的且难以操作的（W. K. Kellogg Foundation，1994）。最近引起了关注的“元评估”，作为一种通过多项评估来积累知识的方法（Weiss，1998：236－244），提供了一条很有意思的通过单项评估构建知识体系的渠道。但还是要注意的是，这种方法的实施必须要以机构感兴趣为前提，同时还要有足够的技术能力。

总的来说，通过评估方法以及评估人员潜在角色的日益多样化，我们可以看到前景是很好的。在这些新进展中，有很多满足了为提高慈善业的有效性所必需的信息和学习要求。在评估人员和基金会这一对组合的两端都存在着挑战：从评估人员的角度来说，（1）更多的评估人员需要就更多类型的评估方法进行培训，以符合这一领域正在形成的标准；（2）他们需要能够更加自如地从事过程组织和战略发展等工作。基金会则需要了解评估日益增多的功用，以成为更有分辨能力的客户——设定正确的预期，并针对每项任务，聘用掌握了合适技能的合适的评估员。

克服障碍

我们坚信，基金会和评估领域所面对的很多挑战是能够克服的。固然，两者都必须发生改变，才能催生出一种新的模式。但我们认为，变革的契机主要还在于基金会的领导层。

不管怎么说，基金会终归是客户方，因此更有能力去影响评估人员，而不是反过来。它们掌握了大量可投资于开发新方法或对现有方法进行标准化的资源。同样重要的是，基金会越来越注重提高自身有效性，因此很有动力做出改变。例如，基金会的行业组织——有效组织的资助者在近期一次对会员的调查中发现，其会员对于提高“资助者的有效性”和提高受资助者的有效性一样感兴趣。如前所述，像有效慈善事业中心这样的组织已经开始通过对数千名受资助者的调查以及其他一些资源来收集关于基金会绩效的可比数据，从而为数十项指标创建了可比绩效标准。这也向该领域建立更好的绩效标准迈出了第一步——参见网站 www. effectivephilanthropy. org 上的受资助者观察报告。

不过，基金会要想引领变革，它们的委员会和首席执行官们就必须更积极一些，把基金会的绩效、学习和有效性置于首要地位。只要人们看重善意的出发点如同或者甚于看重结果，把工作绩效看成必然结果，并且总是获得正面的外部反馈，那么评估就无法得到有效开展，也就无法实现操作方面的进步。简单地说，委员会必须设定预期目标，并责成高级管理层达到这些目标。如果连基金会的委员会都不行使他们的权力的话，那就没有任何外部或内部的力量能做到这些了。

在基金会内部，首席执行官为了表现自己对过往业绩评估的学习是重视的，就必须投入时间、资金，并对绩效进行评论。如果这些行为得不到委员会支持的话，他/她们的职位就危险了。

委员会要想扮演好这一角色，就必须投入更多精力，并获得更多信息。对结果的夸大承诺，不管是项目人员为通过委员会的审批而做出的，还是受资助者为说服项目官员而做出的，抑或是评估人员为获得聘用而做出的，都会对整个体系造成破坏。组织内的所有层级都必须加强决策过程中的透明度、一贯性和实际性。

为了不使受资助者和员工因为诚实而受到惩罚，就必须在一个合理的时间范围内容忍失败。但是，没有带来学习和提高的失败是不能被允许的。基金会要想成为不断学习的组织，就必须对自己的进步进行实时跟踪。如果未能发现进步的话，就说明它们很可能没学到任何具有实用价值的东西。

这些措施并不会自动引出解决顽固而复杂的社会问题的新方法，但能产生越来越丰富的关于有效实践的知识，而且随着时间的推移，这种做法会为那些最成功的基金会带来更大的社会影响。

通过把评估整合进组织规划和项目资助的流程，从而建立一个更讲究实际的学习基础，以及通过对战略实施效果进行评估，可以使评估在推进这种转变的过程中发挥更关键的作用。所有的评估结果，不管是好是坏，都应该公布于众，去接受同行的检验并为其他资助者提供信息。

工作人员需要时间、资源和足够的动机去检验过去的结果，对其进行反思，并就委员会决策的后果对其进行教育。如果基金会真想利用加强管理、组织变革、获取知识等方式来提高自身效率的话，就必须扩充其员工队伍以吸纳那些拥有这些方面专业技能的人。它们还需要对评估领域内的大量新发展保持知情，并为推动这一领域的进步和评估人员的培训做好准备（Greene，2001；Greene and McClintock，1991）。这就意味着，只要能获得足够大的收益，委员会就有可能愿意接受更高的管理费用占比。

这种深刻的变革听上去有点异想天开，但事实上已经有基金会开始采取了一些这样的措施。罗伯特·伍德·约翰逊基金会在过去10年中开发出了一组丰富的对基金会绩效的测量方法，能够实现很多这方面的目标。它的委员会和员工都拥有高深的医学知识，这使得他们在该基金会重点关注的健康领域能够做出有凭有据的决策，而且所有项目的评估结果（无论好坏）都在该基金会的网站上得以公布。同样，休利特基金会（Hewlett Foundation）把它的受资助者观察报告结果也公布在了网站上。

皮尤慈善信托基金和鲁米那基金会（The Lumina Foundation）都让评估人员参与了项目方案规划和设计的初始阶段，从而保证项目人员选择的目标是可测的并且可实现的。它们每年都要对包括首席执行官在内的所有员工就其项目目标的完成情况进行绩效考核，并以此为依据发放年度奖励。

这些进步不仅仅发生在那些最大的基金会里。位于芝加哥的伍兹基金会（The Woods Fund）每年只有 400 万美元的资金额度，而位于亚特兰大的罗克戴尔基金会（The Rockdale Foundation）的年度预算更是只有这个数字的一半，但它们都已建立了与大基金会差不多详细的目标设定和评估流程。这些典范的共同之处并不在于使用了一组与众不同的评估人员，或是采用了复杂的计算机系统去获取知识，而是在于强大的管理能力、工作人员的配套技能，还有最重要的——一个决心公布结果的委员会。这些基金会在多个层面上对绩效进行了跟踪，并提倡通过建立明确的绩效动机来推动组织学习。它们需要在基金会内部对每项政策、每种态度和每个传统都进行系统性的检验和调整。对于禁锢了这一领域内其他机构的强调善意出发点的文化，它们采取了欢迎变革的态度，从而避免了这种文化的进一步强化。

就评估界而言，它们需要继续开发更多的评估和支持好项目、好策略的方法，并对它们的影响进行估测。项目评估标准的发展——即把评估所能扮演的多种角色都考虑在内——会成为评估领域改革的一个重要组成部分——见桑德斯（Sanders）和教育评估标准联合委员会（The Joint Committee on Standards for Educational Evaluation，1994；Stufflebeam，2001）。在培养评估员时，更强的一致性和深度都是必不可少的。基金会要想对这一新兴领域的形成过程施加影响，可以直接通过资助新的评估员培训项目，也可以间接地通过雇用有良好资质的评估人员以及资助那些能够创造可见价值的创新型评估方案。评估领域目前正处于一个变动过程中，这为重大改革的发生提供了一个很好的时机。利用评估来有效推动基金会学习的最终目的并不是找到最新最好的评估方法，也不是建立复杂的知识获取系统，而是为了克服这两个领域中系统性、文化性和组织性的障碍。这意味着，对于我们讨论过的很多重大挑战而言，不存在什么简便快捷的解决方法，只能依靠在基金会管理和评估这两个领域内缓慢而严谨的渐进式提高。对于这些努力的奖赏就是使用效率更高的基金会资源、一个更健康的评估行业以及一个更强大的非营利性部门。

参考书目

Backer，T. E. （1999，November）. *Innovtion in context*：*New foundation ap-*

proaches to evalution, collaboration, and best practices. Miami, FL: Knight Foundation.

Backer, T. E., & Bare, J. (2000, September-October). Going to the next level. *Foundation News and Commentary*, 41 (5), 38—40.

Bickel, W. E. (1996). *Program director perspectives on the use of evaluation: Acase study*. Indianapolis: Lilly Endowment.

Bickel, W. E., Millett, R., & Nelson, C. A. (2002, March-April). Challenges to the role of evaluation in supporting organizational learning in foundations. *Foundation News and Commentary*.

Center for Effective Philanthropy. (2002, February). *Toward a common language: Listening to foundation CEOs and other experts talk about performance measurement in philanthropy*. Available at www. effectivephilanthropy. org.

Center for Effective Philanthropy. (2002, August). *Indicators of effectiveness: Understanding and improving foundation performance*. Available at www. effectivephilanthropy. org.

Center for Effective Philanthropy. (2004). *Foundation governance: The CEO viewpoint*. Available at www. effectivephilanthropy. org.

Chelimsky, E. (2001). What evaluation could do to support foundations: A framework with nine component parts. *American Journal of Evaluation*, 22 (1), 13—28.

Cronbach, L., & Associates. (1980). *Toward reform of program evaluation*. San Francisco: Jossey-Bass.

Draper, L. (2000, September-October). "Do" capacity building. *Foundation News and Commentary*, 41 (5), 32—36.

Easterling, D., & Csuti, N. B. (1999). Using evaluation to improve grant making: What's good for the goose is good for the gander. Denver, CO: The Colorado Trust.

Foundation Center. (2002). *Foundation giving trends*. New York: Author.

Frend, G. (1996). *Narcissism and philanthropy*. New York: Viking Press.

Grantmakers for Effective Organizations. (1998, October). *Grantmakers for effective organizations: Inaugural conference report*. San Francisco: James Irvine Foundation.

Greene, J. C. (2001). Evaluation extrapolations. *American Journal of Evaluation*, 22 (3), 397—402.

Greene, J. C., & McClintock, C. (1991, Winter). The evolution of evaluation methodology. *Theory into Practice*, 30 (1), 13—21.

Hernandez, G., & Visher, M. G. (2001). *Creating culture of inquiry*. San Francisco: The James Irvine Foundation.

Hunter, D. E. K., & Kaye, J. W. (2001, November). *Evaluation as a core element of institution building at the Edan McConnell Clark Foundation*. Paper presented at the annual conference of the American Evaluation Association, St. Louis, MO.

Joint Committee on Standards for Educational Evaluation. (1994). *The program evaluation standards: How to assess evaluations of educational programs*. Thousand Oaks, CA: Sage.

Kistler, S. (Nov. 11, 2002). Personal communication. Washington, D. C.

Klusman, J. E. (2003, May/June). Bringing personal accountability on board. *Foundation News and Commentary*, 44 (3), 40—41.

Knickman, J. (2000). How the pursuit of evaluation and organizational effectiveness can change the life of our foundations. In *High performance organizations: Lingking evaluation and effectiveness*. Grantmakers Evaluation Network-Grantmakers for Effective Organizations, Washington, DC: Council on Foundations.

Letts, C. W., Ryan, W. P., & Grossman, A. (1999). *High performance non-profit organizations: Managing upstream for greater impact*. New York: Wiley.

Lipman, H., & Wilhelm, I. (2003, May 29). Pressing foundations to give more. *The Chronicle of Philanthropy*, 15 (16), 7, 10—11.

McNelis, R. H., & Bickel, W. E. (1996). Building formal knowledge bases: Understanding evaluation use in the foundation community. *Evaluation Practice*, 17 (1), 19—41.

McNelis, R. H., Bickel, W. E., & Connors-Gilmore, M. (1996). *A national survey of small and mid-sized foundations: The role of evaluation*. Pittsburgh: Learning Research and Development Center, University of Pittsburgh.

Modarresi, S., Newman, D. L., & Abolafia, M. Y. (2001, February). Academic evaluators versus practitioners: Alternative experiences of professionalism. *Evaluation and program Planning*, 24 (1), 1—11.

New York Times. Giving Supplement, November 2001.

Orosz, J. J. (2002, October). *Terra incognita: Poorly understood challenges and trade-offs of managing private foundations*. Speech delivered at Georgetown University on October 4, 2002, Center for the Study of Voluntary Organizations and Service, Waldemar A. Neilson Issues in Philanthropy Seminar Series. Available at http://csvos.georgetown.edu/Neilsen Transcripts/Orosz.pdf.

Patrizi, P. (2002, April 4). *Briefing notes to the Evaluation* Ⅱ *Roundtable*. Presented at the Grantmakers' Evaluation Network meeting, Council on Foundations, Washington, DC.

Patrizi, P., & McMullan, B. (1998, December). *Evaluation in foundations*. A report prepared for the W. K. Kellogg Foundation, Battle Creek, MI.

Patrizi, P., & McMullan, B. (1999). Evaluation in foundations: The unrealized potential. *Foundation News and Commentary*, 40 (3), 30—35.

Patrizi, P., & McMullan, B. (2000, August). *Meeting proceedings: Evaluation Roundtable*. Washington, DC: The W. K. Kellogg and Robert Wood Johnson Foundation.

Patton, M. Q. (1997). *Utilization-focused evaluation: The new century text* (3rd ed.). Thousand Oaks, CA.: Sage.

Pauly, E. (2000, June 26). *Using evaluation to stredgthen foundations' effectiveness*. Paper presented at the International Foundation Symposium 2000, Gutersloh, Germany. New York: Wallace-Readers' Digest Funds.

Porter, M. E., & Kramer, M. R. (1999). Philanthropy's new agenda: Creating value. *Harvard Business Review*, 77, 121—130.

Preskill, H., & Torres, R. (1999). *Evaluative inquiry for learning in organizations*. Thousand Oaks, CA: Sage.

Sanders, J. (2002, November 12). Personal communiction. Washington, DC.

Sanders, J., & The Joint Committee on Standards for Educational Evaluation. (1994). *The program evaluation standards*. Thousand Oaks, CA: Sage.

Scriven, M. (1991). *Evaluation thesaurus*. Thousand Oaks, CA: Sage.

Shadish, W. R., Newman, D. L., Scheirer, M. A., & Wye, C. (Eds.). (1995). *Guiding principles for eevaluators*. New Directions for Program Evaluation, no. 66. San Francisco: Jossey-Bass.

Shulha, L. M., & Cousins, J. B. (1997). Evaluation use: Theory, research, and practice since 1986. *Evaluation Practice*, 18 (3), 195—208.

Smity, M. F. (2001). Evaluation: Preview of the future #2. *American Journal of Evaluation*, 22 (3), 281—300.

Snow，P. (1996). Moving beyond the boundaries：Rethinking the role of evaluation in foundations. Paper presented at the annual conference of the American Evaluation Association，Atlanta，GA.

Stake，R. E. (2001). A problematic heading. *American Journal of Evaluation*，22 (3)，281—300.

Stufflebeam，D. L. (2001). Interdisciplinary Ph. D. programming in evaluation. *American Journal of Evaluation*，22 (3)，445—455.

Taylor，B. E.，Chait，R. P.，& Holland，T. P. (1996). The new work of the nonprofit board. *Harvard Business Review*，74 (5)，36—43.

Trice Gray，S.，and Associates (1997). *Evaluation with power*. San Francisco：Josser-Bass.

Walling，W. (1997). Are foundations effective? Who knows? *Foundation News and Commentary*，38 (4)，Washington，DC：Council on Foundatons.

Weiss，C. (1998). *Evaluation* (2nd ed.). Upper Saddle River，NJ：Prentice Hall.

Wisely，D. S. (1993). *Reflections on a foundation's relationship to its public legacies and lessons for the Lilly Endowment*. Indianapolis，IN：Lilly Endowment.

Wisely，D. S. (2002). *Parting thoughts on foundation evaluation*. Indianapolis，IN：Lilly Endowment.

W. K. Kellogg Foundation (1994). *Improving cluster evaluation*：*Some areas for consideration*. Battle Creek，MI：W. K. Kellogg Foundation.

Worthen，B. R. (1999，Fall). Critical challenges confronting the certification of evaluators. *American Journal of Evaluation*，20 (3)，533—556.

第 4 章
在基金会和受资助者之间建立牢固的关系

迈克尔·奎因·巴顿　约翰·贝尔　德博拉·G·邦尼特

下面的这个案例描述了对一个夏令营项目的评估，它反映出评估人员很容易迷失于基金会和受资助者之间复杂而充满欺骗性的关系中。

厘清关系：一个关于预期错配的案例

这个为儿童开展的项目被放在某个学区的低收入社区的一个学校夏令营中。在获得经费时，受资助者强调这个项目的主题是欢乐、学习和青少年的积极成长，而且它的影响可能会保持到下一个学年，帮助学生获得更好的表现。

这家基金会想要对这一说法进行测试。理事会只有一名委员觉得应该根据学习成绩来决定是否继续资助该项目，而且他明白自己处于少数地位。基金会的其他理事、员工和外部评估人员一样，都只是好奇："如果能证实，只用花夏天的几个礼拜，就真能让普通学校的学生都主动开始学习了，这岂不是很酷?”

当地学督也表示认同：“当然啦，我们应该对学习成绩进行评估——考试分数、出勤率、成绩等级。我们把这些全测了吧！”但当老师们和校长们真的看到评估计划时，就开始退缩了。他们几乎不敢相信，基金会和它的评估“同谋”们竟然把他们提案中的口号当真了！“打造学习一辈子的人。”“培养对数学的热情。”“消灭逃学和青少年早孕。”他们只是把这些结果作为一种可能性，就像蛋糕上的糖霜（意为可有可无——译者注），但他们没想到这些夸张的目标竟然成了评估的关注点。这基金会怎么会如此天真呢?

不管天真与否，对成果的评估最后还是被实施了，同时进行的还有一系列其他评估。最后的结局基本上是皆大欢喜的，不过还不足以欢喜到实现老师们预言的效果的份上。这个项目对学生在学校里的表现根本没有任何可见影响，除非你用一种过分简化的方法去解释结果——而这种做法得出的结论是，这个项目有害无益。

各方就如何解释这次评估的发现及其公布方式展开了热烈的讨论。赌注已经上升了。探讨项目对学习效果的可能影响这件事看上去似乎是无害的，但在受资助者看来，这就是一次总结性的评估，特别是如果它的结果被公之于众的话。一名学校职员预测，一旦评估结果被公布，就会带来负面的公众影响。他对评估人员和基金会员工所说的话就很能反映人们的担心程度：“你们的出发点是不是善意的，这无所谓。一旦媒体知道了这些，我们就完了。”在接下来的数月中，这家基金会成功地和该学区重建了合作关系，甚至还做到了对其他评估结果的有效应用。其他类似的案例就没有这么好的结局了。

这样，帮助基金会和受资助者在给定情境下找到最合适的相处方式，就成了评估人员的责任。为此，我们在本章开头先对基金会和受资助者之间的关系进行一个分类，然后就这些关系类型的一些常见问题进行探讨。接下来，我们会讨论基金会的运作方式如何在它和受资助者之间的关系中制造了紧张感，并特别强调评估可能伤害资助者和受资助者关系的方式。最后，我们会介绍一种很有希望加强基金会与受资助者之间的沟通和有效性的策略：风险分析技术。

基金会和受资助者的关系类型

基金会和受资助者之间不同的关系类型通常也对应了不同类型的评估方法和评估内容。接下来要讨论的各种关系类型构建起了一个框架，可用于思考这些关系的变化会对评估产生什么影响。我们会特别关注，当一家基金会在推动社会、经济和政策变革上采取了积极态度时，它和受资助者之间的关系——至少是关系到评估的那些方面——会发生什么变化。我们把这些关系类型按消极到积极做了一个排序。

公事公办的合作关系

对很多基金会而言，它们和受资助者的关系是非常被动的，或者说公事公办的。基金会为某个提案提供资金支持，而受资助者则用这些资金去完成这个提案。资助协议对一些基本的报告责任进行了规定，通常包括季度或年度报告，以及最终的总结报告。由受资助者负责根据资金使用范围和条款对评估进行管理。

有时，对于某项特别大的拨款，基金会可能会委托外部人员进行评估。基金会和外部评估人员的关系就像它和受资助者的关系一样——公事公办。当基金会把自己主要定位成一个资助机构时，这种关系最有可能出现。这种自我定位导致基金会把注意力集中到对拨款的有效管理上，而评估只不过是这种例行管理的一部分。

协作关系

在这种关系中，基金会不仅提供资金支持，还贡献了员工的专业知识，同时承担了加强相关领域关键人物之间联系的责任。基金会把一组相似的受资助者召集到了一起，并将其视为一个投资集群。基金会的“集群评估员”可以协调项目评估，向地方评估员提供技术援助，促进开发受资助者可以共用的工具，以及把多个项目的评估集中起来，从中汲取、积累可用于整个集群的经验教训。集群评估员还可以向基金会提供有关如何管理合作、加强关系和召集受资助者等方面的建议，并且对基金会和受资助者之间的关系质量进行调查研究。

当基金会把自己不仅定位为一家资助机构，同时还是一个通过与受资助者的合作积极推动变革过程的投资者时，这种协作关系最有可能被采用。基金会把自己定位为协作性质的资助机构的做法使它专注于受资助者之间的关系和协同效应。它们把评估用于监督协作过程以及在此过程中提供反馈，在有些情况下，评估还成了这种协作关系的“结缔组织”。换句话说，评估人员也可以为协作贡献一份力量。

一个例子就是凯洛格基金会的“草根领导项目”（Grassroots Leadership Program）。几年间，有超过 20 个社区参加了这个项目，每个都自己在当地开展了评估。凯洛格的集群评估团队负责对地方性的评估进行协调，并为受资助者举办了有凯洛格人员参加的年度社交大会。这些评估人员被视为协作的关键人物，并在对这种协作的本质和结果进行概念化和定义上扮演了尤为重要的角色。

伙伴关系

在某些情况下，一家基金会可能决定从协作关系转向伙伴关系。这通常意味着对双方共同制定的目标提供巨额经费并对受资助者承诺长期支持，从而实现巨大变革。在这些情况下，基金会人员和受资助者会共同设计项目并在其实施过程中紧密合作，同时还会利用评估来对项目的运行随时进行调整，对其成果也共同负责。几名资助者可能先组建伙伴关系，然后和多名受资助者以伙伴关系进行合作。

西北地区基金会（Northwest Area Foundation）就是这种关系类型的一个范例。该基金会已不再接受资金申请，而是和挑选出来的几个社区建立了伙伴关系，共同针对贫困现象开发长期解决方案。一旦某个社区和这家基金会商定了一个方案，就会签订一份合作协议，规定由基金会支付较大一部分的实施成本并协助募集其余的经费，同时委派员工全职服务于这种伙伴关系。

评估以确定关键性的社区指标基线数据开始，并于此后继续提供监测数据，包括关于特定方案的过程和结果的数据，还有关于最终扶贫成果的总结性数据。评估人员以基金会和社区**两者**为汇报及服务对象，而评估对于将战略重心保持在减少贫困上也起到了一定作用。

父母和子女的关系

一家基金会在进入一个未开发的活动领域或是跨越数个现存组织的活动范围时，可能会投资创建一个新的实体。在这种情况下，评估就成了组织发展过程的一部分，帮助这家新实体建立内部评估流程。这包括为外部评估制定相应政策，以及在这家新实体的内部和外部推动树立重视学习的文化。组织有效性和可持续性成为了特别的评估内容。评估信息的分享成为了基金会和新实体之间关系的一部分，就像在家长会上，老师和家长交换对孩子的评价一样。

明尼苏达州的麦克奈特基金会（McKnight Foundation）就是这种关系的典型。它创办并资助了一家跨越了明尼阿波利斯和圣保罗这两个孪生城市边界（和障碍）的住房联盟。在 20 世纪 80 年代明尼苏达州的农场危机期间，麦克奈特在该州的 6 个地区出资创建了“首创基金”（Initiative Funds），每一家都有自己的使命、董事会和员工。在这两件事中，外部评估人员都起到了推动组织发展的作用。他们在“家长”和“子女”商讨相互之间的当前和未来关系性质的过程中，起到了分析能力建设的要求、提供技术支持、建立内部评估流程和外部评估政策以及提供有关组织有效性的数据的作用。

自我运营的基金会

自我运营的基金会代表了另一类特别密切的资助者和受资助者之间的关系。这种密切关系也带来了特殊的挑战。自我运营的基金会直接提供服务，并在基金会组织结构内部开展项目。有些时候，整家基金会都是一个自我运营的基金会；在其他情况下，这些自我运营的项目则构成了一家规模更大的基金会。

例如，布兰丁社区领袖项目（Blandin Community Leadership Program）在布兰丁基金会（The Blandin Foundation）内部开展了对社区领袖的培训活动，而该基金会同时也参与传统的资助活动。当自我运营的项目属于某家基金会的一部分时，这个项目本身就相当于 1 名受资助者。而这名受资助者（即自我运营的项目）和提供资金的基金会之间的关系可能是非常私人化的。在这种情况下，评估可能会在两者之间制造一定距离，从而保证它们的绩效评估是独立而公平的。评估在此起到了居间的作用。

发展性的评估关系

在有些情况下，评估人员的角色可能和基金会及受资助者的角色是相辅相成的。**发展性评估**（Patton，1994）指的是当评估人员和基金会人员、受资助者都参与了当前项目或组织发展时，他们之间可能建立的长期关系。评估人员就此成为了设计团队的组成部分。所有团队成员一起努力对评估发现进行诠释，并把结果应用于下一阶段的发展。

以发展为导向的项目奉行的是像进行式社会变革这样有些模糊的理念。它们习惯性地在一开始就逃避清晰的、明确的、可测的目标，因为清晰性、明确性和可测性都会限制它们的行动。它们找到了一个议题或者说问题，并试图找到可能的解决方案，但它们也意识到了，最后能获得一个什么样的结果会因这一过程的参与者而异。

这一过程通常含有**参与性评估**的元素，例如让基金会人员和受资助者都参与制定目标以及监控目标的完成情况，但并不把这些目标固定下来。它们在整个评估过程中以一座座里程碑的形式出现，并随着人们的不断学习进步而变化。项目设计者会根据自己观察到的评估结果讨论什么是可行的，什么是合意的，并做出相应调整。

一个例子就是布兰丁社区领袖项目。这是一个布兰丁基金会内部的自运营项目，致力于为提高明尼苏达全州各社区的健康水平而进行的改革。该项目的 3 名外部评估人员也成为了一个设计团队的成员。该团队拥有一名社会学家，数名心理学家，1 名沟通专家，数名成人教育家，基金会的项目资助官员以及这个自运营项目的工作人员。这个设计团队的所有成员都拥有一系列专业知识和经验。

这种关系维持了 6 年多，每年都采用了不同的评估方法。在此期间，评估人员以参与者的身份进行观察，开展了数次不同的调查，完成了田野观察，通过电话访谈收集了数据，编写了对个人和社区的案例研究，进行了成本分析，协助对变革理论进行了概念化，推动了对未来的展望，并帮助了培训项目参与者自行开展评估工作。这个项目每年都会发生显著变化，同时也会产生新的评估问题。项目目标和战略在不断演变，评估也在不断演变。因为项目一直在演变，所以从来就没有写出过一份最终报告。

发展有益的基金会—受资助者关系会遇到的挑战

要发展诚实而开放的基金会—受资助者关系，可能会经历一个艰难的过程。我们描述过的各类关系都蕴涵着潜在的或是现实的矛盾——由于报偿、动机、兴趣和风险的差异而产生的矛盾。在接下来的章节中，我们将会探讨可能导致基金会—受资助者关系趋于紧张的一些情况。

在项目的开发和审批过程中建立开放关系的障碍

在资助申请过程中，通常建立的是有保留的关系。基金会人员学会了不做出承诺，以免在最终获批之前让对方产生能获得资助的预期。受资助者则学会了仔细倾听，并一遍遍地重复他们认为资助机构希望听到的东西。这种关系往往成为了“一个在言辞上进行说服的游戏，其中有关诚信和坦白的原则被搁在一边或是被巧妙地曲解了，就像在扑克游戏中一样”（Hooker，1987：129）。基金会和受资助者的关系也可以被比喻成交谊舞，资助者是领舞者，而资金申请者则是跟随者。

巴顿（Patton）对基金会和受资助者就一个加强培训农业技术推广代理人的大型项目进行的谈判做了观察。这项资助申请着重于推广它为代理人带来的知识和行为方面的改变。投资者坚持认为，该申请要获得理事会的通过，就必须承诺每年能为农民带来10%的收入增长。申请人小心地指出：（1）每年10%的收入增长听起来实在是太高了；（2）该项目的成果主要体现在推广培训上；即使农民收入因此有了增长，那也是资助到期之后，接受了培训的推广代理人开始帮助农民时才会发生的事情。投资者的回答是：“我们的新主席看重的是成果。如果不说能对农民收入产生重大影响的话，我就没法把这份东西给主席和理事会看了。”于是，申请人就把“增加农民收入”这个没有依据的结果加上去了。他对此的解释提到了那条古老的“黄金法则”：“谁拥有黄金，谁就能制定法则。”

在另一个案例中，一项向低收入家庭提供技术支援的社区组织试验受到了理事会的反对。理事会坚持在项目方案中加上它能为受到帮助的家庭带来的就业机会。一家基金会的理事会固然有权要求做出这样的改动，但也只应在重新思考了方案的战略与结果之间的匹配后做出。这件事反映了基金会与受资助者之间的权力关系，以及这种权力上的不对等会对预期成果和最终的评估结果产生的影响。

初期接触的影响

拥有丰富经验和良好人脉的申请者可能一开始接触的就是基金会的理事甚至主席。通过高层关系进入的资金申请者可能觉得自己应被豁免评估责任。如果基金会主席把一个自己中意的项目交给手下，并让他们跟进的话，就有可能让他们产生这样的感觉（在有些情况下，这种感觉是准确的）：这个项目享有特殊待遇，包括免于受到评估。

申请者进入审批流程的另一种方式就是通过基金会指定的联系人。基金会可能会通过提供一名固定联系人的方式简化整个申请流程。随着这名联系人和对应的非营利组织关系的加强，也有可能会增进他们之间的信任度，从而达到使评估变得有用所需的那种坦率程度。如果一名申请人的联系人总是在变，这就有可能增加该名申请人的挫败感，进而削弱规划阶段的用处。

评估是一种强化服从的工具

由于基金会习惯于把精力集中在赶投资期限上，受资助者的报告和评估的低利用率早已是众所周知的事实了。受资助者的一条最普遍的不满理由就是他们尽职尽责地向基金会提交报告，却得不到任何反馈。在这种情况下，受资助者就不再认真对待报告工作了。项目官员的催促以及推迟拨款的威胁让受资助者以为基金会急需这些报告，而事实上，报告往往只起到了一个强化服从的作用。据我们所知，很少有基金会具备系统性地从受资助者报告中汲取智慧的机制和流程。

基金会往往忙于审阅方案、拨付款项，以至于很少有时间或是动力在项目临近终结时还费力去对评估结果进行学习。这并非是因为它们没有要求开展评估并得出相关结论，而是评估结果没有得到利用。评估成为了一种敦促人们守规矩的工具——评估报告提交了没有——而不是学习工具。很多基金会在口号中都会把学习列为资助和评估活动的一个组成部分，但根据我们的经验，只有少数基金会建立了把评估成果用于新的资助决策的机制。

基金会的运营结构通常并没有赋予员工足够的动力去向理事会报告负面发现。员工被鼓励把精力集中放在下一轮资助项目上，而不是花时间去回顾不那么成功的历史业绩。当然，项目官员还被鼓励去分享成功的案例和故事，也就是充斥着基金会年报的那类正面结果。年报很少有披露或者讨论失败案例的。所有这些都助长了轻率散漫的态度，而关于哪些项目成功了、哪些失败了的坦率对话就变得更不可能了。

令人懊丧的小型匹配型资助

基金会在做出重大资助承诺之前，通常会先拨付几笔小额的试验性资金，用于对新建立的关系进行测试。不过，如果在这个初期阶段结束时，受资助者发现基金会并不准备及时为整个方案提供资助的话，这些小型资助就会让他们非常沮丧（Backer and Bare，2002）。

有一些基金会的拨款要求受资助者自行筹措和该笔拨款数额相等或较少一些的款项，这对于基金会和受资助者的关系也会产生影响。从积极的一面来说，这种要求可以帮助受资助者筹集更多的资金。不过，如果受资助者达不到要求的话，这款条件就有可能给其组织和基金会造成麻烦。计划好的活动可能被搁置，和基金会的关系可能会恶化。筹款活动还可能使受资助者忽视其他的责任。对一家相信资金匹配对其战略成功至关重要的基金会来说，这项条款可以保护它的资金，但如果它的账本上有太多未支付的匹配资金的话，则可能会难以达到支出下限要求。

权力和共识

想象一下这样的情景，一家和一个内城社区合作的社区基金会组建了一个委员会，对受资助项目进行指导。在这个地方委员会花费了大量精力，为社区资助项目制定了审核程序之后，委员们就开始对基金会理事会会议室里的那些“衣冠楚楚的”事后诸葛亮们感到不满了。这家基金会对该社区的10年承诺因此受到了威胁。最终，该社区基金会通过把决策权下放给社区，同时要求其承担更多责任的方式解除了这一危机。

在以社区为基础的计划过程中，由基金会人员、社区利益相关者和受资助者共同参与决策，可以提高有效性。贝尔利（Beierle）对多个案例的分析显示，利益相关者的参与可以提高决策质量（Beierle，2002）。此外，这一过程越是被强化，利益相关者所能增加的价值就越高。贝尔利的论文中提到的最彻底的努力“包括谈判和调停，其参与者们——通常正式代表各方利益集团——达成一致协议，约束他们代表的组织按既定计划行事”（第743页）。这些发现支持了关于更多采用新型的、基于社区的模式的重要性的呼吁（Heath，Bradshaw and Lee，2002）。

能力建设方案的难度

在一个受资助项目中，如果关于能力建设的那部分进展过于缓慢的话，就有可能危及该非营利组织与基金会的全面关系。基金会只要听说某家非营利组织的一件烦心事，就可能改变对整家组织的看法。同样地，如果一家非营利组织和一家基金会就多个项目开展了合作，也可能会发现只要其中一个项目发生了不愉快的经历，就会殃及所有这些不同的项目。受资助者可能因急于获得资助而答应了几乎所有关于能力建设的要求，从而得到了对项目的资金支持。在这种情况下，一旦项目资金到位，该受资助者几乎肯定不会再去关心对能力的建设。这将使得基金会失去对这个合作伙伴的信任。

与公众沟通的复杂性

基金会在改变社会的努力上受到的公众关注可能会使它和受资助者的关系复杂化。最近，有一家大型基金会在高调宣布对一批项目的资助时，就遇到了意外的麻烦。数家小规模的非营利组织感到苦恼，因为这家基金会的公布方式显得它们好像获得了大笔资金。而事实上，这笔钱是一批相对较小的资助款的总和，由数家在合作范围内的机构共同分享。此外，负责把资金分发给小型合作伙伴的中间机构被视为一道阻止小机构发展与基金会关系的障碍。这类问题在各种环境下都有可能发生，但这家基金会特别高调的宣传使得事情变得更为复杂，同时也对双方关系造成了伤害，进而延缓了评估计划的制订过程。

关于指导方针的困惑

受资助者往往被那些在基金会看来很清楚的指导方针给搞糊涂了。一个例子就是被广为采纳的限制续资次数的政策，即使该项资助是成功的。

从受资助者的角度来看，基金会之所以不愿意对续资申请一项一项地进行审批，是为自己不做实际决策找了个借口。这可能会损害双方之间的信任关系，也有可能诱使申请人把该项目包装成一个“创新”方案，目的就是为了把一项续资申请伪装成一个新项目。

我们听到过许多有关基金会在可持续性方面不切实际的预期的抱怨，特别是当资助本身只能维持1～3年的时候。政府已经不再开展新项目了；基金会则很少会愿意对其他基金会的成功项目提供资助，因为它们想要自己的项目。在当前的大环境下，多数非营利性组织已经开始削减开支。在这种情况下，评估人员可以帮助基金会和受资助者把他们关于可持续性的预期协调一致。

受资助者的另一类抱怨对象是多家资助机构的合作。当各家基金会要求受资助者以不同格式提交各类材料时，就给后者增加了很多工作量。出于对失去资助者及其资金支持的担心，受资助者通常不愿对资助者之间缺乏协作而造成的麻烦进行公开批评。但在私底下，我们经常听到受资助者谈论投资人未能协商一致，对报告要求、日程和机制做出统一规定。

通过评估促进变革、改善关系的方式

通过对哪些人能以何种目的使用评估信息做出明确规定，基金会可以提高评估的使用率（Patton，1997）。约翰和詹姆斯·奈特基金会（The John S. and James L. Knight Foundation）的1名合作伙伴在一份关于减少青少年暴力行为、推动青少年发展的提案中示范了如何利用证据来对项目进行实时调整。该基金会计划由受资助者负责对自身进行评估，并向他们提供技术援助。受资助者也会成为自身评估信息最主要的使用者。

不过，1名对某项为成绩可能不及格的青少年举办的替代性在校教育项目进行了扩展的受资助者发现，有关数学和英语成绩提高程度的实验证据并没有青少年本人、家长、老师和校长所说的那么乐观，因此对该项目做了一些调整。他把关注的目标人群改成那些最有可能提高学习成绩的问题青少年，并不再把精力集中在帮助他们完成家庭作业上，而是请持有数学和英语执教资格证的老师来给他们上课。最重要的是，该项目开始对距离干预时间更近的短期效果进行了测算。

所有这一切都发生在奈特基金会的 3 年资助期内。该基金会并未对该项目提供第二轮资助以帮助实现这些改变，因此后者并未通过采用新方法获得任何额外的好处或奖励。对于那些在坦诚度、学习效果和对证据的使用方面出类拔萃的受资助者，基金会可以通过提供额外资助的方式，向其他人传递一个较强的信号。这就要求基金会对那些诚实地汇报问题并建议补救办法的实验者们进行嘉奖，而不仅仅是那些报告一切顺利的人。

评估能使关系恶化的方式

在决定是否开展一项评估时，基金会和受资助者必须在潜在收益和潜在的副作用之间进行权衡。接下来我们将会就一些潜在的副作用进行讨论。

➢**评估可以告诉资助者他们不想知道的事情，并暴露一些他们宁可不要面对的问题。**很多年以来，一家富有的郊区大教会一直在资助由一个贫困的乡村小教会开展的旨在帮助其贫民区的项目。在该项目开展了很多年，也投入了很多资金后，这家大教会出于负责的态度，对其开展了一次评估。大部分结果还是好的。“只有一件事，”一名评估员在她的最终汇报中指出，“我们发现这个项目的参与者人均开支实在是太高了。我理解，你不能指望上帝的工作是廉价的，但要把这个成本从耸人听闻的降到仅仅是慷慨大方的，所需要做的不过就是多四处找找，让参与者的人数达到项目的最大接纳能力。而要求被项目覆盖的呼声就在那儿。”

听到这番话，人们的下巴都要掉下来了。很难说谁更加震惊。那家小教会觉得很尴尬，并为自己进行辩护，但让评估人员惊讶的却是那家大教会的理事们。效率根本就不是他们关心的事。他们也不关心如何使慈善投资的回报最大化。他们采用的是救济式的慈善模式，因此想要听到的不过就是他们的钱被用来做好事了。在此之前，他们已经成功掩饰了两家教会之间关系的家长制本质。这次评估把问责这一概念摆到了桌面上，但双方都不知道该怎么做。

➢**评估能告诉基金会领导者那些项目官员不希望他们知道的事。**在这个案例中，有一名事必躬亲的项目官员坚持对哪怕是那些能力最弱的草根行动给予照顾，只要他觉得儿童能从中受益。他失败的原因就在于他对评估也给予了照顾。尽管这名项目官员通常能做到指导受资助者通过基金会的常规审查，却很难找到愿意并且能够配合他这些伎俩的评估人员。评估员们一直在挑刺，比如活动场地有蟑螂，可疑的会计方式，未经严格甄选的工作人员等。这使得基金会的管理层在回顾这些时非常头疼。这名项目官员发现，在获取信息和他与管理层建立的深厚的信任关系之间，必须做出权衡。

➢**评估能把基金会人员和受资助者隔离开。**资金用途监测和外部评估之间的分界线往往被模糊化了，特别是在那些采取了"精兵简政"的招人策略的基金会里。基金会的员工可能会疏于与受资助者联系。在一次冗长的评估访谈结束时，一名受资助者给出了他的最终看法："是的，我是有一些别的话要对基金会说！在不到 3 年里，这已经是你们给我派来的第 9 个顾问了。下一回，你们自己来个人吧!"

➢**对评估的投入能使一项资助的成本超过它的价值。**一家社会服务机构的总裁一针见血地说道："是啊，这些基金会，你知道它们是个什么德性。它们对'杠杆'的理解就是帮你出预算的 8%，然后就觉得自己有资格随心所欲地指挥你的项目了。"这也常常包括了基金会强制要求的评估活动，有时甚至还要受资助者自掏腰包。

举个例子，联合劝募协会（United Way）突然开始要求汇报结果的举措就使得很多下属机构措手不及。联合劝募协会在自己都没有弄清该如何测量绩效的情况下，就开始赶这个时髦。最终他们决定对下属机构提供技术支持以帮助它们建设评估能力，但这仅仅满足了部分机构的需求。即便这样，下属机构也常常在自身能力尚未完善，也未就数据收集和其他硬性成本获得任何补充资金的情况下，就被要求提交关于成果的资料。

➢**集群评估可能会让受资助者感觉自己只是一个"数据点"，而事实有时的确如此。**在多场所评估或集群评估中，评估人员和每个项目的接触可能不过就是一次实地考察。对于评估人员要达成的目标来说，从资助者那里获得的管理数据就足以拼出大致情况了。但这可能会使受资助者感到不安。一名集群评估员就表示曾听到受资助者这么说过："你们确定这就是你们要从我们这里得到的全部东西?"他的言外之意就是："你们是说，你们光靠这些东西就要向投资人报告我们的情况?"评估人员面临的挑战就是如何向他们解释，这种评估的设计用意并不是对单个项目的情况进行判断。不管怎么说，把人们和他们获得的资助当成“数据点”对于双方关系的建设是不会有好处的。

➢**评估顾问通常被视为基金会的代表。**在评估人员访问受资助者时总会出现这样的场景。评估人员非常仔细地解释自己并非基金会的雇员，只不过是承接了某项任务的顾问。接待他的主人听完后点点头，然后转身这样介绍道：“请和我一起欢迎史密斯博士。他来自我们慷慨的资助人 XYZ 基金会。他今天来是要对我们进行评估。”

我们给基金会的建议是：不要聘一个你不希望被误认为你的副主席的顾问。在派出任何人之前，确保你已经对他们简要说明了组织文化和成规惯例。一家率先开展评估的基金会很早就尝到了这个教训，当时它为自己早期的一次评估活动聘用了一位履历无懈可击的、非常能干的学者。作为一个纽约人，她连脑子都没过一下就从机场租了一辆豪华轿车。她从来就没想到过，假日酒店会是她去的那个县里唯一的一家旅馆，而那里的人从来就没见到过豪华轿车。当她那辆由私人司机驾驶的庞然大物停在那家中学前时引起了一场轰动——但这绝不是那家基金会想要留下的印象。

➢**行事粗暴的投资人会妨碍评估的顺利进行。**当基金会给受资助者摊派一些不必要的负担时，就会损害两者之间的关系，而评估就成为了一个受害者。一名评估员有次抱怨说，某家基金会的受资助者是她碰到过的最爱发牢骚的，只对他们做半小时的电话访谈就已经超过她的忍耐极限了。但在她发现这家基金会要求所有受资助者定期按它炮制的统一格式提交整个组织（而不仅仅是受到资助的项目）的财务报告时，事情就清楚了。受资助者被要求把自己的收入和支出科目按基金会的要求重新归类，这相当于要求他们准备两本账本。基金会并未就这些信息的用途做出解释。

➢**评估人员可能是很有用的翻译，但也可能阻碍了基金会和受资助者之间非常有必要的直接沟通。**另一个极端情况就是基金会的介入过少。有一家基金会就不愿意进行任何干预，以至于受资助者（申请者更是如此）抓住一切线索试图找出它的偏好。受资助者们可能会把评估人员看成能帮助他们解释这个神秘的黑匣子工作原理的内部人士。有些评估人员自如地承担了这一角色，有些则不行，还有一些甚至为了抬高自己的地位而做过头了。

➢**评估人员可能被比做连环杀手。**有些投资人把评估当成了一种为已经做出的决策辩解的手段。基金会并不承认是自己决定停止某项资助的，而是通过设计评估的方式来保证获得负面结论。从受资助者的角度来看，评估就承担了不公正决定的恶名。专业评估人员的经验之谈提醒他们要当心被利用，成为项目连环杀手的风险，但这并没能阻止这类事情的发生，特别是对于那些经验不够丰富的评估员而言。

通过风险分析加强基金会和受资助者的交流和有效性

通过把风险这一概念引入基金会和受资助者的关系中，就相当于承认了计划往往赶不上变化。有足够多的谚语提醒我们，人类的努力是和风险并存的："哪怕是最完善的计划也……"；"煮熟的鸭子也会飞走"；"人类一做计划，上帝就发笑"。

风险分析能够帮助基金会和受资助者更加实际而诚实地对待为获得预期成果所面临的挑战。如果缺少一种更直接地识别并解决潜在风险的方法的话，基金会就有可能一直"伪善"地要求受资助者"利用根本就不够的资源和工具"去实现资助目标（Schorr，1999：42）。基金会必须要么自愿"降低对有限投资的效果期望值，要么把投资力度提高到能实现承诺结果的必要水平"（第 42 页）。风险分析的开头会先对那些最有可能出现问题的事项的后果进行评估，其中基金会和受资助者会致力于解决以下问题：

- 哪些地方会出问题？
- 出问题的概率有多大？
- 后果是什么，会有多严重？

朗斯塔夫、海姆斯和斯莱奇（Longstaff，Haimes and Sledge，2002：4）把**风险分析**定义为："一个严谨的前瞻性过程，它是主动的而不是被动的。它要处理的是所有可能发生的情况，而不仅仅是解决一些省力的常规问题，因此，它是一种全面的方法。"在项目推进过程的一开始就着手解决风险问题，能使应急计划成为基金会和受资助者之间的互动基础，并促使基金会人员和受资助者们做好打算，当风险成为现实时，该如何应对。这就激励了人们借助"高质量的"经验教训来提高学习及解决问题的能力（Patton，2001：333）。

威廉和弗洛拉·休利特基金会（The William and Flora Hewlett Foundation）是仅有的几家试图向公众解释自己对风险的认识的基金会之一：

休利特基金会的资助预算中有相当大一部分被投向了那些有望获得高社会回报的、风险相对较高的项目。这里所说的“高风险”投资指的是预期成果——比如说修复一个濒危生态系统或是改善青少年弱势群体的生活——并没有任何保障。负责任的冒险行为需要对预期结果和成功标准进行具体说明，并在整个项目实施过程中进行监控。风险还有其他的表现形式——比如说当基金会资助一个有争议的项目时会冒声誉风险，或者一个有着良好出发点的慈善项目可能会导致意外的损害——只有谨慎的态度和良好的判断力才能使这些问题得到缓解（William and Flora Hewlett Foundation，2001：9）。

想要把所有潜在的可能性都考虑到是不可能的，也是不现实的，因此风险分析应该允许基金会和受资助者商定一些中期检查时点。这些机会应该能使基金会和受资助者将实践经验和他们的计划进行对比，以观察实际情况和他们的预期有什么区别。

当基金会对学习的实际支持度并不像它们口头上说的那样是一种力挺创新举措的态度时，风险这个词就带有一种“耻辱”的印记，使得项目官员唯恐避之而不及（Kunreuther，2002）。我们都曾听到过基金会主席和理事会对员工和受资助者说：“要有创新精神，要敢于承担风险，但要保证你们能成功。”员工和受资助者对此的回应就是避免风险。在所有策略中，能激起真正的社会变革的是风险最高的一种，因此对失败的恐惧很可能会胜过创新欲望，从而迫使人们采取更安全也更平庸的方案——最终就会减少社会变革，减少实验，减少学习。

情景模拟

在传统的风险计算中（某件事情发生的概率乘以和该风险相关的后果的严重程度），风险分析师总是会考虑那些易于测量的参数，比如资金成本、对健康的影响和人身伤亡。如今，他们又加入了那些能影响基金会和受资助者关系的参数：

规范性的决策模型认为，人们的选择仅仅是建立在各种事件的可能性和后果之上的，但其实人类在做出选择时，还会受到恐惧、担心和喜爱等情感因素的影响（Kunreuther，2002：659）。

通过对风险进行分析，可以使基金会和受资助者的关系变得更加明晰。在金融领域中，投资者承诺一定时期的资金投入，为的是获取一定可接受范围内的资金回报。在风险和收益之间通常都存在一定联系。巴顿（Patton，2002）举办了一个训练课程，帮助基金会员工和理事以直接的方式理解风险这一概念。在教这些课程时，巴顿以一种基金会员工、受资助者和理事都熟悉的方式对风险进行了介绍。他要求学员把各类受资助项目按首席投资官分散基金会投资组合时使用的投资类别进行分类。例如，某次练习的参与者们被要求找出蓝筹项目（给予1名地位巩固、信誉卓著、拥有长期成功业绩的申请人的资助）的对应投资类别。然后他们被要求找出和其他受资助项目对应的不同投资类型，例如小盘股、价值股、风险投资和债券。参与者在讨论这些结果的过程中，意识到在金融界广为谈论的风险与收益之间的关系也适用于慈善界。这项训练提供了一种开展有关风险收益的讨论的方法，它使得理事们和员工们能够开始思考，为了获取某种成果，相对应地他们应该容忍多大的风险。

评估各类风险

在基金会和受资助者关于风险的对话中，若能把“哪些地方会出问题？”这一问题拆分成三种相互依赖的类型，是很有帮助的：（1）思想风险；（2）实施风险；（3）证据风险（Bare，2002）。

• 思想风险：干预背后的思想有多么清晰、多么行之有效、多么合乎逻辑？

• 实施风险：实施这一思想会遇到什么挑战？

• 证据风险：要想评估这一思想的有效性或它的实施情况，会有多大难度？

这其实是对理论失败和实践失败之间由来已久的区别的一种详细阐释。我们无法判断一项理论——一个项目的想法或策略——正确与否，除非它在某种程度上被实践过。好主意可能被认定为是无效的，并因此遭到否定，而实际上，它们从未得到过一次公正的试行机会。对于有兴趣提高学习能力的基金会而言，把思想风险和实施风险区分开来是非常必要的。在有些情况下，需要在想法上下更大工夫，以完善行动理论。在另一些情况下，则需要提供更多技术支持，以帮助受资助者执行项目。对证据风险进行思考则能帮助基金会和受资助者互相明确哪些东西能够被评估、应该被评估以及将会被评估。

表 4.1 对能影响各种风险类型的因素进行了罗列。该表由约翰和詹姆斯·奈特基金会（The John S. and James L. Knight Foundation）的项目官员制作。它以通俗的语言对基金会和受资助者之间关于潜在风险的数次讨论进行了总结。

表 4.1　　　　风险因素

环境变迁：基金会的工作环境可能会由于给定社区的不稳定性或是某个公共问题的易变本质而发生变化。
目标人群的需求：具有紧迫的或是多样化需求的个人、家庭和居住区对基金会来说是更大的挑战。未得到满足的需求可能远大于收益。
时间限制：基金会很难精确估计达到理想目标所需要的时间。当基金会感到不耐烦时，它们可能会丧失一些机会。在其他情况下，它们可能迫于压力而在需要做出调整时仍继续资助一个表现不佳的项目。
执行者的历史表现：一家组织的历史业绩并不能保证未来的表现，但它也是基金会需要考虑的元素之一。
投资规模：资金需求量很大的或是把基金会声誉置于险地的投资项目加大了产生特定风险的可能性。
逻辑模型的清晰度：预期效果以及首选行动理论的不明确意味着不同的利益相关者可以按不同的假设条件行事。当事态失控时，这就会使调整变得很困难，因为人们可能无法就什么是“失控”达成共识。
可持续性：基金会常问的一个问题就是，当我们的资助结束时，会发生什么？如果不就项目的维持策略达成一致的话，就有可能在基金会和受资助者结束合作时使双方关系恶化。
争议程度：热点问题所受到的关注使得基金会和受资助者很难一步一步地解决困难或是对一些想法进行公正的检测。此外，利益相关者更有可能基于价值观做出决策，而不是以评估得出的项目结果作为决策基础。
复杂度：复杂烦琐的投资和项目要比简单明晰的更为费事。每个人都想知道钱流到了哪里，还有项目活动和理想结果之间的关系是怎样的。
领导力：关于领导力的问题本身就代表了另外一个研究领域。基金会必须认识到个人对项目设计、实施和延续所起到的正式和非正式的影响力。
想法的新颖度：新的概念也会带来新的问题类型。基金会必须注意到未经测试的想法的特殊要求。
需要的能力特质：基金会必须不断地提出这个问题：什么方面的能力？能力核查表如今已是随处可见，但要确定某项特定任务到底需要哪些能力，还得经过仔细的思考。

续表

努力的可见度：与那些每个决定都会成为公众争论焦点的项目相比，那些不声不响地进行试错的项目测试效果可能会更好。 伙伴关系：员工和项目不可避免的更迭可能会使合作关系很难被维持。 基金会投资者的特质和数量：参与的基金会越多，非营利性组织就有可能被拉往越多不同的方向。 顾问委员会的共识度：许多基金会都会利用顾问团来提高他们的技术知识或是对复杂社区的认识。这种手段造成了一些特有的挑战，特别是在顾问团成员随时间变动的情况下还要保持相互之间的认可度，并对基金会做出贡献。 政治化的程度：在已经高度紧张的局势下，基金会需要运用政治手腕，而不仅仅是依靠寻常的技术和募捐本领。 产生负面效应的可能性：除了“没有效果”和“正面效果”以外，基金会的努力还有可能产生其他效果。基金会可能资助了一些会带来危害的项目，而且它们自身的战略也有可能对个人、家庭或社区造成损害。 速成法与顺其自然法的对比：很少有哪种单一方法能够在所有环境、所有时间对所有人群都同样有效。通过为不同人群匹配不同的解决方案，可以减少风险。 知识基础的深度：那些致力于只有极少实践或研究经验的领域的基金会会遇到更多挑战。同样的，那些不懂得利用已有知识的基金会可能会一错再错。 潜藏假设：当基金会没有明确并检验它们的假设时，就无法对不同的情境和各种项目选择进行阐述。

资料来源：本表由约翰和詹姆斯·奈特基金会（The John S. and James L. Knight Foundation）制作。本书已获得引用权限。

在奈特基金会的减少青少年暴力以及促进青少年发展的大方案下，大多数受资助者都遇到了在资助申请中没有提到的坏情况。一个烦琐的采购流程迫使某位受资助者把项目推迟了将近1年。另一个项目则受到了一个常见问题的拖累：并不是所有的当地合作伙伴都对该项目抱有同样大的热情。有一个从多家基金会获得了资助的项目在它最大的资助者退出时，不得不修改了设计方案。在某个地方，一幢计划用于为项目的一部分提供场所的建筑被发现严重失修。另一个项目的领导者太过热衷于建立一个信息管理系统，以至于到最后，他们自己都被自己庞大的数据库吓住了，也不知道该如何利用这一资源。如果这家基金会把风险分析作为项目开发过程的一部分的话，就有可能事先预备好补救措施了。

结　论

在本章，我们对项目资助过程的各个阶段中，基金会和受资助者的关系变得紧张的许多可能方式进行了回顾。评估可能会成为一种特殊的紧张感和压力来源，因为它增加了开支，并引起了人们对被审判以及被抓住小辫子的本能恐惧。清楚而持续的沟通可以部分缓解这种恐惧感，但不能将其完全消除。为了增进基金会人员和受资助者之间诚实的、评估性的谈话，我们建议的重点措施之一就是进行审慎而持续的风险分析，从而推动坦诚态度、知识分享和应急计划的发展。

参考书目

Backer，T. E.，&Bare，J.（2002，March-April）. Looking before leaping. *Foundation News & Commentary*，43（2），49—53.

Bare，J.（2002）. Risk，*Evaluation Exchange*，8（2），9，18.

Beierle，T. C.（2002）. The quality of stakeholder-based decisions. *Risk Analysis*，22（4），739—750.

Heath，R. L.，Bradshaw，J.，& Lee，J.（2002）. Community relationship building：Local leadership in the risk communication infrastructure. *Journal of Public Relations Research*，14（4），317—353.

Hooker，M.（1987，Spring）. Moral values and private philanthropy. *Social Philosophy and Policy*，4（2），128—141.

Kunreuther，H.（2002）. Risk and risk management in an uncertain world. *Risk Analysis*，22（4），655—664.

Longstaff，T. A.，Haimes，Y. Y.，& Sledge，C.（2002）. Are we forgetting the risks of COTS products in wireless communications? *Risk Analysis*，22（1），1—6.

Patton，M. Q.（1994）. Developmental evaluation. *Evaluation Practice*，15（3），347—358.

Patton，M. Q.（1997）. *Utilization-focused evaluation：The new century text*（3rd ed.）. Thousand Oaks，CA：Sage.

Patton，M. Q.（2001）. Evaluation，Knowledge management，best practices， and high quality lessons learned. *American Journal of Evaluation*, 22 (3), 329－336.

Patton, M. Q. (2002). Teaching and training with metaphors. *American Journal of Evaluation*, 23 (1), 93－98.

Schorr, L. (1999, September). Changing the rules: The key to expanding what works. *The Chronicle of Philanthropy*, 11 (22), 42－43.

William and Flora Hewlett Foundation. (2001). *The Hewlett Foundation's approach to philanthropy*. Menlo Park, CA: Author.

第5章
评估是一种民主化的手段

珍妮弗・C・格林　里卡多・A・米利特　罗德尼・K・霍普森

本章开篇将会依托对三个假想的基金会中项目方案的简要描述，展现慈善评估在推动民主化方面的作用。在这幅图景中，评估的作用包括推动那些能有效改善我们的社会体系中不平等、不公平现象的慈善项目，并且要求慈善机构也承担这一义务。在以这些快照式的描述开头之后，我们的讨论还会多次提到它们，用来验证我们提出的概念方面的和实践方面的主张。在对概念的讨论中，我们探讨了一种明显民主化的评估方法。我们还介绍了一种以教育为目的的评估，它不仅仅是单纯地寻找关于几个项目成果的问题的答案，而是要更好地理解社会干预在形形色色的环境下的复杂特性。接下来，我们论述了基金会领导层在推行这种民主的、以学习为导向的评估方法过程中遇到的挑战——这些挑战代表了美国慈善史上在应对种族、阶级和平等方面的社会问题时留下的不平衡后遗症。在本章的后半部分，我们就这种民主的、教育性的评估理念给出了三条操作原则，并介绍了一些演示性策略以及它们各自的指导方针。

基金会快照：大城市基金会，历史悠久的美国基金会和地方社区基金会

快照 1：“大城市基金会”富有远见的新管理层最近投入了大量资金，帮助这个城市解决公屋里穷人“聚居”的问题。在这些与世隔绝的、充满了绝望和悲观的高层厂房里，居住了太多的穷人——其中绝大多数是有色人种。这里为毒品、犯罪、家庭暴力和失业提供了肥沃的土壤，并且使得这些恶行的毁灭性影响代代流传。在一项大胆的改革方案中，大城市基金会向市当局、非营利性组织和其他为公屋提供服务的社区利益相关者划拨了大量资金，用于激励他们找到行之有效的可持续方法来替代公屋贫民聚集区，并对该市公屋的房客们在全市范围内进行迁移——这一过程也将帮助这些房客学会在新组建的社区里生活，接受有用的职业训练，并过上自给自足的日子。基金会的新领导者琢磨着：“什么样的项目最有可能成功实现这些目标？什么样的方法最有可能有效促使公屋居住者们利用这些新的居住机会，获得别人的帮助，从而实现让所有城市居民拥有像样的居住条件的梦想？”

快照 2：“历史悠久的美国基金会”一直把大量资金用于改善这个国家（事实上是整个世界）医疗保健的可获得性和质量。在过去 20 年中，美国医疗保健费用的飞速增长、大型健康维护组织（HMO）对于大量社区诊所的收购以及太多医生转移地点和改变职业所造成的人员流失，对于这家基金会而言交织成了一场噩梦。为了阻止甚至扭转这种趋势，历史悠久的美国基金会在 5 年前针对美国所有的卫生保健医生开展了一个创新性的教育项目，不管他们属于什么级别或是之前接受过什么培训、有过什么经验。作为对在需求最强烈的城乡街区——也就是贫民区，其中很多人又是有色人种——提供 7 年卫生保健服务的承诺的替代，这家基金会改为全额资助 2～4 年为学习者个人量身定做的医学教育，并把一些医疗诊所作为培训和就业基地，为它们提供全套设备和维护服务。鉴于这个项目的开支巨大，历史悠久的美国基金会领导层想要知道：“这个创新的、为个人量身定做的医学教育项目能否扭转大批合格医务人员离开最有需要的社区的趋势？除了这种努力之外，甚至是作为替代，是否还需要对我们国家的

医疗保健系统进行更全面的结构性调整？提供的医学教育质量如何？这个项目还有哪些方面需要改进或方向性调整？”

快照 3：“地方社区基金会”正试图将近期获得的一笔遗赠花出去，用于在可持续的基础上为该社区所有成员提供充足的食物。该笔遗赠的付款条件规定：“在我们深爱的社区里，像饥饿和营养不良这样的惨事是不能被容忍的，我们必须奋战到底，直到它们被完全消灭。”地方社区基金会目前与一家当地的宗教联盟建立了为期 4 年的实验性伙伴关系，作为一项在该社区建立长期性的充分供应和分发食物的系统的尝试。后者之前一直在通过流动厨房和紧急食物包的形式为饥民提供食物。基金会的领导者和理事们想知道：“这种伙伴关系发展得如何？这是个好主意吗？社区如何看待地方社区基金会以及它在持续提供食物方面的工作？这是一个普通的项目，还是从某些重要意义上来说是一个非同寻常的项目？”

设想一种教育性的、民主化的评估方法

在上文的基金会快照中，有关这些基金会在引起人们生活中重大的可持续变化的创造性方案方面的潜力，所提出的问题都是一些可评估的问题。从根本上来说，这些问题讨论了上述基金会为改善某个特定人群的生活，进而改善我们共同的社会生活所付出的努力有多大价值。评估学有一项长期传统，就是通过建立在实证基础上的对社会创新的可行性和收益的判断，为社会进步做出贡献。作为这一传统的一部分，评估人员开发出了很多用于收集、分析以及诠释数据的概念工具和实践方法。

我们的方法是多种多样的，包括人们熟悉的定量调查和比较法方案设计，还有定性的传记式访谈和案例研究设计。**但是**，评估并不仅仅是方法和设计的问题，它同时还天生就是根本意义上的政见和价值观的问题。这是因为评估**从政治上来说**一定是处于特定的社会环境下的：它受到作为一定环境特征的政治关系和权力走向的左右，反过来又影响了这些关系的形态及其未来的特征（House and Howe，1999）。因此，关键问题就不仅在于哪些评估方式方法应该应用于哪些环境，还在于当评估被用于社会实践时，应该提倡哪种政治立场、哪类价值观。

比如说，在上文的快照中，就问到评估如何能有效回答由项目设计者

和开发者提出的关于改善人们生活的一些合理问题，以及关于这些人的生活本身的一些关键性问题——他们在住房、医疗和食品上是如何地匮乏，以及造成这些的原因；要改变这种不公平现象需要什么；还有更具体的，比如某个特定项目的产物中，有哪些能够给人们的日常生活带来有意义的改变。这些对于评估来说都是不能拒绝的、合情合理的要求。这些要求与那些构成了现代社会特征的复杂的权力和特权关系盘根错节，并使评估活动也深陷其中。

考虑到这些错综复杂的关系，我们认为，想把评估置于一个政治上中立、公正、不受约束的位置是不可能的。相反，在本章中，我们的目标是延续评估的光荣传统，让它继续扮演政策教育和政治启蒙的角色。更重要的是，我们打算把这一传统向民主理想扩展。为达到这一目的，我们首先重申了评估的教育性作用，然后把这一作用向民主化延伸，其中特权、权势和权威对评估造成的挑战可以通过项目受益人以及他们所在社区的积极参与及意见提出来获得缓解。接下来，我们指出，为发挥评估在教育和民主化方面的作用，基金会是极为重要的媒介工具。最后，我们提出了对基金会项目进行教育性、民主化评估的关键原则和可操作策略，从而完成了这一理论观点向实践的转化。

评估的教育作用

在把评估当成教育手段的传统中，实证数据被用于启发并教育那些感兴趣的决策者、项目开发者、媒体记者和公民们，使他们了解到那些顽固的社会问题的关键本质，还有那些陷于生活泥潭中的人的日常体验。李·克龙巴赫（Lee Cronbach）与卡罗尔·韦斯（Carol Weiss）一起，对于评估在增进我们对社会问题及其最佳解决方案的认识方面的潜在教育作用进行了终身不懈的宣传。克龙巴赫与合作者 1980 年写下的经典宣言《项目评估的改革》（Toward Reform of Program Evaluation）象征性地把“95 条评估理论”以文字形式固定了下来，其中包括以下条款（第 2～11 页）：

• 评估员也是一名教育者；他（或她）的成功度取决于其他人学到了什么东西。

• 项目评估是一个让社会了解自身的过程。

• 项目评估应该为关于社会行动替代方案的开放讨论作出贡献。

我们认为评估是一种教育性的活动，这与克龙巴赫和韦斯的宏伟志向是一致的。通过这种方式，评估能够帮助社会更好地认识自身的问题，并为社会变革设计出更好的方案。

举个例子，在对大城市基金会激进的住房项目进行的教育性评估中（快照 1），感兴趣的读者可以了解到住在“项目中”是什么感觉（可能通过对某些代表性住户日常生活的描述），或者是城市贫民目前所拥有的住房选择，或是当前项目和以前的项目有多相似——它究竟是“老一套”还是一次截然不同的社会行动计划。

评估的民主价值

我们也将把这一教育性的视角扩展到两条显然是民主化的道路上，力求做出既具教育性又具民主性的评估研究。在第一条这样的道路上，我们从广义上采纳了像公平、公正、社会正义这样的民主理念，并把它们确定为我们评估方法的价值取向。这与当代其他评估理论家和实践家是一致的（Hood，1998；Hopson，2001；House and Howe，1999；MacDonald，1978；Mertens，1999；Whitmore，1998）。尽管民主和评估互相之间并不陌生，但在评估实践中，还是少有把前者当做公开价值取向的（Greene，1997a）。公开采纳这些民主价值意味着有意识地吸纳所有利益相关者的视角和立场，因为这才是民主意义上的公平公正。这样做也意味着，作为在纠正过去的以及正在延续的不公正现象的方向上迈出的一步，利益相关者在评估过程中有了显著的参与。特别地，在评估中应用民主理念还意味着将它和当今社会的差异性、多样性所带来的挑战正式关联起来。这是因为，为了保障美国在新千年里的民主公正，对差异性的真诚包容是一项基本要求。

比如说，对历史悠久的美国基金会的医学教育项目进行的民主化评估（快照 2）就应该寻找有关医疗服务供应不足的社区福利和疾病方面的数据及案例；一项全面的评估应该把理事会成员、医疗专家和以下人群放在一起：例如得了慢性病的新移民，还有那些唯一的医疗资源就是市立医院急诊室的母亲们。

对于真正知识的运用

在对评估的教育传统的第二种民主化延伸中，我们特意对那些被评估项目的目标受益者的日常生活、体验和立场给予了优先考虑。之所以强调这些，并不是为了压制其他观点，而是要在一种富有创造性的张力下，把多种多样但同样具有合理性的体验、认识世界的方法进行并列比较。我们认为，尽管由于历史遗留问题，项目受益人在经济上处于严重的匮乏状态，在政治上也受到严重歧视，但他们仍是自身生活故事的作者，只是他们的故事被记录得太少了，而且更少能获得被人倾听的机会。我们还特别认为，那些社会干预的目标受益人有着宝贵的自我认识，对自己的生活很有见地，并且渴望改善生活，但在致力于这种改善的干预的启动和设计阶段，他们却很少成为咨询对象。事实上，我们对评估的教育性和民主化的看法可以从一个重要的角度对政策方案设计及项目干预规划的基础假设进行测试及质询。

我们认为，评估可以通过产出关于我们的社会问题和项目的**真正知识**做到这点——这些知识不仅以那些项目的设计服务对象的日常生活为依据，从而能够可信地反映这种生活，而且给予了参与者的日常体验和看法一定的特殊考虑。**传统评估知识**反映的是参与者对某个社会项目或教育项目会做出何种反应；**真正知识**反映的是某个项目对参与者日常生活的真实情况会做出何种反应。这两类知识本身都不是一成不变的，因为在各行各业中都存在多样性。这两类知识都很宝贵，也都是必要的。但是时至今日，真正知识仍然非常匮乏。我们认为，美国的私募基金会团体在以产生并合理化真正知识为特定目标的民主化评估实践上，有着得天独厚的优势。我们担心，如果那些穷人、被边缘化的人、受歧视的人的真实的、合理的声音没能被听见的话，我们的社会政策哪怕在最好情况下仍会误入歧途，我们的评估也会抓不住要点，或者更糟糕的是，使得现状被合理的僵化了。

在对地方社区基金会为向全体社区居民提供充足食物而建立的伙伴关系进行评估时（快照 3），真正知识能够反映出该社区的那些挨过饿的人的经历，包括饥饿对他们意味着什么，以及他们选择吃什么、何时吃、甚至是吃与不吃。这些知识因为它们的重要性而受到注意，并被认为是可靠的。事实上，它们是评判这家基金会在该社区消灭饥饿的努力是否有效的关键依据。

评估产生的知识和力量

把评估定位为民主化的社会实践，就代表着公开关注当代美国社会中的权势和特权问题。在我们对于评估的民主概念化过程中，权势和特权问题已经牢牢嵌入了我们预期的各类评估结果中，或者说将产生的各类评估知识中。在这里，我们还是要拒绝中立的、没有价值的知识，而是寻求本身在形式上和内容上都很自由的评估知识。

这种关于知识或者说评估能教给我们的东西的看法基于一个假设，即社会现状在很大程度上是在社会中被构建起来的，并且以重要的形式反映了认知者以及被认知者的文化、政治和历史定位。我们还进一步认为，在一个更加基本的层面上，我们的社会中还存在一个普遍的社会化过程，它创造了一个居支配地位的社会现实，并使其合理化了。这个居支配地位的社会现实是随着历史的发展而形成的，它包括一个通过经济特权来区分的阶级体系。处于底层的是一个大部分由贫穷的有色人种组成的永恒的“下等阶级”，这些人生活在一个种族主义和歧视观念根深蒂固的环境中，即使是我们最高尚、最理想化的社会政策也没能破除这些观念。作为现行社会秩序的执行者，社会机构主要起到了维持及强化这些观念的作用。弱势群体极少会对社会秩序以及“优势群体和弱势群体”的定义本身提出挑战。这是因为社会上关于谁“理应”享受特权和优待的定位已经如此深入人心，以至于大多数人无意识地、不假思索地就会按照一种维护现行社会秩序的方法行事。不仅是那些享有特权的，就连那些贫困的弱势群体也通常对自身的社会地位表现出一种接受的态度。在这种状况下，一种集体社会意识就逐渐发展了起来，它使得阶级的存在合理化并常态化，进而使得种族差异也合理化并常态化了。在极端情况下，它能使一个阶级或种族对于另一个阶级或种族的优势地位被固定化。

在把社会从这种由特权和优势组成的特定社会结构中解放出来的过程中，评估扮演了一个解救者的角色。这绝非夸大之词。鉴于评估不可避免地会倾向某些价值观和利益，它可能会加强、维护现有体系，也可能会挑战、瓦解现行社会秩序，并努力把它改造成一种更加公平、公正、民主的秩序。评估服务于民主化价值观的一种最重要的路径就是创造并确立多种构建现实的替代方法，比如说描述不同社会背景下的人们在日常生活中体验到的丰富多彩的故事，还有产生于这些不同经验背景的对特定社会政策和项目的质量和有效性的各种判断。这就说明，评估可以产生本质上融合了多种文化的（Kirkhart，1995）、有益的（Hilliard，2002）、真实的（Millett，2002）知识。

作为教育性的、民主化的评估引领者的基金会

马丁·路德·金（Martin Luther King Jr.）曾说过："慈善是值得称颂的，但它绝不应该使得慈善家忽视那些让慈善成为必要的经济不平等现象。"（一般认为这句话是金说的，但出处没有经过证实。）

我们认为，在积极有力地推动教育性的、民主化的评估理念一事上，慈善业处于一个独一无二的优势地位。对于这一观点，我们将给出两点主要论据。首先，如今的慈善机构一般会在很广的范围内开展一系列社会变革项目，但相对来说不太需要在政治上效忠于某一派，从而避免了在政策和财务决定上受到限制和约束。比起其他任何社会机构，基金会在试验如何减少社会不公平和不平等一事上有着得天独厚的优势。至少，基金会作为公共财产的托管人，有这样的社会权力和责任去对"公共利益"作出贡献。礼来基金会（Lilly Endowment）的苏珊·怀斯利（Susan Wisely）这样写道：

> 私募基金会的工作基本上不受舆论压力的制约，因此必须自觉地去考虑和自己不一样的观点。评估不仅仅为考察某个项目是否具有影响力提供了一个机会，还考察了这种影响力和各种"公共利益"的理念在多大程度上是一致的（Wisely，2002：162）。

怀斯利进一步提出，基金会通过把私人资金和公共用途结合在一起，使自身获得了一个成为公众学习中心的特殊机会，并以此为手段来履行它们增进公共利益的义务。作为这一论点的延伸，我们提出，为实现公共利

益，必须移除系统性障碍，使得那些在过去被永久贬至低层社会等级的人能够获得充分的社会参与，而评估在这一过程中可以起到一种教育性的催化作用。借助这种教育性的、民主化的评估方法，基金会可以承担为我们社会中的弱势群体提供一个合法讲述自身故事的空间的责任，从而帮助其他人了解那些被边缘化的人的生活状态。利用这种评估手段，基金会就能成为专注于那些社会痼疾及其最佳解决办法的公众学习中心，从而有助于找到、突出并实施那些能够消灭制度性障碍，帮助边缘人群争取政治、经济、社会全面平等的策略（见 Bickel，Millett and Nelson，2002）。

其次，基金会团体和其他团体一样，很可能能够获益于回顾自身与社会上的不公平、不公正现象的抗争史，同时考虑有意识地对这种历史轨迹进行大胆调整。也和我们社会当中的所有其他组织一样，各家基金会在与我们这个国家的阶级、种族和族群分裂的斗争中，也有着参差不齐的历史传统。

马克·道伊（Mark Dowie，2001）在20世纪中期关于慈善业的一篇评论中就针对这种历史传统进行了论述。道伊的文章记述了“备受关注的意在缓解国内和国际挑战的慈善行动的时间安排和结构”是如何“产生了延缓而不是加速进步——有时甚至是故意如此——的效果的”（第 xxviii 页）。这种**拖锚式慈善**（这个词是根据帆船上的一种用于让船减速及抵消强风影响的设备而杜撰的）起到了一种双重的、自相矛盾的作用。尽管拖锚能够防止这种运输工具被吹离航道（在最糟糕的情况下可能会失事），但它也是降低生产效率的——即减缓前进的速度，有时这种作用还很显著。道伊的文章主要关注20世纪50—80年代期间，基金会对公民权利以及其他社会运动的拖锚式慈善投入的反生产特性。在观察到这一现象以后，福特基金会的前项目官员、斯特恩家族基金会（Stern Family Fund）的执行董事大卫·亨特（David Hunter）在1975年全美基金会理事会（Council on Foundations）年会上的致辞中指责基金会“不够贴近我们社会中的关键性、根本性问题……［而且］与充斥着公共讨论的各种争议距离太远了”（Hunter，1975，Dowie，2001：206）。我们呼吁基金会对自己为社会的公正公平作出的贡献进行反思，这就与亨特的批评以及道伊对拖锚式慈善的令人不安的记述产生了共鸣。

在更早的一篇同样具有煽动性的文章中，约翰·斯坦菲尔德（John

Stanfield）对美国社会科学中的慈善以及吉姆·克罗[①]（Jim Crow）的研究（Stanfiled）揭示了这样一个过去——只要基金会还想在社会改良和民主中保持领先地位的话，就必须承认它并且勇敢地面对它。斯坦菲尔德研究了 20 世纪上半叶的资产管理者们在获得有关种族不平等的科学知识中扮演的角色。他的成果表明，有些资产管理者作为“兄弟会圈子”的一分子，积极地对吉姆·克罗式的社会结构进行了支持和资助。

慈善家和他们办的基金会的管理者们形成了一种精英阶层的文化，其产生的知识被用做社会控制的手段。对于知识，他们不仅仅是被动的守门人，等待雄心勃勃的研究者们提交研究方案。慈善家和基金会官员还会时不时地对这个世界产生自己的想法，找到合适的人并资助他们去实现这些想法（这与基金会的官方历史所宣称的正好相反）（Stanfield，1985：7）。

斯坦菲尔德对慈善业、吉姆·克罗以及有关种族不平等的社会科学知识的产生这三者在历史上的交会进行了审视，但他并不认为（我们也不认为）所有的基金会都是明显的、有意识的种族主义者。显然，这样的基金会只占少数。但是，即使是占了绝大多数的非种族主义者的基金会，也常常——当然是无意识地——助长了一种“关于种族以及将种族按照僵化的世袭制度进行标准化隔离”的非正义现实的构建（1985：8）。

为了说明并证实这一观点，斯坦菲尔德分析了布克·T·华盛顿（Booker T. Washington）的案例。斯坦菲尔德观察到，由于布克·T·华盛顿在建立及资助南方的工业化教育方面显示出了杰出的募资能力，那个时代的很多人把他视为非裔美国人的一名重要代言人。但在当时，甚至直至今日，很多人都没意识到华盛顿只是一个被找到的“合适的人”，而不像其他人——比如艾达·B·韦尔斯（Ida B. Wells），W. E. B. 杜波依斯（W. E. B. DuBois）和马库斯·加维（Marcus Garvey）——那样对于非裔后代在美国社会中的地位持更激进的态度。斯坦菲尔德认为，如果不能认清华盛顿的方案是北方精英们和南方自由主义者们的方案的一部分，就太天真了。

---

① 吉姆·克罗（Jim Crow）指的是美国以前实行的黑人与白人的种族隔离制度。——译者注

对于全国性杂志和报纸的编辑们、慈善家们和南方自由主义者们来说，支持由像布克·T·华盛顿这样的教育哲学所产生的影响并不困难，因为它是为南方农村量身定做的，并能阻止黑人迁移到北方。而北方的精英们很容易地、也很方便地就以一种家长式的、从生物学角度出发的态度把黑人看成是南方的问题，而忽略了在他们自己社区中数量很少的黑人群体（Stanfield，1985：7）。

道伊（Dowie，2001）进一步提醒我们，在公民权利的全盛时期，尽管有像争取种族平等大会（Congress of Racial Equity，CORE）和学生非暴力协调委员会（Student Nonviolent Coordinating Committee，SNCC）这样的组织在努力推动普选权的实现，但这些组织被视为极端组织，并“受到了那些［主流］基金会的唾弃，而后者会经常性地抛弃那些表现出要为黑人争取权利的情绪的组织”（第208页）。

总而言之，过去慈善界很多善意的出发点都被这些善意的项目设计本身内嵌的“拖锚”所破坏了——在有些情况下，这种内嵌是有意安排的，但在大多数情况下，它们还是源自更大的社会范围内所固有的更微妙的、事实上的、制度化了的种族主义。基金会的领导们可能特别难意识到这一点，因为慈善家们都是社会的精英。他们是这个社会成功的企业家——是在现有体系中拥有很多权力并能获取巨大利益的人。因此，他们从一开始就更易于“忽视那些使［他们的］慈善变得必要的经济不平等状况”（马丁·路德·金之语），因为这些状况距离他们的生活以及他们在这个世界上所拥有的政治特别是经济势力实在是太遥远了。基金会作为当代社会民主化变革的先行者，我们对它们的自省式要求是，保证其工作是有利于促进公平和平等的，即便这类工作并不符合富有而精英化的组织的利益。

现在让我们回到本章开头的快照上：如果赋予评估这种教育性的、民主化的功能，那么大城市基金会在理解、判断哪类创新性的替代住房方案最有可能产生好效果以及应该如何从制度上、政治上将这些替代住房方案合理化时，就应该把那些公屋房客的立场放在重要的地位上。历史悠久的美国基金会会拜访其资助的医疗诊所所在的社区，并向当地居民了解他们所享有的医疗保健的特点和质量，以及这些医疗保健机构和执业医师如何改善了——或者并没有改善——他们的生活。地方社区基金会则会希望从那些挨过饿的人那里了解有关饥饿的体验，或者它的项目是否显著减少了这种饥饿体验，或者该项目是否以及如何造成了更大的不平等和依赖性。

民主、知识和评估

在最理想的参与形式下，民主的内涵在于发言权和势力的平等，以及对那些处于社会边缘的人群给予关心。因此，民主化的社会和教育项目的根本设计用意是为了纠正历史上形成的使用权、资源、机会、特权及权力等方面的不平衡。这通常也是基金会的社会项目投资所遵循的社会变革方案。对这类投资采取的教育性的、民主化的评估方法就要力求了解这些历史性的不平衡在多大程度上得到了缓解，特别是从那些边缘人群的立场来看。

简而言之，我们提倡在慈善业中把评估当做一种教育性的、民主化的操作实践。社会可以通过它来认识自身，特别是通过那些深受不公正待遇之苦的人的生活经历来认识顽固的社会问题的本质。有了这类真正的知识，再加上对民主理想的坚定追求，基金会在接纳、宣传那些颠覆了现行社会秩序——也就是当前的社会现实结构——的社会变革上就能起到引领作用。对于那种认为弱势群体的想法不如其他人的值得关注的流行观念，这种努力能够撕去它的面纱，并赋予弱势群体一个真正的影响干预目标和干预设计的机会，从而更有可能产生重要而可持续的社会变革。这才是一种有良心的、付诸实践的评估。“9·11”事件以后，慈善机构在对其有效性的质疑面前，把这类评估与新一代的慈善行动结合起来。它所代表的新一代项目使得美国人从自家后院到全球范围都能真正做到多样化参与和求同存异（Greene，2002）。

教育性的、民主化的评估实践：几条核心原则

接下来，我们要讨论的是在实践中如何应用这种教育性的、民主化的评估理念。我们的讨论围绕着三条相互关联的重要原则展开，先对每条原则进行陈述，然后通过描述性的操作方针、策略以及实践案例对其进行详细说明。我们希望并且欢迎大家对我们提出的原则进行探讨，并找到把它们转换成行动的其他方式。

原则 1

对基金会项目的教育性的、民主化的评估与作为评估对象的社会环境在道德、政治和价值等维度上应该是特意地、有意义地联系在一起的，而不是相互分离的。

本章论点是以这样的一种立场为前提的：社会实践中的评估既不是中立的，也不是无害的。事实上，通过将知识、方法与价值观、政治活动结合起来，评估不可避免地会偏向某些特定的世界观和利益。和其他许多当代社会哲学家、评论家一样（Schwandt，1989），我们进一步主张，评估知识不但不可能是不附带一点价值观的，而且就算能做到，这也不是一件好事。这些评论家认为，在今天西方的社会和政治生活中，一个重大问题恰恰就在于太过重视技术性的、纯理性的思维方式，而有意将其道德的、伦理的和政治的维度给剥离了。每一天都会涌现出无穷无尽的电子小玩意儿和奇妙的新发明，但我们已经丢失了我们的道德罗盘，进而迷失了道德方向。为了找回这一方向，我们必须认识到，长期性的社会问题不仅仅是通过新的科学知识和创造性的设计方案就能解决的技术问题，同时也是对内心和灵魂、对我们最珍视的有关平等和公正的价值观、以及对我们共同为公共利益服务的决心的挑战。为了帮助我们找回方向，就必须把评估与这些挑战、价值观和决心充分结合，并且把评估员定位成讲科学的人以及公共利益的守护者。这样，基金会就一定能起到示范作用。

原则 2

对基金会项目的教育性的、民主化的评估采用了自由的或者说解放的设计框架，以合理化对社会现实的多元化、多样性构建。这种评估的努力方向不应该是获取新的霸主地位甚或是舆论支持，而应该是大家对多样性的接受以及对它给有意义的人类行为和民主活力注入的内在价值的认可。

我们必须开始就种族和阶级以及特权和优势地位进行一些严肃的讨论了。我们的社会并不像它一直希望成为的那样，是一个能人统治的社会。有一些出身于“低等”社会阶层的人获得了晋升的机会，从而取得了按各种标准定义的成功。但大多数人从未有过这样的机会，而这并不是他们自己的错！有关社会变革的“责怪受害者”理论和缺陷模型从根本上就未能认清以下事实，即当今社会中的机会较少地是由个人意愿所支配的，而更多的是受到了家族历史、地区教育、社区安全、就业前景——也就是阶级和种族的支配。

我们必须采用那些意识到了这一现实并且**不能接受这一现实**的科学方面的、知识方面的和行动方面的模型框架，用于指导基金会的评估实践。在这类框架中，基金会评估**一开始**就会对假设和立场进行批判性质疑：比如这项特定的政策或项目提案对于它所希望影响的人群的生活做了什么样的假设？这些假设的出处何在？那些计划中的受益人群在这项提案的制定过程中是否进行了积极参与？他们的“变革理论”以什么形式在这项提案中得到了体现？这项提案会以什么方式对环境做出回应，又会以什么方式来表现对多样性的尊重？这项提案会在多大程度上努力改变整个体制而不（仅仅）是相关人群？

有很多质询型模型都能符合这条评估原则。重点不在于鼓励使用哪种特定模型，而在于倡导一种批判性的、怀疑性的态度。可能适用的模型包括社会建设主义（在本章的前面曾简单介绍过），像米歇尔·法恩（Michelle Fine）和洛伊丝·韦斯（Lois Weis）这些社会学研究者提出的批判性城市人种学（Fine，Weis，Weseen and Wong，2000），唐娜·默滕斯（Donna Mertens，1998，1999）提出的解放性评估模型，还有亨利·弗赖尔森（Henry Frierson）、斯塔福德·胡德（Stafford Hood）、里卡多·米利特（Ricardo Millett）和罗德尼·霍普森（Rodney Hopson）提出的文化回应性评估方法（Hood，1998；Hopson，1999；Millet，2002）。

原则 3

对基金会项目的教育性的、民主化的评估有义务维护社会公正和公平；对这些评估的评价应该考虑到它们在多大程度上推进了这些民主理想的实现。

元评估也就是对评估的评估，它的目标是对一项特定评估研究的好处和价值进行评价。有关评估价值的评判标准还存在很多争议，但一般都会集中在评估方法的质量以及评估工作的效益或者有用性上。比如说，教育评估标准联合委员会的评估标准就涵盖了效用、准确性、可行性和规范性(Joint Committee on Standards for Educational Evaluation, 1981)。不过，不管是按哪种标准，元评估很少有超出对方法的争论的，尤其是在公共舞台上。也有一些极好的例外，特别是像已故的埃莉诺·法勒（Eleanor Farrar）和厄尼·豪斯（Ernie House）对美国研究协会（American Institute of Research）关于杰西·杰克逊（Jesse Jackson）的“推动—卓越”项目（Push-Excel program）的评估进行的评论（Farrar and House, 1983)，还有鲍勃·斯特克（Bob Stake）有关评估如何“平息了”“学校中的城市”项目（Cities-in-Schools Program）所设想的“革命”的感人评论（Stake，1986)。之所以说这些都是极好的例外，正是因为它们都努力想回答这一问题：评估人员最应该负责的对象是谁?

基于这第三条关于教育性的、民主化的评估的原则，我们主张评估人员应该主要对有关平等和社会公正的理想负责，从而对那些生活状态未能符合这些理想的人们负责。评估界的确认识到了，他们的责任往往不仅限于某个特定客户，而是延伸到了“大众福利和公共利益”。但是，认识到这点并不等同于支持它并付诸行动。在这里，我们想发起一个行动号召，并再次鼓励基金会发挥带头作用。在下文中，我们将对每条原则在操作层面进行详细解说，并会举一些例子。

一种参与性的评估实践

从前，评估人员在工作中崇尚的是距离和客观性。但是，一旦有了距离，就不能保证评估的实用性或者说效用。事实上，“影响力来自参与，而不是远离”(Cronbach and Associates，1980：53)。

接下来，我们将会提供一些实用策略，用于帮助评估人员积极融入作为评估对象的社会环境中去。这些策略特别适用于这些环境通常混乱而复杂的政治和价值维度。对它们的阐述遵循了可供基金会评估人员采用的指导方针的格式。

➢**公开表示采纳民主价值观。**公开认同那些框定并指导了评估的民主价值和理想，并就特定的评估环境对其进行明确定义。公开把该次评估的主要目的定位为价值观服务，而不是寻求因果型知识或是试图指导政策及项目决策、改进一家组织、或是提供对相关环境的全方位理解（Greene,

2000）。这次评估也有可能同时为上述其他目的服务，但民主化才是它的主要目标。而且它必须应用并明确表达相关环境下的民主化的特定含义。

➢**兼容并包，允许不同声音。**在评估中包含所有合法利益相关者的观点和价值取向。为各种各样的利益相关者提供一个空间，让他们表达对被评估项目以及促成该项目的社会情况的理解、体验和看法。为了保证这种包容的公平性，必须付出特别努力，以确保那些最弱势群体的经历和立场获得平等的表达和尊重的倾听。这种努力可能包括就每个利益相关集团的顾虑和利益进行分别讨论（Guba and Lincoln，1989），保证最弱势群体在所有有关优先评估事项的跨利益相关者讨论中都能占据多数地位（Mathison，1996），在评估讨论中让更加富有学识或善于辞令的拥护者与最弱势群体对话并代表他们（House and Howe，1999），还有为较弱势的利益相关者提供前期辅导，帮助他们练习表述并提出自己的观点（MacNeil，2002）。包容性和发言权既可以在设计、实施和诠释评估的过程中得到实现或体现，也可以实现或体现在评估人员的技术方法或工具中。例如，许多定性方法就明确提倡理解上的多样性以及对背景环境的依托。

➢**突出对参与者及其生活的世界的描述和他们的故事。**就像刚提到的那样，定性方法对于阐述项目受益人的看法并赋予他们“声音”特别有帮助。尤其是人种学方法，可以就项目参与者在特定社会、经济和文化环境下的日常体验产生丰富而深刻的描写和叙述性理解（Agar，2000）。利用霍普森关于“人种评估员”的理念（Hopson，2002），这些描写和叙述可以进一步阐明慈善项目对参与者日常生活的贡献及两者之间的联系。

➢**应用参与性的评估流程。**除了包容性和发言权之外，设计一种使得利益相关者能够积极而有效参与的评估流程，尤其是关于要研究哪些问题以及评估结果会导致后续行动的评估决策（Greene，1997b）。参与的形式可以是一个拥有决策权的评估顾问委员会，一个由各种各样的利益相关者组成的负责进行评估的评估团队（Whitmore，1998），或是由各种利益相关者参与的定期公共论坛，用于公布及讨论评估中呈现的问题并在合适的情况下对评估方式进行调整（Greene，Bowen and Goodyear，1997）。例如，安娜·科格伦（Ana Coghlan，1998）在她对乌干达的一个艾滋病教育项目进行的评估中，就开展了丰富的这类参与性活动，尽管整个评估本身是非参与性的。

➢**明确开展价值取向调查。**马克、亨利和朱尔尼斯（Mark，Henry and Julnes，2000）提出了一种实地调查各类利益相关者关于被评估项目的价值取向的系统性流程，作为一种确保各种价值取向都能得到表达并在评估过程中得以体现的方法。评估人员通过调查、访谈甚或是电子数据收集技术，可以获取某个特定环境的“价值脉冲”，并把这些发现应用于接下来的评估过程。在这一领域，亨利对佐治亚州幼儿园前（Pre-K）教育项目的全州性评估进行的价值取向调查工作堪称典范（Henry，2002）。

让我们再次回到本章开头的快照。在大城市基金会以像样的、支付得起的、可维持的住房替代目前城市贫民集中居住的公屋的大胆举措中，一名评估人员能够以什么方式在道德、政治和价值层面参与其中？举个例子，这名评估员可以组建一个评估顾问委员会，其成员由来自基金会、城市住房机关、社区倡导者团体（例如房客权利的倡导者），公屋房客、城市和社区发展专家以及评估从业者的代表组成。房客的人数可以占该顾问委员会的大多数。该委员会在评估活动中可以被赋予关键性的决策权——这种权力是通过定期会议来实现的。在这些会议上，评估员会提交重要的实质性问题、初步评估计划、评估方法或工具草案、新产生的发现和结果以及政策和行动的可能方向，以供讨论和行动决策之用。在委员会的讨论和交流中，我们预期会涌现出各种各样的体验、观点和价值观。在这样的情境下，肯定会引起争论的问题包括种族融合的意义、房产价值的重要性和受到的影响，还有理想的城市社区的居住特征。该委员会的整体使命应该是在这一特定背景下就这些问题采取最民主的（平等的、公正的、公平的）立场和行动。由 1 名经验非常丰富的协调员根据一开始就由所有人商定的互动方针，对顾问委员会的会议进行协调。会议的举办地点会放在公屋里或是附近，以便房客和他们的声援者参加。有需要的委员会成员还能获得儿童保育、餐饮和交通等服务。所有的委员会会议、相关费用以及委员会成员的实际工时酬劳都会由评估经费承担。

一种批判性的评估实践：接受多样性

借助关于教育性的、民主化的评估实践的第二条原则，我们提倡采用一种批判性的评估框架，以便吸收那些就当前公共问题开展的公众讨论中的关键差异——观点、经历、价值观和政治意识形态方面的差异，还有特权、势力、威望和选择方面的差异。我们之前就讨论过，对差异的有效接受依赖于真正知识的合理化，也就是基于那些项目服务对象日常生活的有关社会问题和被关注项目的知识。在这一评估实践中，真正知识和其他类型的知识都应该受到重视。以下是关于如何践行这一原则的一些建议。

➢**评估过程本身就要采用尊重他人的、交互式的交流方式，并接受差异。**利用具体评估实践来建立开放的、能容纳多样性和差异性的评估关系和相互作用。评估是一种社会实践；它发生于这个由人类混乱的、偶发的、不可预知的行为和相互作用组成的世界，因此不可避免地也带有了俗世的一些关系特征。这些关系从根本上协助构建了评估中产生的知识——我们的结果、我们的发现、我们有关项目质量的判断。这样，通过评估教授和学习的就不仅仅是关于项目的信息，还有关于各种关系的信息，特别是这些关系的规范性和政治性特征——信任、互惠、关心和尊重、宽容以及接纳（Greene，2003）。评估人员可以公开寻求和各类项目利益相关者进行互动，并发展出以包容和互惠为准则、以对差异性的尊重为道德规范的关系。

➢**把“访问”活动作为评估过程和设计的一部分。**为了使评估成为一种更好地认识那些和我们不同的人并在更深层面上接纳这些不同的工具，评估人员可以找到一些让各类利益相关者相互“访问”的创造性方法。“访问”，汉纳·阿伦特（Hannah Arendt）说，是基于这样一种假设，即差异性对社会生活并不构成威胁。相反，由人类的多样性交织而成的网络应当被视为有意义的、正当的、好的行为，同时也是做出可靠判断的一项前提（Biesta，2001）。此外，为了把这张人类多样性的网络用于产生有意义的行为和判断，同时发展出对他人观点的认识和理解，阿伦特主张对别人进行“访问”和“倾听”。在其他人的表述中，阿伦特有关访问的想法包括以下几点：

访问包括让每位可能感兴趣的人就某个事件讲述自己眼中的故事，从而以多种角度构建关于该事件的故事，并想象自己如果在这个故事中扮演一个非常不同的角色的话，会做出何种反应（Biesta，2001：397）。

访问意味着认真倾听他人的观点，因为［如阿伦特（Arendt，1968）

所说]，“当我思考一件事的时候，头脑中各种人的观点越多……我就能越好地［判断和行动］”（Coulter and Wiens，2002：18）。

因此，访问并不是通过别人的眼睛来观察，而是在一个与［你］自己的故事非常不同的故事中……从一个非自身的立场出发，通过**自己的眼睛**进行观察（Biesta，2001：38）。

评估中的访问活动可以包括重要利益相关者的互访，一名利益相关者“如影随形地”跟踪另一名利益相关者的日常生活，或是由各类利益相关者对“城镇的另一角”进行的观察性访问——参加文化活动、体育活动或者就是在街角的咖啡馆或当地酒吧坐坐。访问者可以在利益相关者的集会上，通过叙述、录像或各种表演形式对自己的访问活动进行汇报，并随后讨论从中学到了什么新东西。针对各种特定环境，还可以量身定做出其他许多“访问”形式。

➢**把“搜索会议”作为评估的计划阶段或实施阶段的一个步骤，或是在两个阶段都加以应用。**搜索会议（Emery and Purser，1996）是一种用于对相关（团体的、项目的或组织的）历史进行反思并就当前实践和所需改变交换意见的经协调的团体活动。搜索会议有意把多样性作为当代生活的基石而加以推崇，并采取能有效结合差异性的行动，而不是强求意见一致。

➢**把“对话”作为评估过程的一部分。**在迦达默尔（Gadamer），巴赫金（Bahktin）和其他人的文章中，“对话”被理解为与他人的一种语言交流形式，其目的在于通过把自身成见置于炮火之下来更好地理解其他人的观点（Schwandt，2002）。换句话说，对话是一种给予他人尊重和关心的特殊的交流形式，参与者很愿意增进对他人和自己的了解。在评估过程中，对话可以发生于许多不同的时点上，包括计划阶段、实施阶段和成果分享阶段（Abma，2001a）。例如，蒂纳基·阿布纳（Tineke Abma，2001b）就把“故事会”当做一种博采众长的对话形式。在这些故事会上，评估研究的成果（更确切地说，是代表了对某个项目对立的、不同的理解的成果）被以简短的叙事形式表现出来，并与能提供其他方面服务的专业人士进行分享，以催生有意义的讨论和对话。

➢**把项目原理或逻辑模型当做对不同的利益相关者阐释和应用各种项**

目假设、价值立场和政治承诺的方式。要想给予差异性真正的尊重，一条基本原则就是要理解这些差异，并提供一个安全空间，使人们能够质疑关于要解决的社会问题以及用于解决它的项目本质的各种假设。从多种不同的角度对项目原理或逻辑进行阐述——面对的是什么问题，其成因是什么，这些举措为何有望有效地破解这些成因，预期成果是什么样的——是一项获得多样性的重要手段。特别是在本文提倡的教育性的、民主化的评估形式下，采纳多种不同的项目逻辑对于有效推动对差异性的接受可能是一种极为有力的方法。阐述项目原理的策略和方法是多种多样的（United Way，1996；W. K. Kellogg Foundation，2000；Rogers，Hacsi，Petrosino and Huebner，2000；Weiss，1998；among others）。对于这一理念而言，关键是不仅仅要回答这个项目如何以及为什么对人们的生活做出了回应，还要回答人们的生活如何以及为什么赋予了这个项目意义和空间——或者为什么没有做到这一点。

让我们再次回到开头的快照。对于历史悠久的美国基金会帮助最有需要的社区留住乃至吸引合格医务人员的行动，评估人员应该如何设计评估方案，从而促使人们接受多样性并认可它为有意义的人类行为和民主活力带来的根本性价值？在开展相关评估的过程中，可以结合从多类利益相关者的角度出发围绕项目理论进行的拓展、交流和对话。对于项目理论的建立，可以部分采用访问的形式，使得各种利益相关者相互参与到对方的项目理论的建立过程中来。也就是说，一名住在需要提高医疗保健服务的社区的居民可以拜访另一名住在享有充分医疗保健的社区的利益相关者，去看看后一个社区中的医疗保健服务是什么样的。反过来也是一样。每一名利益相关者都可以就其他社区的医疗保健服务的一系列特征性的情况、假设、活动和成果（这些构成了项目理论）进行报告。在此之后，就可以针对不同的项目理论以及它们对作为评估对象的基金会项目的适用性进行富有成效的对话。

一种负责的评估实践

最后，要想践行我们有关教育性的、民主化的评估活动的第三条原则——也就是根据评估本身在多大程度上推进了平等和社会公正等民主理想来对其做出评价，有哪些实用策略呢？

➢**把元评估作为评估过程的一个重要组成部分。**除了很少的一些例外（Scriven，1991；Stake，1986），评估操作中很少把元评估——即对评估的评估——作为一个常规部分。评估人员往往鼓励对他人进行问责、反思和批判，却很少对自己采取这些行动。通过开展元评估，评估人员就能进行经过了深思熟虑的自我批评。通过明确按照平等和公平的标准开展元评估，评估人员就能推进民主化目标的实现。

➢**鼓励自我反省和自我批评，特别是对基金会的赞助者和领导者而言。**元评估的一项关键工作就是为基金会的赞助者和领导者提供一个机会，使其对自身的项目优先工作和相关评估要求进行批判，依据就是这些活动在特定环境下对于促进平等和公平起到了什么作用。在这个社会中，所有享有特权的人都有制定带偏见的政策和进行歧视性活动的共谋倾向。一个坚持开展自我反省和自我批评的评估过程就是对该倾向的一种回应，它的实现方式可以是写反思性日志、开展对话、论坛发言或其他表现形式。

➢**在那些由当前体制下的弱势群体组成的困难街区加强评估能力建设，帮助其居民成为评估员。**评估并非天生就是那些受过教育的自由派白种人的专利。还有一种鼓励对评估质量进行民主化评价的方法，就是提高那些基金会社会活动的干预对象自行开展评估或者成为外聘评估人员的重要合作伙伴的能力。这也许是实现民主评估的一项关键手段，因为它赋予了参与者从今往后跳出单纯的参与模式、按照自己的质量标准进行自我评估的能力。

让我们最后一次回到开头的快照：在对地方社区基金会解决社区饥饿问题的努力进行评估时，评估人员应该如何尽到推进平等和公平的民主理想的义务？本文的一项主要建议就是开展或委托开展把平等和公平的民主理想作为核心标准的元评估，或是赋予别人这种能力。这种元评估需要回答的关键问题就是，这项评估在相关背景下以多大力度提高、促进了平等和公平？或许在一名外部人员的帮助下，各种各样的利益相关者都可以参与到这种元评估中（从而提高他们自身的评估能力）。作为对该基金会的饥饿解决方案本身质量的讨论的补充，可以对相关评估的质量也进行反思性讨论，从而获得一种更为强大的民主化活动和行为的结合体。

结 论

实现长期有效的社会变革的最强大手段就是教育。通过提高人们的知识、技能和自我认识，就能帮助他们成为自身生活的积极的、自给自足的主宰者以及对所在社区有贡献、有爱心的公民。多年以来，美国的慈善业在推动教育为社会变革服务方面一直起到了带头作用。基于我们在本文中提出的评估理念，美国的慈善业通过采用一种本质是教育性的、为民主理想服务的评估和批判程序，就能加强这一传统领导地位。

参考书目

Abma, T. A. (Guest Ed.) (2001a). Dialogue in evaluation (special issue). *Evaluation*, 7 (2).

Abma, T. A. (2001b). Evaluating palliative care: Facilitating reflexive dialogues about an ambiguous concept. *Medicine, Health Care, and Philosophy*, 4, 261—276.

Agar, M. H. (2000). Border lessons: Linguistic "rich points" and evalutaive understanding. In R. K. Hopson (Ed.), *How and why language matters in evaluation*. New Directions for Evaluation, no. 86. San Francisco: Jossey-Bass.

Bickel, W., Millett, R. A., & Nelson, C. A. (2002, March-April). The civic mandate to learn. *Foundation News and Commentary*, 43 (2), 42—46.

Biesta, G. J. J. (2001). How difficult should education be? *Educational Theory*, 51 (4), 385—400.

Coghlan, A. T. (1998). *Empowerment-oriented evaluation: Incorporating participatory evaluation methods to empower Ugandan communities to prevent HIV/AIDS.* Unpublished dissertation, Department of Human Service Studies, Cornell University, Ithaca, NY.

Coulter, D., & Wiens, J. R. (2002). Educational judgment: Linking the actor and the spectator. *Educational Researcher*, 31 (4), 15—25.

Cronbach, L. J., & Associates. (1980). *Toward reform of program evaluation*. San Francisco: Jossey-Bass.

Dowie, M. (2001). *American foundations: An investigative history*. Cambridge, Ma: MIT Press.

Emery，M.，& Purser，R. E. (1996). *The Search Conference：A powerful method for planning organizational change and community action.* San Francisco：Jossey-Bass.

Farrar，E.，& House，E. R. (1983). The evaluation of Push/Excel：A case study. In A. S. Bryk (Ed.)，*Stakeholder-based evaluation.* New Directions for Program Evaluation，no. 17. San Francisco：Jossey-Bass.

Fine，M.，Weis，L.，Weseen，S.，& Wong，L. (2000). For whom? Qualitative research，representations，and social responsibilities. In N. K. Denzin & Y. S. Lincoln (Eds.)，*Handbook of qualitative research* (2nd ed.，pp. 107－131). Thousand Oaks，CA：Sage.

Greene，J. C. (1997a). Evaluation as advocacy. *Evaluation Practice*，18，25－35.

Greene，J. C. (1997b). Participatory evaluation. In L. Mabry (Ed.)，*Evaluation and the postmodern dilemma：Advances in program evaluation* (Vol. 3，pp. 171－189). Greenwich，CT：JAI Press.

Greene，J. C. (2000). Understanding social programs through evaluation. In N. K. Denzin & Y. S. Lincoln (Eds.)，*Handbook of qualitative research* (2nd ed.，pp. 981－999). Thousand Oaks，CA：Sage.

Greene J. C. (2003，January). *The educative potential of educational evaluation.* Keynote address presented at the *Primer Congreso de Evaluacion，Universidad Autonoma de Nuevo Leon* (First Evaluation Conference，The Autonomous University of Nuevo Leon)，Monterrey，Mexico.

Greene J. C.，Bowen，K.，& Goodyear，L. (1997，June). *LGBT resource office program review，final report.* Cornell University，Ithaca，NY.

Greene，S. G. (2002，September 5). In disaster's wake：Charities missed opportunities to win confidence，experts say. *Chronicle of Philanthropy*，pp. 4－11.

Guba，E. G.，& Lincoln，Y. S. (1989). *Fourth generation evaluation.* Thousand Oaks，CA：Sage.

Henry，G. T. (2002). Choosing criteria to judge program success. *Evaluation*，8 (2)，182－204.

Hilliard，A. (2002，April). *Beneficial educational research：Assumptions，paradingms，definitions.* Paper presented at the annual meeting of the American Educational Research Association，New Orleans.

Hood，S. (1998). *Responsive evaluation Amistad style：Perspectives of one*

African-American evaluator. Paper presented at the Robert E. Stake Symposium on Educational Evaluation. Champaign, IL: University of Illinois.

Hopson, R. K. (1999). Minority issues in evaluation revisited: Reconceptualizing and creating opportunities for institutional change. *American Journal of Evaluation*, 20, 445—451.

Hopson, R. K. (2001). Globa and local conversations on culture, diversity, and social justice in evaluation: Issues to consider in a 9/11 era. *American Journal of Evaluation*, 22 (3), 375—380.

Hopson, R. K. (2002). Making (more) room at the evaluation table for ethnography: Contributions to the responsive constructivist generation. In K. E. Ryan & T. A. Schwandt (Eds). *Exploring evaluator role and identity*. Westport, CT: Information Age.

House, E. R., & Howe, K. R. (1999). *Values in evaluation and social research*. Thousand Oaks, CA: Sage.

Hunter, D. (1975). *Plenary address*. Council on Foundations, Chicago.

Joint Committee on Standards for Educational Evaluation. (1981). *Standards for evaluations of educational programs, and materials*. New York: McGraw-Hill.

Kirkhart, K. (1995). Seeking multicultural validity: A postcard from the road. *Evaluation Practice*, 16, 1—12.

MacDonald, B. (1978). *Democracy and evaluation*. Norwich: Centre for Applied Research in Education, University of East Anglia.

MacNeil, C. (2002). Evaluator as steward of citizen deliberation. *American Journal of Evaluation*, 23, 45—54.

Mark, M. M., Henry, G. T., & Julnes, G. (2000). *Evaluation: An integrated framework for understanding, guiding, and improving policies and programs*. San Francisco: Jossey-Bass.

Mathison, S. (1996, November). *The role of deliberation in evaluation*. Paper presented at the annual meeting of the American Evaluation Association, Atlanta.

Mertens, D. (1998). Research methods in education and psychology: Integrating diversity and qualitative approaches. Thousand Oaks, CA: Sage.

Mertens, D. (1999). Inclusive evaluation: Implications of transformation theory for evaluation. *American Journal of Evaluation*, 20, 1—14.

Millett, R. A. (2002, June). Missing voices: A personal perspective on diversity in program evaluation. *Non-Profit Quarterly Newsletter*.

Rogers, P. J., Hacsi, T. A., Petrosino, A., & Huebner, T. A. (Eds.). (2000). *Program theory in evaluation: Challenges and opportunities*. New Directions for Evaluation, no. 87. San Francisco: Josser-Bass.

Schwandt, T. A. (1989). Recapturing moral discourse in evaluation. *Educational Researcher*, 18 (8), 11—16, 34.

Schwandt, T. A. (2002). *Evaluation practice reconsidered*. New York: Peter Land.

Scriven, M. (1991). *Evaluation thesaurus* (4th ed.). Thousand Oaks, CA: Sage.

Stake, R. E. (1986). *Quieting reform: Social science and social action in an urban youth program*. Urbana, IL: University of Illinois Press.

Stanfield, J. H. (1985). *Philanthropy and Jim Crow in American social science*. Westport, CT: Greenwook Press.

United Way of America. (1996). *Measuring program outcomes: A practical approach*. Alexandria, VA: Author.

W. K. Kellogg Foundation. (2000). *Logic model development guide*. Battle Greek, MI: Author.

Weiss, C. H. (1998). *Evaluation* (2nd ed.). Upper Saddle River, NJ: Prentice Hall.

Whitmore, E. (Ed.). (1998). *Understanding and practicing participatory evaluation*. New Directions for Evaluation, no. 80. San Francisco: Jossey-Bass.

Wisely, D. S. (2002). Parting thoughts on foundation evaluation. *American Journal of Evaluation*, 23 (2). 159—164.

第6章
把评估融入基金会的活动周期

劳拉·C·莱维坦　威廉·E·比克尔

如果能把评估过程很好地融入组织的基本常规活动中，就能极大地加强评估的有效性。在基金会中，除了那些直接或间接与资助活动相关的活动之外，就没有其他基本常规活动了。这些常规活动是循环进行的——有些周期和单个资助项目的时长一样，其他的周期则要长得多。从这些周期中，可以识别出一些关键性的决策时点——也就是有关评估投入的决定性的“组织时点”。我们所说的“评估”指的是能够支持组织中的决策和学习过程的一组涵盖范围很广的信息制造活动（远远超出了传统的对项目影响的评估）（Cooley and Bickel，1986；Patton，1997；Preskill and Torres，1999）。

本章描述了基金会的周期以及评估应该如何适应这种周期。它不仅仅是给评估人员看的，也是给基金会人员看的。评估人员往往对于基金会的特殊周期并不熟悉，但他们需要知道这些周期会对评估成果的时效性和有用性产生什么影响。而基金会又是非常特殊的一类组织。尽管我们认为这些周期代表了基金会典型的工作情况，但各个组织对于这些周期的体验可能是截然不同的。出于这个原因，本章的目标读者不仅包括基金会官员，也包括评估人员。虽然基金会官员一般通过关于这些周期的描述就能对其加以识别，但他们往往并不清楚评估的各种目标以及如何保证评估成果被应用于基金会的运营。

通过对慈善机构的周期给予充分关注，评估人员就能更好地获得及时而有用的信息，用于帮助基金会进行一系列核心决策。我们的基本假设是，以评估形式或是其他研究和政策分析形式、倡导者团体的辩论形式、媒体关注形式出现的信息都能通过种种路径对资助者的决策产生帮助（Leviton and Boruch，1983；Weiss and Bucuvalas，1980；Patton，1997）。

首先，我们会讨论基金会中的 7 种构建了资助过程的关键性周期。接下来，我们会描述其中 5 种如何影响了基金会的工作，以及评估在其中如何能够发挥一定作用。其次，我们会针对资助和项目的生命周期，分别提出一些关于项目的关键问题，以构建评估活动及其成果的使用方法，并举了两个例子来说明。最后，我们会介绍各种周期为评估的有效开展和应用带来了什么样的挑战和机遇。

项目资助的环境：七种周期

从某些角度来看，基金会的工作周期与美国国会的拨款和立法修正周期有些类似（Redman，2000）。它和联邦官僚机构的管理、监督、采购和批量拨款的周期也有相似之处（Rich and Zaltman，1978）。不过，慈善机构的周期和公共部门的周期还是有所不同的，因为前者在决策中考虑各种各样信息的机会要少得多。之所以信息不足，是因为基金会在本质上是自主的——按礼来基金会前评估主管苏珊·怀斯利（Susan Wisely）的说法，就是“公营的名头，私营的运作方式”（Wisely，1993：1）。不管怎样，法律已经规定了公仆必须是容易为人民所接近的，这也得到了传统的认可。公民们预期自己提供的信息或表示的担心能得到公仆们的回应，即使回应度并不能让他们满意。相反，私募基金会的财产属于私人捐赠者，其用途是由这些人在遗嘱中指定的，或是由其指派的委员会决定的。基金会的工作人员在有需要时，会向自己信任的专家和信息源求助。他们在做这些事时，都是从自己的需要出发的，其选择也是自由的。在这种情况下，提供及时而多样的信息就成了一种挑战。

接下来要介绍的是 7 种影响到基金会评估活动的组织周期：

➢**单项资助的生命周期。**这一周期是非常明确的，因为这类资助通常是短期的（比如说 1～5 年），有一个开始日期和一个结束日期，预算经费有限，还有对资金用途的明确规定。即使是像那些为非营利组织提供关键性支持的长期资助，也往往表现出生命周期的形式。尽管这种周期是明确的，但推动其运转的动力却并非那么明确。慈善业最重要的事务之一就是要管理人们对资助期限和数额的预期。

➢**项目的生命周期。**在接下来的一节中，我们将会对项目的生命周期给予特殊关注。这一周期可能和某项资助的生命周期重叠，但也并非总是如此。例如，一家基金会可能向某个非营利机构提供资助，以支持它帮助遭受家暴的妇女——“家暴受害妇女项目”。但是这个非营利机构项目的开始时间可能早于该项资助，并且可能在资助停止后仍然继续。因此，项目表现的可能是短期的也可能是长期的（多年的）周期。另外，许多大型基金会都用“项目”一词来指代自己集多项资助于一体的动议。这些项目可能是由各种各样的非营利机构共同实施的。例如，罗伯特·伍德·约翰逊基金会（RWJF）的“积极生活项目”就为 9 家大型非营利组织提供资金来施行这一项目，同时还资助了美国退休人员协会（America Association of Retired Persons，AARP）开展的一项社会公关活动。这些多重资助项目所覆盖的各项资助可能跨越了不止一个资助周期，但它们本身的期限通常会相对较短（1～5 年）。

➢**年度支付周期。**按规定，私募基金会每年必须至少捐出财产的 5%，否则就会被课以重税。这一周期所带来的压力很少能被外人看到。

➢**经济周期。**基金会可用于投资的收入会随着经济状况的变化而升降。因此，它在每一年份的法定支出也会大小不一。这转而又会影响到它们需要拒绝多少资助申请。这些周期一般时间会比较长，比如像 20 世纪 90 年代的经济繁荣。

➢**单个非营利机构的生命周期。**基金会资助的项目都是内嵌在机构活动里的，其中大多数是非营利机构，它们完成规定工作的能力以及在像得到和停止资助这样的外部冲击下的反应能力是各不相同的。尽管非营利机构的生命周期本身算不上慈善业的一种周期，但它对慈善活动有着根本性的影响。资助者和评估员对它的认识都不足。机构的生命周期通常都比较长，尽管很多刚成立的机构只能存活很短暂的时期。

➢**委员会表决周期。**基金会的委员会每年可能会晤数次。委员会负责审批各项资助申请以及基金会的总体方向和重点。越来越多的委员会开始索要评估结果，或是在为委员会准备报告时应用这些结果。

➢**基金会关注点和动议的起起伏伏。**这些变化可能颇为迅速，比如战略目标的改变，它们也可能随着基金会委员会和工作人员的流动、还有基金会对资助动议的能力范围的认识深入而持续数十年之久。

周期对基金会行为的影响方式

前两种周期——单项资助的生命周期和项目的生命周期——显然是评估的关注重点，并会在后文得到详细阐述。可能会令人大吃一惊的是，很多基金会对这两种周期只给予了少量持续性关注。事实上，过去的大多数基金会都把自身角色定位为资源提供者，而不进行过多监管和干预。对许多基金会而言，这依然是它们的运作方式。其余 5 种周期对外人来说并不那么明显，但也常常推动了慈善行为，而且也能受到评估深刻的影响。因此我们先介绍这几种周期。

支付周期

年度支出决定了在接下来的 1 年中，慈善活动的大体框架是什么样的。基金会的领导层每年都要决定资助重点或是对过往资助重点进行重新审视，同时还必须为每项重点领域编制预算（很多基金会也愿意考虑自身主要关注领域之外的提案，因此在某种程度上也是“反应型”的。但即使是在这种情况下，它们也需要编制预算）。

基金会对重点的选定过程可能是按下述方式进行的。假设某家基金会的资助重点是教育、环境和艺术领域。在基金会创建时所接受的遗赠中，部分预算已经被指定用于特定的机构和活动。剩余的资金可以投向现有项目，也可以投向受到基金会工作人员或委员会成员支持的新项目、新策略。财务主管或财务官员对所需开支进行大致估算，并据此为各个重点领域制定预算。随着时间的推移，在了解到最新的资助活动状况和基金会的财务回报表现后，财务官员可能需要对这些估算进行修正。基金会的整体方向可能是由委员会在某个年度会议上讨论决定的，也可能是由多次委员会会议逐步决定的。

如果时机合适的话，评估或是其他的证据形式可能有数种影响这些决策的方式。例如，如果这家基金会大约在年中时发现必须减缓支出，那么，哪种类型的项目可以接受更为缓慢的资金流呢？项目方案要想获得延续，是否需要满足更高的绩效标准？或者，如果基金会开支必须增加的话，该怎么办？应该把增加的部分用于哪些地方？换句话说，能引起改变的关键点在哪里？最紧迫的人类需要是什么？增加的资源用在哪些地方最有可能使项目方案得到更有力的执行？

经济周期

支付金额会随着经济周期而变化，但关于支出的预期会对资助者和受资助者的行为都产生根本性的影响。从 1980 年至 2000 年，美国所有活跃着的基金会的财产从 482 亿美元增长到了 4 861 亿美元，其支付金额也增长了超过 8 倍（Foundation Center，2002)。随着资助规模的提升以及申请成功率的提高，资助申请者的预期也水涨船高。此外，很多基金会也觉得，只有雇用更多员工，才能做出负责任的决定。但当经济于 2000—2001 年陷入衰退之后，这些预期就都改变了。资助者和受资助者在项目维持上都遇到了多得多的困难，许多项目都无法再以之前的形式维持下去了。

在慈善机构工作的一个特点就是要对资助申请者说“不”。在经济衰退时期，更是要增加说“不”的次数，乃至需要拒绝大多数人的资助申请。对于那些为了做好事和改变世界而投身于慈善业的人来说，这项工作内容实在算不上愉快。另外，和公共部门的拨款程序截然不同的是，这一过程并不受太多既定规则的限制。出于这个原因，基金会官员就需要想些招数来传达这一令人沮丧的消息。这就能够从很大程度上解释为什么基金会官员通常要和受资助者保持一定距离。

总的来说，基金会财产的增加对评估是有好处的，因为评估人员和其他项目官员一样都是接受雇用的。委员会也会对绩效和成果提出更高要求，这样，用于回答他们提问的资源也要比以前丰富得多。尽管至今仍有一些委员会成员、基金会官员和受资助者声称评估侵占了项目资源（Patrizi，2002；Patrizi and McMullan，1999），但可用资源的极大丰富本身就削弱了这种说法的说服力。一种提倡对结果进行评估的文化于是在更大程度上得到了灌输。

在经济衰退期，人们是否还会继续寻求评估结果，依然有待观察。一方面，资源更加有限了；另一方面，随着资源的减少，对它的竞争也就愈发激烈，因此有些人认为此时仍然需要——甚至是更加需要——对慈善投入的质量进行批判性审视。借助评估结果，资助者在评审提案和为最有效的项目续资时就能以理服人，这就为他们提供了一条向受资助者说“不”的理由。

非营利性机构的生命周期

经济繁荣与萧条的交替循环也会影响到非营利组织的健康状况和福利。对于那些在经济下行时期必须裁减总体开支但又希望非营利机构把项目维持下去的基金会官员来说，这是一个越来越让人担心的问题。但要实现这一理想，就既需要资源，又需要组织能力。不幸的是，两者都很稀缺。

当基金会了解自己资助的组织的生命周期乃至能力时，就能实现良好运转（Stevens，2001）。非营利机构的创建、存续和完结都依赖于它们开展业务的实力。这里所说的实力包括了服务职能，同时也把财务管理、财务健康、人力资源、行政管理和治理作为重要元素包括在内。各组织之间的实力差别极大，这对它们获取资助以及有效完成任务的能力都有非常显著的影响。

非营利机构一向倾向于精减行政开支，从而尽可能多地把资源转移给服务性功能，或者说“使命”（Letts，Ryan and Grossman，1998）。这一倾向可能会影响到它们的财务健康，使得它们高度依赖于一两个资助者。最理想的情况是，非营利机构能够先获得一项资助，并在该项资助结束后仍然维持项目。但是，如果基金会的资助削弱了这家机构从别处获得赞助的能力的话，可能会于无意之间导致了它的财务依赖。而非营利机构需要多样化的资金来源，才能获得灵活性和战略规划能力，还有最重要的，在环境冲击下的生存能力（Tuckman and Chang，1992）。

评估人员已经意识到了，对于像某家非营利机构为何没能按计划开展某个项目这样的事，其组织能力和生命周期为相关解释提供了很重要的线索。不过，评估人员在评估中极少从组织发展的角度去看待问题。要做到这点也有办法，比方说可以在项目早期就提出一些评估建议，以帮助构建那些会影响到绩效的能力，或者也可以帮资助者总结那些能成功完成项目的非营利机构的特征。评估人员往往会忽视这些问题，这可能是因为他们通常假定那些能获得资助的机构本身就具备很强的适应性和能力。但即便是对很多公共部门的机构来说，这一假定也是很有问题的（例如在资金紧缺的学区和福利办事处）。对于那些由基金会资助的非营利机构而言，这种对适应性和能力的假定则往往是大错特错的。

委员会表决周期

慈善机构的所有开支都必须经理事会批准，有些是直接批的，有些则是通过审查员工所做的决定。正因如此，理事会会议就为基金会的其他活动定下了基调。有些基金会的理事会每季度开一次会。其他基金会有的开会次数要少一些，有的则更频繁一些，这都取决于理事会的参与程度以及需要发放的资金额度。要知道，基金会官员的很多活动都是根据这种会议的时间来安排的，而且这些会议本身的准备工作也要花费大量精力。

评估结果有时在这类准备工作中扮演了重要的角色。基金会员工为了一场在理事会会议上的重要报告，可能在半年甚至1年前就开始准备了。如果在这些准备工作的早期就能获得评估结果，那么它们就更有可能发挥较大作用。在合适的地方用上一些初期成果，比如说一组报告或是定期的口头简报，会有助于对这些成果的概念性应用——这种概念性应用往往框定了下一步的决策和将面对的机遇。概念性应用通常是被要求的，因此评估对后期的决策或是慈善策略的制定也能施加影响（见第1章）。

经常有人抱怨评估不够及时。不过对于基金会来说，及时的信息对理事会会议的准备工作比对这些会议本身更为重要。政府的运作也差不多如此，尤其是国会。评估成果在为修订法律进行的初期准备中肯定要比听证会开始后有用得多，人们也需要时间去消化这些成果的含义（Leviton and Boruch，1983；Leviton，1987）。

基金会关注点和动议的起起伏伏

大多数基金会都会非常审慎地规定它们会资助的和不会资助的领域。

理事会负责在这些特定的资助领域里为整个基金会掌舵。这些领域可能会随着理事会成员和基金会官员的更迭而变换，也可能随着环境的变化而变换，例如当政府开始为解决某种需求买单的时候，或者是当社会发生了改变，从而使得这种需求不再那么紧迫的时候。在很多情况下，战略规划的制定也会导致基金会关注重点的变化。

慈善机构的理事会已经越来越依赖评估以及其他类型的信息来辅助它们的战略规划。研究和评估可以帮助理事会了解自身的知识缺陷、服务需求和推动社会变革的机会，尽管这些信息往往是不充分的。比如说，某个城市的社区基金会试图找出自己应该为和人口老龄化相关的项目投入多少资源。这时，某份简报正好对某些机会、需求、前景和现行的联邦政府政策进行了概括，因而为这一尝试提供了信息。这还不算，该份简报还对一组针对人口老龄化的项目进行了描述，而这些项目之前就是由这家基金会资助的，其中有几个已经得到了正面的评估结果。理事会于是表决同意在接下来的数年间增加资助力度，以更好地满足人口老龄化的需求。

一旦选定了关注重点，绩效衡量就可以广泛采用对这一投资重点的各类评判结果（而不像对特定项目或资助的评估）。这种绩效衡量可以以数种方式进行：

➢通过考量某个资助领域的广泛的社会效应，例如罗伯特·伍德·约翰逊基金会为改进医疗服务的可获得性而付出的努力。

➢通过对某个资助领域所有受资助项目的评估结果进行加总，就像皮尤慈善信托基金所做的那样（Rimel，1999）。

➢通过对某个资助领域的关键性中期目标的实现情况进行考核，而这些目标是由相关逻辑模型或变革理论决定的。

对资助的近距离观察

在这部分的讨论中，我们会以资助周期为例，说明评估程序是如何以各种方式支持单项资助和多资助基金会项目的决策过程的。当然，这是一个理想化的版本。图 6.1 展示了项目和资助周期的常规模式。

我们可以看到，这一周期大致是分三个阶段展开的，分别是**规划**、**实施**和**实施完毕**阶段。每个阶段都会在不同程度上开展一些具有代表性的活

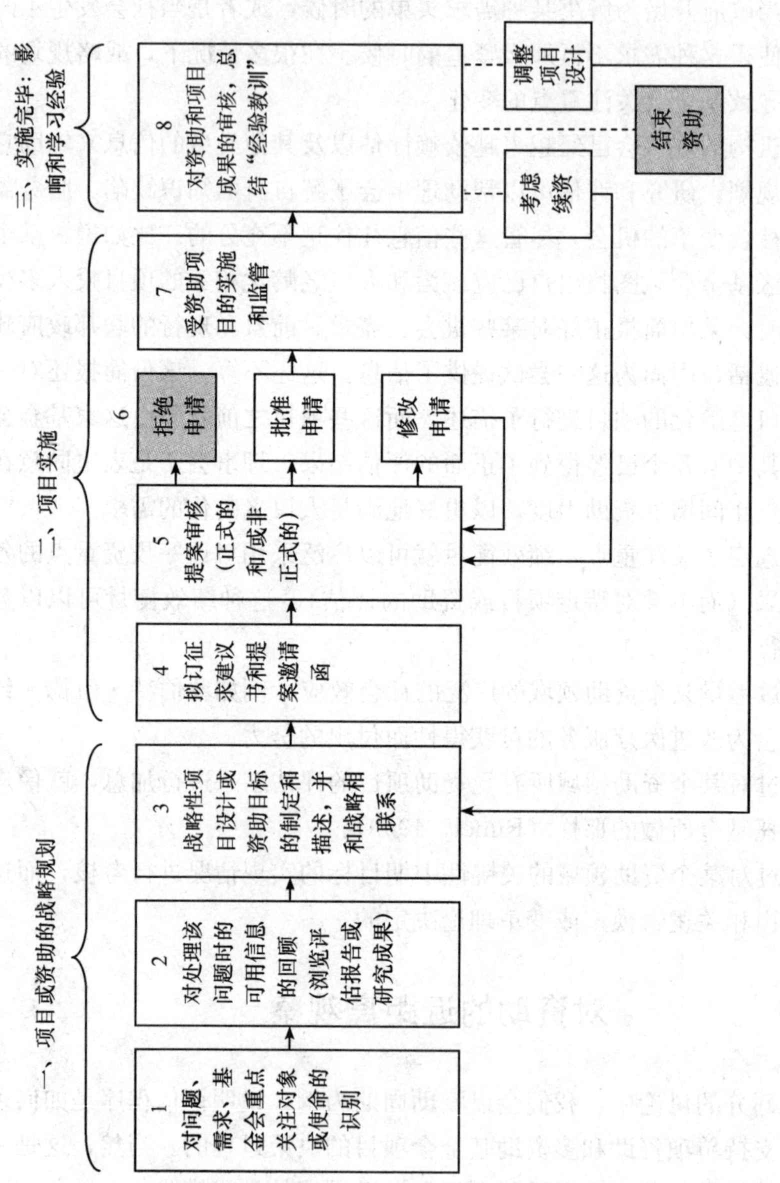

图6.1 项目/资助周期

资料来源：Bickel，Post和Nelson（2001），引用于Oliphant（2002）第28～34页。已获得转载许可。

动，以推动整个流程。比如说在第一阶段，整个周期会以对某个“问题”或关注领域——很可能是和基金会的整体使命相吻合——的识别开始。以此为开端，会有一整套流程被用于设计基金会对这个问题的可能“回应”。

各基金会在这些问题识别和战略发展活动上有很大不同。这些活动在基金会内部的**协同**程度（而不仅是由某一名项目官员独自开展），还有在基金会商讨过程中涉及的信息的用途和类型范畴，只是基金会相互之间区别的两个方面而已。此外，组织内部人员在考虑规划、实施和对结果的评估时，肯定会遵循一定规则。员工们可能会对将要出现的问题进行预期，对有关实施的假设进行质疑，或是直接跳到项目的潜在副作用上（Rich and Zaltman，1978）。基于所有这些原因，我们认为提出一个用于有序提问和决策的框架就显得尤为重要了。如果不是这样的话，基金会员工和评估人员就都会缺少一个去认识丰富多彩的基金会风格和活动的环境。

在资助周期的每个阶段都有一些关键的决策点。从理论上来说，评估在每个这样的决策点都能起到重要作用。一种使评估活动融入周期的方法就是，想象基金会人员很有可能在评估过程中提出哪些问题，然后把评估活动和这些问题联系起来。表 6.1 列举了在各个阶段分别可能提出的问题类型和开展的评估活动。

表 6.1　　　　项目—资助周期

第一阶段：规划		
子阶段	典型问题	可能的评估活动
1. 识别基金会的问题、需求或优先重点考虑的事项	• 这个基金会对于解决哪些紧迫的问题或需求拥有独一无二的优势 • 这些问题或需求在何种程度上体现了基金会的核心关注点	• 使基金会目标和项目目标一致 • 开展需求评估 • 评定基金会的优势（例如政策环境、特有的发挥杠杆作用的机会或智力资本）
2. 基于确切信息的战略规划	• 关于这个问题的解决方法，我们已经有了哪些认识 • 其他人已经做了哪些事来解决这个问题 • 哪些努力是成功的，哪些是不成功的？为什么 • 在成功的和不成功的尝试中，有哪些更广泛的环境特征？这些特征中有哪些影响了项目或资助的结果	• 通过查看关于常用指标、潜在障碍和有效策略的内部及行业知识，对已知的可行办法进行总结 • 找出关于某个目标问题的现有数据源（例如官方的统计数据） • 咨询利益相关者，获取行业领袖就该问题以及适当策略的看法

续表

子阶段	典型问题	可能的评估活动
3. 制定和描述项目设计	**发展变革理论：** •基于我们对子阶段1的问题的回答，我们（基金会项目人员）怎样才能利用自身独一无二的定位和技能去最好地干预这一问题 •给定我们能够为目标问题动用的资源规模，最好应该从何处着手 •要想有效运用选定的方法，都有哪些已知的助力和障碍 •是否有动议或者新的动议计划（属于基金会的其他项目领域，由潜在资助伙伴提出）可以被用于最大化这一新项目或资助的影响 •开展这些资助活动的大环境是什么？有没有会影响到这些资助的实行或有效性的政策、压力、趋势或法规 •我们是否已经确定了现实的、可测的目标和结果（我们如何才能知道这一策略是否有效） •我们是否清楚地表述了自己的变革理论 **制订行动计划：** •我们是否有一个切合实际的进度时间表 •受资助者还可能需要哪些非货币资源或支持来实现目标？我们应该如何应对这些需求 •我们是否设定了一些里程碑式的目标来监督项目或资助的进展情况 •我们是否为资助的开展、复核、中期校正和战略回顾制定了时间表 •除了要求受资助者完成的评估之外，我们是否还需要进行更正式的评估？应该划出多少预算？是应该在组织内部进行，还是请外部人员来做	•使项目目标和战略性项目或资助相一致 •与项目人员合作，使得变革理论更加清晰（目标、战略、活动和资助、结果、影响、指标和目标） •为评估制定大致的任务范围和预算 •选定环境、项目实施和成功标准等方面的关键性进度指标 •就有关数据的可获得性或评估所要求的条件开展初步评估

续表

第二阶段：项目或资助的实施

子阶段	典型问题	可能的评估活动
4. 拟定征求建议书（RFPs）	• 项目或资助的设计是否需要基金会给予额外（非货币性）帮助（例如，如果这项资助是由基金会推动的，它可能会需要对受资助者进行专业培训） • 那些可能提高成就的受资助者有什么特征 • 我们识别并吸引这项资助的申请人的最佳方法是什么 • 我们需要从申请者那里获得哪类信息（关于他们的环境、组织能力、活动计划、资源需求），才能做出资助决策 • 关于我们对受资助者在通过资助审批中起到的作用和他们的评估义务（对内部评估和外部评估负有的义务）的预期，我们应该向他们传达哪些相关信息 • 在这一子阶段，我们需要从申请者那里获得什么类型的基准信息，才能在批准资助后进行进度监督 • 我们应该如何管理申请过程来最大化它的效用？是否应该把受到资助的提案置于现行报告体系下？即使某个提案的资助申请未能通过，将来在对基金会的拨款模式进行回顾性分析时，是否还能查找到它 • 基金会和受资助者会如何分担进度评估责任	• 把项目和单项资助联系起来（包括具体说明某项资助如何推动了整个战略的发展） • 确定征求建议书和评估之间的关系及要求 • 审查整个征求建议书的“可评估性” • 建立（或拥有）一个数据管理系统，用于实现提案审核、监管和评估等功能
5. 审核建议书	• 审核建议书的标准是什么 • 我们对这名受资助者已经做了哪些了解 • 哪些人应该参与对建议书的审核 • 哪些方法能够最好地推动对潜在受资助者及其申请的评估（例如面对面的会谈、实地考察、过往业绩回顾）	• 制定建议书的评估标准 • 对有关资助申请者过往业绩的内部和外部数据进行总结 • 找到对项目人员审核建议书有帮助的合适的人和行动（例如咨询利益相关者、实地考察、对建议书的评估部分进行审核）

续表

子阶段	典型问题	可能的评估活动
6. 资助决策和资助协议	• 哪些受资助者最有能力实现这些战略目标？哪些受资助者最有能力达到评估要求 • 各个受资助者要实现这些目标，分别需要哪些特定的支持或条件（写入资助协议）	• 根据选定的受资助者的计划来对指标进行复查或重新排列 • 把每份资助协议的评估部分设置得与选定的受资助者的能力相匹配，或是明确为评估该项目所必需进行的能力建设 • 利用资助协议的评估部分来清晰地描述对数据收集和数据报告的预期
7. 资助的实施和监督	• 在实施阶段，我们需要从受资助者那里获得哪类信息来解答我们有关项目有效性的广泛问题（特别是有关环境、实施和成功的关键指标） • 我们应该多久收集一次信息 • 我们应该如何从受资助者那里收集信息 • 我们应该如何储存受资助者的信息，以提高其可获得性和使用率 • 应该让谁负责管理受资助者的信息？ • 随着我们资助的开展，这些信息会起到什么作用 • 我们应该如何向受资助者提供建设性的反馈 • 受资助者有哪些通过评估过程互相学习的机会 • 我们可以如何和某个项目或资助的评估人员分享知识（如果正在进行一次外部评估）	• 开发受资助者的报告模板，或针对不同受资助者进行量身定制 • 拟定受资助者的报告流程和数据收集协议 • 在有需要时，为基金会开发针对受资助者数据的管理程序 • 全面考查各个受资助者的工作，并对结果进行综合 • 制订一项计划来连续估计受资助者对资金支持或其他资源的需求 • 制订一个外部的或由基金会主导的正式评估计划

续表

第三阶段：对影响和经验进行评价，以改进项目设计和资助的配给		
子阶段	典型问题	可能的评估活动
8. 审核资助或项目成果，总结经验教训	• 受资助者有多大能力来真正落实他们的项目 • 我们的受资助者取得了哪些进展 • 有哪些环境的和组织的因素对资助的落实起到了最重要的帮助或阻碍？对预期成果的实现呢 • 项目或资助的成果对相关领域有什么意义（甚或有没有意义）？对未来的战略性资助有什么意义	• 对项目下的各个受资助者的信息进行汇总 • 在适用的情况下，对综合评估结果进行阐释 • 把该领域的现有知识和基金会新产生的知识进行比较 • 采用合适的策略（产品创造和传播）来传播关于战略、后续步骤和政策含义的“重大”经验教训

资料来源：Bickel、Post 和 Nelson（2001），引用于 Oliphant（2002）第 28～34 页。已获得转载许可。

我们并不认为每个基金会都应该——甚或只是尝试——对这些理想化的步骤亦步亦趋。这种对评估流程的“超理性化”对于大多数基金会来说其实是不切实际的。我们的目的是展示各个评估阶段之间的合理关系、基金会人员可能在每一阶段提出的问题以及评估人员可能的回应。我们的主张是，对于那些牵涉到大量投资的战略性资助周期而言，要想让评估有效融入基金会的资助周期，像这样的方法就是一种重要手段。但我们也承认，这种融合方式还是存在巨大挑战的。之后我们也会讨论其中的数种挑战。

RWJF 资助的 SUPPORT 项目的规划阶段和后续事件

我们用一个 RWJF 的项目来演示这个理想化周期的第一阶段（规划）。该项目催生了多项致力于改善临终医护服务的动议。“认识关于治疗结果和风险的预后及偏好的研究”（Study to Understand Prognoses and Preferences for Outcomes and Risks of Treatment，SUPPORT）是一个分两阶段的多资助项目。它首先描述了 9 种致命疾病的医疗手段，然后利用一个在病人层面开展的随机试验来确定干预是否能够改善医护服务。由于篇幅所限，此处不能对该项目进行详细介绍。有关 SUPPORT 的详细内容可见该基金会的《文选》（*Anthology*，Lynn，1997）。更多有关改善临终医护服务的动议的信息可见 www. rwjf. org。

让我们回到表 6.1 的第一阶段。请注意，该阶段被进一步划分为三个子阶段：（1）问题识别；（2）基于确切信息的战略规划；（3）战略设计。在每个子阶段，都有一些评估活动能为该过程提供信息。有些评估活动肯定是在基金会人员的能力范围之内的，有一些需要外部人员的专业知识，还有一些则是两者都要。这类评估在规划阶段可以实现以下目标：

- 促成对逻辑模型或项目理论的详细说明
- 迫使相关方对该动议的目标进行解释
- 引起对相关领域现有知识的关注
- 推动对项目方案和评估进行的协同准备

如表 6.1 所示，一名项目官员可能在规划阶段就会提出许多合理问题。例如，在“问题识别”子阶段就列出了这样的问题：“这家基金会对于解决哪些紧迫的问题或需求拥有独一无二的优势?”能有效解决这一问题的方法包括对基金会的优势进行评定，例如发挥杠杆作用来诱发变革的机会。比如说，RWJF 以通过提供教育和改善医疗卫生系统来发挥影响力而著称。在面对患有致命疾病的患者的护理问题时，该基金会就会运用 SUPPORT 项目中已经通过检验的策略。

在表 6.1 中的“信息确认”子阶段，提出的问题之一就是“在成功的和不成功的尝试中，有哪些更广泛的环境特征?”有助于解答这一问题的行为包括搜寻该领域的潜在障碍和有效策略，还有找出关于某个目标问题的数据源。在 SUPPORT 项目中，来自描述性阶段的数据为预测患者的存活时间和开始严重的功能障碍的时间提供了重要信息。关于哪些行为能对严重的致命疾病的护理工作起到帮助作用，这些数据也就一些基本事项提供了信息（例如护理人员是否意识到了患者的心愿以及缓解他们所遭受的巨大痛苦的需要）。

如表 6.1 所示，战略计划的制订有赖于这些初期步骤，其本身也可以进一步分成两个步骤，即制定“变革理论”和一个“行动计划”。适用于此处的问题包括“要想有效运用选定的方法，都有哪些已知的助力和障碍?”有用的评估活动包括与项目人员合作，从而使得变革理论更加清晰。打个比方，基于 SUPPORT 项目规划阶段的信息，基金会员工认为如果护理人员能够更好地了解患者心愿的话，就能大大改善护理服务。为了实现这一点，该项研究主要关注对护士的培训和他们的职责，因为护士是负责向病人及其家属提供建议并确定他们的偏好、会见护理服务提供者、制定应急预案以及向患者护理小组提供充分信息的人。

在制订行动计划时，一个被用来举例的问题就是“我们是否有一个切合实际的进度时间表?”一种有助于回答这一问题的行为就是选定关键性的进度指标。SUPPORT 的第二阶段是一个被用于对数个关键变量的进展指标进行评估的随机试验，其中包括选择发出“不要抢救”的指令的时机，在患者和医生之间就该指令进行意见统一，以及能为那些表示不想接受抢救的患者减少多少在重症病房（ICU）里或呼吸机上的昏迷时间。

通过跟进这个项目，我们获得了一些有关基金会决策的反馈。随机试验表明，这一干预未能对这些指标所反映的任何问题做出改善。尽管这一结果颇令人沮丧，我们也没理由认为这个随机试验有任何草率之处。事实上，这个说明性的子阶段促成了对该问题更详尽的理解以及对成熟干预的系统性策划——这些会在第二阶段受到测试。鉴于该基金会过去类似的干预策略曾经获得过成功，为何这种成功未能在 SUPPORT 的随机试验中再现，这是一件颇为令人费解的事。

人们通常假定，负面结果会起到给创新降温的效果。但在基金会里就不一定是这样了，而这种情况也的确没有在 SUPPORT 项目里发生。该项目从患者、服务提供者和医疗卫生系统三个层面找出了妨碍这一干预有效性的具体障碍。有了这些体会，RWJF 开始对改造整个临终护理行业产生了兴趣——和关注点颇为集中的 SUPPORT 项目相比，这是一个涵盖面更广也更具挑战性的任务。评估结果和其他多种来源的信息共同使得理事会和员工确信，这些挑战值得他们以更为积极进取的态度去迎接。这样，对 SUPPORT 的评估虽然较少影响了有关单个项目的决策，但是，它对基金会支持的整个行业领域的盛衰产生了深远的影响。

对于受资助者来说，基金会对负面评估结果的这种反应可能特别有助于打消他们关于评估用途的疑虑。它也同样体现了具有企业家精神的资助者和政府决策者之间的区别。如果某个政府项目得到了负面的评估结果，那么它的决策者们对于下一步该做什么就没有太多选择，并会为此焦虑不安。而在慈善业——至少在牛市中是这样——负面的评估结果反而为寻找更有力的变革手段带来了挑战，特别是在已知如何落实这种变革的情况下。由于基金会人员每年都有付出资产的5%的压力，他们在实施社会变革方案时会显得更富有开拓精神。

评估在实施和总结经验阶段的用途

亨氏捐助基金会（Heinz Endowments）的“儿童早期项目”（Early Childhood Initiative，ECI）展现了评估如何能被融入表6.1所示的后两个阶段。在经历了2年的紧张筹备后，ECI于1998年完成了头一年的运营工作。它的基本目标是“把亚利加尼县（Allegheny County，在宾夕法尼亚州）变成这个国家第一个让高质量的早教项目广泛覆盖低收入家庭孩子的社区”（Oliphant and Root，2002：1）。根据大量的研究成果，这家基金会认识到了生命的头几年对于后来在学校的成功是至关重要的（这有些类似表6.1中第一阶段的子阶段1和2）。身处一个政府不对学前教育和全日制幼儿园项目拨款的州，它认为自己在这方面的投资能发挥很大作用，并且希望能够促使州政府调整对早期教育的政策。这个项目的目标就是让数以千计的低收入家庭的孩子获得高质量的早期学习经历。

这个项目的影响范围令人惊叹。在亨氏捐助基金会的领导下，有许多基金会、社区组织、商业领袖以及数千儿童参与进来。它对资金的需求也是巨大的。在5年时间里，它从多家来源获得了共计6 000万美元的投资，用于在该地区最贫困的街区建立一个由80家儿童早期教育机构组成的网络（表6.1，第一阶段，子阶段3）。到了2000年年底，各方面都认为这个项目“未能实现它雄心勃勃的目标”，因此各家基金会决定“逐渐停止”这项投资（Oliphant and Root，2002：1）。

就过往经验来看，ECI的故事绝对算不上特殊。基金会常常在困难的环境下踌躇满志地推出一个社会项目，却在数年后发现并未实现其目标。有两件事使得ECI的这个案例显得尤为突出。首先，这家基金会从一开始就在方案中引入了一个以匹兹堡儿童医院（Children's Hospital of Pittsburgh）为基地的综合性研究和评估项目（Bagnato，2002），其设计用意就是记录实施过程并对被测模型的可行性和效果进行确认（表6.1，第一阶段，子阶段3；第二阶段，子阶段4～7）。

其次，在做出停止执行初始方案的决定之后，牵头的基金会又做了一个决定：委托兰德公司（RAND Corporation）对 ECI 进行回顾性调查。据理事会主席特丽莎·海因茨（Teresa Heinz）所说，让兰德公司进行的这项调查的目的就是“需要知道为什么”（2002：5）。兰德的调查尽管是由亨氏基金会赞助的，但它在设计方案中就把项目所在的社区定位为自己真正的客户。亨氏捐助基金会的首席执行官马克斯·金（Max King）说：“我们觉得每一个支持过这个项目、参与过这个项目，甚或只是赞成过这个项目的人，都和我们一样有权知道到底发生了什么”（Oliphant，2002：5）。

上述两项评估活动总共需要亨氏基金会投入 1 800 万美元。两项评估的结果后来都向社区公开了（Bagnato，2002；Gill，Dembosky and Caulkins，2002；表 6.1，第三阶段，子阶段 8）。

与我们的资助周期评估表相对应，这两项评估包含了在周期中的“实施”和“经验总结”阶段（分别对应表 6.1 中的第二和第三阶段）会问到的一些典型的问题类型，也就是说关于实施程度、获得成果以及由该项目总结出来的、应与其他致力于该领域类似事项的人分享的经验的问题。该项针对项目结果的调查跟踪了涵盖社会、早期教育和行为等领域的 40 个指标。总的来说，评估人员发现那些真正被一开始设计的高质量项目所覆盖的少数儿童（834 名，根据 Bagnato，2002；引用于 Oliphant，2002：6）在这些指标上表现出了显著提高。此外，需要接受特殊教育的人数也明显减少了。

问题在于，这些令人印象深刻的成果只有在极少情况下才能获得。兰德公司的调查证实了，在实施这个异常复杂的项目的过程中，从理念上和结构上都会面临许多挑战。这些挑战包括烦琐的组织安排和责任、沟通链条，大量事先意料不到的成本（最终成本是起初在 ECI 经营计划中提出的 3 倍），还有州政府一直对于为儿童早教进行财政拨款缺少兴趣，尽管里奇（Ridge）州长领导的那届政府早期曾表现出了一些不同的迹象（见 Oliphant and Root，2002：5～8）。

调查结果的细节在这件事上的重要程度远比不上它们对于基金会和社区现在的和将来的用途。正是因为看到了这项干预在得到充分实施时的影响力，基金会才决定继续拨款维持两个小的示范点。两项评估结果的传播对于地方、州和全国各地都起到了积极影响（Root，2002；Gill，Dembosky and Caulkins，2002）。相关工作仍在继续为基金会针对州政府的策略发挥影响，一个例子就是它正在努力让州政策制定者认同为所有的宾夕法尼亚州公民提供高质量的儿童早期教育的必要性（Heinz，2002）。

就如上一节描述的那样，ECI的案例很好地展示了评估是如何被融入项目周期的。除此之外，它还展现了这样做的效果。正如亨氏基金会的理事会主席所说：

这些研究共同向我们展示了，如何能够更巧妙地推动早教项目，另外它们还告诉我们，把这类项目当成重点关注对象绝对是正确的……我们从中学到的经验教训已经被应用于我们在宾州各地的工作，同时还被全国各州在早教项目方面的其他改革者所借鉴（Heinz，2002：3）。

资助周期为评估带来了什么机遇和挑战

在基金会的决策过程中对评估的恰当运用是一个值得赞美的目标，但是过往经验表明，要做到这点并不容易（Patrizi，2002；Bickel，Millett and Nelson，2002）。挑战是多种多样的，其中有一些源于基金会的文化和结构，还有一些则与评估的常规操作有关。在此，我们将会指出几个特别妨碍评估被融入基金会的常规资助周期，因而必须设法解决的**实践性问题**。不过，这些问题同样也造成了一些开展和应用评估的机会。

挑战1：需要对周期进行识别

一般来说，慈善业的“内部人员”（即基金会员工）处于一个更有利于识别周期的位置，因此会试图控制开展评估活动和获取结果的时间，使其与一些特定的决策时点相匹配。即使是最具政治敏感度的评估人员有时也无法识别这些周期，并且常常没有机会去及时给出建议。但有些时候，由于基金会内部程序的特殊性，即使是内部人员也无法识别这些周期，或者无法觉察各种机会并对其加以利用。要想建立一个有效的评估流程，一项必要的策略就是与基金会员工紧密合作，从而准确地预知周期。当然，即便是在基金会员工和评估人员之间建立起的密切工作关系，也可能不敌赶进度的需要以及基金会人员在做决策时的随意性。

挑战2：基金会学习的环境和时机

员工在为理事会报告做准备的过程中，可能就会成为项目理念的倡导者，并可能因此而夸大该项目的预期效果。早在1972年，卡罗尔·韦斯（Weiss，1997）就描述过公共部门里的类似问题。在慈善业，就应该找出周期中最适于评估的时机，才能从中获得真知灼见。我们坚持认为，最佳时机就是当理事会对项目官员和评估人员的任命还悬而未决的时候。同时，如果理事会表现出对该项目的关注，自然也能起到吸引那些忙碌的工作人员注意力的效果。

RWJF最近的一个项目就体现了这些挑战。这个项目剩下来的18个月的获批资助能否发放，取决于它在定性进度评估中能否获得一个有利的结果。后来的评估结果的确是有利的，资金也得到了拨付。人们可能由此得出结论，评估结果对这个项目的拨款决策起到了促进作用。不过，对于评估结果的更有意思的应用出现在数月之后。该项目的评估员以创办和该受资助机构相似的机构而著称。在一些和评估基本无关的场合，这家受资助机构的员工就积极向该评估员请教如何提高质量控制以及留住最优秀的专业人员，这时，这家机构就获得了一个“适于受教的时机”。哪怕仅在几个月之前，由于该受资助机构还在担心能否获得续资，这样的“适于受教的时机”也是不可能出现的。

挑战3：对评估不切实际的期望

尽管我们支持将评估融入资助周期，但我们也明白，即使是那些经验丰富的评估使用者（和评估人员），有时也会对评估持有不切实际的期望，例如结果什么时候能出来，能产生什么影响，或者说能起到多大作用。这点对于基金会员工、理事会成员、评估人员和对国会委员、政府机构的新任官员同样适用。

复杂的社会项目需要一定时间才能得到贯彻，但过早地追求“成果和影响”已经成了行业里的老毛病。在有些情况下，即使有了定义清晰的项目理论和审慎的评估设计，也很难在结果中把因果关系和相关性区分开来。这个不言自明的道理在对某个项目（或者是某项评估）的“推销”中往往没有受到足够的重视。人们常常被迫满足于有关资助情况的不同程度的“知识”。格兰特·奥利芬特（Grant Oliphant，2002）描述了尤因·马里恩·考夫曼基金会（Ewing Marion Kaufmann Foundation）对这个问题的合适的应对方式。

> 这从根本上来说是一个由不同程度的确定性组成的梯度关系。最上层是代表了科学知识的“已证实”影响，最底层则是代表了合理假设的“可能的影响”（幸福的无知状态想必是这个梯度关系隐含的半地下室!）。考夫曼基金会正在努力将它的项目和受资助者从“可能的特性”这一层提高到位于中间的“已得到例证的特性”这一层。从流程和数据收集的角度来看，这一举措到底能产生什么效果还有待观察，但其基本理念——即我们可以接受并大大受益于并非确定无疑的知识——是极为可贵的（第 3 页）。

挑战 4：对通过/不通过这类决策的担心

人们一般会认为，评估的发现会被纳入关于项目的考虑之中，并且对是否继续资助该项目起到了决定性的作用。这种模式化的想法导致了不计其数的恶性结果——项目主管、评估人员和资助者都因此出现了一些可以预见的不端行为。不过，这一模式在政府里其实是很少出现的，而且根据我们迄今为止的经验，它在基金会里也不多见。即使评估对可识别的决定起到了推动作用，也很少是以人们想象当中的“通过/不通过”这样的形式。我们很少看到哪个项目是因为负面的评估结果而被中止的，同样，也没有哪个项目仅仅是因为在评估中获得了高度评价而得以存续。

评估结果之所以很少能决定项目的存亡，原因有三。第一，长期以来的传统就是，评估可以被用于决策过程，但通常绝不是唯一的信息来源（Leviton and Boruch，1983）。和信息一起对决策产生影响的还有政治考虑和个人偏好，前者影响决策的方式包括对决策者的长期教育（Weiss and Bucuvalas，1980）、直接通过行动（Leviton and Boruch，1983）或是对我们出于其他考虑而采取的立场进行合理化（Leviton and Hughes，1981）。第二，手握大权的支持者常常会捍卫项目。基金会也有像政客的选民一样的支持者，只不过其形式和政府里不太一样。随着员工和理事会的人员流动，基金会的支持者可能会更为易变。事实上，是人员的流动而不是评估结果使得项目遭遇危机。第三，在我们预期某项评估会被用于做出明确的决定时，就是假设这项评估结果的质量和确定性非常之高，因此值得拥有这么大的影响力。事实上，大多数评估都必须在非常混乱而复杂的环境中判定项目效果，也很难确定因果关系，因此其结果都有很大的缺陷，无法符合要求。

非营利性机构对于失去项目资助的担心要远甚于公共部门。这是因为许多非营利性机构的资金来源不够分散，一旦失去某项资助，就可能意味着灭顶之灾，或者至少是要进行一轮痛苦的裁员。公共机构也有可能碰到资金不足的问题，但它们至少能从政府那里获得稳定的现金流。此外，公共机构的利益相关者，比如说学区，在政府那里也有很强的话语权。非营利性机构哪能有这样的待遇呢？一般来说，基金会的工作人员需要付出极大努力，才能减少人们对评估的毫无根据的顾虑。

结 论

我们以两个重要假设开始了本章的讨论。首先，评估过程能在提高慈善业的有效性方面发挥十分重要的作用。其次，为了实现这一点，必须把评估融入基金会的必要日常工作中。

本章的实践意义在于，如果评估人员和基金会官员能够识别出基金会的核心周期，并依此对评估进行设计，他们的工作效率就都能得到提高。每个周期都会有一些关键的决策点，在这些决策点上，就能引入评估信息，以供基金会在进行商议活动时参考。我们用了一个“问题—评估回应”模型框架来演示决策过程和评估之间的这种互动关系是如何运作的。它要求基金会员工和评估人员计划周全、思路敏捷，还要求基金会的文化和理事会都服务于利用评估信息来推动机构的事业发展。

我们也意识到了不少挑战的存在。此外，对于评估能够（甚至是应该）在基金会的生命周期中扮演一个多么显要的角色，我们也有充分的自知之明。尽管如此，我们仍然坚信，评估在保证慈善业的有效性方面是一项重要工具。要想明智地利用评估过程来支持慈善业，一个关键要素就是要理解基金会的工作机制，并找到可行的办法，把评估融入这类特殊机构的核心生命周期中去。

参考书目

Bagnato, S. (2002). *Quality early learning—key to early school success: A first-phase program evaluation research report for Pittsburgh's early childhood initiative (ECI)*. Pittsburgh, PA: Children's Hospital of Pittsburgh, SPECS Evaluation Research Team.

Bickel, W. E., Millett, R., & Nelson, C. A. (2002). *Challenges to the role of evaluation in supporting organizational learning in foundations*. Available at http//www. foundationsnews. org/webextra/learningweb. htm. Washington, DC: Council on Foundations.

Bickel, W. E., Post, J., & Nelson, C. A. (2001, May). *Supporting organizational learning in the initiative/grant-making cycles*. Pittsburgh. PA: University of Pittsburgh, Evaluation Coordination Project, Learning Research and Development Center.

Cooley, W. W., & Bickel, W. E. (1986). *Decision-oriented educational research*. Boston: Kluwer-Nijoff Publishing.

Foundation Center. (2002). Profile of the funding community: How much have foundations grown and why is that important? *Foundations Today Tutorial*. Available at http: //fdncenter. org/learn/classroom/ft _ tutorial/ftt _ part1 _ q2. html. Accessed February 20, 2003.

Gill, B. P., Dembosky, J. W., & Caulkins, J. P. (2002). *A noble bet in early care and education*. Pittsburgh, PA: Rand Corporation.

Heinz, T. (2002, Spring). To our readers. In *E*, p. 3. Pittsburgh, PA: Heinz Endowments.

Letts, C. W., Ryan, W. P., & Crossman, A (1998). *High performance nonprofit organizations: Managing upstream for greater impact*. New York: Wiley.

Leviton, L. C. (1987). Changes in law as leverage points for policy research. *American Behavioral Scientist*, 30, 632—643.

Leviton, L. C., & Boruch, R. F. (1983). Contributions of evaluation to education programs and policy. *Evaluation Review*, 7, 563—598.

Leviton, L. C., & Hughes, E. FX. (1981). Research on the utilization of evaluations: A review and synthesis. *Evaluation Review*, 5, 525—547.

Lynn，J. （1997）. Unexpected returns：Insights from SUPPORT. in S. L. I-saacs & J. R. Knickman（Eds.），*To improve health and health care*. San Francisco：Jossey-Bass.

Oliphant，G. （2002，March）. *Evaluation at the Heinz Endowments：A position paper for internal review*. Pittsburgh，PA：Heinz Endowments.

Oliphant，G.，& Root，D. （2002）. *Pittsburgh's noble bet*. Pittsburgh，PA：Heinz Endowments.

Patrizi，P. （2002，April，4）. *Briefing notes to the Evaluation II Roundtable*. Presented at the Grantmakers'Evaluation Network Meeting，Council on Foundations，Washington，DC.

Patrizi，P.，& McMullan，B. （1999）. Evaluation in foundations：The unrealized potential. *Foundation News and Commentary*，30，32—35.

Patton，M. Q. （1997）. *Utilization-focused evaluation：The new century text*（3rd ed.）. Thousand Oaks，CA.：Sage.

Preskill，H.，& Torres，R. （1999）. *Evaluative inquiry for learning in organizations*. Thousand Oaks，CA：Sage.

Redman，E. （2000）. *The dance of legislation*（Rev. ed.）. Seattle：University of Washington Press.

Rich，R. F.，& Zaltman，G. （1978）. Toward a theory of planned social change：Alternate perspectives and ideas. *Evaluation and Change*，41—47.

Rimel，R. W. （1999）. Strategic philanthropy：Pew's approach to matching needs with resources. *Health Affairs*，18，228-233.

Root，D. （2002，Spring）. Early childhood learning：The national scene. In，*E*，pp. 33—37. Pittsburgh，PA：Heinz Endowments.

Stevens，S. K. （2001）. *Nonprofit lifecycles：Stage-based wisdom for nonprofit capacity*. Long Lake，MN：Stagewise Enterprises.

Tuckman，H. P.，& Chang，C. F. （1992）. Nonprofit equity：A behavioural model and its policy implications. *Fournal of Policy Analysis and Management*，11，76—87.

Weiss，C. H. （1997）. Evaluation（2nd ed.）. New York：Prentice Hall.

Weiss，C. H.，& Bucuvalas，M. J. （1980）. *Social science research and decision-making*. New York：Columbia University Press.

Wisely，D. S. （1993）. *Reflections on a foundation's relationship to its public legacies and lessons for the Lilly Endowment*. Indianapolis，IN：Lilly Endowment.

第2部分

基金会如何进行评估实践能力建设

第 7 章

评估对象和评估程序的合理选择[①]

梅尔文·M·马克　威廉·L·比里

从原则上来讲，基金会应当具备系统性自我评估的功能。无论是项目拨款，还是项目决策，抑或项目资金的筹集，在基金会项目运作程序的每个阶段，还是基金会本身，都应当受到系统性评估。在另一个极端，基金会可能全盘放弃了系统性评估功能。我们认为，在实际运营过程中，基金会能够并且应当对于评估**内容**进行系统性选择。此外，对于这些它们决定进行系统性评估的东西，还需要决定评估的**频度**。简言之，本章的目的正是为了帮助基金会工作人员以及董事会人员决定是否以及以何种频度对基金会的努力进行评估。

当然，基金会日常事务中可能还存在很多不那么系统的非正式评估，

---

① 本章的部分研究工作得到了大卫和露西尔·帕卡德基金会以及国际科学基金会（REC-02311859）分别给予梅尔文·M·马克的两笔赞助。我们十分感谢维克多·郭（Victor Kuo）以及很多基金会工作人员的帮助。同时，我们要感谢马克·布雷弗曼（Marc Braverman），罗德尼·霍普森（Rodney Hopson），劳拉·莱维坦（Laura Leviton）和埃米尔·波萨瓦克（Emil Posavac）等人对第一稿的评论。

比如说项目官员对受资助者的观察。事实上，某些类型的评估，不管多么地不正式，可能会对基金会的每一项决定都产生影响。和本书的其他章节一样，我们的关注点不在于对系统性评估进行有意识的、审慎的应用。对于大多数基金会而言，包含了有计划的信息收集工作的**系统性**评估并不是在任何时候对于任何事都适用的，至少无法在一个很高的频度上开展。资源是有限的，评估工作可能会很费钱，因此必须做出权衡。

这些权衡可以是通过非制度化的程序来实现的——有时是通过偶然事件，有时是根据项目官员的职业判断，有时是根据直觉，还有时是根据传统习惯。然而，如果基金会能够设计一个制度化的程序来决定评估什么以及以何种频度进行评估的话，将能大为受益。例如，系统地思考评估资源问题，可以帮助基金会获得本书所倡导的良好评估性思维方式，从而使基金会的运转更为科学。本书的主题之一便是希望在基金会整个决策过程与拨款过程中，能够充分利用评估信息，形成评估型思维方式，从而使基金会的工作更为高效。而要想让基金会真正建立一种评估性的思维方式，它们就必须从评估的角度出发，来思考**如何分配评估经费**。在本章中，我们将就这一主题进行展开。

基金会需要考虑清楚应该评估哪些资助项目，以及应该以何种频度来评估它们。这样做当然无法确保基金会总能做出最好的决定。但总的来说，通过审慎地进行这些考虑，基金会将能从评估工作中挖掘出更大的潜在价值。

评估过程的纵向考察

为了能够更清楚地阐述基金会系统评估的功能，有必要先明确以下几个问题：第一，评估的对象与评估频度是由什么决定的？是个人意愿，还是基金会整体的意愿？是要把很多分散因素（例如战略性因素和地理性因素）都纳入到考虑中，还是只考虑主要因素，抑或只是由慈善基金运行习惯所决定？第二，基金会进行评估工作时，是否需要制度化的规范来决定哪些项目应当进行评估？例如，是否需要一个详细的列表，规定某些类别的资助项目无须进行正式评估，而某些类别的资助则必须在搜集大量资料的基础上，进行全面细致的评估。又如，对于受资助者资料的收集工作，是否同样需要制定一个列表，规定不同类别的受资助者所收集的信息亦不同：对于某些受资助者，基金会必须获得全面的资料；而有的受资助者，基金会只需获得特定资料；还有大量的受资助者，基金会只需收集基本资料，以便将来用于对比统计。第三，在做出制度化的规定（即上文所说的评估系统的选择列表）的过程中，应该如何决定其分级标准？在接下来的部分，我们会一一就以上问题进行解答。现在，让我们先解决一个基本问题——为什么说我们必须建立一个完善的评估系统？

为什么需要建立一个规范化评估系统

有些人会说基金会自身已经有资助评估系统。基金会自己可以决定哪项拨款需要评估，哪项不需要评估。很多基金会已经有了差异化的评估类别规定，规定了有些评估需要密切监管，而有些只是偶尔地测验一下。那么，为什么要取消现有的评估系统，在评估资源分配过程中重构另一个规范化的评估制度呢？

实际上，在决策过程中，仅有零散的评估系统，而没有规范化、系统化的评估制度，将会产生很多的问题，表 7.1 列举了这些问题。而且，表 7.1 还澄清了为什么在评估系统中，对评估对象与评估程度的规定要有差异。主要原因包括：

表 7.1　　非系统化评估与系统化评估比较表

非系统化评估	系统化评估
对评估程度的决定大都是盲目的、偶然的	作出的决定更容易达成一致，更为理智
对评价程度的决定不能与基金会使命紧密相连	作出的决定通常与战略性使命紧密相连
基金会工作人员或者受资助者认为评估过程有武断性	决议更为透明更容易理解
评价模式是单一的、一刀切的模式	评价资源分配更易于被充分利用、更为合理
不易与董事会交流评估理由	评估的基本原理容易被理解与讨论
评估工作为基金会带来收益的可能性降低了	评估工作更具有收益性

➢能够提供更客观、更透明的依据，以便项目负责人、董事会及其他人员更明确评估的对象、程度以及这样评估的原因。

➢能够使评估决议同基金会使命的联系更为紧密，并且增加评估工作的潜在收益。

➢帮助项目负责人制订项目计划和资助决议时，形成一种规范的评估性思维。

➢有利于更进一步的理论研究，不管对于基金会内部人员还是外部人员，都能从评估中提高研究的视野。

通常情况下，评估的对象与程度关系到评估的潜在收益。例如，如果没有一个规范化的制度来评估基金会对受资助者所提供服务的有效性。那么，其他潜在资助者，政策制定人员，以及公共大众将不能确定基金会的服务工作的效果。同样，如果没有对受资助者提供服务的过程及执行工作进行系统评估的制度，也就无法知道哪些组织受到了捐赠，执行条款是否合理。更无法去分析从评估结果中我们得出了哪些新结论，进行评估后又发生了哪些变化。显然，所有这些都是由**评估对象**所决定的。

对于评估资源的科学规划，还必须抛弃“一刀切”式的单一评估模式。在很多基金会中，很多资金项目都使用一种单一的受资助者评估模式。这种模式或大或小（一些工作的指示也是其中一种），在单一评估模式下，往往会规定基金会资助项目的评估费用应当按照捐赠数额的比例支出。意思是说，一定比例的捐赠支出（3%或5%）是一定要用于评估工作的。但是，过分地强调按照捐赠比例支出评估费用，模式过于僵化。对受让者的评估形式应该是多种多样的，为了完成基金会的使命，对于某些特定的项目，基金会应该给予更多的调查。至于哪类项目应该赋予更多的调查，应该先对评估分配资源仔细考察，而后再做出理智的决定。如果基金会的评估体系能向着我们这一章所介绍的模式进行转换的话，我相信评估资源分配的模式会更加多元化更加有效率。

不过，您之所以应当采纳我们关于评估过程制度化的建议，还有更重要的原因。大家都知道，基金会使命决定了评价的内容（即决定“评估什么”）以及评估程度（即评估到什么水平）。但是评估内容和评估程度的反作用也很明显，基金会的评估工作有可能会影响到基金会使命，而且，还可能影响到一般社会公众和基金会的特殊报告对象（比如受赠者和基金会界）对该基金会的印象。实际上，很多人是通过评估工作来区分基金会的性质的。回首一下，丹尼斯·普拉格（Denis Prager）正是通过评估内容来划分基金会的性质，即以慈善捐赠为目的慈善基金会和以投资为目的不同项目基金会。或者看一下，托马斯·大卫（Thomas David）根据评估方式划分慈善基金会类型，“一部分慈善基金会是回应式评估，该评估力图适合当前的环境背景。另一部分基金会则是积极式评估，该评估期望有更多的机会进行测试，力图使评估能够在更大的范围内应用”（David，1999）。如果基金会用“一刀切”或者生硬单一的评估系统对慈善活动进行决策的话，许多人会将基金会进行的慈善捐赠项目视为投资活动。同时，如果基金会决定不去广泛地评估受资助者的活动的话，许多具有特定目的的慈善活动可能会被认为只是一些捐赠人随意的捐赠行为而已。简而言之，如果基金会清楚地规定了评估对象与评估程度，将有助于彰显基金会的性质并且更好地推广基金会形象，即使不能完全达到上述效果，至少，有合理、清晰的基金会评估选择规定会极大地改善基金会在受资助者眼中的形象。

除了表 7.1 中所列举的理由之外，制度化的评估体系还有很多其他优点，例如，评估工作所需要追加的花费会很少。必须承认，基金会制定规范的评估制度需要工作人员付出很多努力，至少在初期的时候要花费大量的时间和精力。然而，如果没有制度化的评估规定，工作人员在作决定的时候往往就需要大量的时间。因此，整体来看，制定评估规范体系并不会占用更多的时间。实际上，从长远来讲，有了规范化的评估体系，能使评估资源的分配工作会效率更高、成果更好。如果有人坚持认为，规范化的评估体系除了只在基金会内推进一些评估工作之外没有其他可取之处的话，那么至少其节约资源的优点还是很明显的，因此我们应该支持制定规范的评估制度。

这一章所讲的内容，对于那些相对来讲比较年轻一些的基金会来说，可能并不是与评估工作有关的最重要的问题。制定规范的评估制度对资源分配合理化很重要，但是在基金会有了一定的评估经验之后，这项工作更为可行。当然，一些基金会可能更喜欢应用非正式方式和程序来进行资源分配，比如，有时随心所欲地分配资源，有时给予项目负责人更灵活的评估权，有时只关注慈善事业，还有时对评估工作并不上心。然而，我们应该认识到，学会权衡利弊可以帮助基金会步入一个评估资金分配的正轨，让基金会评估资源分配工作更为系统化、正规化。

评估资源分配中的重点问题

合理的评估资源分配不能只评估“某一个方面”，评估对象应该更为广泛，也就是要评估“很多方面”。那么对于基金会工作人员、董事会和股东来说，“很多方面”都包括哪些呢？应用迈克尔·斯科利文（Michael Scriven）很流行的一个术语，“评估对象”是什么？我们在此列举一些选择，本书认为这些内容对基金会来说很重要。

基金会提供资助，然后由受资助者在资助允许的范围内开展各项活动。因此，对很多基金会来说，评估计划的重点只是对一系列相关慈善活动的安排与规划。然而，慈善活动本身应该有很多的形式。有些只是一些简单形式的慈善活动，比如，只是一个代理，提供一些形式上的服务。而还有一些慈善活动则比较复杂，如意在支持社区发展或者改善社区健康条件。这种复杂的慈善活动往往不仅仅需要简单的服务，还要有综合管理，有技术支持，有长期的计划以及培训等。一个简单的慈善活动也有可能是一个复杂慈善活动、一项战略动议或是一条工作线的一部分。一个慈善活动也可以由一系列慈善活动构成。这些慈善活动意在解决一个简单的问题或者一系列相关联的问题。另外，基金会的每一次拨款又可能是多渠道资金资助项目的一部分。上述问题的复杂性，就导致了评估活动也有很多种形式，主要包括以下几个方面：

➢**只针对拨款的评估活动。**在计划过程中，拨款这一环节是讨论的核心问题。可能是因为这决定了基金会慈善活动的能力与水平。但是只针对拨款问题进行评估，并不是最好的选择。

➢**只关注某一因素的评估活动。**比如说基金会可能为男孩女孩俱乐部拨一笔款，从而为其提供很多类型的服务，而评估工作只关注小孩子课后服务的内容。

➢**类似活动的交叉评估活动。**例如，一个基金会向许多不同的受资助者出资，由上述受资助者为小孩子提供课后服务，虽然评估是单一形式的，但是这些课后服务是由很多受资助者所提供的。

➢**对目的相似而活动类型不同的交叉评估活动。**例如，基金会可能会为一些俱乐部提供课后服务活动的资金，但又为其他组织或个人提供校内服务资金。评估活动可能要比较与平衡各种活动与方法，例如，既要降低犯罪率又要提高入学率，但总目的是一样的。

➢**以区域为基础的评估活动**。基金会可能会在某个社区内以各种活动形式为很多受资助者提供资助，但是所有的活动目的都是一样的。比如，有一个受资助者可能提供课后服务，另一个受资助者可能在国家的儿童健康保险项目上帮助这些登记的父母与儿童。还有另外一些受资助者可能会提供帮助解决学校暴力问题。所有这些活动都是意在提高学生的健康与福利待遇。这种评估需要关注一系列拨款活动所产生的各种**交叉叠加**的影响作用。包括，在社区里对不同受资助者的多次拨款活动进行评估这类复杂的情况。

➢**对战略举措或工作流程的评估活动**。基金会很多更为复杂的工作通常被称为“慈善倡议”或者是“工作流程”。比如，一些大型健康基金会在某些活动上大量投资就是慈善倡议，尤其是在通过与社区合作来改善健康问题。转折点慈善倡议活动（凯洛格基金会与罗伯特·伍德·约翰逊基金会）就是很好的例子。同样的还有健康改善倡议（加利福尼亚亚健康基金会），公共健康合作活动（加利福尼亚养老中心），以及沟通与交流活动（安妮·E·凯西基金会）。

其他一些与拨款相关的活动。包括多个基金会联合资助活动或者资助代理活动等。

简而言之，评估资源的分配具有多种形式，评估制度不仅要关注个人的慈善活动，还要关注慈善活动的组成部分或者复杂多样的慈善活动。同时，评估计划也要关注基金会自身或基金会内部各种**功能**。比如评估基金会拨款、管理、审计的过程。但是本书主要研究基金会对社会发展的杠杆作用，因此基金会的管理作用或基金会经营的基本原理等方面并不是我们研究的重点。我们重点阐述的是有关于基金会拨款和慈善活动的评估工作。

为了澄清评估计划的过程是否应该关注拨款，慈善倡议，或其他类似事物，我们接下来提供一个例子，然后简单探讨一下会影响到最终选择的一些因素。

例子：帕卡德基金会

当准备这一章的时候，大卫和露西尔·帕卡德基金会正考虑建立基金会全过程评估体系。这个体系的构建过程应该包含评估的对象与评估强度水平等问题。

如果广义上的评估被视为对评估对象与评估目标实施监测的过程，帕卡德基金会希望每一项拨款都要经历**某种**评估过程。在很多时候，评估成本并不高，有时是受资助者上交一些材料，来介绍可能达到的目标或成功完成的任务，或者有些时候只是项目负责人进行一些观察。但是，在某些项目中评估成本则可能非常高昂，即使是一些随意的测验或者分组比较的实验，以及一些客观的评估工作成本也很大。很多因素将会影响评估程度。因此，在大卫和露西尔·帕卡德基金会十分关注对拨款资助项目的评估**强度**研究。

在这种广义的评估体系中，帕卡德基金会认为不应该重点关注个人的慈善活动，而是应该重点关注整体的一系列的工作，包括对大量的拨款活动的评估，以及对慈善项目取得的相似或者互补的结果进行预测的评估。基金会很重要的一项评估工作就是这种系统化的工作模式，或者至少每一个项目都应该具备以下几个特征：

➢**成果**共享（例如，提高儿童健康保险范围，保护西太平洋生物多样性，或者年轻人艺术培训等）。

➢共享或互补**活动**——贯穿慈善活动项目中的服务、执行模式、执行方法等（例如大众媒体运动、平民道德运动，或者研究等方面）。

➢即使是活动不同也要分享或互补工作**机制**，改变工作过程（比如，通过提高组织能力与个人能力进行全方位评估工作的方法）。

帕卡德基金会工作的例子还包括保护加利福尼亚州自然景观的慈善事业（CCLI），未来领军人物项目计划，还有学校艺术项目计划。帕卡德基金会的这些项目工作都是被其他基金会称为慈善倡议的大型工作。尽管帕卡德大多数评估工作只是关注普遍性工作流程，但也有一些特殊慈善活动依然要给予特殊的关注，比如那些关乎基金会使命的大额的慈善项目（关于这些个案的标准描述会在下个章节进行详细介绍）。因此，即使项目计划更关注这些普遍性工作流程（或其他方面的工作流程），在评估活动中，也要选择一些特殊内容的慈善活动作为调查对象，比如，在下一章所讲的帕卡德 CCLI 评估活动中，选择了立意样本作为抽样对象进行更高强度水平的评估调查。

一般性审议

正如上文所强调的那样，帕卡德基金会是重视普遍评估工作流程的典型案例。其他基金会又怎么样呢？在分配评估资源的过程中，基金会应该考虑以下几个方面来决定是否关注某项拨款、慈善倡议或其他一些工作。

➢**对拨款以及受资助者活动的关注程度。**尽管系统化评估活动倾向于关注基金会内部的功能（比如慈善基金会工作程序或者管理等），但是，对于大多数具有战略性意义的项目，基金会还是要对拨款、慈善活动的开展或者部分慈善活动的开展进行评估。而这些战略性项目的选择，可以通过对基金会的工作完成情况、遗留工作情况，以及基金会的目标、对象与使命等问题的研究来实现。充分的调查和研究可以使基金会明确自身战略项目的选择，从而合理分配评估资源，获得最大的评估收益。

➢**拨款档案的数量。**如果基金会一年会建立成千上万个拨款档案，那么，将需要大量的基金会工作人员对其进行评估，才能明确基金会个性化的整体评估对象。如果没有那么多人力，最有效的分配资源办法，是将其中的慈善倡议、战略性项目和区域性项目分开进行考虑。

➢**受资助者活动分组的本质与程度。**在分配评估资源时，慈善倡议类项目和拨款活动通常被作为考虑的核心问题，而相关的评估计划、评估决策以及如何对不同类的项目评估进行分组都应当属于考虑的内容。例如，如果要对慈善倡议类项目或其他拨款活动进行分组，是应该按地理位置进行分组，还是按预期结果进行分组抑或是按活动进行分组？值得注意的是，很多人认为对评估分组的相关的讨论越多，越符合活动内容（意思是，许多人认为在慈善活动中对于评估的讨论是慈善活动最重要的一部分内容）。

➢**对“例外”规则可能性的研究。**在上文卡帕德基金会的例子中，基金会可能已经确认了一类需要进行评估的核心问题，同时又担心考虑得不够充分出现意外，因此又确定了另一个核心问题。例如，有的基金会可能会主要集中于具有战略性意义慈善活动的评估，但是对某些大型的单独拨款项目要额外进行评估。有的基金会可能主要对拨款活动进行评估，但是对于拨款活动中的部分活动又往往需要遵循其他的评估原则。

➤**排除规则的研究**。在一些基金会，存在着长期的、必须的资助项目。例如，这些资助项目可能是一个组织与基金会的建立者有特殊的关系，或者是对特定社区内的一个组织的资助。不管基金会进行长期的资助项目的原因何在，对于这些长期项目而言，评估资源就应当是主要放在项目的促进问题上。当然，如前所说，用于评估的资金应当有选择列表，有些活动要提供评估资金，有些则不需要。这时应该解释清楚为什么一些资助项目上面没有评估资金的分配，在进行这些排除工作时应当进行仔细的研究和清晰的阐述。

在对以上情况进行研究之后，基金会基本上可以得出自身在制定战略性评估制度时的基本原则。总体来说，有大量拨款档案的基金会更有可能关注慈善倡议活动或者其他类似活动。如果基金会想调查自身对资助活动评估的分组是否合理有效，应当检验基金会认定的战略型慈善计划或基金会已有的慈善活动项目，在投资或决议的时候是否应用了上文所提及的分组原则？至少对一些基金会来说“例外情况”或者“排除规则”应该是比较重要的分组原则，基金会是否应用了上述原则呢？需要注意的是，在基金会调查过程中，除非一个基金会的慈善倡议类活动或类似性活动同个人资助活动的区别是十分清晰的，否则从个人资助项目开始调查起会更为全面细致。在一个基金会明确了制定战略性评估制度的基本原则之后，我们下一步要讨论更重要的问题是，基金会如何应用这些原则来完成自身评估规范的制定。

评估选择列表决定评估强度水平

对大多基金会来说，在进行评估工作时，对于评估的复杂性、费用、耗费劳动等问题的选择有很大的可选范围。基金会不同，选择范围也不同。例如，对一些基金会来说，尤其是大型基金会，评估的复杂性、费用、耗费劳动等评估形式可能要包括因果关系干预效果的评估，这就需要通过第三方评估者所进行的实验与准实验方法（参见第 12 章）进行研究。对于这些基金会来说，高标准评估目的就是寻找一系列有关于影响受资助者活动的因素，并尽量减少对评估结果的主观偏见。而低标准评估的目的往往是由受资助者组成一些监管系统，而后由受资助者将评估的结果上报基金会。

但是基金会的评估选择列表上不只有这些内容，对一些基金会来说，低标准的评估包括日常财政报告，高标准评估会通过频繁的股东会或外部顾问咨询等形式尽量做出民主决议（House and Howe，1999）。在选择列表上面，高标准评估的目的可以被定义为：通过评估来实现广阔、有利、合作的效果。还有一些基金会，高标准评估项目还包括构建一种由专家精心设计的独特的评估系统，从而保证评估有良好的可信度与效率。而低标准的项目评估可能只是受资助者上报一些他们能够很容易确定的绩效指标。

尽管基金会在具体评估方式的选择上面有所差异，但是大多数基金会高标准评估都包含以下内容：

- 大额项目的预算评估
- 基金会工作人员的积极参与程度评估
- 第三方评估者的参与
- 评估工作经过细致的讨论并有实时的监管过程
- 在评估中应用特殊设计减少评估过程中主观偏见

当然，我们并不想试图呈现单一的评估方式选择，因为在这一章的短短篇幅中不可能列举出所有对基金会有利的列表选择内容与选择原因（在这一卷中有对相关问题的讨论）。

每一个基金会的评估选择列表都应该与所评估的特定活动中的问题相匹配。例如，一些基金会需要评估某个拨款项目的作用，以便劝说其他人员采纳这个项目。这样，基金会如果选择进行高标准评估的话，就可以应用一种因果分析法，如随机实验法以及准实验法。然而，另外还有一些基金会的评估可能有其他的目的。比如项目负责人想通过评估来指导项目工作。项目负责人也可以根据评估情况，了解与基金会使命相关的社会大环境形势，是向好的方向发展还是向坏的方向发展（Wholey，2003）。在这种情况下，不管是项目级别还是社区级别的活动，基金会往往要采用高标准的评估方法以及高标准的评估系统对其进行评估。再一次强调一下，评估项目的选择列表应该能够通过评估工作，来回答那些基金会想要了解的问题。

评估强度水平是评估工作的另一个重要因素，应当指出，我们对评估强度水平的观念，可以应用到采用不同评估方法的组织（也适用某个随着时间推移而改变评估方法的基金会）。我们假设对某基金会来说有两个或更多的评估方法，评估程度也不尽相同。这个说法与梅尔顿（Melton）、斯莱特（Slater）以及康斯坦丁（Constantine）的观点（第 10 章）一样，他们认为基金会应该采用双重评估策略。进一步讲，基金会应该对评价程度有更精确的规定。但基金会在评估方法的列表上并不需要列出所有实验过程。列表应该易于转变，也可以吸收新的评估方法。一般来讲，高标准评估通常要更多的预算支出，**所有**的评估设计细节应该与评估者、受资助者，项目参与者以及其他重要的股东群体共同商议。

评估列表的作用就是上文所探讨的观念：一种形式的评估并不能适合所有基金会的资助活动，也就是评估方法的选择多样化。但是这也引申出了另外一个问题：基金会如何判断哪一项慈善活动需要进行高标准评估，而哪一些则不需要高标准评估呢？

评估计划过程中应用什么标准

在这一部分，我们探讨基金会在决定与选择评估对象、评估程度的过程中应该考虑哪几种因素。我们都知道不同基金会在评估方法的选择上存在差异。一些基金会通过**只进行极少甚至根本不进行评估**，避免了作出任何关于匹配资助活动（或者倡议活动等）和评估频度的决定。而另外一些基金会依赖于日常工作的模式，用项目预算中的一部分资金做评估，至少对主要资金项目是这样，这种模式实际上就是我们所说的一刀切模式。还有一些基金会则是存在偶然因素的影响，很大程度上还依赖于项目负责人是否有兴趣进行高标准评估。并希望与同样期望高标准评估的临时受资助者共同投入更多的评估资金。

然而，更为科学合理的方式应当是，致力于对基金会评估资源分配展开彻底而全面的讨论，越来越多的基金会在向这个方向努力。如果某个基金会希望达到这样的效果，它们应该首先考虑在基金会内部进行结构性的研讨，讨论根据基金会的现状，应当如何选择评估列表上哪种强度水平的评估。作为向着这个方向努力发展中的一个重要步骤，这个部分中我们将探讨一系列可能性标准，包括评估资源的选择问题，还包括在评估计划的制订和实施过程中的文献与档案管理问题（例如，Cooper，Edgett and Kleinschmidt，2001）。虽然，一整套好的评估资源分配方案可以在很大程度上提高有关评估决定讨论的水平，但是，我们还应该认识到评估资源分配计划的作用也是有限的，毕竟时机等很多因素同一个良好的计划一样重要。

以下是我们推荐的一些标准，基金会在做评估决定时可以参考这些标准。

➢**投资的数量**。简单点说就是拨款、慈善等活动的固定开销与额外开销的预算有多少。

➢**潜在认知能力**。一项评估，尤其是高标准评估活动对提高认知能力的可能性有多大？而提高的认知能力又反过来在多大程度上影响各责任方（包括受资助者，基金会工作人员，董事会或其他人）的信仰与习惯？例如，该评估活动能否帮助基金会决定是否在今后会继续向这一领域进行投资？

➢**潜在平衡作用**。评估工作，尤其是高标准的评估工作，能够在多大程度上促进其他机构、组织或个人的资源投资？比如该项目是否促进了某地区、国家或联邦政府或其他基金会对该领域的投资？例如，一项评估资金项目如果有效的话，是否有助于促进其他领域对该项目的执行？

➢**以使命为己任**。投资活动是否以基金会历史使命为己任（或者这个项目是否在基金会应有的领域与范围内）？总体来讲，高标准评估往往用于那些以基金会使命为中心的慈善活动。

➢**支持或扩大评估工作合作关系的潜力**。有些时候通过对相似活动的评估，潜在合作者可能为基金会提供评估资金或者支持基金会扩大类似评估活动的范围。当建立这种合作关系时，高标准评估会更为合理与有效。

➢**以往数据**。已经存在哪些令人信服的评估数据可以回答潜在评估问题（例如，哪些研究可以展示资助活动的有效性）？总体上，已有的评估数据越扎实，越无须花费大量投资回答相关问题（然而，诸如对项目执行进行的评估等工作仍需相较大的投资）。

➢**独特性**。什么样的评估对象具有独特性，而不是随波逐流？如果慈善活动本身具有独特性的话，评估对象也应该具有独特性。独特性是资金投入收益的重要标准，尤其是创新性慈善活动。

➢**受资助者可信性调查原则**。怎样决定慈善活动相关评估工作的有效程度？在评估项目的工作中，是否有项目可信性的理论？如果没有一个基本的原则，可能会导致高标准评估而低效能工作的情况，也可能要被迫修改原有方案或者寻找另一个项目，这会导致大量的浪费。

➢**评估能力与可行性**。这些评估活动的实际效果如何？是否有具有相关技术的评估专家支持？是否有随时备用的评估方法与工具？如果缺乏评估能力（除非培养能力的评估资金充足），即使是高标准评估也不会有意义。

➢**受资助者以及股东关注问题的一致性**。基金会只是诸多股东中参与慈善活动评估工作的一方代表，评估程度和方法应该采纳多个股东的综合意见。

我相信这些标准不应只被当做一种类似数学方程式那样死板的东西对待。在慈善活动中，应该综合考虑各种标准的适应性。例如，如果执行低标准评估的慈善活动，十分符合基金会使命或者其本身有很大学习潜力的话，可能这个项目就应该实行高标准评估。

另外，这些标准应该通过进一步总结从而形成一种综合的系统，其中一些标准可能对某一些基金会很重要，对另一些基金会却不一定如此。要考虑到对这些标准进行分类。第一类情况，如果基金会试图以慈善活动和评估作为影响其他人的杠杆，那么评估工作中最重要的标准是潜在的提高认知功能、平衡功能、评估独特性功能、参照以往证据功能，以及潜在合作功能。这些基金会可能希望将评估本身视为一个改良社会与促进社会发展的策略，这一系列的标准对基金会来说尤为重要。换句话说，当基金会努力试图去改良社会的某些方面时，比如说资助直接服务或媒体宣传运动，通过良好的评估工作，基金会可以更好地达到这一目的（例如，劝说政府或者其他投资者支持一个新社会服务项目）。而当评估活动意在为基金会内部人员比如董事会等提供参考时，第二组标准更为有效。而且在这种情况下，基金会使命与投资问题则是更重要的评估标准。

正如上述两个例子所建议的，在作评估决定时，不同基金会可能会应用不同的评估标准。某些大型的基金会项目还有可能有单独的项目评估标准。

那么基金会应该如何决定应用哪种评估标准呢？简单一点说，本书认为应该在评估计划策略中强调评估标准的开放性。之前的探讨中已经部分涉及这个问题。是否上述标准中的某一些方面与基金会关联性甚少？是否很多重要的标准没有被列出？在以往决定高标准评估和低标准评估时的重要根据是什么？研究一下基金会内部以往一些案例，可能有助于探讨当前的评估工作，而且也有助于基金会工作人员以及董事会决议哪一条是比较重要的评估标准。

对于**是否需要**评估以及（如果需要的话）应该采用何种评估**强度**，是否要统一采用一套标准？当然统一模式是最简单的方法，但是却不应该采取这种模式。例如，如果仅以基金会使命和投资两个标准可以决定某个项目是否要进行评估，除了那些特殊关系或有特殊捐赠理由（同基金会使命并不密切相关的项目）以外，所有慈善活动的评估资金就都要缩减，显然过于笼统。复杂的模式更加有助于基金会评估工作的合理性和有效性，例如，对认知能力的提高以及杠杆功能两个标准可以与独特性、以往证据，以及评估能力与可行性等标准共同作为第二标准，来整体衡量评估程度，从而选择最优的方案。因此，不论在评估标准选择的讨论中出现何种评价标准，如果需要的话都应该积极地对评估模式进行尝试与修改。

值得注意的是，对评估标准选择的探讨，并不仅仅有助于建立高效的系统化评估资源与责任分配体系，在进行评估标准选择的探讨过程中，还可以同时探讨基金会成员与董事会期望从评估工作中获得的收益问题。

制定评估决议的程序

具备评估选择标准虽然很重要但绝对远远不够，还需要研究一下评估慈善活动的程序标准。在这一节，我们简要讨论一下影响基金会评估决议程序的一些重要因素。为了方便演示，在这一节我们对评估资源的探讨将主要集中在慈善活动层面上。

在某种意义上，基金会评估决议的必要程序很简单。在基金会决定应用评估标准后，应该综合考虑每一个慈善活动情况，包括当前现状与未来前景等因素的影响。各项评估标准都相对较高的活动，自然应该给予高标准评估。除了这些简单的因素以外，形成评估决定的过程中还有一些程序问题值得关注与考虑。

➢**责任人都有哪些？**在评估的过程中会涉及很多方责任人。这些责任人包括基金会领导人、基金会的各个负责人、董事会成员、受资助者代表，以及受资助者委托人等。以帕卡德基金会为例，在对基金会三个重点项目领域进行评估决策时，会先进行一次首轮审议，尽管不是必须的，但是在首轮审议时受资助者和客户的信息会予以充分考虑。第二轮审议则是高管层审议，以及董事会审议。尤其是对于比较重要的评估项目（比如，高投资或涉及基金会重要使命的项目）。格林（Greene）、米利特（Millett）以及霍普森（Hopson）为所有评估活动举了一个案例（第5章）。有很多方法可以协调这些责任人的审议过程，包括在基金会做决定之前进行磋商，或者是在基金会做决定之后进行磋商，但是，即便是之后磋商也要保证磋商过程是在没有做更进一步决定之前。当涉及委托人或者其他股东时，则应当思考一下如何获得其他代表群体的意见（不只是简单的几个人的意见）。

➢**评估过程的正式程度如何？**我们发现基金会不太倾向于过于正式的程序，在工作会议中往往不习惯应用分级与公式相结合的评估模式，而是喜欢在有关于慈善活动的会议中设定一个讨论标准。十分正式的评估程序可能只应用于相关讨论陷入僵局的时候。

➢**是单独决议还是多重决议？**这个过程可以分为两个部分进行讨论：(1) 需要评估哪项工作。(2) 对于被评估的工作，哪一方面需要高标准评估，哪一方面需要低标准评估。另外，基金会可以根据已选标准将这两个部分相结合进行讨论。或者是像帕卡德基金会那样，对每一项工作都提前给予一定程度的评估，这意味着决议过程最终还是要归结到评估程度的问题。

➢**评估决议的周期是怎样的？**评估决议是否是一个有周期性（比如说以1年为周期）的过程，可以为1年的所有基金会活动提供一个工作的蓝图？或者评估决议是否是一个持续性的过程，即每一次评估开始都是对资助或者新项目申请的调查，继而再发展为一个新的评估？因此，可能最重要的环节是，评估计划周期需要与慈善基金会制定慈善活动周期相结合，因为大多数基金会制订计划要与董事会会议周期步调一致。（见第6章）

➢**如何处理议程中的不同议案**？应该采取什么计划与步骤才能确保公正公开的审议过程？比如说，捐赠或倡议过程中有不同项目负责人，不同的董事会兴趣各异，怎样才能保证审议过程公正公开？这时，一名协调员会起很大作用，但是他既要了解各种日程，同时又能不偏不倚，不主观倾向于某些议案。基金会的专门评估人员可能是最合适的人选，他在议案质量评估方面有开阔的视野，可以为该项目确定合适的评估程度与评估水平，并确保评估过程对日后研究以及社会改善方面有促进作用。

简而言之，开展评估工作的时候，通过对评估标准的选择可以同时发展和完善评估程序，这样也有利于基金会最终决定评估的程度与方法。在基金会定期工作人员会议中存在这种基金会评估文化会增加相关讨论的明确性和开放性。评估程序也可以相对正式，有特殊的会议、有级别的选择，并可以明确地决定“必要标准”以及“附加标准”。在任何情况下，评估决议程序中需要探讨几个问题：责任人都有哪些，是否应该将诸如“评估对象是哪些？评估强度水平怎样？评估周期是怎么样的？怎样才能更好地处理表格中的不同会议议案？”这类问题是综合到一起考虑还是应该将其区别对待？

将所有方面相结合的一个案例

在这一部分，我们共同检验一个现实例子，案例说明在决定评估对象与程度的程序中需要考虑哪些因素。大卫和露西尔·帕卡德基金会在1998年3月份开展了一项为期5年、投资1.75亿美金的慈善活动(CCLI)。该慈善活动的目的是保护3个加利福尼亚地区（中央海岸、中央山谷、内华达）的空地、农地以及野生动物栖息地。不仅如此，还要促进各界组织以及各种政策对该地区保护的支持（David and Lucile Packard Foundation，2000，2003)。这项慈善项目由帕卡德以下几个活动组成：

- 商贸活动：包括直接投资能够缓和该地区环境问题的项目
- 政策与计划：为土地保护组织拨款
- 非营利保护组织能力建设
- 恢复与管理系统建设：对于重要资源的恢复及长期管理能力建设给予资金支持

• 支持公共教育以提高人民对开放土地的保护意识

除了这些之外，还要尽量获得他方帮助以支持此项慈善活动，比如获得其他基金会、政府部门、非营利组织甚至是个人的帮助。

在制订这个项目策略性评估计划之前，帕卡德基金会应用了一些基本评估计划。然而，这些基本评估计划阐述了潜在计划过程中很多方面问题。

回顾一下帕卡德基金会的初步决定：要关注评估计划过程中各行业的工作。基金会的计划旨在为基金会三个项目都分别设计一个详细计划（儿童，家庭，社区项目；人口项目；保护环境与科学项目——最后一个项目是在帕卡德于2002年基金会合并保护与科学项目之后形成）。因此帕卡德关于CCLI评估中心问题的讨论是以“保护与科学”这个项目为研究起点。该项目的工作人员自然会把CCLI当成一项主要**工作**。该项目设计有一系列具体而清晰的努力方向，设计了多种形式的活动（比如交易、恢复、能力建设等活动）。但是重要的一点是，为了要达到最理想的效果，需要设计一个可以起检验作用的选择列表。

如果CCLI按照我们之前设计的评估标准进行评估的话，对于这种为期5年的慈善活动初期就是一个有1.75亿美金预算经费的大规模**投资**，几乎可以肯定地说，这个项目需要一个高标准的评估过程，所需投资额也很大。CCLI的**中心使命**是促进“保护环境与科学项目”的进行，保证基金会影响力更为广泛，而具体项目的使命包括“通过建立保护自然体系的标准，明确自然体系的主要威胁，提供科学化的信息与实验以提高保护能力”。CCLI在加利福尼亚的工作是完成这个项目的重要环节。对于这种既是大规模投资，又与基金会使命紧密相连的项目，帕卡德基金会有必要先评估CCLI的方法是否有效。并且要努力评估哪一种策略是最佳策略，是单独评估还是综合评估。

在CCLI的设计当中，**杠杆作用**是一个重要的考虑因素。例如，在慈善活动中加利福尼亚州批准了一项特殊资金，将其用于加利福尼亚州购买空地。另外，“有助于日后研究”这项标准也很重要，对研究作用的强调不仅影响到了基金会本身，也影响了其他相关组织。在帕卡德基金会对CCLI的很多的介绍当中，对这方面的陈述也很多，比如“创建一种可供其他组织参考与借鉴的模式”以及“创建艺术之州”，都是这项标准的体现。基金会前内部秘书布鲁斯·巴比特（Bruce Babbitt）也很关注 CCLI 对其他组织日后研究的影响作用。他说："实践证明，帕卡德在环境保护项目上提供了一种成熟的投资模式，顺着帕卡德基金会这条路走下去，政府及相关组织会更愿意投资于环境保护项目与环境恢复的实践。"（这段陈述可以在帕卡德基金会网站中查到：http://www. packard. org/index. cgi? page=ccli.）

对这段话的引用还包含另一个含义，尽管将商贸活动作为加强环保的措施并不是首创的办法，但是 CCLI 有很多**独特**的具体计划。例如，"混合交易方法"——包括可以与商贸活动相结合的 CCLI 的其他组成部分——在别处并不多见。另外，CCLI 还部分强调，"创新商贸活动"包括收购用水权措施以及同时应用多种方法缓解环境问题。

简而言之，按照之前列出大多数的标准，CCLI 看起来需要进行强度较高的评估。事实上，帕卡德基金会开始该项目时是决定由第三方评估者进行比较性准实验研究来评估这些慈善活动的影响。但是随着帕卡德基金会环境保护与科学项目的发展，基金会对评估与研究服务部门（ELS）以及其他方面的投入也同时跟进，更多的标准被考虑进来，因而产生了对**评估能力和可行性**的怀疑，尤其是对比较性准实验评估可信性的怀疑。应当指出，对 CCLI 开展场所的选择正是考虑到了它们的某些特质，尤其是对成功可能性的认知能力上。结果，由于帕卡德基金会很难找到有可比性的参照物。另外，很多潜在可变因素诸如环境、社会因素的影响，加之又缺乏全局性的理论，最初由第三方评估者创建的匹配比较对象或者调整相关因素统计数据的可信性就更遭到了质疑。

因为存在这些困难，另一个会影响评估计划的因素——即**强度更高的评估活动的递增价值**——也变得更加重要。鉴于建立良好比较组困难重重，比较性准实验评估的投资不一定会有预想的效果与回报。同时，由于 CCLI 又很强调基金会使命标准、平衡作用标准和日后研究标准等其他方面的投资，结果基金会最终选择降低比较组的方法来更改评估的频率，降低评估投资。

帕卡德基金会这个决定在环境保护与科学项目人员中经过了广泛的讨论。项目人员、评估者，以及一些管理人员和董事会对该项目监管工作的讨论中都涉及这个问题。实际上帕卡德基金会在准备实施评估计划前，项目高层人员（在所有项目领域的高管层以及基金会高层工作人员）必然对这个评估计划进行广泛的讨论。这种广泛参与的意义是：经过广泛讨论的评估可以为投资带来很大的回报。

结　论

非正式与非系统化是评估形式中的一种，基金会可以依赖这种非正式、非系统化的评估进行决策。然而这一章，正如本书剩余的部分一样，我们关注的不是这种非正式评价，而是正规化、多样化、系统化的评估形式。并且，正如本书的主旨一样，我们认为基金会如果在整个评估计划制订的过程中（包括评估目标的设置，指示工作意见的统一，评估方法的设计，数据的收集与分析以及对重要参与人的报告）都采纳这种正规化、系统化的评估制度所提供的信息，应用这种评估思维的话，基金会的工作一定会从中获得很大的收益。我们尝试列出有助于进行评估资源分配与评估责任分配工作的评估思维具体形式，并以此深化这项研究主题。

我们建议基金会可以在做评估决议的过程中有一个清晰的程序，清楚评估的对象与程度对基金会工作有很大益处。除非基金会领导层以及员工认真地思考这些问题，否则基金会忽视一些本应该进行严格评估的决议，而对其进行偶然或者依照工作人员喜好来进行评估。这样做的决议会让基金会以及受资助者感觉这个决定非常武断非常不合理。另外，如果对评估的程度规定得更为明确或者多样化的话，基金会就更容易向基金会董事会以及其他人员解释与介绍评估活动的过程与依据。对评估对象实施普遍化、多样化、透明化的评估过程，也更利于基金会完成其使命。

在决定基金会评估程度的时候会遇到很多问题，在本章我们探讨了三个问题。

第一，**评估计划策略的主题是什么**——是慈善活动，还是慈善活动的某些组成部分，还是慈善活动其他的内容？简而言之，我们认为对于比较大型的、有很多投资活动的基金会来说，探讨的重点应该是慈善倡议或者其他有意义的慈善活动。但是对其他一些相对规模小一点的基金会来说，应该关注慈善活动的某些组成部分。

第二，**在关于战略性评估计划的思考中，应该参考哪种评价标准？**我们提供了一系列评估标准可供基金会参考与选择。这些标准包括：以基金会使命为中心的标准、投资标准、潜在社会杠杆作用标准、潜在参考价值标准、独特性标准、以往数据标准、潜在合作性标准、基本原理合理性标准、评估能力以及评估可信性标准、与受资助者和股东对问题关注的一致性标准。

第三，**制定这种评估决策的程序如何进行？**基金会应该在标准选择时对评估策略进行广泛与开放的讨论。而且讨论中还要确定评估过程中的一些重要的问题，比如责任人以及决定周期等方面。

基金会所做出的重要决定应当要以不断发展的目的为基点。其中主要的一些问题包括：如何分配基金会资源？在拨款活动中要有哪些工作？正如整本书所揭示的那样，评估工作有助于决议过程，还可以帮助受资助者进行选择，例如，是应该依照传统习惯提供服务还是应该做一些改变？有时候，评估活动还可以影响其他人对慈善活动的决定，比如其他基金会的决议或者地区、国家、联邦政府决定是否投资于某项新项目。也可以以非正式评估（比如或多或少的以感觉、经验或观察为基础的评估）作为决定的基础，而后再以正式评估、系统化评估作为对决议的支持。因为资源有限，应用高质量信息做一个明智的决议至关重要。

但是有一点要明确，系统化评估需要费用预算，而且通常评估越频繁，花销就越大。如果在评估中花费越多，基金会可以投资于其他方面的就越少。因此我们就应该有一个规范的，多样化、系统化、透明化的程序去决议评估的对象与程度。科学、系统化的评估过程更加具有科学性，能更好地促进基金会的工作，而不仅仅是比非系统化分配评估资源更有说服力而已，应该广泛地应用这种评估思维去进行工作，包括在对待分配评估资源与责任的任务中也要应用这种思维。

参考书目

Cooper，R. G.，Edgett，S. J.，& Kleinschmidt，E. J.（2001）. *Portfolio management for new products*（2nd ed.）. Cambridge，MA：Perseus.

David，T.（1999）. *Reflections on strategic grantmaking*. Woodland Hills，CA：The California Wellness Foundation.

David and Lucile Packard Foundation.（2000）. *Conserving California Land-*

scapes: *Midterm report*. Los Altos, CA: Author.

David and Lucile Packard Foundation. (2003). *Conserving California Landscapes*: *Five-year report*. Los Altos, CA: Author.

House, E., & Howe, K. (1999). *values in evaluation and social research*. Thousand Oaks, CA: Sage.

Prager, D. (1999). *Raising the value of philanthropy*: *A synthesis of informal interviews with foundation executives and observers of philanthropy*. Washington, DC: Grantmakers in Health/Strategic Consulting Services.

Wholey, J. S. (2003). Improving performance and accountability: Responding to emerging management challenges. In S. I. Donaldson & M. Scriven (eds.), *Evaluating social programs and problems*: *Visions for the new millennium* (pp. 43—62). Hillsdale, NJ: Erlbaum.

第8章
让评估工作符合基金会机构的文化特质

罗斯·F·康纳　维克托·郭　马里·S·梅尔顿　里卡多·A·米利特

基金会在进行评估工作时，要考虑很多方面内容也要回答很多方面的问题。评估需要哪些资源？具体的评估对象是什么？如何使评估工作能够符合基金会特定的文化与背景？对评估工作有促进或阻碍作用的因素都有哪些？成功评估的挑战因素又有哪些？在这一章，我们根据收集来的有关于基金会的评估资料，对这些问题进行解答。这一章的信息将帮助读者理解与基金会评估活动相关的四个重要组成部分。除了介绍这四个组成部分的内容，我们还将评估工作中相关的一些问题，比如成功评估计划的含义、评估工作所带来的执行方式和应用方式、评估工作中的益处等方面内容。

影响评估的因素包括内部因素与外部因素（Bickel，Nelson and Millett，2002；Preskill and Torres，1999）。尽管外部因素很重要，但是我们主要关注影响基金会评估决议和活动的内部因素。而内部因素又可以分为两大类——结构因素以及文化因素。详见以下介绍：

结构因素

• **资源水平因素**：基金会财政与资金方面的供给情况，以及行政管理方式与人员特征。

• **评估焦点因素**：评估过程中所规定的评估对象。考察个人项目、一般慈善活动或者基金会整体活动等多种活动，明确哪一类活动是基金会主要关注的内容。

文化因素

• **组织环境因素**：组织环境因素指的是基金会人员与董事会，理解评估目的和预期后果的思维方式与习惯。

• **股东多样性因素**：基金会工作中股东多样性因素指的是在对评估计划、执行以及预期后果等有关工作进行讨论时，所参与决议的报告对象自身具有的文化多样性。

在下一部分的内容中，我们将更清晰地描述与揭示这四部分的内容，并且讨论实施评估工作的含义。

结构因素

我们所探讨的基金会结构因素，在基金会整个工作过程中存在很多可变因素，而且这些因素之间具有很大的差异性。

资源水平因素

美国有超过 60 000 家基金会，这些基金会在 2001 年拨款大约 300 亿美金（Foundation Center，2003)。这些基金会的资产情况、项目关注点、拨款规模，以及员工设置等方面都各有不同。基金会评估能力最重要的影响因素便是它的基金会规模，因而我们将讨论分为两个方面：(1）大规模基金会的评估工作；(2）小规模或者中等规模基金会的评估工作。

大型基金会评估工作

在 2001 年，大概有 1 120 家大型基金会（占基金会总数目的 2%），拥有资产 5 000 多万美金（Foundation Center，2003）。这些大型基金会通常都是人们所熟知的“基金会”。这些只占总数 2%的大型基金会开展了超过总数 50%的慈善活动。如果上述大型基金会按照固定的预算政策进行慈善活动的话，大型基金会中哪怕最小型的基金会（资产为 5 000 万美元）也要投资大概 250 万美元，而某些大型的基金会要投资超过 1 亿美元。

这些大型基金会投资的水平决定了它们可以开展评估的数量与形式。一般来讲更复杂的评估设计就需要更多的评估资源，比如真实验研究以及准实验研究，或者是那些长实验周期的研究比如纵向研究等。在 2000 年，用于每个项目的平均评估费用大概在 25 万美元左右（Foundation Center，2002），那种复杂的评估设计完全超出了小型或者中型基金会的承受能力。

在这些大型基金会中，大多都聘请全职职员，数量从 7 个到超过 20 个不等（Atienza，2002）。如果我们假设基金会的操作资金大概占支出的 10%（Lipman and Wilhelm，2003），那么大型基金会会有很充足的资金（大概 25 万～1 000 万美元），这其中有一部分资金可以用于聘请专门的评估人员，或者也可以用于评估咨询。但是研究人员估计，1 120 家大型基金会中只有不超过 20 家（大约占全部基金会总数的 0.02%）专门设置了主管级别的评估岗位（Patrizi and McMullan，1998）。单单只对专业评估人员的考察就可明显看出基金会中，哪怕是大型基金会用于评估工作的资源也很有限。

然而，对专业评估人员数量的考察只反映了问题的一个方面。整个评估过程人员因素中除了数量问题，还有质量问题。因为专业评估人员的评估能力是最终影响评估活动的决定性因素。大多数大型基金会专业的评估人员可以有两种不同的工作角色。第一个角色是与项目负责人员以及评估咨询专家共同合作对评估工作进行计划与管理。评估人员掌握一些评估模式以及方法，可以确定最适合评估项目的评估计划，确定评估的花销，以及在执行中如何最恰当地对实施过程进行调整（Kuo and Henry，2002）。第二种角色是监管整个慈善活动中的支出与花销，并且以一般方法分析是否通过评估工作使该项目获得收益。

除了这些角色以外，评估人员还可以提高基金会执行与应用评估的能力。他们可以再建立新的有良好设计、可被评估的慈善项目。此外，他们还可以与社区以及政策制定人员共同合作在综合层面、管理层面、应用层面运用相关知识来促进项目评估工作。

大型基金会还将评估工作应用于慈善活动其他领域。他们通常都与一些受资助者建立长期的合作关系，并且长期投资于受资助者的组织能力建设。在这个视角下，基金会指导受资助者利用评估的方法作为有力工具，促进内部管理工作。大型基金会通过出资帮助受资助者建立自己（至少是自己管理）的评估系统，基金会认为这是慈善活动的重要组成部分。

受资助者以及大型基金会还可以共同合作开展评估工作。尤其是在基金会支持很多相关慈善项目的时候（可能是在不同地区），双方的合作尤为重要。例如，每一个受资助者可以为自己的慈善活动开展或者规划评估工作，而基金会可以在宏观上为慈善活动项目或计划的评估工作提供指导或规划，比如可以增加一些任务以保证个别受资助组织评估水平的一致性。尽管这些听起来很简单，但是在整个项目活动中获得每个受资助者的正确的评估数据则需要基金会成熟与准确的计划。

除了评估可获得资源有限的原因以外，很多大型基金会还有其他原因不希望开展评估工作，因为它们认为应该将钱用于更需要的地方。这种现象对于那些大型、新发展的主要由捐赠组成的基金会来说尤为明显。通常，这些基金会是非营利附属于商业投资公司、双方投资公司或者是银行。这些基金会可能主要依靠酬金、投资以及慈善支票运作这些小型捐赠资金。这些捐赠者建议应该将资金用于定期报道、报纸以及其他公共活动，而不是依靠规范化的评估来实现慈善活动。这些大型基金会有上亿美元的资产，而在慈善活动方面会投资上千万元，很难理解为什么这种大规模的基金会希望像那种小型基金会运作模式一样运作，可能是因为这些由捐赠资金作为主要资源的基金会，相对来讲比较年轻，评估经验很少也很有限。当它们在通过慈善活动逐渐积累关于基金会前景预测、认知活动能力和资料分析数据的经验的时候，捐赠者会更加成熟，会对促进评估工作更感兴趣。如果捐赠者在评估方面感兴趣的话，不仅可以在慈善活动中建立必须的评估系统，而且也可以发现其他小型和中型的基金会也可以从自己的工作中得到一些启示与帮助。

小型与中型基金会

我们将**小型基金会**定义为资产低于 1 000 万美元的基金会。在 2002 年，中小型基金会的数目超过 5 万家（Foundation Center，2003)。慈善预算大概在 40 万～50 万美元之间，它们要抉择的是将资金用于固定的较大型慈善活动中还是用于更多小慈善活动的项目当中。超过 90%的小基金会不聘请专门的工作人员，而是依靠志愿者（通常是董事会成员）去处理基金会所有工作。剩下的一些基金会可能雇佣一个或者两个人，通常是兼职人员。基金会内部即使有可用于基金会活动管理的资源也是十分有限的。

大概有 3 000 家资产在 1 000 万～5 000 万美元的中等基金会，占基金会总数的 6%。美国有超过 600 家社区基金会是这种规模。平均职员数量是 2 个人，而管理资源和系统十分广泛。资产接近 5 000 万美金的基金会，每年的支出大概是 250 万美金，这时评估资金也开始起重要作用。这并不光是因为这些基金会有可以投入评估项目的资金和职员资源，而是拨款的报告将成为很重要的方面。

对于中小型的基金会来说，如果用于评估的资源很有限，就要慎重考虑资源用途。适用于一些小型慈善活动的评估包括自我报告的花费（有些时候叫做“项目投入”）信息和有关过程的信息，可以用低标准的评估程度。也可以要求受资助者提供结果信息反馈，来反映慈善活动效果。但是没有额外资金、技术帮助或者专业咨询的话，评估信息量总是十分有限的，因为很少有受资助组织会认为评估工作是慈善活动中必不可少的一个组成部分。相反有一些基金会，即使资金有限，但是投资者也会认为应该平衡受资助者资源评估资金，而建立一个规范化的评估系统，有全方位的评估对象，其中包括数据的收集、处理以及结果分析等方面。

尽管在理想情况下，我们希望小型与中型基金会开展这种复杂的评估工作。但是它们可能会很吃惊，没想到可以从受资助者那里获得这么多评估信息。受资助者经常从不同的渠道获得资源而且可能已经为另一个资助方收集到了一些评估信息。这些信息可能达到满足基金会的要求，甚至还可能提供更完整的报告。在受资助者与基金会的定期交流活动中（现如今利用电子渠道使其更为频繁）可以探讨评估方面的信息，最终采用一种基金会感兴趣而满足受资助者目标的模板，中型和小型基金会可以要求受资助者完成并提交有关评估信息的电子文档。

所有基金会，甚至很小的基金会，也有能力去提高与改善对一部分或者全部的慈善活动的监管与分析工作。基金会在要求受资助者提高建设能力的同时，也可以同样促进自身的能力建设。即使小型和中型基金会只评估那些比较重要的慈善活动，也可以帮助基金会在下一轮投资周期中抉择哪一部分应该投入更多的资源。有很多方法可以提高基金会工作人员的评估能力，比如短期的培训以及一些专业的学习班（在评估者学院可以获得更多的信息，网址：www. evaluatorsinstitute. org）也可以利用很容易接触到的价格又不昂贵的最新计算机软件以及应用训练课程来训练基金会或者受资助者（其他意见详见第 10 章）。

尽管大型基金会可以承担更多的评估工作，而且可以开展更深入的调查，但是如果基金会鼓励受资助者将评估活动在某种程度上作为慈善活动的一部分的话，基金会就会从中得到更多重要的反馈信息。基金会可以通过资助工作人员参加评估培训班 方式来培养受资助者内部评估的能力。这样受资助者就会有能力在合理的预算范围内依据各自的方案和技术来监管项目进展过程或监管长期或短期的成效。甚至基金会应该为受资助者工作人员投资一些额外的训练项目，比如访谈技巧等。这些可以帮助受资助者提高评估能力和水平。如果这样做，基金会就可以平衡资源，促进受资助组织更多的评估活动。

评估焦点因素

结构性因素第二个重要方面是评估的焦点问题——评估的对象是什么。如果要执行评估，基金会以及合伙人首先要认清评估的对象，因为这决定了评估的范围和评估的目的。评估可能会对一系列的活动给予不同程度的关注，包括个人项目、项目小组、全项目范围、基金会整体、受资助组织、慈善活动战略、地理位置或者目标人数等。我们在这一部分描述一下基金会评估的一些普遍的焦点问题，也探讨一下其中的优点与缺点。我们还要讨论一个问题：在选择评估焦点问题时，基金会应该承担哪些责任？值得注意的是，虽然基金会焦点问题在此被作为单独的形式进行讨论，但实际上基金会可能有多重中心，这使其在实践中的情况更为复杂。

项目计划

大多数基金会都会资助“项目”，即投给单个组织的活动、用于获取一系列结果的某笔单独的款项。“结果”在这里被定义为一个实体单位（个人、组织、系统或者地区）对项目的一系列改变。这些项目结果可以由受资助者来设计及提出，或者也可以由基金会来决定。基金会通常会把项目的预期结合列在慈善活动指导方案中。另外，受资助组织以及基金会工作人员可以共同合作去设计或决议一系列的预期结果，然后将其作为评估活动的基础。

慈善倡议

“动议”是一个包含了多项活动的集合体。其涉及的参与者超过一个受资助组织，而且旨在达到一系列共同的目标。动议还可以被称为计划的合集、工作系列或子项目。慈善倡议活动涉及很多问题，包含多重策略的实施、经历多年的运作、涉及多个地区的合作、多名受资助者的联系、实体组织多层次水平的操作，而且要花费上百万美元的拨款。以上这些涉及的因素表明基金会是动议的驱动力，而动议也彰显了基金会的价值。一些动议在开始便指出项目预期结果，而且清楚地表达出来为了达到预期目的所要运用的干预和活动的手段。

为了介绍一项动议的设计过程，我们共同研究一下“青少年动议”的例子。一个基金会可能对社区青少年组织进行多次拨款或者类似的拨款活动，期望可以提高社区学生学习成绩。这些受资助组织可能会应用类似于青少年辅导的模式以达到一组预期目的，尤其是达到提高学生分数的目的。在这个例子中，所有的受资助者都共有一个预期目标，并且设计了一系列相同的项目活动。而另一个青少年倡议活动的案例，对不同的受资助者可能会有一系列相同的效果（比如提高考试分数等），但是过程中却设计了不同的项目活动（比如，辅导、家庭教师，以及学生自尊心建设）。

慈善机构的评估项目计划的理念已超过 10 年。在 1988 年，罗纳德·理查德（Ronald Richards）负责 W. K. 凯洛格基金会评估工作的指导人罗纳德·理查德，发展了“群评估”的概念（Sanders，1997）。W. K. 凯洛格基金会就继续应用了这个方法，至今强调系统化和可变政策性的结果，还强调在慈善活动之后，在回顾过程中要确定普遍性问题。皮尤慈善信托基金应用了群复核的方法，而且委员会最早的群复核工作是在 20 世纪 90 年代开展的。群复核是很好的方法，评估工作都是在一系列慈善活动指导下进行的，过程中有一整套系统化的目标作为指引（The Pew Charitable Trusts，2001；Snow and Baxter，2002）。

基金会整体观

近年在基金会整体评估观指导下建立了一种混合型的评估方法。一些基金会集中评估慈善活动中的“顾客服务”因素。它们曾聘请专家检测受资助者的经验，或者与项目负责人合作来测量受资助者的责任心、合作能力、尊重性以及及时性等因素。还有一些基金会在很多（即使不是全部）慈善活动文档中设定一些特定的成果指标。只要关注选定指标的完成情况，就可以用基金会整体观来评估项目完成水平。另外一些基金会不希望采用整体观而是继续采用多重项目目标。最终，基金会高级管理人员还是依照传统，只关注评估基金会的管理效率，而且是将慈善活动行政成本的比例作为评估标准。这个类型的分析与项目评估工作并没有实质性的联系，但存在间接影响。

策略

“策略”这个术语被应用到了基金会很多领域。在这里我们将其定义为：为了完成项目目标而采取行动的普遍方法。策略，就是对“如何做”的解释，而项目结果是对“做什么”的解释。所举的一些策略的例子包括通过基层组织发展的方法（为了达到社区改善的目的）以及提供直接服务的方法（达到改善健康的目的）。这个概念还包括跨领域的策略或计划。策略并不一定要被限制于某一个项目领域，比如教育或者艺术等，而是应该加以归类，应用于多种项目领域。复杂的慈善活动可能会为了达到目标而采用多重策略。

评估计划会遇到一些挑战，因为慈善活动以及其他项目领域在执行过程中会以不同方式采用相似的评估计划。但是，最后的结果可能会与预期目标大不相同，这样就失去了评估原本应有的意义。除非我们有能力明确指出与追溯各领域中相似类型的评估结果，否则就会出现经典的对苹果与橘子相比较的问题。即使我们可以追溯相似结果，我们能否确定在每一个领域相似策略都会有同样的结果吗？举个简单的案例，如果将关联评估设计应用在这些多重项目领域中的个人评估上面，而且如果所有的结果指标都呈现出积极结果的趋势，便可以宣布策略的准确性。然而实际上，评估策略应该需要更多的评估资源以及复杂的合作才能够最终确定其准确性和有效性。

地理因素以及目标人口

有些时候，慈善活动关注的区域是出于对“地方性”因素的考虑。比如说，基金会某一个城市的投资人对邻边、城市、县、州、地区或国家的选择。我们所要举的关于“目标人口”（或特殊人口）的例子是青少年艾滋病或者成年人艾滋病人群。评估中的地理性因素或者目标人口因素同样对评估工作有很大挑战。所有评估任务都需要一系列对当地或者某个人群总体福利情况进行检验（比如经济、健康、教育、医疗、环境，以及市民参与）等方面。相关的例子可在代理委员会对数据统计趋势的研究中找到。

为基金会评估工作选择工作重点

基金会评估活动有很多值得关注的重点问题，而且每一项重点工作都有自身的优点与缺点（除此之外还要受限于资源水平等因素，在过去的章节中曾经讨论过该问题）。那么基金会应该如何在其中选择自身的工作重点呢？可能最重要的因素是基金会与受资助者关系处理的问题。一些基金会会积极主动地确认努力目标。还有一些基金会会更注重按照社区的需要去确定目标（David，1999）。对于前者来说，评估工作是一种主动的模式。而在后一种情况中，他们可能会主要关注某些项目或是基金会整体的客户服务工作的某些元素。

另外应考虑的因素是基金会项目领域的发展阶段与成熟程度。正在萌生的或者正在实验的项目，目的是为了确认新型项目，在这种情况下更倾向于选择作为项目级别的评估模式。而另外一些已建立很长时间的一些领域，已经有积极的个人项目结果，而且有广泛的执行力，更可能选择主动水平评估。还有一些项目领域如果考虑地理区域或者目标人口目标方面的因素，也许更能全面地设计评估方法。

最后，必须清楚衡量项目评估工作。不管是哪一种慈善领域的基金会，必须采用一种方法揭示出项目目标以及活动方案，只有这样才能展开评估工作。项目结果的说明只是基金会评估工作的第一步。这些评述工作可能是由基金会项目工作人员独立完成的，也可能是由项目工作人员与专家或者受资助者合作完成的。然而促使他们能够达成协议，形成一致的意见对落实评估工作至关重要。

其中重要的一个步骤是要详细说明策略或者一系列活动，以便完成这些目标。基金会开始可以利用形象的表格来阐述这些策略，比如逻辑模式、改变理论、逻辑框架、结果链或者因果模式等。在评估工作中，这些表格将作为项目理论被普遍接受。通过对如何来完成这些目标的探讨，评估者就更有可能认清评估方法以及评估对象。

文化因素

正如之前所说，我们讨论的文化因素涉及的是评估工作中的组织环境因素以及基金会股东的多样性的因素。

关于评估的组织环境

尽管组织环境因素有很多方面，但是我们只关注一个方面：对评估工作总体目标的理解。基金会在这个问题上通常有两个取向：（1）责任制评估目的取向；（2）改善与学习目的取向。在下面的章节中，将深入阐述这两个目标，并且深入探讨评估执行问题。

责任制评估目的取向

责任制目的的基金会期望评估的信息有：活动计划设计是什么、活动的状态是什么样，以及活动花销是多少等问题。产生这些问题的原因是基金会希望追溯受资助者计划、实现过程，以及为了完成计划的花销。我们将其定义为责任制目的，因为这种评估目的主要的兴趣是对已实行活动进行计算并将其与有具体预算的计划活动相比较，最后对结果进行全面的肯定与否定评估。如果是肯定结果，项目将获得补充资金；如果是否定结果，项目将停止拨款，或者在有些情况下制裁或取消该活动。

这种评估在基金会董事会成员之间尤其受欢迎，这种选择是可以理解的，因为他们自身的受托责任决定他们必然关注这方面因素。他们被授权对某一群体或者组织投资。在这个过程中，他们需要制订计划、计算项目预算，因此他们需要知道这项工作是否可行。基金会项目人员同样也会考虑这方面的评估。部分是因为董事会成员要求这方面的信息，或者是因为他们认为自己对基金会资金管理有一部分责任。

对责任制目标的审视包括对评估方法的记录与过程监管。如果要记录数据与监管过程（或者活动过程，这在很多项目中已熟知），需要评估者设计一种系统以便记录数据与活动。这个过程可以由从事这项活动的人来完成，也可以由观察这项活动的评估者完成。这个系统可以包括计算机化或者是纸质的形式，要求定期完成与提交。计算机广泛的应用使计算机化的形式更为方便与经济。假设收录信息准确完善的话，就可以完全按照收录的信息对计划的结果直接评估。再列出花销的清单来完善这份报告。这种形式提供了一份执行过程的审计结果，并且回答哪些花销是不必要的开销，而为什么会产生这些花销，采取什么措施能够使活动更为经济有效等一系列问题。

如果以责任制视角来评估工作，就要用评估结果去评价受资助者的表现，得出对没有效果或效果不佳的项目的具体结论。如果基金会采纳这种评估方式，就需要清楚这种评估目的如何去满足评估的需要。因为如果是否定性评价的话，那么我们就很难看到有关于这项否定性评价项目的花销情况，也很难看到对该活动的无偏见的评估报告，而是将注意力都集中于那些有肯定性评估的活动。对受资助者来说，客观评估（尤其是外部人员指导的客观评估）对受资助者执行项目是很危险的，因为这种评估可能会暴露活动的一些缺点。在这种担忧下，受资助者就建立了一种避免客观评价的组织环境。因为受资助者知道如果报道了否定性评价结果的话，可能会导致一些惩罚或者损失掉这次的投资，甚至会损失掉未来的投资。即使是非故意的，这种环境可能会在受资助者与投资者之间形成隔阂。投资者会对评估结果抱有怀疑态度，因为受资助者总是递交“肯定性评估”。这个结果是这种评估环境产生的，并不是由不诚实的评估主体造成的。有了这种检查背景以及内部压力，可以理解受资助者只想得出肯定性评估的心理，因为只有肯定性评估是有回报的，即使没有回报，至少不会改变现存投资情况，而且还可以避免惩罚措施。即使受资助者计划的活动和花销在开始时是十分清晰明了的，在这种背景压力下，受资助者也不得不只提供大家期望的肯定性评估结果。

改善与学习目的取向

评估工作有很多意义，如果受资助者在回答“发生了什么”这个问题时有所保留的话，就会损害评估意义的重要方面——建立良好的组织环境。而如果受资助者在回答“为什么会发生”这个问题时没有实事求是的话，就会损害评估意义的另一个方面——为了日后工作的改进以及学习。如果基金会关注第二个问题，就会思考为什么发生这样的结果，为什么没有发生那样的结果。基金会还要研究如何解释这些区别，为了达到更好的效果与更理想的影响我们可以做哪些改变。这样的观点接近于“学习型组织”的观点——彼得·圣吉（Peter Senge）认为，“人们不断扩大自身能力去创造他们想要的结果，很多新兴的、广泛的思维模式都正在孕育，人们自由地表达着思想，人们不断学习整体观点”（Senge，1990：3）。普瑞斯基尔与托雷斯（Preskill & Torres）也赞同这个观点，并且按照这个观点的模式进行评估调查。

与责任制目的取向相比，以改善学习目的取向的基金会更关注最终结果而且希望寻找达到结果的最好的方法。它们还愿意承认向着这些目标努力的全过程，愿意寻找过程中的成功与失败的因素。如果找到了失败因素，它们就会再次改善整个过程最终达到远景目标。

这种评估的方法需要用纵向变化方法（贯穿项目前至项目后）来回答这种总结性方法的影响。一些案例中还要设计控制组与变化组，与之前所探讨的关注信息录入与过程监控方法的责任制目的取向相比，不管在人员方面还是活动方面，这种总结性方法需要更多的时间与资源。以资金项目为本的工作人员缺乏对这种类型评估的专业性知识。因此，有必要引进外部资源以支持与帮助项目的继续。另外，其他概括性方法（比如项目初期与项目后期的调查或者访谈）在收集以及分析过程中也都需要大量的工作人员。

改善学习目的取向的评估会利用评估结果去改善受资助者的表现，使实现项目目标成为一个反复更正与进步的过程。在整个过程中，成功与失败因素都被给予重视。成功因素固然是有价值的，但是只要是在失败因素中找到失败的原因以便及时更正与学习，并将其纳入项目更改计划的话，失败因素也是有价值的。这种评价得出的评估结果，不管是肯定性评价还是否定性评价均有可肯定的价值，并且这个过程可以促进项目更改与完善从而达到满意的结果。在这种评估环境中，受资助者更为开放地去寻找并利用肯定性评价与否定性评价的结果，另外，受资助者的主要重心是解决问题，应用过程中得出的信息去更正评估方法，以便于评估结果更为有效。评估信息在这个评估环境中是有价值的，因为它提供了一个方法，使人了解哪种项目的组成部分是有效的，而哪一种仍需改正。

两种评估取向的比较

责任制目的和改善与学习性目的两种评估取向之间，除了评估方法的区别以外，在评估过程中仍有一些其他区别。责任制目的取向评估通常让项目工作人员处于比较被动的位置，因为工作人员认为他们自身就在被测试是通过还是失败。由此，项目工作人员无意中酝酿了一种“我们 VS 他们”的观点。“他们”是基金会和评估者，尤其当评估者是来自外部的人员时，这种观念就更加明显。相反，那些在以学习目的评估取向的环境中工作的工作人员，在评估过程中是处于一个合作者的位置。这两种目的取向同样在评估最终结果方面迥异。责任制目的取向在评估中总结了这样一个问题：是否受资助者在计划预算下完成了评估工作。学习型目的取向在评估中总结的却是受资助者在处理与解决出现问题中的成功之处，不管这是否使实际行动与计划相符。

尽管我们区分了这两种形式的评估目的，但是这两种评估目的可能并存于一家基金会中，尤其是对大型基金会来说更为普遍。例如，董事会可能会倾向于某一种目的，而工作人员可能倾向于另一个目的，或者工作人员可能会给董事会的目的打一个折扣。再或者，这两个目的可以由一个人统一起来，其中一些项目使用一种目的，而另外一些项目使用另一个目的。我们不相信基金会可以或者应该在全局中只应用一个目的。相反，对于某些计划、项目，或者倡议活动的评估来说，应表达清楚这两种目的，而人们便可以清楚两种目的的重要性的区别。只有这样，才能更全面地寻找到并解决分歧。

尽管评估可以在深层次对每一种目的进行回答，但是这个过程需要很多花销也需要很多时间。因此，并不是基金会的每一个计划、项目，或者倡议活动都采用此方法。对于一些特殊的评估工作，最好确定这两个目的各自的优势，然后确定需要哪一种。持有这种观点，评估者可以更容易地进行评估对象的选择，使评估花销更少，评估过程更为科学，评估资源更为丰富。从责任制目标的角度来说，简单的对信息输入以及活动的追溯可能对很多项目来说就已经足够了。只有那些重要的和支出大的项目，才需要一种全面的严格的全部信息的记录以及对所有活动的备档的过程。改善学习目的角度却不然，一个有限的总结性的评估可能会提供有关结果的充足信息，以便于为很多项目和计划的评估工作都提供评估信息。因此，评估问题越关注效果的关联性影响，越需要成熟的评估设计与方法。

股东的多样性

我们讨论文化因素的第二个方面是股东的多样性。评估活动要回答很多有关项目、慈善倡议活动或者活动领域等问题，这些问题来自于不同的股东。这就会导致一个问题：不同的股东可能会有不同的评估问题，而一份评估计划又不可能回答这些所有的问题。因此就要在评估工作之前，首先要从这些不同股东以及这些不同问题中确认哪些要优先回答而哪些可以次要回答。在评估计划之初，确认主要股东以及他们的重要评估问题至关重要。然后再依靠资源以及兴趣，确认次重要股东和次要股东提出的问题。现在，我们可以列出的主要股东包括：基金会项目负责人以及项目受资助者的高层人员。但是实际上这个范围要十分广泛，而且项目不同主要股东人员也不同。总体上来看基金会典型投资项目要考虑最基本的两类股东：基金会内部股东；基金会外部股东。

基金会内部股东

尽管不同基金会在工作人员组成与基金会使命方面各有不同，但是基金会内部总体上可以分为两组股东：那些制订总体投资计划的股东和那些颁布决议的股东。第一组的股东包括董事会以及高级执行人员，第二组股东由操作人员构成，包括项目负责人员。在大型基金会，这两个小组人数可能非常庞大，因而也可以再细分为更小的成员小组。而在小型或者中型基金会，这两个组可能人员很少——甚至是一个人扮演很多角色。为了讨论方便，我们将第一个组指定为“董事会成员”，而第二个组为“项目负责人员”，尽管这样指定可能简化了每一个基金会的情况，尤其是对于中型和小型的基金会，但限于篇幅，我们只对最重要的，为资助活动制定普遍、全面决议的人员与监督操作过程和慈善活动结果的人员之间做了区分，我们鼓励基金会根据自己基金会的情况分为合适的小组结构。

在基金会内部制订总体投资计划的股东（可能是董事会成员）可能在评估小组中也可能不在评估小组中。有些时候，这些股东只对资源分配感兴趣而也同样希望其他人，比如项目负责人也只关注基金会投资方面的工作。但是有一些股东、董事会成员对有关过程（例如，参与人是谁）以及结果（比如，可变因素有哪些？我们所支持因素责任的影响是什么）的评估问题有强烈的兴趣。这些问题可能集中于个人项目，也可能集中于一系列的组织项目与慈善倡议活动。董事会成员应该在项目之初就明确需要回答的评估问题。除此之外，董事会成员还必须统计与理解来自基金会其他内部和外部的股东的问题。而且基金会应该明确地表明它们愿意纳入这些问题，并将其作为总评估问题的一部分。但是要认识到越多的问题则需要越多的资源。刚开始，这些问题对董事会成员来说可能是很大的挑战。但是，随着时间的推移，董事会成员会理解这些来自不同股东的不同问题（比如关于时间和资源等问题）。如果董事会希望它们的问题被给予重视与处理，不管是否还要考虑其他问题，从一开始，内部与外部的股东就都应该意识到利用评估手段回答这些问题的重要性。比如受资助者应该向董事会报告的问题，应该让受资助者了解，如果希望得到资助，就应该在执行过程中对这些问题给予回答。最理想的情况是列出所有的问题计划，这样受资助者在接受资助之初就可以理解操作的背景与目的。

基金会第二组要考虑的股东是参与基金会操作的股东，比如项目负责人等。大多数情况下，这些股东会提出有关于项目以及慈善活动的问题，受资助者同样应该重视他们提出的问题。对于一些特殊的项目来说，他们的问题可能更关注过程或者结果，而且这些问题可能是在受资助者的计划目的、目标以及活动等方面指引下提出来的。正如董事会成员所提出的问题一样，项目负责人应该清楚地列出这些评估问题，这样受资助者就会对这些问题做到心中有数。受资助者也会理解项目负责人评估视角，而按照计划去讨论这些问题甚至按照自己的视角对其进行修改与调整。

基金会外部股东

任何资助项目计划的基金会，在基金会外部至少要考虑四组股东：受资助组织、项目工作人员、直接项目参与人。其他对项目感兴趣的人（比如实施项目的社区成员、政策制定者、研究者，以及新闻工作者）。接下来，我们要探讨评估中最主要的问题，或者说可能是这些股东最关心的问题。

第一，受资助组织。受资助组织以及项目工作人员要负责项目的财政支出，因此他们是主要的股东组成部分。但是，依照他们在现实项目计划中的角色，他们可能对评估问题的提出权很有限。比如，一些受资助组织只能作为财政代理人而开展工作，负责将项目活动分派给其他人。而受资助组织此时可能只对分派人在项目计划中建议的投资资金数目感兴趣，而对项目过程或结果中的其他问题不感兴趣或者只能说兴趣很少。另一种情况是，即使受资助者的工作角色仅限于资金代理人，受资助组织可能还对项目活动监管权以及备档结果和影响方面的评估感兴趣。比如受资助组织将评估工作作为自身目标和工作计划、工作活动的一部分，因此评估工作应该贯穿所有计划与资助项目活动。这时受资助者可以设计一个评估框架，并将其纳入评估计划之中。在设计某一个评估计划时，应该明确列出受资助组织感兴趣的问题，以便在评估工作需要时将其纳入研究当中。

第二，项目工作人员。良好运行的资金项目上，受资助组织的角色远远超出了资金代理的作用，甚至在一些项目上是执行项目的角色。在这种情况下，那些参与项目执行的受资助组织成员，在评估计划中就成为基金会外部股东的第二组人员。不管是在受资助组织还是其他组织中，负责日常项目执行工作的项目工作人员是评估工作的另一股东群体。项目工作人员可能很期望了解他们所参与项目中的一些重要问题，比如项目的服务对象、项目活动水平、对参与人的活动评估和影响、参与人身份的重要指标（例如，教育或者工作身份），还有项目影响力最大与最小的部分——我们只是列举出了一些项目工作人员主要关心的评估问题。与其他主要股东小组一样，应该在评估计划之初就慎重考虑项目工作人员所提出的评估问题。另外，随着对问题研究的深入（比如有一系列问题要回答），股东必须要知道，只有在统计了所有主要股东提出的问题之后，才能最终确定下来一组需要评估的问题。但是其中并不一定包括所有评估的问题。这个问题将在后面章节详细介绍。

第三，直接项目参与人。第三部分外部股东是资助项目的参与人。正如项目工作人员一样，项目参与人自然也是主要股东之一。关于应该考虑哪一个项目参与人意见的问题，不同的评估计划有不同的选择。这主要取决于项目、资助方，以及受资助者代理的情况。一些人（包括本章作者）认为评估计划中一定要纳入参与人的意见，这样能够促进项目的有效性、实用性、道德性。但是有些人并不这样认为，他们觉得只要考虑项目工作人员的评估意见就已经足够，尤其是在项目工作人员与参与人有长期合作关系的情况下，因为他们同这些参与人有广泛的合作，因此也可以反映和代表他们的观点。我们必须明确指出，从基金会资助者的角度，参与人的任务不仅仅是在评估上面，而且是在项目发展上面。一些基金会，比如，加利福尼亚养老中心（California Endowment）以及芝加哥育林基金会（Woods Fund of Chicago）将参与人以及他们的观点作为慈善计划和评估工作的中心。在这种情况下，参与人的评估问题不仅重要，而是评估工作中的重中之重，他们的意见要超过其他主要股东的意见，包括基金会自身的意见。另外一些基金会通过受资助组织与参与人的合作关系间接地采纳参与人的意见。在后一种情况下，受资助组织的评估问题会纳入且反映参与人的意见。

第四，对项目感兴趣的人士。最后一部分外部的股东来自项目或者受资助组织之外，但是对慈善活动很感兴趣的人（例如，政策制定者、研究者、新闻工作者，或者有项目计划的大型社区）。这些人可能多种多样且没有固定范围，因此在评估之初我们很难针对这些股东的意见列出一份系统化的评估问题。对大多数基金会来说，这些被认为次重要的股东在评估方面的问题通常会被纳入评估计划中，但是他们不会将其视为工作的重点。但是也有一些例外情况，比如基金会工作的主要目标之一是广泛的政策改变，那么基金会就会将政策制定者作为主要的报告对象。在这种情况下，评估计划之初就会更多地考虑政策制定者提出的评估问题。另一个例子是基金会将社区水平改变作为重要的目标。对这些基金会来说，这些参与项目的大型社区是主要报告对象与股东。他们的意见也会成为评估计划中的重要组成部分（见第 14 章对评估沟通对象的分析）。

股东以及股东所提出问题重要性的顺序

一旦股东小组确定了评估问题，下一步需要在最终的评估问题列表产生前确定这些问题的顺序。这个顺序可以由主要股东自身所决定，而不需要由评估计划人内部和外部的评估计划者来决定。这个过程通常很慢很复杂，但是成功的结论对整个评估，乃至对加速评估结果的应用都有重要的意义。一家基金会如果想从事一项评估计划，但是股东意见多种多样，这时，基金会有必要统一意见，虽然这个过程需要很多额外时间与资源，但是这一过程是值得的，不仅仅是为了能有更坚实、应用性良好的评估，而且也是为了项目的实施更坚实、更连贯。提高评估问题质量的过程，可以让每一个参与项目的人更深刻地思考项目的目的是什么，如何完成这个项目。不同股东共同商议，纳入各种不同意见评估计划对改善项目理论、提高项目执行力大有益处。而且对项目的促进作用在评估报告之前就可以体现出来。

结　论

我们探讨了四个有关于基金会背景环境评估的重要内容。两个是结构因素：资源水平因素和评估焦点因素。另外两个是文化因素：基金会工作中评估的组织环境以及股东所拥有的多样性。为了方便基金会相关工作的读者更好地将这些介绍纳入自己的评估工作当中，首先要考虑基金会的这些结构以及文化因素，而后平衡所有因素，发展评估能力。

在一个单位组织中实施评估是一个复杂、很具挑战性的工作。每一家基金会都有自己的历史、地域文化、受资助者与合作人、项目范围，以及处理社会挑战的方法。所有这些因素都影响着基金会内部运作，也影响着基金会对各种变化时的应对方式（比如执行评估活动有变动时基金会如何应对）。组织性研究以及理论（Scott，2002，Galaskiewicz，1985；Meyer and Rowan，1977）表述了这些背景因素的影响。像社会其他组织一样，基金会也受到系统中其他因素的影响，并且当在这个系统内部设置有所变化的时候，对基金会产生影响的因素也会随之改变。

对于系统或者组织一个重要的理念是，如果在一个系统内部有任何改变，将会影响系统其他部分，即使是很边缘化的一个因素也会影响到整体。因此，基金会应该主动应对这种改变，使其达到一个新的平衡状态。对于基金会来说，去适应一个新的平衡并不容易，尤其是背景因素与评估工作一样重要时，系统其他部分也会随着这种变化而调整自身。有些时候能够适应这一过程，有些时候却对抗这一过程。因此，在准备开展评估工作时，为了发挥评估作用，也是为了总结评估准则或过程中主要变化因素，我们鼓励读者思考自己基金会内部存在的上述的四个因素，以及相关的因素和情况，尤其是自己基金会内部的独特性因素，并根据自身基金会的特性对上文所述的准则进行调整。

同样还要知道，每一个基金会的背景都是动态的，一些因素改变速度很快，而其他因素会改变很慢。对于这四个因素的一次性的评估是有必要的，但是为了评估活动的成功操作，一次性评估是远远不够的。如果要想评估工作生根发芽并可持续成长，这四个因素需要周期性的评估与再评估。也只有这样做，评估活动才能够有良性发展。也才能够有利于基金会的操作，有利于未来项目、慈善活动以及策略的执行与发展。

参考书目

Atienza，J. （2002）. *Foundation staffing：Update on staffing trends of private and community foundations*. New York：Foundation Center.

Bickel，W. E.，Nelson，C. A.，& millett，R. （2002）. Challenges to the role of evaluation in supporting organizational learning in foundatios. *Foundation News and Commentary*，43，2.

David，T. （1999）. *Reflections on strategic grantmaking*. Woodland Hills，CA：California Wellness Foundation. Available at htpp://www. tcwf. org/reflections/2000/nov/.

Foundation Center. （2002）. *Foundation giving trends*. New York：Author.

Foundation Center. （2003）. *Foundation yearbook：Facts and figures on community and private foundations*. New York：Author.

Galaskiewicz，J. （1985）. Interorganizational relations. *Annual Review of Sociology*，11，281—304.

Kuo，V.，& Henry，G. （2002）. *Maping evaluation investments* 2000 *and* 2001. *Paper presented at the annual meeting of the* American *Evaluation* A*ssociation*，Wa*shington*，DC.

Lipman，H.，& Wilhelm，I. （2003，May 29）. Pressing foundation to give more. *The Chronicle of Philanthropy*. 7，10－11.

Meyer，J. W.，& Rowan，B. （1977）. Institutionalized organizations：Formal structure as myth and ceremony. *American Journal of Sociology*，83，340－363.

Patrizi，P.，& McMullan，B. （1998）. *Evaluation in foundation*：*The unrealized potential*. Unpublished manuscript. Battle Creek，MI：W. K. Kellogg Foundation.

Pew Charitable Trusts. （2001）. *Returning results*：*Planning and evaluation at The Pew Charitable Trusts*. Philadelphia：Author.

Preskill，H.，& Torres，R. T. （1999）. *Evaluative inquiry for learning in organizations*. Thousand Oaks，CA：Sage.

Sanders，J. R. （1997）. Cluster evaluation. In E. Chelimsky & W. R. Shadish （Eds.），*Evaluation for the* 21*st century* （pp. 396－404）. Thousand Oaks，CA：Sage.

Scott，W. R. （2002）. *Organizations*：*Rational*，*natural and open systems* （5th ed.）. Englewood Cliffs，NJ：Prentice Hall.

Senge，P. M. （1990）. *The fifth discipline*：*The art and practice of the learning organization*. London：Random House.

Snow，P. E.，& Baxter，L. W. （2002，June）. Framing the big picture：Cluster reviews. *Returning Results*. Available at http://www. pewtrust. org/return_results. cfm? content_item_id＝1108&page＝rrl.

W. K. Kellogg Foundatio. （1998）. *W. K. Kellogg Foundation evaluation handbook*. Battle Creek，MI：Author.

第9章 基于领域的评估对基金会活动有效性的作用

帕特里夏·帕特利兹　爱德华·波利

慈善事业投资资金的多少是每个基金会最为关心的问题，这关乎着基金会改善社会的作用，也关乎慈善活动的有效性。有些时候，基金会有高远的目标。例如，诺贝尔基金会（Nobel Prize）投资于黄热病治疗以及沙眼治疗方面的慈善事业。另一些基金会十分关心公众的力量以及社区内非营利组织建设。不管这些目标是国际性的还是地区性的，问题的关键是：达到这些目标的最有效方法是什么呢？不幸的是，很多目标高远的慈善活动被不确定的事物所蒙蔽，这些基金会希望寻找到能为社会提供利益的道路但是却在工作中缺乏有效的系统化知识，无法用这些知识引导慈善策略的选择，指导慈善活动的相关工作。

在这一章，我们来介绍一种被称为基于领域的评估策略。我们对“领域”的定义为一个能让基金会选择特定的接受资助的机构的广义部门。例如，在医疗保健领域，基金会可能只会资助极小一部分最顶尖的机构部门作为实体现场。而某一个城市或地区的非营利性社区基金会，则可能会对当地的很多非营利组织进行资助。

我们提出的策略要求记录现场中整个评估程序。为了优化慈善活动在促进社会发展方面的效果，我们应当在最初就确定应该关注的问题——在记录的基础上，将评估结果程序化。我们相信基金会工作的有效性取决于基金会倾听并且理解实地管理者之间的讨论与争论问题的能力。包括：(1) 了解他们面临的挑战与机遇。(2) 了解他们的知识差距。通过补充知识，是否可以帮助他们在工作中有进一步的突破。(3) 工作中总结的结果与教训。

基于领域的评估与依靠制度经验进行孤立评估的方法截然不同。后者虽然时而会请教专家指导，而且基金会慈善活动评估人员也会制定问题框架，强调策略，并试图全面掌握工作结果。但是，尽管这些对于知识的来源很重要，他们还是难免主观而且视野狭窄，而基金会则可能会错失改良社会的机会。

在对基于领域的评估方法的探讨中，我们主要包括以下几个题目：

- 慈善事业评估中出现的挫折与问题
- 在指导慈善事业中，多重视野的价值
- 我们关于“构成有效评估因素”问题的观点
- 项目本位评估方法（与基于领域的评估相反的评估方法）的有限性
- 坚持逐步、循序渐进变革过程的重要性
- 非正式咨询与非正式活动的含义
- 评估花费的标准
- 基金会管理者与评估者实施基于领域的评估的方法

我们用一个章节来概括基于领域的评估中的几个主要问题。除此之外，还会提供基于领域的评估应用中的几个建议，以便更好地确认与解决社会中的主要问题。

在慈善事业中评估工作的窘境

评估工作并没有达到慈善事业的期望，这已经是人人皆知的事实。对基金会评估管理者的一项调查（Patrizi and McMullan，1998）认为，慈善事业中的评估有以下几个问题：

➢一些项目评估报告应用性不强，要么是作用发挥迟缓，要么花费巨大而只提出一些轻描淡写的意见。

➢项目评估设计通常忽视一些重要的问题（比如总结教训等），不能准确地确定活动的重点与见解，项目稍作修改时也不能良好地适应与调整。

➢项目评估在一些时候不能将项目活动的方法与背景因素等纳入评估当中，也因此限制了其实用价值。

➢很难得到需要的数据（比如一些数据结果），因此有些时候降低了评估的应用性与有效性。

➢项目评估的执行方式通常导致受资助组织与评估人之间的不满和冲突。因为受资助者可能会认为项目实际结果与评估者评估结果有差异。

➢基金会工作人员通常躲避或者害怕项目评估，因为他们认为评估就是对受资助组织的批评，或者是对基金会工作人员有关项目资助决议的批评。

➢有时候项目评估只关注短期成果，而忽视了受资助者以及项目工作人员认定的更高远的目标（同时又认为准确评估高远范围目标的花费巨大承担不起）。

实行基于领域的评估调查方法，可能并不能彻底消除基金会面临的这些窘境，但是却可以指引一个正确的方向，建立一种潜在有效的评估程序。

多角度审视的价值

基于领域的评估扩大了评估过程的视角。如伯特兰·罗素（Bertrand Russell）著名的论断，班级里的成员不能描述这个班级，因为他缺乏观察这个整体的有利视角。视角问题曾经被人们所忽略，在分析工作以及知识经验中都忽视了这方面问题。只有当新的全局问题解决方式被建立起来后，才解决这个问题。换句话说，对视角的重视，为项目工作人员已建立的模式增添了新的方法并补充了其不足。

基金会的不同视角并不是来自于某个政府代理、法律机构、非营利服务提供者或者是营利公司，而是来自于所有的这些机构。基金会可以应用它们的独立性以及旁观者的视角去倾听某个领域管理高层以及政策制定者的需要，找到可以满足这些要求的方法，并且采用这些创新方法。然后，它们可以利用评估来统计有哪些因素可以满足这些要求，为什么这些因素可以起作用，又如何起作用的，在什么条件下才能起作用，花费如何等问题。

因为它们有独立的视角，基金会可以征求、倾听并辨认对于社区来说重要的问题与机遇，也可以辨认它们服务的范围、领域，以及它们所支持的非营利组织。它们可以了解并确定政策制定者或者其他地区、国家，或者国际方面领导者的需要，从而提供创新的和有效的方案去解决其中重要的问题。也可以为他们提供逐步执行这些方案所需要的信息与数据支持。

如果将计划、决议，以及学习的过程提升到一个新的信息视角的话，将使基金会工作更加有效和透明。这就需要基金会更重视合作，制定客观性能指标，并同基金会能够影响的项目执行者紧密协作。

为了树立这种视角，基金会需要与领域的领军人物对话，探讨影响他们工作的重要问题以及他们所面临的挑战。基金会应该重视那些可能得不到基金会慈善资助的实践管理者的观点，因为他们有独立的筹资压力。需要共同考虑的问题包括以下几个方面：

• 慈善事业部门、工作领域以及受资助者希望得到的结果是什么？这些领域的理想结果是否需要创新？

• 为了进一步完善组织有效性，他们需要学习哪些方面？

• 为了满足社会需要，哪些实践工作更为有效？

• 为了确定哪些方法更为有效，应该收集哪些数据支持？

• 人为干预的积极作用是哪些？

• 政府领导人、委托人、社区成员以及实践领导者是否赞同预想结果？

对这些问题的回答能够帮助基金会利用必须的知识与经验治理基金会工作。

我们把这一基金会工作有效性的关键要素总结为“被那些未从基金会获得资助的领域领袖认作是把基金会的工作与领域需要对接上了”。它可以为基金会策略和资助项目提供独立的“外部有效性实验”，这个实验与其他基金会制订慈善计划以及相关活动的那种内部的、私人的以及狭窄的方法有很大区别。笔者认为，基金会把工作与领域对接的过程应该包括全面了解领导者和改革者的立场，包括组织旁观者的辩论，还包括全面审查领域领袖对基金会策略制定的影响。这个详细调查与评论的过程可以为基金会提供一个早期的市场测验，并以此观察基金会的工作如何满足客观实际与广大公众的要求。这个过程还在很大程度上扩大了基金会工作的潜在影响力，使基金会不必依靠某一个项目负责人或者某一个受资助组织的知识经验或者兴趣来制定计划。而基金会也会考虑那些对基金会工作有促进作用的发现、创新，乃至实验教训等因素的综合作用（其中也包括非受资助者的意见），而不单单考虑受资助组织的想法。这个过程要求各组织、委托人、政府代理人，以及各个私人部门的共同协作来加强对相关领域中出现的问题以及意见的理解。这个过程的价值是从领域领袖的对话与争论中产生的。这项工作完成得越好，慈善组织就越有能力发展更广泛的合作关系。

收集基金会实地经验并不是一个一次性工作，而是需要资助人不间断地进行调查。当构思、设计、执行一个项目的时候，基金会应该与领域领袖作者密切合作，以便考察与检验某种意见，形成问题的框架并不断将其完善，还要总结工作教训以确保工作的正确方向。为了完成这个目标，基金会应该保持与领域领袖和相关人员的沟通与对话以适应社会的变化。社会的需要并不受基金会所控制，这就要求基金会要不断地根据社会变化学习与应用知识。

什么是基金会有效性

在人们印象中，最有效的基金会应当明确哪种方法对问题的解决与机遇的把握最有效，并且能够综合解释为什么这种方法最有效。从中可以看出，能够进行良好评估对基金会的有效性至关重要。

为了保证慈善事业的有效性，基金会应该自我反省以下问题：投资工作的议程安排能在多大程度上满足实际要求？我们的工作影响力如何？是否这项工作对社会以及自我发展有利？工作决议是依据某一个基金会项目负责人经验制定的还是在实地调查的基础上制定的？投资工作是建立在慈善活动独立评估的基础上，还是建立在不平等经济势力关系基础上？

除了对以上内部问题的回答，如果坚持以下特征，我们相信基金会会进一步加强自身的有效性，加强它们对公众的责任感。

➢受托人将检验工作有效性作为制度激励的中心问题。

➢接受受资助者复杂的情况，并认清这是由社会情况改变引起的。

➢评估工作可以为基金会工作提供一种可信和有效的材料；应该将这些材料应用到可以实现价值的地方；评估材料的来源应该多种多样，常识判断也可以作为来源之一。

➢能够与该领域的领军人物、相关政策制定者以及公众沟通基金会的工作经验以及工作中总结的教训，不管沟通对象是受资助者还是非受资助者。评估工作要时刻考虑这些委托人的意见。

➢新政策以及新慈善政策制定过程中应该借鉴基金会工作中的教训。历史经验应该被视为重要的参考内容。

➢慈善活动过程中可以应用现有知识经验。还可以参考基金会内部或者外部的其他经验。

有效的基金会将慈善活动以及评估工作都建立在整体观的基础之上，它们的注意力不仅仅局限于内部需要或者是受资助者的需要。领域领袖在解决社会问题时会由于自身在行动和知识经验方面存在的缺陷而受到阻碍，而他们设计的工作内容会设法弥补这些缺陷。当基金会致力于这样做时，他们会提出遗漏的问题，也会找出能够提出有助于解决社会问题的方法。

当基金会更为关注评估材料，而且当它们与公众共同分享这些材料时，那么就可以清楚有效地提高基金会工作的有效性和责任感。至少有两家大型基金会——华莱士基金会（Wallace Foundation）与罗伯特·伍德·约翰逊基金会（Robert Wood Johnson Foundation）几年内都会向公众发布所有或者大多数的评估结果（还会将结果公布到网上），但是这样做却没有损害受资助者的利益，甚至还有利于一些组织利用评估结果来改善自身的工作。

只关注受资助者方案而导致的评估局限性

我们知道传统的，或者说是以项目为中心的评估方法效果并不尽如人意。那是因为这种评估只关注单个项目而不考虑更广泛的项目运营背景因素。一个项目的评估策略只关心基金会支持的活动或者项目，只期望检验达成了哪一个项目计划中所规定的目标。

但是仔细考虑一下，这些我们达成的目标是否反映了实地需要？很多时候，我们可以发现基金会的方案是非营利组织与基金会协商的结果。但是非营利组织的目的是寻找自身收益，满足自己组织的需要，追求自己组织的目标。那些基金会只是想希望自己支持一些有效的非营利组织。慈善活动协商出的结果只能间接地、片面地，不能完整地回答如何解决社会问题。但是实地组织管理层和政策制定者的确很想知道这些问题的答案。

以项目为中心的评估结果范围通常很狭窄。在慈善活动中，很多活动都努力追求某种既定的目标，评估者应该收集能够反映这些活动的数据，还要收集能够反映达成目标程度的数据。评估工作就是对既定目标完成程度的分析与评价，也就是要研究受资助者是否完成了计划工作，慈善活动是否达到了慈善活动之前计划的预定效果。通过对这些问题的分析，评估者便可根据这些数据的分析结果进行总结。

尽管在基金会中也略有一些多样性的评估方法，但是我们观察到项目中心评估方式所关注的内容只是看结果是否达到了计划的要求，这个理念在基金会中占有主要甚至是控制性的地位，指导着基金会评估工作中的一切事宜。

基金会通常更关注满足下一项慈善活动的投资资金，而受资助者通常只关注寻找投资资金。这种强调资金分配的现象加速了活动计划中对慈善活动实施工作的较高期望与乐观态度。那种对结果的客观评价以及需要循序渐进才能达到活动效果的现实被掩盖了。所有这些导致的结果是：当慈善活动计划成为评估的基础时，其结果却是令人失望的，而且这个过程也不能为人们带来任何实践经验。

相反，我们发现，在基金会制订了特殊的评估计划以帮助领域领袖学习经验的情况下，就曾取得过很大的成功。比如：

➢罗伯特·伍德·约翰逊基金会利用评估材料促进了整个公共健康以及相关领域政策与实践的更改与革新。包括建立有效的学校健康诊所以及降低大学生狂欢饮酒现象等。

➢亨氏捐助基金会所有的策略都要以“是否促进了学前班项目为评估标准”。

➢约翰和詹姆斯·L·奈特基金会大范围调查低收入社区青少年课前辅导的促进情况，并将评估材料与之相比较。其比较结果成为 26 个地区慈善委员会进行资助选择的基础。

➢华莱士基金会利用评估材料去影响立法决议，保障教师培训以及课后项目。而且通过基金组织与艺术机构建立合作关系的方法扩大活动范围。

基于领域的评估及其提供的知识是基金会与领域领袖和公众共同分享重要的经验。并且这些经验可以加强基金会项目设计工作和策略计划工作，也可以审视正进行的慈善活动。这种评估经验可以直接为基金会建立评估思维，帮助基金会思考如何使工作更为有效。

循序渐进的改变过程

重大社会改变并不是一夜之间促成的，也不是在某一个慈善活动或者评估活动之后就形成了的。而慈善机构可能会对这个现实缺乏耐心或者会沮丧。慈善事业以及评估的这种实地方法像一幅巨大图画。这同那些简单的评估方式例如计算某个项目有多少受益儿童不同，大家都更好地理解这项活动的复杂性，也了解为了达到社会目的需要一个循序渐进的过程。

想一下这样的形式：有效的基金会处理一个事物时会遇到一些问题，包括**知识的缺乏**（由于不能很好地理解事物从而不能有效地解决问题）以及**行动能力的缺乏**（项目过程中不能有效地连接资源、方法、委员会，以及各种机会）。通常，基金会都会是先遇到行动能力缺乏，但是紧接着就是知识缺乏（如果有充足的知识基础去解决问题的话，行动能力缺乏应该消失。但是如果还存在这个问题，便是行动中遇到了一定的阻碍，而很可能需要政策的更改而不是基金会行动的问题）。我认为基于领域的评估使基金会工作更为有效，因为它们可以提供弥补知识缺乏以及行动能力缺乏的方法。也会影响到基金会工作方法、慈善活动的计划、委员会建设，以及基金会与领域领袖以及公众的合作。

因此基金会在领域范围内的工作的过程应该是循序渐进的，是逐步促进实践的过程。过程中也可以建立问题框架系统，建立统一意见以及支持工作模式，将失误视为学习与转变的经验和机会，与战略联盟或者其他形式机构合作，而且也可以明确规定能够排除不利因素，达到理想效果的工作方法。

为了理解增量学习过程如何运作，我们可以回想一下：为了解决 20 年前社会中出现的健康保险问题，第一个慈善管理机构是如何被构想出来，然后又怎样开展了进一步执行实施和评估工作。这是一个循序渐进的过程。当今的社会问题是“如何稳固医疗管理”，这也需要行动与知识经验增长的过程（某一些步骤要快于其他步骤，而且并不是所有的步骤都是向一个方向发展）。总而言之，为了改善当今的医疗管理，评估和学习的工作必不可少。

将基于领域的评估作为调查以及行动指导的依据

如果基于领域的评估工作想明确、客观地告知调查情况并成功指导工作的话，需要评估者及评估者组织有坚实的基础，还要有接受事实的勇气。评估者以及他们的慈善同僚需要倾听来自相关领域的意见，而且还要毫不保留地适应那些对权力组织提出真知灼见的人。他们需要考量实际情况，如果现实情况与根据基金会长期承诺以及基金会本身价值做出的决议截然不同时，就要弄清楚知识经验在基金会决议的哪一部分起关键作用。他们需要从基金会支持活动中获得经验和材料。关键是他们需要推动关于投资者权力等一系列困难问题的讨论，还要权衡自己在慈善事业中的位置（这曾经被基金会称为“独木舟里的胖男孩”），要知道评估者也许有能力促进决议的制定，但是也可能毁灭这个过程。

合格的基金会评估人员应该从各渠道，以各种方式收集材料与信息，包括从实践者或者研究者那里收集材料。评估人员可以提出不同的观点，可以促进争议的有效性，也可以阐明基金会工作中的经验与教训。基金会的目标是促进可持续性探讨，这也是将之前的咨询与行动结合起来的最好的方式。

最重要的是，评估人员可以帮助设计一些**正确的问题**——即最具有实践意义的问题。有实践意义的含义是：通过回答这些问题，会对实践有促进作用。听上去很简单，但是这是一个挑战，因为在基金会内没有人愿意或者意在指出你活动中存在的问题（一家老的基金会的一个内部玩笑这样说道，没有一家基金会成员因为制定错误的慈善活动而被解雇，倒是有很多人因为递交材料迟到或者对受托人的要求不能全力满足而被解雇）。外部的关注点与视角很重要，因为没有一个好的想法是出自于自满情绪的。

那么评估者应该强调哪些知识呢？我认为以下几个很重要：

➢在一个领域中阻碍活动的知识缺陷有哪些？一些组织旨在促进实践经验而开展了一些创新工作，还对这些创新工作的执行和结果进行了研究。如何将这些结合起来，弥补所需要的知识缺陷？

➢该领域中产生的实践活动有哪些？这些是否可以通过实验的方式来学习这些实践活动？通过新兴实践和话题所吸取的经验教训中，有哪些是领域领袖最需要了解的？

➢有意的实践和研究的实验过程能否可以对这些问题的争论提供可实行意见？

➢谁是最有效的促进者，他们的角色和贡献是什么，他们在某个实地研究中的局限性是什么？谁制定主要的决议内容？谁负责控制钱款？谁控制与媒体的联系与合作？

➢相关领域中的哪些重要见解被媒体报道过？这些意见又被怎样处理的？那些独立客观的信息与分析是增强了媒体对这些问题的关注还是减弱了媒体的关注？

➢在其他类似领域项目模式中能学到哪些经验？例如，市民参与的理念被应用于很多问题领域，有哪些类似的经验应该被学习、研究，并且应用到基金会工作中去呢？

➢是否只有那些有开创性评估方法的项目才会引起对这个领域的探讨？

对以上这些问题的探讨推动了相关领域的工作，也因而促进了有效慈善事业的发展。我们的目标是保证基金会的关联性与基础性，同时也要增强基金会承诺话语的可信性。

基金会高级管理阶层的含义

基金会受托人、管理者以及项目负责人可能对评估成果的应用起很大的作用。然而有些时候，这些管理者在评估工作与慈善事业中的视角与期望应该适当有一些调整与转变。

受托人与管理阶层

如果基金会以我们所说的这种方式工作的话，受托人以及高级管理阶层会应用基于领域的评估并且解释评估结果，而后将为工作人员以及受资助者提供一个清晰无冲突的评估信息。与那些在慈善活动中流行的那种生硬的“结果基准评估”不同，这种通过复杂方法得到的结果，可以激发人们对当前社会改变过程中的危险、挑战以及现实问题进行慎重考虑。实地管理层以及其他委托人员应该多多联系基金会管理人员且多多参与基金会的评估工作，因为他们最有能力指出评估工作中知识与行动的重大缺陷之处。

基金会受托人以及高层管理人员越坚持掩盖评估中的挑战，基金会人员在慈善活动中越容易抱有过度乐观的情绪。洛瓦洛（Lovallo）和卡尼曼（Kahneman）描述了（2003）在新项目（产品、计划、合并）评估中通常很少人对项目结果与成功的机会抱有怀疑态度。实际上，对很多基金会来说成功的概率很不确定，而且基金会管理层应该运用评估以及研究的方法，平衡那些对慈善活动计划持有高度肯定态度的倾向。

我们还必须转变那种高度一刀切的模式以及那种老生常谈的演示过程。不幸的是，如今一刀切和这种演示的模式却在受托人对慈善事业以及策略发展的讨论中占统治地位。我们相信基于领域的评估能够提供一种独立的、外部的有效视角，满足实地调查与评估结果形成的需要。改变以结果为导向的工作需要进行互动交流模式的定性研究，如果需要朝着这个方向努力，就必须进行深入的基金会文化氛围的转变。这是一项长期复杂的工作，需要基金会执行人员大胆创新，与董事会共同协作，为不确定结果与面临的危险创造一个宽松的环境。

受资助者以及高层管理者还需要认清，一些工作人员执行的一些自认为重要的事务可能与资助活动并没有很大关联。他们应该有更广的视野与任务，比如监督人员执行工作，联系那些没有机会相互沟通的相关人员，以及建立一种促进市场健康发展的观念。工作人员还应该观察慈善投资的工作，收集高层领导人以及公众的意见。简单地通过控制投资资金的确可以实现这一过程，但是很多重要工作所需要的并不是大量的资金而是工作人员个人的能力。

项目工作人员

我们知道大多数基金会工作人员都极具才华、知识渊博，但是仍有些项目工作人员在纷繁复杂的项目激励机制、各种机会和选择投资项目压力等方面有所迷茫。有些人便开始探讨基金会的智力资本，这就促进了新式慈善思维的发展并取代那种只从慈善结果进行研究的模式。慈善活动策略的可持续管理工作不仅需要大量收集实地情况，还要收集成功因素、障碍因素以及活动结果等一系列重要材料，更重要的是要如实提供这些调查材料。对于基金会收集到的那些关于结果挑战性和不可预测性的信息，受资助者应该有被告知的机会。如果大家都这样做，就可以创造一种良好的环境，这种环境对评估工作很重要。向这种环境改变需要有一位对话者，可以由评估者也可以由基金会内评估职员来担当这个角色。

我们一次次地想，如果那些出色的工作人员可以融入到他们工作的实践环境或者是这个领域的历史环境中去那多好。只有这样做，才不必使周围世界去适应基金会项目，而是让基金会项目中那些好观点与意见去适应世界，接受实践的检验。

实地高层管理人员的含义

领域领袖需要去挑战基金会的操作假说，而且要坚决地开展针对于结果的论述。基金会工作人员所拥有的权力可能会妨碍他们进行客观思考和客观讨论。他们的工作内容不能仅仅是为基金会寻找慈善投资，这些领域领袖则有义务提出在行动力或者知识储备中阻碍基金会活动的缺陷。如何让基金会认识到并且重视那些具有挑战性的问题呢？我认为那些不依靠基金会赠予的领域领袖（可能是财政拨款单位的高层管理人员、可以获得服务费的中介人员、综合分析人员，以及新闻工作者）应该起到重要的作用。

对评估人员的启示

有些时候，评估者与基金会之间相互依赖不可分离的复杂关系也为评估活动带来一些麻烦。一些评估者对过度承诺或者延迟报告的行为有很冠冕堂皇的借口——他们基金会的客户并不在意评估慈善活动的结果。同样，一些基金会可能会为了躲避不良评估结果的责任，就只是提供一些数据而缺乏深入的分析以及有益的经验教训。这些评估结果可能会引起人们对该项慈善活动的质疑，认为这项活动效果是不确定的，不值得非营利组织对其进行投资。交易双方为了保护自身，就不会完全公开评估的结果，因而也就躲避了批评，也保护了受资助者不至于因否定的评估结果而受到损害。

基金会评估工作应用性的丧失导致基金会的工作人员对基金会的工作充满了困惑、疑虑，以及不满，失误率屡屡增高，而基金会高层管理人员也不知道如何处理这样的境况。很多基金会对陪审团操控的不良现象以及评估工作人员角色的冲突等问题心有余悸（Patrizi，2002），因为这些都使评估目的相关方面出现很多棘手的问题。一些基金会选择定期咨询评估专家，或者聘请这些专家参与管理。

当基金会工作人员反对这些没预料到的评估问题，基金会便开始下功夫去与外界协商，修补漏洞，协调工作。但是经过一番努力后，效果却不甚明显。

如果采用基于领域的方法，基金会评估工作人员将有清楚的角色：他们可以承担起与外部人员还有基金会内部进行对话的责任。他们有技术有经验，能提供有效用性、有建设性的意见。除此之外，这些工作人员还可以为评估者、领域领袖、管理人员、项目工作人员等提供一个交流的平台，方便大家共同处理当前的困难与问题。

不管是作为基金会的成员还是外部咨询人员，所有的评估者都需要正确地提出与理解问题，避免自满情绪，杜绝生搬数据草草分析的现象。他们需要激发自己的思维，撰写的内容应该对广大的报告对象有吸引力。他们应该将口头上提出的挑战性问题附之书面，更清楚更有说服力地去解释问题所在。他们应该将自己的角色视为引导者或者实验性评估的促进者。

促进基金会有效性工作的评估活动，不会全力关注是否实现了在慈善活动计划中提出的那些乐观的预测。真正促进实践的评估应该致力于评估执行过程促进了怎样的变化，描述他们在执行过程中遇到的障碍，还有详尽介绍突破这些障碍的环境与方法等问题。那些无效的评估活动放弃了对新背景下人人关注的那些创新活动，也放弃了对结果的深入调查。实际上，新知识经验可以使领域领袖弥补知识方面或者行动方面的缺陷。而这新知识经验正是对成本、绩效、创新活动有效性、对自我完善活动的参与以及项目有效性等的知识经验中。

评估者必须努力将新经验知识与实际活动联系起来。因为大多数慈善活动基金会都要寻找弥补行动缺陷的方法，这样他们就可以创造一个理想的环境，努力以知识促进实践。很多高层管理者因为缺乏实践知识而面临很多问题，如果能够仔细倾听这些管理者的需要的话（比如那些健康医疗机构、教育机构、青少年服务机构，以及艺术机构等），评估者便可以收集到实地高层管理者的意见，从而更可以确定基金会评估研究应该确定与强调的内容，而不是只去问："这个项目完成情况是否与计划相符？"评估者应该把注意力放在这个项目可以提出哪些深入的问题，以及如何能够获得良好的结果上面。

让投资更有价值

基金会高层管理者通常都担心评估花费会浪费掉慈善活动的经费，认为这些经费本可以用于有需要的人民，实际上，他们的想法是可以理解的（尽管并不是所有慈善活动都真正地满足了人民的需要，因为缺乏评估的工作会导致慈善活动的结果失去方向增加了其不确定性）。但是我们相信评估活动应该遵循这样一个清晰的标准**评估工作所产生的实践经验的价值一定要大于这些经费本可支持的慈善活动所产生的实践经验的价值**。这是一个较高的评估价值标准，为了达到这个标准，评估者要保证提供的知识经验可以促进服务者（既包括受资助者也包括非受资助者）的工作。明确工作的效率，并为政策制定者提供改善服务的知识经验。

基金会的评估人员应该努力降低评估成本，而且也要尽力解释清楚为什么某些评估方法的成本要高于另一些方法。影响基金会评估成本的因素主要有以下几个方面：

➢**试点的多少**。试点越多，数据的收集、调查、控制质量等工作消耗成本越大。如果只是一个试点难免降低信度和效度。多个试点可以增加评估的价值，但是我们可以降低调查的范围，只选择试点的代表性样本，这样就相当于调查了所有的试点。

➢**多重问题以及多重数据来源**。问题越多，数据越多，成本就越高。如果选出一些重要的问题先让基金会回答，剩下的次重要的问题可以日后再回答。这样就可以有效降低成本。

➢**纵向数据收集**。对试点以及被试对象的跟踪时间越长，花费越大（跟踪调查个人的工作每年要花费大约 500 美元）。纵向研究可能需要大量的资金成本，但是不是每一项研究都需要很长周期的数据收集工作。

➢**技术性分析**。一项挑战性工作往往需要有掌握特殊技术、经验丰富的研究团队，而研究质量的保证需要资金成本。可以将这些研究内容分配到最合适的研究小组中去，这对那些缺乏资金的研究机构来说是最有效的降低成本的方法。

评估者需要明白，只要基金会委员会的评估被人认为是无用的，任何投资与花费都是枉然的，哪怕投资一分钱也是浪费。别人还会反感其评估结果，而希望其他机构进行重新评估和进一步研究。性价比最高的评估活动是那种有连续性的可追溯的跟踪记录。

可以理解，基金会高层领导人和受托人以及工作人员都想知道评估活动的成本到底有多少。当然这个回答只能是：“这依赖于你想买什么。”但是这个问题背后是一个更重要的问题，也是我们整个一章都在思考的问题：**“基金会和相关领域想要知道什么？”**如果基金会不能对这个问题给出一个明确的答案，评估者就可能会提出一个广泛的毫无中心的目的，这种广泛缺乏中心目的的计划评估只能设计大量的问题，但是每一个问题都只是轻微触及，而且要花费成千上万美元的成本，这显然是一种浪费。如果基金会可以给出一个清楚的答案，明确想要了解哪些领域的内容，了解调查结果的主体是谁，优先性标准又是什么，那么就可以确定设计一个有良好价值和应用性的评估活动所需的相关费用。

在我们的经验中，评估工作可能仅仅花费 25 000 美元，但是收获很多（例如，专家小组组成的“咨询委员会”要检验操作数据，检验成功与失误之处，总结从项目中得到的经验支持基金会的中心使命）。也有可能要花费 100 万美元但是收获很少（例如，为评估报告收集多重、纵向数据，但是基金会对问题的回答十分模糊而且报告对象也不具体）。当然，我们已经拥有足够的经验尽量避免这样过大的花费但是评估效果却很差的评估方式。关键是我们现在了解 25 000 美元至 1 000 000 万美元之间，基金会有很多的方法可以选择，让基金会可以收集及分析有用信息，这主要决定于基金会以及相关人员想了解到什么信息。

结　论

如果基金会希望工作更有效率的话，我认为基金会应该花费更多的时间与精力去关注领域领袖——尤其是那些非受资助者领袖以及那些生活受到相关领域影响的人的视角和需要。我们经常将评估重点放在狭义的项目上，很少主动关注与理解这些项目背后的背景与环境。

更进一步地说，如果想提高基于领域的评估的有效性，那么评估工作应该提供以实践为基础的知识。基金会需要评估工作获得更多的实地经验，不管是成功经验还是失败经验，都对基金会十分重要。因为他们可以加强领域领袖对领域工作中项目目标、策略和实践的理解。评估工作的设计应该对实践工作者、领域领袖和政策制定者提出的重要问题进行回答。

基金会工作人员和聪明的领域领袖在开会讨论未达成的社会需要、工作行为的缺陷、新组织新结构的需要，或者现有组织中的能力问题的过程，也是基金会了解社会问题、制订解决这些问题的方案、从这些工作中积累经验的过程。基金会工作人员和领域领袖所探讨的这些问题可能是的确存在，也可能因为缺乏解决这些问题的知识经验，也或者制定的一些政策阻碍了良好解决方案的执行。

知识经验的缺陷往往带来行动缺陷。没有尽善尽美的解决方案，有些方案是有教育性但却也是不完美的猜测。基金会慈善活动经常不能从自身已有的知识经验或者是从自身活动中总结新的知识。这样就大大限制了慈善活动的有效性。

如果评估工作是为了支持基金会的有效性，一家基金会与另一家基金会的评估工作与内容应该有差别，不同社会问题所开展的评估工作也有差别，而且每一个环境与背景的不同评估内容也不一样。社区基金会、地区基金会和国家基金会、规模小员工少的基金会、专业性基金会所开展的评估工作应该都有所不同，因为它们存在于不同的背景中，那么评估工作也要在不同环境中进行，倾听不同的需要、目标和方法。

一些有远见的慈善家有些时候会遇到不同视角的领域领袖。他们必须努力理解这些不同意见，尤其是理解经济独立于基金会慈善活动的那些非受资助者的意见。悬置这些问题，倾听不同方法，然后确定优先顺序，主动评估领域领袖认为的能够影响未来工作有效性的重要因素，澄清基金会决议对基金会责任的重要性。如果这一切都按部就班地执行，基金会接下来的行动将转换工作方式并获得更有价值的成果。

参考书目

Lovallo，D.，& Kahneman，D. （2003，July）. Delusions of success：How optimism undermines executives' decisions. *Harvard Business Review*，81 （7），56－63.

Patrizi，P. （2002，April 4）. *Briefing notes to the Evaluation* Ⅱ *Roundtable.* Paper presented at the Grantmakers Evaluation Network meeting，Council on Foundations，Washington，DC.

Patrizi，P.，& McMullan，B. （1998）. *Evaluation in foundations*：*The unrealized potential*. Unpublished manuscript. Battle Creek，MI：W. K. Kellogg Foundation.

第 10 章 小规模基金会策略

马里·S·梅尔顿　贾纳·凯·斯莱特　温迪·L·康斯坦丁

认为自己只能做一点点无关紧要的小事，所以什么都不做，这是最可怕的错误。勿以善小而不为，做你现在能做到的事情。

——西德尼·史密斯（Sydney Smith，1771—1845）①

这本书中讨论的很多内容都是适用于大型或者中型的基金会。这些基金会通常倾向于大规模的慈善活动，同时也更愿意为了改善项目内容和促进项目有效性为评估工作投资，因此也会通过聘请评估专家或者通过专家咨询等形式进行项目评估。但是对于小规模的基金会来说情景又会怎样呢？这些小型基金会可能包括家庭、社区、小型公司，以及一些独立的基金会等，这些小型基金会如何向受资助者提供资助呢？在这些小型基金会中很多都只有很少的工作人员，有些甚至还没有工作人员。更不用提评估资金了，更是少之又少。然而我们应该意识到，这种小型基金会是它

① 出自一位英国牧师的这句卷首语为那些在考虑将评估纳入现有工作的小规模基金会提供了明智的忠告。

所在社区慈善服务活动的主要投资来源，而且也是那些大型投资者涉及不到那些领域的主要资助者。它们可能算不上投资巨头，但是大多数基金会都是这种小规模的。而且它们的慈善投资总额每年要超过 80 亿美元。在这些小型基金会中的工作人员和大型基金会的工作人员一样都希望自己能为慈善事业作贡献，能为社会谋利。也希望自身和受资助者可以共同通过系统化、可评估的工作制度为社会带来福利。我们必须澄清，不管规模大小，基金会都希望知道自身慈善事业的进展情况，也希望它们制定的政策紧跟基金会使命，能够达到受资助者的目标。正如怀疑论者，基金会工作人员应该向自己提问："我们的资助是否明智?""我们资助的受资助者是否为我们所关心的公共事业领域创造了福利?"应用可评估的、系统化的思维方式收集来的信息可以帮助我们回答这些问题。

在这一章，我们将讨论一些明智的基金会利用系统化收集并应用相关信息来评估慈善工作有效性，并帮助受资助者更好地完成其目标。我希望我可以为那些新接触评估方法或者对评估活动刚开始感兴趣的读者提供帮助。我希望即使他们的投资资金很有限，也可以在其可接受范围内实施最好的评估工作。我们介绍的策略都是低成本的，可以为基金会以及受资助者提供有价值的信息，这个过程可以由基金会工作人员、受资助者或者志愿者来完成。

我们将**评估**定义为**应用系统化方法收集信息，帮助基金会和受资助者实现公共利益**。我们首先提出能够支持基金会内部实践和有效性的策略，然后再努力使该策略适合受资助者水平。为了更好地实现评估思维，我们为实地考察和收集信息等工作总结了一些意见与建议。我们不支持一个固定的评估模式，我们只是提出确认重要问题的策略，系统化地收集能够回答这些问题的信息，并且利用这些信息提高为了促进社会发展的目标与可能性。如果对传统项目评估模式感兴趣的话，您可以参考其他信息资源(例如，见《友好用户项目评估手稿》，网址：www. nsf. gov/Ubs/2002/nsf02057)。

在您的基金会中采用评估式思维

采用评估式思维与评估式行动，有利于基金会更好地了解周围的环境，包括基金会内部环境和受资助者周围的环境。一些小型基金会的董事会、志愿者和工作人员（如果有的话）为基金会慈善工作带来了高涨的激情与承诺。他们热爱、关心他们的工作。评估工作可以帮助那些工作人员和受资助者努力提高其工作的效率性，也可以为他们提供信息，使工作人员了解是否曾经提出的改革措施得到了很好的实现。以下是使基金会采用评估思维的三个方法。

基金会使命以及慈善策略的回顾与新解

慈善事业应该与基金会的使命与目标紧密相关。很多时候一些小型基金会采用一系列的慈善策略，但是对于这个策略是否能够帮助基金会达到所追求的目标等方面的考虑却十分缺乏。我认为十分有必要澄清基金会应该做什么、怎么做等问题。而且也有必要澄清这项慈善活动期望为社会带来哪些改变。

第一步是回顾基金会使命和任务范围。还要确定被服务的范围、人群、群体优先次序的问题。所有的股东——董事会、工作人员、捐赠、委员会主要成员，以及其他重要合作者，都应该参与到基金会所有任务中来。

关于资金分配的一系列问题可以促进对基金会使命以及慈善事业实践目标的思考。例如，应该怎样分配以下各部分投入的资金比例才科学合理？

• 在不同领域的基金会之间的分配（比如艺术、教育、环境保护、健康）。

• 在操作支持、项目支持、设备以及资金储备活动以及组织发展之间的分配。

• 回应工作与主动工作（意思是，对项目计划的主动回应，为项目计划提出特定要求或提出其他基金会根本需要）之间的分配。

• 对小型的、中型的或者大型的基金会之间的分配（根据您基金会的规模可以确定属于哪一类）。

• 对于基金会短期慈善活动与长期慈善活动（例如，1 年或者多年）之间的分配。

• 协作资金项目中每一部分子项目之间的分配（例如，同一个项目或者慈善活动的多个投资者之间的分配）。

对每一家基金会的单独讨论都会引发出很多对其他问题的探讨。例如，一家基金会可能希望实现一个项目，而该项目服务于特定的一个群体（以群体分类），比如青少年群体、特殊民族群体或者是低收入群体。另一家基金会可能选择以地区为分类，比如城市中、农村或者国家的大部分范围。还有一些基金会不喜欢支持已经有良好组织的申请单位，不喜欢继续支持之前资助过的组织或者人群而是更强调为新申请人提供资金。针对这些问题和疑问的结构化讨论可以有效地指导基金会的使命的创建和修改，指导基金会远景目标的设定以及基金会接下来的工作策略。

指导一个慈善分析工作

回顾了基金会使命以及远景目标的设定，如果需要的话还要对这些使命和任务加以修改与调整。慈善活动分析可以帮助基金会决议要提供服务的优先次序，以及提供利益的程度。指导一项慈善分析并不是一个复杂的过程，其中包括：确认最高优先级（这是一个询问的过程，例如我们中对于支持艺术项目的资金比例是多少），然后从你的文件中提取所需的信息来回答这些问题。先从纸质的慈善分析“总结表”开始（以基金会优先次序为基础的一系列问题）并且为每一个目前的投资受资助者完成一份这样的表格。你还可以回顾过去慈善资助的一些档案。为了能够更好地设计这份总结表，可以考虑在总结表中涉及以下信息：

• 组织或者项目名称
• 联系人
• 慈善周期（起始日期、截止日期、慈善事业的总时间）
• 慈善数量
• 慈善分类
• 项目类型（项目支持、一般操作支持、资金活动、设备等）
• 项目计划
• 项目或者兴趣（例如，环境教育或者青少年发展中，哪一个可以与基金决议的投资优先项目相比较）
• 是否有以及有哪些共同创办人，他们提供的资金数量各是多少
• 合作投资资金（以及对其他受资助者慈善活动中的投资数量）

• 受服务人数量（例如，关于这些受服务人特征、民族、年龄、性别、收入或者社区规模等）

• 服务地区

• 自我报道成功的指标（例如，成功分级的指标，比如“达到目标”“有所进步”“未达目标”“结果不确定”等级别。要在与受资助者的交流基础上，并且参考文件中其他信息的基础上确定这些指标）。这些信息中可能会有些主观因素，但是这至少揭示了受资助者如何看待他们的项目结果和成就。

在更多地了解受资助者的范围和内容后，有可能要修改总结表。经过一番调查与总结之后，你会得到一份很满意的总结表，其中包括关于重要的优先次序与实践活动等信息。在此之后，你就应该开始制定管理与分析数据库。幸运的是电子制表和数据库管理软件如今已经十分普及，而且还可以打包很多工作簿去制定工作表，可以用于进入、分析数据，还有制表和制图功能。

如今，专门应用于基金会慈善活动的特殊管理软件已经很普遍，而且还增加了很多实用性强、复杂程度高，以及价格合理的软件。微缘（MicroEdge）和布鲁梅凯普（Bromelkamp）公司是在慈善管理领域中最早的引领软件公司。现在很多其他软件公司都加入到这个领域，比如阿灵顿集团（Arlington Group）、网络慈善公司（Cybergrants）、电子慈善公司（eGrant）、基金会资源公司（Foundation Source）以及非营利组织方案公司（NPO Solutions）等。尽管慈善管理软件通常都是大型基金会在应用，但是随着这些软件发展，一些小型基金会也会从中获得很大的收益。

数据库建立之后，应该再制定一些图表和表格来更直观地揭示慈善活动补助金的状况。我提供了两个例证，详见图 10.1 和图 10.2。

简单的图表可以帮助揭示重要资助情况以及一些短期的趋势，比如基金会目标和当前慈善政策制定以及实践之间的一致性情况。例如，图 10.1 揭示了健康慈善投资方面明显的下降趋势，而 2003—2004 年在老年人护理方面有相应的增长。这个转变是否为有意增长？对老年人护理的关注度提高是否符合基金会的使命？是否资助的比例应该转向艺术领域？如果我们了解到 65%的资助都流向了健康领域，但是基金会使命是要求同等支持健康与艺术领域，那么我们就会根据这些统计的结果相应地调整未来投资模式。

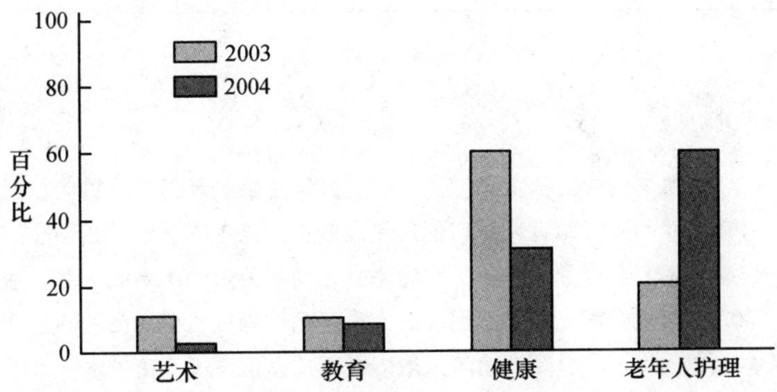

图 10.1　资助分析范例：基金会 2003—2004 年资助分配比例

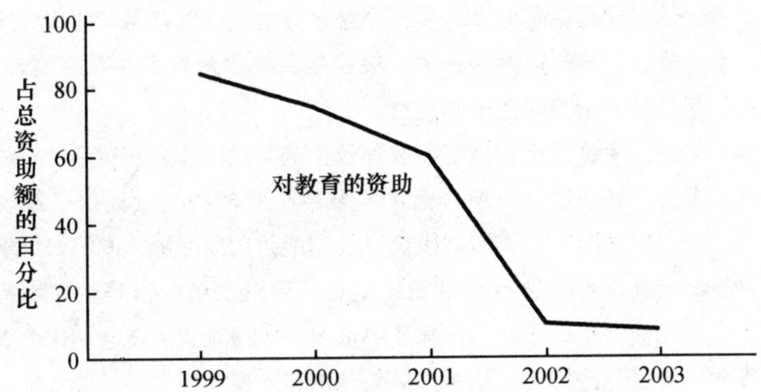

图 10.2　资助分析范例：1999—2003 年教育投资分配比例下降示意图

另一个例子，在图 10.2 中表明了一个假设的模式，一家基金会近年来很小一部分的资助放在教育方面。更进一步讲，这个数据揭示了 5 年期间分配在教育方面的投资有巨大的减少。这部分的数据信息对董事会今后的投资决议有很大的参考价值。

投资模式会随着时间的推移而有所改变，尤其是在基金会接受了新的有限制的捐赠，或者为了某一些特殊的慈善活动预拨资金时候更应该及时调整投资模式。这种情况通常存在于社区基金会，当他们管理特殊目的的投资或者管理用于特殊目的项目的资金时，基金会会考虑更改投资模式。在这个章节讨论的慈善活动分析模式可以揭示资助趋势，也可以揭示是否这个趋势符合董事会的目的与模式。我认为应该将有限制资助与无限制的资助分别进行独立分析。

案例

西海岸的中型基金会在其所在地区是主要的慈善资助机构，但是对其资助的受资助者来说它们只是众多资助人中的一位。在一般的实践中，基金会通常给予的资助要比受资助者要求的水平低一点。董事会成员通常会被一些问题困扰。比如：哪一种投资模式更能够达到改善社会的作用？是受资助者人数多范围广，但是低于请求水平的投资策略合理；还是人数少范围小，但是高一点水平的投资策略合理。基金会“借给车轮一个肩膀”① 的慈善策略是否能维持项目有效性？为了解决这些问题，基金会开展一个慈善分析，评估自身某些投资策略的有效性。这样可以帮助基金会决议是否其投资按照原有目的进行，这些投资又是否产生了公共利益？

此时基金会已经养成定期收集数据的习惯。作为慈善活动报告中的一部分，受资助者对慈善活动重要目标完成的程度进行了简要评估。通过对 2 年来慈善活动投资以及完成程度的回顾，说明如果低于受资助者要求金额的 80% 的资助的话，受资助者就很难很好地完成计划，即使目标已经向下调整了的情况下也很难达到要求。这个调查表明，最好是降低受资助者数量与范围，而根据每个受资助者提出的请求来决定每个受资助者的资助额。

最终我们可以看出，基础慈善分析所提供的信息可以引发更多的高水平问题。对于一些基金会来说，还需要了解受资助者的资金特征。重要的资金变量为：（1）投资慈善奖励计划的预算数量；（2）投资组织的预算规模；（3）组织经营是否公开。

当基金会希望了解为某个项目提供支持的程度时，可以通过统计慈善资助数额在资助项目总预算中的比例得到相应答案。然后基金会可以制定一个报告为基金会资助组织提供信息，看一下基金会为所资助的项目提供全部支持资金的 5%、20%、50%，还是更多。

① “借给车轮一个肩膀”起源于人们用肩头抵住车轮，把陷入泥潭的车子推出去。在这里意指专门资助那些已陷入困境的项目。——译者注

如果基金会想知道所投资的组织大多数是大型的还是小型的，可以为该组织年度预算选择一个额外的参考作为比较。大多数资助组织每年的预算是在 250 000 美元之下，还是在 250 000～500 000 美元之间？或是在 500 000～1 000 000 美元之间或者更多？

一些基金会人员想了解受资助者资金稳定性如何，以及渡过经济难关的保留资金有多少（比如，这个组织是否有足够的现金储备，可以帮助他们履行当前的任务并继续支撑 3 个月或者 3 个月以上）。受资助者的资金陈述可以详细地介绍其收入和支出情况，还可以详细地揭示是否这个组织有能力产生一定的盈余，或者当出现一定的赤字的时候，能够利用过去的存款来支付费用。添加到数据库中的字段可以对每一个受资助者的财政情况都形成一个简单的分类定义（比如，适当的存款、收支平衡、出现赤字运行状况等）。

小本经营的战略和实用技巧

➢除了股东以外，一些重要的事务可以先咨询董事会、志愿者以及主要委员会成员提出有关于慈善活动过程和结果的问题。

➢可以利用数据库管理的咨询进行培训。这个方法有一个好处，不管参与人数如何，花销大抵是一样的。在这方面的花销实际上可以降低之后工作中由于失误导致失败的结果所浪费掉的成本。

➢对于第一个慈善分析，最好将董事会最感兴趣的领域限制在 3 个或者 4 个之间。哪怕仅是收集一些概括数据并思考一下隐藏在项目文件夹中的信息（比如，在慈善计划和应用方面或者电话记录方面的信息）都会有助于改善慈善活动。

对于资金问题的评估性思维

基金会通常会收集大量有关于它们所资助组织的财政信息。这有助于基金会迅速有效地评估该组织经济情况，而且当进行了慈善资助之后，基金会可以更好地监管所资助资金的使用情况。

在慈善项目活动过程中，基金会用所收集的有关受资助者的财政信息，来决定申请人是否有能力妥善管理资金并且顺利地完成项目计划。对于每一个资金受资助者来讲，基金会应该有资金报告文档，用来详细评估受资助者的责任、税收、花销和现金量等内容。为了提供更完整的图画，很多基金会还收集关于目前组织总预算、工作人员水平、主要资金来源、受政府资金策略改变影响程度、个人贡献程度以及诸如志愿者的支持水平等。

在慈善活动期间要求受资助者提供很多资金方面的信息，但通常最后所得到的信息却十分有限。作为一家基金会，为了支持自己的组织资金责任，有必要要求受资助者提供能够描述他们资金是否按照原定计划进行花销的相关信息。应该比较一下申请人提出的预算计划（实际提供的资金）与花费的报告，这通常有助于了解完成目的的情况。事实上，对于基金会大多数受资助者来讲，基金会关于资金应用计划的报告文件可能是唯一的必须的评估依据。比如，资金主要是用来购买仪器或者原材料，还是用来提供一般操作支持或者文件等。这些信息十分重要，可以说明资金花费情况。

很多受资助者知道自己应该提供一份报告，至少要提供一份资金使用情况的报告。但是，在慈善活动应该在计划中提供资金预期目标信息，并且为资金组成部分提供暂时和最终报告。如果受资助者在开始阶段就非常了解自己应该提供哪方面的报告内容，他们就更有能力在慈善活动的整个过程中对所需的信息进行系统化的收集。

帮助受资助者获得评估性思维方式

通过慈善分析以及资金报告的收集，可以回答一些基本问题。接下来，你便可以关注最终问题：你的投资是否达到了最初预想的提高公共利益的目的？为了弄清楚这个问题，你首先需要知道受资助者是否按计划完成了自己之前制定的那些目标，他们进行慈善活动的结果是什么？为了回答这些问题，必须对受资助者工作过程进行评估。

如果你的基金会之前不需要对受资助者进行评估的话，那么就要一点一点地引入这个观念。受资助者第一个反应可能是认为你不相信他们或者你怀疑他们的执行力。甚至一些人会担心你只是要寻找一个不继续投资的借口而已。在他们心中，可能之前双方为了彼此信任与尊重所做的一切努力都被怀疑而取代。这时，你应该指出受资助者自身可能在评估活动中取得的一些帮助与利益。最好能够介绍一些现实中关于受资助者采取评估活动而支持了自身工作的例子。在收集和分享受资助者评估信息时，应该注意以下几点：

- 使成员的注意力尤其放在目标和结果方面
- 对工作计划的整理备档
- 记录工作人员、志愿者和其他重要股东对工作的贡献
- 记录受资助者在申请资助时所列出目标的完成情况
- 同受资助者交流怎样完成的任务，在执行过程中有什么特点
- 继续或者推广的成功项目及其策略
- 改变或者删除效果不好的策略
- 额外有效的平衡措施或者未来追加的资助
- 鼓励受资助者去反映他们发现的结果，并鼓励他们探寻更广泛的变化

尽管可以看到很多有效的例子，很多受资助者依然抵触评估活动。因为他们不管是在资金还是在人力上都认为，要完成这些任务十分费力，他们很反感收集与报告信息，认为这些加重了他们工作的负担。如果是你，作为慈善提供者，需要在有限的预算内完成评估工作的话，受资助的受资助者所要顾及的预算问题会更严重。即使受资助者理解并且支持评估工作的重要性，但是他们可能会很难找到执行评估工作的资源。在第一线的工作者可能正忙于进行青少年课后教育，忙着为能力缺陷的成年人提供服务或者是治疗药物成瘾者，与栖息地保护进行谈判，指导游泳疗法，为小动物寻找收养的家庭或收养所等诸如此类的工作。他们可能认为这种从外部强加的评估工作会加重他们的负担使工作更为艰难与复杂。这时候，我们要保证尽可能地简化评估过程并与工作人员共同研究。如果可能的话，可以提供额外的财经支持去补偿这些工作人员为了收集与报告材料而须增加的额外的责任与时间。

用评估思维思考项目执行及项目有效性

有些人要问，除了最基本的资金报告之外，应该什么时候要求受资助者提供其他评估信息？那么问一下你自己：为了更清楚我们慈善活动的策略是否成功地完成了基金会的使命，现在还需要哪些其他的信息？对于一

些受资助者来说，回答会很明确。因为其他机构已经评估过他们的慈善活动，收集了他们成功工作的材料，或者他们工作成果已经受到了广泛承认。在这种情况下，只需要在慈善花销方面提供一份资金报告就足够了，如果感兴趣的话也可以要求其提供一份描述项目影响的评估报告的复印件即可。除非项目要有大的改动，否则就不需要其他额外的信息。

然而，对于有些受资助者，除了一些基本信息以外，你可能需要更多的信息。如果受资助者提供了一些他们为顾客提供服务或者招待的信息，那么我们就要问清楚：客户的具体数目是多少？是否所有的顾客都对受资助者提供的服务满意？我们要为受资助者提供足够的活动资金，但是如何决定这些资助资金中有多少应该用于评估工作的呢？笨方法是将预算的10%用于项目评估上面。但是如果一个受资助者得到了 20 000 美元的资助，是否将其中的 2 000 美元拿出来做评估费用就一定是合理的呢？有很多人持否定的回答。在这个水平上的资助，基金会可能会决定受资助者只需要提供一些基本的资金信息，或者加上一些项目负责人的观察资料。有些时候会追加几千美元用来购买技术帮助、软件、硬件等来改善受资助者现有的信息系统，强化对资助人的项目管理和评估报告。

如果你项目的主要支持来源是资助，那么资助人要求你提供有关该项目是否按照计划执行的证明材料，或者要求提供一份检验项目执行结果也是合理的。在申请过程中，应该确保每一个受资助者都了解你所期望的评估形式，以及提供资金之后要再次重申一遍。当你解释清楚了基金会在评估中的兴趣，以及你希望与受资助者共同对评估工作进行研究的原因后，你可以询问受资助者已经收集的数据都有哪些。大多数组织都有能力提供一些执行项目过程中的统计数据，比如说出席者、参加人员特征、出席频率以及提供活动或服务的形式、参加评估人员的身份、跟进的记录等。但是有些受资助者初次接触评估的话，会缺少工作人员，而资源也有限；或者慈善机构本身是比较拘谨的话，所有的数据包括花销的财政数据可能都需要重新收集（探讨报告形式标准这一部分，主要讨论如何从受资助者那里收集对基金会有用的信息）。如果基金会为了某一个目的要开展大型的、跨年的、多层次的慈善活动时，可能就需要开展更深层次的评估工作。

项目执行

一些组织可能十分关注眼前的、紧急的事物。它们对项目计划没有整体的全局的观点。换句话说，它们并不能为项目明确地指出一条道路，去引导活动不仅要达到短期目标，而且还要有长期的影响力。因此，如果能够同受资助者共同应用一种更为有逻辑的模式，将有助于项目的完成。这要求先认清最终目标，然后再从最终目标返回到现有的工作中来。

我们可以以这些问题为开端："你的长期目标是什么？完成这些长期目标的活动与步骤有哪些？完成短期目标的活动与步骤又有哪些？"例如，在一个有高青少年怀孕率的社区，一个长期的目标可能是加强性教育以降低青少年怀孕率；而短期的目标可能是增加青少年关于避孕知识以及双方对避孕工具技巧的学习。为了达到这些目标，可能要发展和提供一些项目活动和服务。在活动与服务中如何将这些受资助者归档？在每一个阶段成功的预期基准是什么？关于这些的讨论可能最终会引起对项目逻辑模式的讲解。在图 10.3 中可详见一个关于性教育项目的逻辑模式的例子。

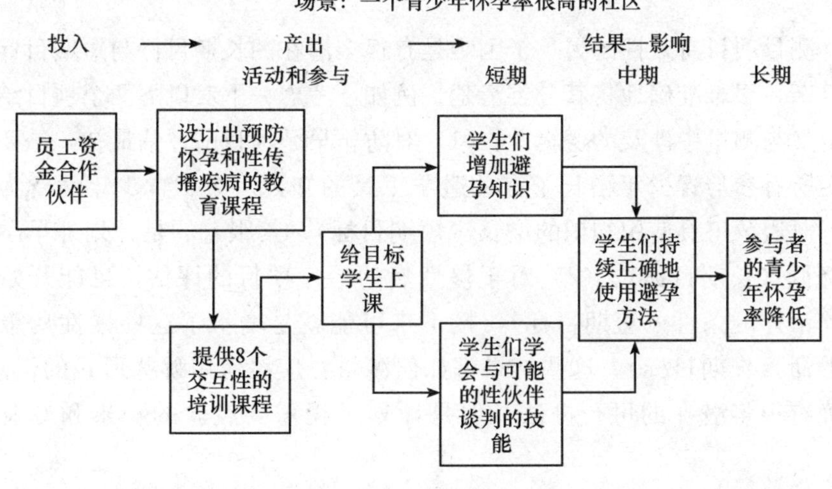

图 10.3　逻辑模型示范

这个例子通过对项目执行有关的所有步骤的解释，提供了一份思维逻辑模型，引导项目活动逐步实现短期和长期目标。为了学到更多的逻辑模型，我们建议访问一个网站：威斯康星大学合作推广服务（University of

Wisconsin Cooperative Extension Service）网址：http://wwwl. uwex. edu/ces/lmcourse/，这个网址将带领你浏览交互式的逻辑模型。

当确认了一个逻辑模型，指导受资助者执行项目后，我们就可以列出一个检查表以便于检查项目活动可以按照计划执行。这个表上还附有对每一个活动所遇到的挑战以及成功之处评论的注解，这样便更有助于项目的执行。这样做还可以像一个向导一样，引领基金会和受资助者在关于项目执行的问题上进行讨论。

项目有效性

开展结果测量工作并以此考察项目有效性是一项有挑战性的工作而且花费巨大。这个题目在书中其他章节有详尽的阐述（见 11 章、12 章和 13 章）。一般来讲，为了衡量项目是否达到了预期的结果，最为大家接受的方法便是比较研究。比如将处理组（由接受项目服务的人组成）的结果与比较组的结果（没有接受项目服务的人员组成）相比较。围绕这一基本观念已经衍生出了无数变体，但是这些评估设计在项目完成过程中很难执行。

测量项目有效性的另一个困难是有很多潜在的长期目标与短期目标交织复杂，很难准确地将其分类清楚。例如，考虑一下对以下两个项目结果的定义与测量中涉及的逻辑性：（1）对防止早孕项目的评估最初，是要看是否所有参与青少年增长了有关避孕工具的知识。对于青少年性行为来说，对避孕工具使用知识的增长（短期目标），紧跟着的是计划外早孕率的降低（长期目标）。（2）对于慢性病的治疗项目的评估，可能开始是改善治疗的条件（短期目标），接下来可能就是增长了这些慢性病患者的寿命（长期目标）。这些结果都如何测量？应该应用哪些形式的信息？的确有很多潜在的可行办法，但是计划过程需要经验的积累和专业知识。

即使测量这些结果的资源很丰富，但是也要经过仔细考虑才能确认哪一种是要重点测量的对象。有些测量无理由的规定用 10 周或者 1 年时间进行测量。应该逐步进行改变，即使是一点点的改变，没必要非是那种大踏步的前进。即使是有专业技能且经验丰富的评估者，也要经过严密的思考才能完成测量任务。

我们发现有一些他们自身认为有价值的活动可以为项目参与者产生额外的效果，这种想法很不合理，尤其是对于儿童而言。例如，学习音乐乐器演奏在自身是很有价值的目标。但是有些学生却可以从中获得数学能力，但是可能为了获得增加数学能力，而强行要求音乐项目有这样的效果是很不合理的。同样，踢足球对于运动员很有价值，对改善身体状况和娱乐也很有价值。但是如果希望踢足球能达到促进学术成就或者降低行为不良问题（比如毒品问题）的目的就十分可笑了。尽管有些时候某些活动可以达到这样的目的，但是根据我们的经验这并不现实，好像防止枪支与毒品问题才是这个活动的主要目的似的。

对于这些复杂的问题，有多方面因素需要考虑，项目评估的有效性通常需要更高成本、更大规模，这不是这一章的篇幅能够涵盖得了的。如果你对检验项目有效性的严格性评估感兴趣，可以诉诸专业评估部门。

用有力的案例补充数据

描述项目执行过程和对参与人的影响，可以让你从项目统计与资金数据中学到更多东西。我们所谓的“故事”是指实际的意见和个人的看法，并非是虚构出来的故事。当记录和探讨这些故事的时候，人们开始以评估性思维来审视他们管理、执行的项目或者审视他们受到的服务。哪些工作运转得很好？哪些工作运转得不好？我们可以记录工作的过程和分享经验与教训，通过这种方式可以激发和促进对项目的讨论，而且还有利于加强项目的执行力和有效性。

为了增强对所叙述故事精确度的信任，并且更广泛地了解项目研究的有效性，我们要求受资助者从多种来源来收集有关项目影响力的例子，比如从项目执行者、服务提供者，以及参与者处都收集一些材料。受资助者可以用头脑风暴法来促使案例提供者迅速列举出良好发展或者有意义的例子。比如说，“详细描述一下在上个月为‘阳性艾滋病病人提供宣传’的活动中，你学到的最重要的一件事情是什么。这件你学到的事情又使你对艾滋病病人宣传活动做了哪些改变?”通过电子邮箱来收集数据是有效降低成本的方法。因为通过电子邮箱进行收集的数据有邮箱地址和人员清单，这样在执行和统计起来会很方便。尽管一些人员正面的直接交流对于促进高质量的数据十分重要。但是比如诸如请求提供案例、即时记录、提示跟进和表达感谢等这类定期的交流，完全可以用鼠标点击轻松地完成。最好的一点是，这种数据收录方法没有成本。

作为对一个“学校诗歌教育项目”评估的一部分，我们利用电子信箱从诗人（作为客座教师）处获得故事信息，又通过与班级老师）直接交流获得了信息。我们从这两个方面收集到的信息来研究项目对学生的影响。然后又将这两个方面（班级老师与诗人）进行比较，揭示大家对利益的共识，并且揭示出项目中没预想到的影响。

制定评估报告模式标准 促进系统化思维

评估性思维的重点是系统化和一致性，当受资助者对执行项目有系统化思维时，他们就有能力提供更好的关于项目成功以及达到目标程度的信息。如果他们发展了一种逻辑性模式，并且主动收集有关于项目执行和项目结果的信息，他们就有更多的能力提供自己的成功经验，提供达到目标程度的信息。应该提前告知受资助者你想知道的问题。也就是说你作为项目资助人，应该将你想知道的答案，想获得报告的频率（例如是季度性的还是年度性的，还是在整个资助过程完成之后再提供）都提前告知受资助者。这样受资助者也才能够按照要求收集与提供你需要的信息。

设计一个评估报告是一个反复不断的过程。最终，你想得到一个表格，并且用这个表格鼓励受资助者收集、编辑、组织并报告项目信息，其中能提供一些对你和受资助者来说都实用性很强的信息内容。最初的这份表格制定出来后，询问一下受资助者他们已经收集到了哪些信息，并且指出哪些信息对他们来说最有用。你有了一份工作草稿之后，那么就要邀请长期受资助者时时提供反馈。看一下是否愿意依照这份草稿测试近期的慈善活动。他们对草稿的“测试”会揭示出人们是否会按照你预想的那样来解释问题，他们的答案中又会不会包括你所寻找信息的类型。

除了这份报告质量问题的广泛可变性因素，资助者通常还需要一些详解，并介绍背景信息，这样便可以使报告更有效果。例如，“高”“中”“低”都是什么意思？数量又如何解释？例如，如果卖出了 75 张舞蹈演出票，是全部满座的情况还是只卖出了座位的 25%？我们应该提前提出想了解的问题，这样在评估报告中就会得到更完整彻底的答案。

有一些受资助者有潜在的能力可以指导评估工作，也可以提供一份比较详尽的报告。但是另外一些人可能因为缺乏有经验的工作人员，或者缺乏志愿者作记录，因此按照要求规定完成报告难免遇到很多困难。这些受资助者需要基金会额外的支持和指导。

小本经营战略和实用技巧

➢花费一些时间浏览与你本质相似的基金会网站。他们对申请人都询问了什么问题？他们要求受资助者提供什么形式的报告？很多网站都有可以下载的慈善活动申请人和报告形式。经过这个基金会组织的允许，你还可以根据你基金会的特点修改这些表格为你的基金会服务。

➢如果要聘请专家来制作报告表格标准或进行数据库管理的话，可能需要花费一些效率成本。

➢告诉第一线的受资助者评估工作是必要的。修改一下你们基金会慈善申请原则，其中要加进评估一项。通知每一个组织，今后提案中要将评估作为其中的一部分。详细说明一下哪种慈善类型活动需要提交基本的有关执行信息和资金信息的报告，哪一些又必须要求受资助者收集更深层的信息，原因又是什么？在邮寄慈善活动方案时，要包括一个标准表格和随函指示，这样所有受资助者就会提前知道需要收集和报告哪些数据。

➢考虑一下短期评估咨询可以帮助你和受资助者获得逻辑模式的观念。也可以指导他们的项目活动如何完成短期目标，又如何完成长期目标。

➢通常受资助者都收集很多信息但是都没有经过编辑，也没有形成一个成文报告来总结数据并从中寻找趋势。例如，很多受资助者收集出席人信息，但是并不分析这些数据，也不研究出席人的特征或者出席的频率等。在数据收集与编辑的过程中帮助受资助者学习与分析这些数据，可以加强你与受资助者的关系。也可以提高项目执行的质量以及你收到数据的质量。

➢为了节省时间，报告中只涉及基金会希望回答问题中少量的一部分，收集支持材料，建立数据收集表可以帮助受资助者收集和报道有用的信息。例如，如果你资助一个项目可以提供青少年健康服务，可以与受资助者设计一个表格来记录诊所出诊人员和服务情况。如果南美洲西班牙人和拉丁美洲的人占你基金会服务的大多数，那么要确保参会表格中要涉及参会人的民族这一信息。还要考虑参会人年龄、性别、居住国家等因素对董事会来说重要吗？如果重要的话，将这些因素也要考虑进去。

➢将你的评估需求限定在当前慈善活动中。要求几年之前资助过的单位去评估几年前的工作并不现实。因为委托人的流动性，不太可能收集和系统化报告过去的数据。况且追溯古老的记录也要耗费大量的时间与精力。

➢收集电子信息可以节省你和受资助者的时间。例如，受资助者可以通过电子邮箱询问项目参与人一些开放式的问题，以便了解某种项目或者活动的优势与弱势。另一个例子是，“环境保护群体”可能会设计半年度的电子时讯调查，并以此方法收集人员的知识、意见、实践活动等重要信息。尽管统计数据并不可信，但是通过电子信箱收集的数据至少可以作为系统化探究的基础和来源。

➢如果你需要一个评估计划作为你慈善活动提案的一部分，你可能会发现一些受资助者为了其他的资助人或者为了其他地点、地区、国家合作性计划，已经开始着手于评估工作。这些受资助者可能已经与专业评估者建立起了联系。那么他们已取得的评估成绩可能也会给你带来一些帮助。

➢如果你和你的受资助者初次接触评估工作，你们可以求助于评估咨询，可以借鉴专家介绍的评估思维或促进成功达到目标的方法。与其他基金会同事商讨曾经使用过的方法也不失为一个良好的办法。另外，国际性和地区性基金会合作团体或者地区性评估联盟也可能会资助一些评估培训，这对你和受资助者来说都大有裨益。

在实地考察中运用评估性思维

除了受资助者在申请和报告中提供的信息之外，你还可以在实地考察中了解更多关于受资助者项目和成功经验的信息。实地考察可以为基金会提供很好的机会，不仅可以加强基金会与受资助者之间的关系，还可以体现出资助者在项目中的价值以及与委托人合作的情况。实地调查可以在任何时候进行——慈善资助之前、之中或者是之后都可以。当然，在实地调查中收集信息的类型多种多样，这要取决于调查的实践以及调查目的等因素。

在方案回顾过程中进行实地调查，是应用评估性思维对项目计划进行思考的阶段。要调查项目执行地点而不是管理办公室。这样才能清楚看清工作人员在实际中是如何按照方案指导活动的。通常，项目管理人员可以指导或协助实地调查的过程，但是最好董事会成员在调查过程之前，可以了解一些方案中的重要部分，董事会人员就可以扩大观察的范围，也可以拓宽询问相关问题的视野。

除了探讨计划细节，实地调查还可以促进更广泛背景下的讨论工作。既要倾听受资助者的描述以及不同职员最关心的问题，也要倾听他们希望给予重点讨论的有关于评估的问题，还有他们明年最需要的东西。询问他们的远景目标和近景目标，还要询问他们选择某个项目、活动、服务的原因。最好从整体上研究一下如果要提高组织能力应该怎样安排工作的先后顺序，还要分析一下开展某种项目的工作安排。

实地调查标准协议表有助于指导调查工作。例如，蒙特利县社区基金会（The Community Foundation for Monterey County）在此调查工作表中，包含以下信息：

背景

- 代理人姓名
- 代理人联系人
- 计划或者提案编号
- 项目的简短介绍
- 申请数额
- 要求投资多长时间（1 个月或者是 1 年）

对项目人员的问题

- 项目的目标是什么？
- 这些目标怎样与基金会总体使命保持一致？
- 项目的监督管理人员是谁？
- 她（或者他）的资格和经验是什么？
- 支持这项计划的主要资金来源是什么？
- 长期资助计划是什么？

- 如何评估成功经验？

工作人员注意事项

- 项目的全面管理
- 需要改善或者澄清的领域
- 基金会可以协助代理人的方法
- 其他评论
- 推荐

在资助资金之后，你可以利用实地考察的机会观察一下项目执行与评估活动的情况。如果由于路途太远不便进行实地考察，那么也可以通过可视调查或者通过电话会议、电子邮件、补充图片等方式进行考察。实地调查可以为项目工作管理人员提供一个机会，鼓励他们利用前期工作中的所学所感，修改工作计划或者逻辑模型。第一线工作人员在工作中应该不断地改进项目目标与策略。鼓励他们写下他们新认识到的东西，记录下有关他们决议的数据资料。例如，在人道服务项目中，通过前期的研究与经验，可能要拆分小组辅导的模式，而改为更加个性化的医疗保健辅导的模式。起初可能抵制药品测试，但是后期可能因为实践的原因又被采纳。这些修改意味着提供服务不同，评估参与者活动的形式不同。从这些例子中可以看出，修改评估计划十分重要。如果要采用新的策略的时候，一定要问自己是否要修改数据形式、电子数据表或者报告？如果需要的话，一定要尽早修改，这样才能保证测量过程的准确性。

慈善活动末期的实地调查有助于受资助者展示他们的成果，庆祝他们的成功，亦或者帮助他们认识到障碍与不足之处。再一次强调一下，让董事会成员参与其中更能够达到实地调查的目的。参加结项仪式、小组讨论或者仅仅是抽些时间去犒劳或会见项目工作人员和参与人员，这些都可以调动参与人员的积极性。即使不改变慈善活动，董事会成员与项目工作人员和参与者良好的合作关系也能加强未来项目计划的设计以及更好地制定决议。接下来的章节探讨的是在资助过程的末期要额外考虑的因素与意见。

运用你已有的经验

他的知识已经溢出来了，以至于他站在烂泥之中。

——西德尼·史密斯（Sydney Smith）

最后，你所资助的受资助者会完成项目报告。项目报告中的很多信息都十分有意义，但其他信息则是“烂泥”（按我们引用的名言所说）。这可能是因为你对受资助者收集与报告数据工作的要求不明确，受资助者便不能完全达到你报告的具体标准。也许受资助者还提供了一些不必要的信息，甚至他们还有可能提供了一些糟粕信息或者得出与数据收集不一致的结论。

即使你为了表格中的信息测试了很多试点，但是报告中也可能漏掉了很多重要信息。比如你要求受资助者报告参加人的信息，可能报告中会介绍说每天有 20 位老人来老年人中心。但是尽管你已经知道了有 20 位老人来到老年人中心，你仍然有很多疑惑。例如在项目执行之前有多少人来到老年人中心，是多于 20 还是少于 20？是否项目进行前反倒有更多人参加？参加者的年龄都是多少？那么下次的报告中就要进行一些修改，着重强调一下这些问题。因为没有这些出席人数的背景资料，很难真正了解实际情况。另外，可能受资助者只是调查了 12 个月中的 3 个月的信息，剩下几个月的出席率数据又是多少呢？如果没有一致的完整的数据资料，收集上来的数据结果很难被应用。

幸运的是，很多评估报告的数据会被逐步完善。最好是你能够提供一个例子，把之前收到的、认为比较合理的受资助者报告材料给受资助者借鉴。这样受资助者就会了解你的具体指导原则，从而逐步地修改评估报告的数据。那些优秀的报告也可以作为以后受资助者提供报告的模式以便更好地达到你的要求。

在报告中，在成功地提交了一份比较合格的文档之后。最好能够进行一次电话访谈。调查一下受资助组织工作人员的意见，问问他们认为项目取得良好结果的重要因素有哪些。尽管很多人可能会提到“基金会高水平的投资”这项因素至关重要，但是要引导他们考虑更多的方面。以下是一些重要因素的例子：

- 稳定，有经验的工作人员
- 有效的领导
- 工作人员之间的良好合作
- 更广阔的空间，更先进的设备
- 董事会积极的捐赠与筹款
- 受过良好训练，坚持不懈的志愿者

成功完成报告之后，要鼓励受资助者分享经验。如果慈善结果很令人振奋，要考虑一下是否其他慈善组织也可以从这个项目或者计划中学到一些有益经验。

完成了一项有意义、成功的慈善活动对其他慈善机构也是一个鼓励。这也是一个好时机，可以鼓励其他机构在项目成功的基础上继续支持今后的工作。你的基金会是否准备好了与受资助者共同开展联合新闻宣传工作，并将此作为宣传计划的一部分？是否准备好为所有董事会成员进行详细讲解？是否可以为全部董事会安排一个项目演示，或者安排一个会议，与其他资助机构及公共官方机构讨论项目内容？是否我们可以安排一个定期会议，让其他受资助者和从业人员参与到集体会议或者小组讨论中？你可能希望提供一些额外资助去帮助受资助者进一步完善报告，并且发表相关信息。

有些时候，一项活动的成功或者失败依赖许多受资助组织无法控制的因素，尤其是国家的一些大发展趋势或事件。在 20 世纪 90 年代，一些社区享有高水平就业的良好经济环境，并且犯罪率、青少年怀孕率都在下降，教育率又在上升。基金会对非营利活动的支持获得了未曾预计的效果。而且大多数非营利机构活动可以覆盖更广、接受人更多，提供项目也多种多样。但是这幅美丽的图景却随着经济下滑而被打破。因此，如果同样的项目之前与之后效果不同，比如之前效果比之后的效果明显。一定要注意到就业率增长、乐观安全的周围环境所扮演的角色。很多资助者，尤其是一些小规模资助者，无法宣称自己带来了成功，但他们可以讲述自己对某项事业作出的贡献。对于这些相对小规模的资助者，他们认为即使他们提供了一些其他基金会没有提供的重要资源，也很难说那些成功的决定性因素应该归功于他们的努力。尽管如此，你仍然可以分享你成功的结果，关注未来对该项活动的资助机会，并且鼓励其他资助者对该项目有同样的兴趣，同样喜欢资助相关的活动。

一家基金会在慈善活动中也要承担一些风险，即便资助金额有限但是受资助者存在项目失败的可能性，可能他们并不能完成他们的目标。受资助者并不是故意的，你要知道如果项目失败了的话，他们比你还要沮丧。你是项目整个研究的合作者也是投资者，试着去理解受资助者遇到的困难。问一下自己：

• 是否其他规定的资助和资源没有到位？

• 主要的工作人员是否有些变动？在当前的资助水平上，他们是否能够雇佣和保留他们所需要的人员？

• 项目主要合作组织是否有些变化？

• 他们是否接触到了理想的群体（学校，儿童健康中心）？

• 竞争关系的那些组织是否争夺走了一些人员和资源？

• 项目领域有关的科学知识的情况如何？该领域科学知识是否足够先进能够引导成功的策略？

• 科学知识近期的发展是否要求该项目策略的变革，或者是否需要增加工作人员的培训？

• 对于“近乎完成，但是依然需要改进”的案例，如何要求改善其活动？

• 慈善捐助资金是否带来了其他的成果但是报告中并未描述？

最好再问一下以下问题：

• 我们在基金会内是否对慈善活动所有问题都有足够的认识？

• 我们的目标和期望是否现实？

• 我们的资助是否足够？

• 我们是否了解成功所必需的其他方面需要，比如资源、收集材料、员工所需培训、设备、专业技术等内容？

将来你可能还会对同样的组织或者同样的项目进行资助。监管评估工作可能不能提供一个绝对正确的答案，但是这个过程会提高你的能力，帮助你在今后的决定中掌握更多有价值的信息。

结　论

有一种谨慎但是系统化的评估性思维有助于基金会更好地回答以下问

题：我们是否资助了该资助的对象？他们是否达到了目标？我们以及我们的受资助者是否共同为着“基金会服务于公众”这一目标而不断努力？如果成功率很低，想知道问题出在哪里，最好的方法是收集足够系统化的信息，并以此为依据为慈善活动做出合理性的决定。

正如其他金融投资策略一样，在改变慈善投资策略之前，应该让其运行一段时间。因为你和董事会成员在共同研究的过程中会更理解你的任务是什么，如何支持受资助者获得成功。你可能决定只关注那些你认为最重要的项目，你希望通过与这些重要项目受资助者保持良好长期合作关系来支持重点项目的发展。或者你可能为了让项目涉及没有被服务到的一些人群，而调整小组的规模，或者调整已经建立小组、主流小组或者基层小组的分组情况。你也可能认为投资或涉足之前没有考虑过的项目或领域是更好的选择。

评估最好的优点是你开始更多地去研究你所关注的东西。你可能会对资助领域的实际需要有新的理解，也可能对项目长期发展会有更广阔的视野，比如更深刻的理解如何促进组织发展、提高组织建设能力、开展合作与交流。也可了解如何促进改革制度方面或者法规方面的变化，以便达到你预期的结果。

起初，你和董事会的成员可能会对你们所调查到的所有可能性感到不安。你可能会困惑：“如果只是对已建立的组织提供慈善捐助，或者支持那些看起来期望并没有那么高的项目，过程不是会简单多了？如果我们只是宣告这个项目有独特性，而无须去准备能够说明项目独特性的相关数据的话，过程不是会更容易吗？”这个紧张是必然的。通常，在信赖（对项目有良好期望的人）与对系统化的寻找数据、寻找积极结果的过程之间，的确很难寻找到平衡点。尽管有些人的确对项目有良好的期望，但是在一次次的活动中，可能这个人只是依靠简单的本能和信任来进行投资（其次是依靠有效项目相关的有限知识）。

然而，对新的发展具有敏感性、努力寻找发展模式，并且在可信的材料基础上制定结论可能是你进步的源泉。如果你长期支持一种评估工作，即便是简单的、小额的评估过程，你也可能会为基金会带来利益，而且受资助者会倍感满意，也会支持你们当前的合作关系，你会得到更好的结果，更有效地完成项目。

第 11 章
综合型慈善活动策略

黛布拉·J·罗格　詹姆斯·R·尼克曼

普遍认为，大多数基金会都以慈善事业为基准，有一个或多个共同的核心目标——为了信仰、进步、社会改革而提供资金支持（Nee and Mojica，1999）。在这个核心目标下，董事会会由于某种原因选择资助某一项慈善活动。这些原因包括：

• 希望通过自己的努力能够产生可持续发展的慈善活动。

• 通过个人技能建设或者以教育、组织支持、社区支持等方式建立基金会能力。

• 收集解决社会矛盾的信息，寻找解决社会矛盾的方式。

• 测试或者实验新的方法来检测已有社会问题（例如，细化儿童健康服务项目）（Newacheck，Halfon，Brindis and Hughes，1998）。

• 为一些从其他资助者处获得资助的受资助者弥补资金方面的不足。

• 关注某个重要因素或者关注创新活动引领者的工作（意指“慈善事业领头羊”）。

• 为了建设某个领域。

因此，基金会资助是一项复杂、多维度的工作，而且其中还包含很多因素。这些活动可能会关注一些短时间内无法达到的长期目标，也可能关注一些“模糊的”“难测的”结果；基金会项目可能会在很多地点开展不同程度的活动，尤其是在两个或更多组织共同合作进行一项慈善活动时，基金会项目更会在多处生根。比如，全国预防暴力资助联盟（National Funding Collaboration for Violence Prevention）和全国社区艾滋病协会（National Community AIDS Partnership）合作（Rog and McCombs，1996；Nee and Mojica，1999）。

综合型社区慈善活动（CCIS）是复杂、动态慈善活动的典型例子，并且目前受到大型基金会的青睐（Connell，Kubisch，Schorr and Weiss，1997；Fulbright-Anderson，Kubisch and Connell，1998）。综合型社区慈善活动是为了加强个人、家庭、整个社区乃至各类系统和内部部门服务的全局性社区活动。这是一种复杂、无形、保持动态关系的合作模式（Annie E. Casey Foundation，2000）。还有两个例子是安妮·E·凯西基金会的工作慈善活动以及罗伯特·伍德·约翰逊基金会的反击倡议活动（Saxe and others，1997）。这两个都是降低药物滥用的社区型活动，建立了预防、治疗、安置等一整套全局性的慈善活动。

尽管对大多数基金会来讲，评估并不是慈善事业的主题（Walker and Grossman，1999），但是由于责任的压力，以及发展实践中相关数据的压力都要求将评估作为基金会慈善活动的一部分。

评估者通常都会面临一个或者多个挑战。这一章描述了最常见的一些挑战，并且提供了基金会和评估者应对挑战时可以借鉴的五个策略。这一章的目的是：（1）强调基金会资助活动在评估实践中遇到的困难。（2）确认哪些情况下，评估手段并非是最好的应用策略。面对这些挑战，我们提供了有助于问题解决的建议。希望基金会管理人员以及评估者能有所收益，让评估工作最大限度地为慈善事业作出贡献。

存在挑战的基金会特征

显然，基金会为很多机构提供慈善资助。但如果资助程序过于简化，基金会就会承担一定的风险。在检查社区慈善活动时，我们发现基金会的评估工作普遍面临着大量的挑战。在此，我们列举了七种挑战。

背景影响以及随时间而发生的改变

当基金会申请资金去解决一些根植于某种社会或者社区背景下的问题的时候，它们的资助活动将受它所在社会背景深刻的影响，这一点也很难及时发现。这些背景还为评估工作提出了挑战。而且为了控制这些背景因素的影响作用，我们提出的一些实施策略也要受到质疑。甚至要检验这些背景因素对慈善活动或慈善结果有哪些影响时，也会困难重重。

除此之外，在社区中通常都会有很多类型的慈善活动，这些合力交织在一起对社区居民产生了深深的影响。例如，在评估安妮·E·凯西基金会的工作慈善活动中，评估者认识到与工作慈善机构合作的管理者本身也是其他项目的管理者（Annie E. Casey Foundation，2000）。这些交织在一起的慈善活动很难将某种慈善活动的成果只归功于一种基金会。另外，很难知晓在一个社区内究竟有多少正在运作的慈善活动，也很难知道人们参与到这些慈善活动中的程度如何。

社区慈善活动的演变

不管是结构性评估还是方法性评估，都不能很好地研究因干预因素而改变的调查结果，尤其是当期望结果自身随着时间的推移有所改变时，就更加大了研究难度。干预的程度还需要在评估中进行合理的调整，这个过程有些时候很难完成，尤其是在定量研究中。在评估工作之前，应该做足对结构、资金和方法等方面的准备工作。这可以确保增加一些灵活性。这意味着我们要进行大范围的测量和预测工作，测量那些随时间改变而失去作用的因素。如果采纳了设计中未曾预计到的目标，那么测量过程中还要加入一些新的测量方法。最重要的是，过程中一定要避免“钓”结果的想法。要总结项目影响了某种结果的话，必须能够证明项目逻辑及其结果之间有一定的逻辑关系。除此之外，我们要在观测数据之前先确认这个逻辑关系。

例如，在社区安全研究所（Institute for Community Peace）的社区合作资金评估中（之前是全国预防暴力资助联盟），随着合作时间的推移，我们可以从中预计到的结果是能够更好地理解该领域的合作关系，更好地了解广泛背景下的现实情况、更好地满足其他现实需要。另外，资助者发现合作过程的发展模式，不仅仅对检查程序标准很重要，还关系到地区项目工作进程的检验（例如，如果某个社区自身角色不清，项目其他结果的有效性也会随之降低）。最后，如果在这个领域工作的话，资助者会更理解变化的含义。体会到这一点会帮助他们为项目确定更为合适的检测标准，也会更好地确定评估与调查的问题。例如，改变的理论可以让人们开始采纳合理的多维变化指标。但是，现有的评估系统还不能涉及当前所有的理论内容。

有时，评估者应该在慈善活动的第一阶段关注项目的过程和执行工作，并且让活动在确定最后结果之前仔细地检查自身的有效性。最好在项目实行前设计一个具体实验阶段，这样可以促进项目的有效完成。当然这也有一定的危险，有时候在发生变化时，实验阶段不能得出很好的基本测量方法用以指导实践。

社区活动中通常还涉及一个重要的方面（尤其是全局性慈善活动），那就是要求评估者提供技术帮助，并且协助设计干预因素的过程（Nee and Mojica，1999）。在评估者思索如何判断自身的角色和如何提供客观评估结果时，还会遇到一个道德方面的挑战。

自下而上的设计示范

基金会通常为慈善活动设计广泛的工作框架，列出改变理论或者行动理论，但是却为接受慈善活动捐款的个人留下项目的设计空间。这种非指令性的态度非常有益（Nee and Mojica，1999），允许试点根据自身的情况设计项目与活动。这种项目方法使试点有机会最大地发挥他们的优势，并且能弥补项目自身的不足。但是他们呈现给评估者的慈善活动方案可能变数很大，而且与基金会提出的行动理论的联系也不牢固。

例如在回击的案例中，基金会相信 14 个社区资助认为为了设计有效方案对抗酒精和毒品问题应该包含很多共同的因素，但是基金会还相信社区需要在方案中有很多独特特点以满足基金会自身的人口、社区和其他地区性因素的需要（Saxe and others，1997）。这个方法引起了参与试点慈善活动方法的变化。很多项目操作人员认为试点单位累加数据不能用于统计分析。

项目、人口、背景的多样性

正如之前所说，在基金会所支持的多重性慈善活动中，评估者面临的不仅仅是不同项目的多重性带来的潜在挑战，还要面临服务人群、社区特征等因素带来的挑战。有一个例子，在某个相邻地方可能正执行一个项目，但是在自己国家的社区设置试点的话，试点执行情况也可能会因地点的改变而改变。因此，我们设计的评估应该适应所有这些地点背景的差别，但这是个困难的过程，尤其那些尝试随时间而变化的评估更应如此。在罗伯特·伍德·约翰逊基金会老年人问题的社区合作项目中，受资助者建立更为复杂和多样化的系统呼吁对年老体弱者的照顾与关注。一些受资助者是郡县的政府，一些是地区性的联盟，还有一些不一定是政府规定的地区老年人机构。从评估观点来看，这些受资助者形式的变化使项目成为一系列的案例研究，而不是多试点的示范研究。我们发现这种研究却缺乏一些共同点。因此，要想适应多样性，就需要更为系统化的工作。

那些难以定量和测量的目标

基金会复杂项目资助计划通常并不具体，而且缺乏标准化的定义（安妮·E·凯西基金会），比如**社会资本**、**预防暴力**、**社区效率**以及**市民权利**等一些观念都很模糊很难操作甚至有多重含义。因此，确认任务，而且要以基金会所有重要股东都同意的有效方法来制定测量工具并不容易。

比如“系统改变”，就是一种很朦胧的概念，对很多人来说是有很多含义的概念（Rog and Gutman，1997）。它可以意味着发生的所有改变，比如代理之间合作方式的改变，也可以意味着要发生的一些具体的变化（比如要求分享资源和数据）。另外，在已成功改变的系统中也不清楚改变的重点因素是哪些（Saxe 等其他人，1997）。也不清楚改变系统的具体方法是哪些（Rog and Gutman，1997）。如果对于某个概念达不成确定的共识，甚至形成不了清晰的概念的话。那么就需要多一种双管齐下的评估工作。还要经常探索更好的评估方法，寻求多样方法和测量方式以便能够评估出多种可能性和结果，更全面地审视问题。

不适合随机分配的内容

沃克和格罗斯曼（Walker and Grossman，1999）指出影响和结果并不一定一样。一项研究可能会测量出结果（比如一项健康机构报道的学校内的学生高危行为变化的调查），但是却没有明显的比较，很难将结果与慈善活动联系起来。换句话说，我们很难明白是否开设心理诊所对校内青少年学生高危险行为有影响。在罗伯特·伍德·约翰逊基金会举办的学校卫生服务中心示范机构的案例中，在中学和高中设置了19个示范点（Knickman and Jellinek，1997），都认为随机分组或者比较小组样本都不可能实现。而是将一个国际性青少年样本作为参考样本。然而，这两个组的标准与形式并没有可比性。高危行为发生率随着年龄增长而增长，但到一定年限又趋于平缓。用之前比较数据得出的结果来解释这个现象很困难。

关注社区和邻边环境改变的慈善活动，并不会很简单地只使用一种比较评估方法，更别说是随机分组了。很难找到一个与比较小组与调查小组有完全一致的背景和历史环境而又与调查结果完全相悖的比较组。另外，社区可能在某一点是相似的，但是却在慈善活动中又产生了改变（Walker and Grossman，1999）。而且当社区作为分析评估的中心单位的话，样本非常小，因此有效的评估比较工作相当困难。

另外，有一些项目阻碍随机分组。比如，在学校青少年健康中心示范，并没有区分实验组和比较组来进行活动。基金会不希望诊所只接受一部分学生而排除另外的一些。这时寻找有效比较组的工作就十分棘手，即使是不将比较方法作为方案设计中的优先方法。比如，当设计综合型社区慈善活动时，通常不容易寻找到合适的比较组，因为社区并不是随机选择的，而是因为他们愿意改变，或者因为他们有其他的强项和特点才被选择出来。在城市卫生倡议活动中，群分析被应用于确认比较组的工作中，希望比较组的一些基本特征符合参加城市卫生倡议活动的活动小组的特征。基于社会和经济环境，群分析有利于确认与城市卫生倡议活动相似的美国城市小组，而也因此可以提供有效比较组（Weitzman，Silver and Dillman，2002）。

最终，大多数的比较组都不是“未处理组”（完全没有进行对干扰组开展的检验被称为“未处理组”)。例如，在联邦社区关怀与有效服务支持(Access to Community Care and Effective Services and Supports) 的慈善活动中，给干扰组提供资金并与之合作，为严重精神病患者提供个人服务(Johnsen and others，1999)。尽管没有具体的资助计划，但是比较组可能也会有一定程度的合作，而且由于参与了这项研究，合作程度可能会加深。结果就导致了研究的挑战性——在于在干扰组与比较组之间没有足够的差别可以让精确的评估工作评估干预活动的影响效果。

时间表的影响

慈善活动的资助通常是 3～5 年，当然有些时间久一些。比如罗伯特·伍德·约翰逊基金会城市健康慈善活动持续了 10 年。一般来说要想发展一个合作模式，这个基本的时间段还有些短，没有足够时间与能够执行这个模式的社区、个人、其他团体建立信任关系，也没有时间观察期望变化 (Silver，Weitzman and Brecher，2002)。而且，如果项目在早期有所不良影响 (比如，领导层变化、最初执行失败、对基金会模式的误解等)，3～5 年的评估工作可能在错误的指导下错误地执行项目 (Rossi，Lipsey and Freeman，2004)。

应对挑战的方案

基金会内存在的很多危险与挑战是可以避免的，有一些可以将负面影响降低，还有一些只能忍耐。我们为基金会高层管理者与评估者提供一些建议，帮助解决这些问题与挑战，以便基金会最大化自身对慈善事业的贡献。

不要评估不可评的对象

尽管评估并不是所有基金会必须做的工作，但如果基金会设计了评估工作的话，那么所开展的活动就会得到更广泛的应用。不幸的是，并非所有慈善活动都做好了评估准备，甚至有些就根本不适合评估。在 20 世纪 70 年代末期 (Wholey，1979)，乔·霍利 (Joe Wholey) 与他的同事们就率先发展了“可评估性分析”这一方面，特意用于检验项目是否做好了结果评估的准备。一个项目有时可能太不成熟或者没得到发展，这个项目的目标便是不可测的，对于项目的预期结果也不能达成一致，尤其是在资助原因颇为复杂多样时更是如此。

很多人都呼吁重新思考一个策略，规定一下何时适合开展结果评估。基金会内部以及联邦政府压力日渐增长。虽然很想了解哪些策略有效果，但是这些策略又不是每次都有效可靠。很多时候，设定的结果期望对于慈善活动以及评估工作来讲都太高了。有时候慈善活动只是一个没有操作模式的观念而已。例如罗伯特·伍德·约翰逊基金会无家可归家庭项目就是如此（Rog and Gutman，1997），其主要的目标是为了实现“对无家庭的系统化转变”，然而没有明确的理论探讨如何实现这个目标，也没有介绍最终的结果是什么。整个过程没有一个地方表述理想的家庭系统是什么样子，没有评估系统中的需要、缺陷、优势等因素，也没有表述这个系统需要哪些改变，进行这些改变的明确策略是什么。

正如苏珊·怀斯利（Susan Wisely）所说：“一切现实主义对慈善事业和评估工作都有效。”要勇于承认项目中的弱项，要摒弃空中楼阁的目标，要建立现实的期望——然后再思考一下这个期望是否值得付出努力（Walker and Grossman，1999）。利用夏季培训和教育项目（STEP）来做个例子，作者描述了与可控对照组相比，参加夏季培训和教育项目的青少年在当时的教育结果中发生了如何强烈、直接的改变。但是这个效果并没有持续很久。问题是，我们是否值得为这种短期影响而付出巨大的努力，或者说我们应该做什么工作让这个即使是短期目标的项目变得有意义。

另外，正如建立学校健康诊所（Knickman and Jellinek，1997）的例子，如果在评估活动中无法建立一个合理的基础来指导评估结果的话，可能不值得继续开展结果评估工作，因为它无法提供一个确定的、正规的结果。另外，作者认为如果在制定决议时，要求我们必须要提供正规水平评估材料的话，过程中开展严格的评估是唯一的选择。

澄清慈善活动的真正原因

并不是所有慈善活动的设计工作都是为了扩大知识。我们早就注意到，在一些情况下，钱是一个象征——认清过去有效的工作，或者为项目的资助提供重要理由。例如，罗伯特·伍德·约翰逊基金会社区高层管理者项目的设计中，意在引起当地一些重要人物的注意，希望这些人能够在促进社会改变的工作中起到积极重要的作用。这个目标是很高远的也是高不可攀的（Mantell，2003）。在这样的情况下，任何形式的评估都是不合适的，也会遇到很多的困难。

在学校健康诊所（Knickman and Jellinek，1997）的案例中，基金会十分希望在学校建立诊所并使之运行下去。但是它们怕如果进行一个规范化的评估，利用设计比较组进行比较，万一评估结果是此项项目会有很高的风险，这样就会为项目带来很大的担忧，也许还会使该项目在某些区域停办。因此作者指出，如果基金会慈善活动的目标是可以实行的话，那么那种为了达到评估自身要求而进行严密的评估过程并不合适。很多案例中，基金会决定为那些对社会福利发展作出重要贡献的非营利组织提供支持。或者很多人会认为资助一些受拥护项目就可以推动社会改善。再强调一下，这些形式的投资并不是“对假说的测试”。传统的评估通常都会忘记这一点。

在多样慈善活动中纳入更多的计划变量

基金会通常充当平衡利益的角色，包括董事会、内部的员工、外部团体以及它们资助的项目等方面的利益。慈善活动通常围绕着平衡这些利益的目的设计慈善工作，而不是围绕文献和以往经验教训而进行设计。即使设计出来一项慈善活动、阐述了广泛的变化理论，但是也很少有基金会清楚地规定受资助者应该做什么。基金会通常是用一个广泛的参数，来指导申请人的工作而不是一个设定明确的规定。通常慈善活动允许受资助者参与发展，认为能够设计出适应各地需要、评估工作和其他特征的项目执行方法。但是在多地点慈善活动中的结果通常是一些松散执行环境下集合来的。计划变量的研究，20 年前便开始在教育领域应用。这个方法可能也会为基金会提供一个合理的折中方式，也是一个评估工作可以加强自身效能的方法（Rivlin and Timpane，1975）。这些研究列出了申请人可以遵照的可行性方法，而且也列出了每种类型方法的资助点数量。这样便可以提供群分析的方法并且也可以提供系统化的特征。

资助测量与开发工作

对于广泛性的慈善活动，困扰基金会的一个重要的评估问题是，如何确认或者创造一个具有有效性、可靠性并且是股东们一致同意的测量系统。开发测量系统的工作要在规定时间表内完成而且要有具体评估结果的支持。在这种情况下，很少基金会有时间去仔细地开展评估工作，它们没有时间寻找各种评估方法或者进行有效性和可靠性的实验。此外，因为这些项目的具体工作并不是总要经过检测，因此一种测量方法通常都会一遍一遍被应用，甚至在不同的背景下也用同一种或者是相似的方法。

基金会应该在具体内容设计的工作中投入资金（比如在系统改变或者在授权政策改变方面），而且应该资助测量系统的发展，尽量扩大考虑范围，至少要适应复杂领域。这些努力可能包括定性研究方法与定量研究方法的建立，以及建立可信性、有效性以及对环境敏感性的方法。

除了关注结果构建，还要关注阐明和测量产生这些结果的机制。这些过程可能需要更麻烦的方案而且要建立在以往经验的基础上。例如，在系统改变的例子中，我们确定了的目标是：用经验验证方法研究改变理论。过程中要编辑研究多样调查收集来的各种结果，而后开始确认或者提出对系统改变十分重要的因素或者特征。

通过与基金会的合作可以很好地支持所有这些理论构建和测量工作。合作测量与发展工作在很大程度上会促进测量和严密观念的建立，而这些观念又会在资助项目广大范围内得到普及，使不同资助者都可以接受这种统一的观念。此外，这种尝试的另一个优点是可能触及那些相对规模较小的基金会，它们往往由于缺乏资助这种项目的能力。应用这个方法的话，可以帮助他们使他们的工作更为有效。

资助、鼓励混合方法的使用

最后，在示范工作以及发展项目的工作中，还需要支持混合方法的使用。因为基金会关注的对象很复杂，而且时时变化，还根植于复杂的背景中，因此很难在测量结果的过程中只使用定量研究方法。因为对时时变化的结果进行时时测量是不可能的，也不能测量出那些无法预料的实践以及其他一些潜在的发展问题。定性与定量相结合的方法可以提供一种敏感有效的方法，也可以提供一个固定的标准以追溯整个计划过程，并且可以对结果的量化和解释进行商讨交流。

正式评估的替代方式

当正式评估并不适合基金会投资评估结果时，大范围的替代分析工作可以协助研究工作。即使我们不能彻底确定项目与结果之间的因果关系，但对资助项目相关结果的追溯，可以帮助资助者和受资助者将注意力集中于他们期望达到的目标上。如果说，资助者渴望的结果一直都没有进展，那么他会认识到应该扩大努力范围，或者要考虑其他结果或应该关注一下其他社会影响问题。自我评估技术（包括逻辑模式的应用）可以帮助受资助者认清自己是否随着时间的推移也逐步向着最终的社会目标靠近，是否完成了一些对终极目标靠拢的一些重要的阶段性目标。受资助者运行慈善活动的“故事”通常都是以定性研究为工具的例子。这些例子可以为一些想使用定性研究支持慈善事业的机构提供版本。一般来讲，评估者应该先回答以下两个问题：(1) 我们从慈善事业投资中可以学到什么？(2) 哪些评估或者分析技巧可以为研究提供帮助？

结　论

这一章有两个目标：(1) 让评估者理解慈善事业的本质，指导他们如何规划慈善工作；(2) 告知基金会管理人员自身评估的潜力和能力范围。在这一章，我们关注一些慈善事业具体的特质——比如它们的目的、范围、最大的特点——以及评估实践中这些特质的执行。在一些例子中，如果纳入弹性化创造化研究观点，评估内容就可以提供大量对慈善活动的理解。但是有些情况下，评估工作由于慈善活动的目的或者慈善活动的发展而不能满足基金会的期望。随着慈善事业发展，评估工作成为慈善事业中越来越标准化的部分，并且将促进基金会工作的改善视为非常重要的目标。然而，为了促进评估工作，有必要思考一下哪一种类型的慈善活动适合严格研究，哪些其他方式又可以支持他们的工作目标（例如，促进测量发展的方式）。

这一章节对实践执行的探讨，一方面关注于现实态度的重要性，要让人了解如果我们要建立严格评估，示范工作将是多么的复杂。探讨中还关注，如果资助慈善活动很复杂且没有明确定义期望结果的话，如何去设计一项严格的评估工作。如果资助者希望提供有力的证据，能够证明改善社会问题新举措的有效性，那么就需要细心与规范地设计一个可评估的多维慈善活动。然而，当资助者希望慈善活动与期望的结果具有地区弹性执行力，同时又希望慈善活动随着时间的推移而发展，那么评估者就不应该过度承诺评估工作获得最终确定结论的可能性。我们要清楚在这些情况下，实践问题可以引导很多的实践方法。我们应该本着这样的思想：我们可以从慈善活动中学到什么呢？而不是总想着：我应该怎样评估一项活动的成败？

参考书目

Annie E. Casey Foundation（2000）. *Transforming neighborhoods into family-supporting environments：Evaluation issues and challenges*. Research and Evaluation Conferenc，March 1999.

Connell，J. P.，Kubisch，A. C.，Schorr，L. B.，& Weiss，C. H.（Eds.）.（1997）. *New approaches to evaluating community initiatives：Concepts，methods，and contexts*. Washington，DC：The Aspen Institute.

Fulbright-Anderson，K.，Kubisch，A. C.，& Connell，J. P.（Eds.）.（1998）. *New approaches to evaluating community initiatives：Theory，measurement，and analysis*（Vol. 2）. Washington，DC：The Aspen Institute.

Johnsen，M.，Samberg，L.，Calsyn，R.，Blasinsky，M.，Landow，W.，& Goldman，H.（1999）. Case management models for persons who are homeless and mentally ill：The ACCESS demonstration project. *Community and Mental Health Fournal*，35（4），325－347.

Knickman，J.，& Jellinek，P.（1997）. Epilogue：Four lessons from evaluating controversial programs. *Children and Youth Services Review*，19，607－614.

Mantell，P.（2003）. The Robert Wood Johnson Community Health Leadership Program. In S. L. Isaacs & J. R. Knickman（Eds.），*To improve health and healthcare*（Vol. 4，pp. 203－224）. San Francisco：Jossey-Bass.

Nee，D.，& Mojica，M.（1999）. Ethical challenges in evaluation with communities：A manager's perspective. In J. L. Fitzpatrick & M. Morris（Eds.），*Current and Emerging Ethical Challenges in Evaluation*，New Directions for Evaluation，no. 82. San Francisco：Jossey-Bass.

Newacheck, P. W., Halfon, N., Brindis, C. D., & Hughes, D. C. (1998). Evaluating community efforts to decategorize and integrate financing of children's health services. *Milbank Quarterly*, 76 (2), 157—173.

Rivlin, A., & Timpane, M. (1975). *Planned variation in education: Should we give up or try harder?* Brookings Studies in Social Experimentation. Washington, DC: Brookings Institution.

Rog, D. J., & Gutman, M. A. (1997). The Homeless Families Program: A summary of key findings. In S. L. Isaacs & J. R. Knickman (Eds.). *To improve health and health care* 1997. San Francisco: Jossey-Bass.

Rog, D. J., & McCombs, K. (1996). *The national funding collaborative on violence prevention: Beginnings.* Report prepared for the National Funding Collaborative on Violence Prevention, Washington, DC.

Rossi, P. H., Lipsey, M. W., & Freeman, H. E. (2004). *Evaluation: A systematic approach* (7th ed.). Thousand Oaks, CA: Sage.

Saxe, L., Reber, E., Hallfors, D., Kadushin, C., Jones, D., Rindskopf, D., & Beveridge, A. (1997). Think globally, act locally: Assessing the impact of community-based substance abuse prevention. *Evaluation and Program Planning*, 20, 357—366.

Silver, D., Weitzman, B. C., & Brecher, C. (2002). Setting an agenda for local action: The limits of expert opinion and community voice. *Policy Studies Fournal*, 30 (3), 362—379.

Walker, G., & Grossman, J. B. (1999). *Philanthropy and outcomes: Dilemmas in the quest for accountability.* Philadelphia: Public/Private Ventures Brief.

Weitzman, B. C., Silver, D., & Dillman, K. N. (2002). Integrating a comparison group design into a theory of change evaluation: The case of the Urban Health Initiative. *The American Fournal of Evaluation*, 23 (4), 371—385.

Wholey, J. S. (1979). *Evaluation: Promise and performance.* Washington, DC: Urban Institute.

Wisely, D. S. (2002). Parting thoughts on foundation evaluation. *The American Fournal of Evaluation*, 23, 159—164.

Wright, J. D. (1991). *Methodological issues in evaluating the national health care for the homeless program.* New Directions for Program Evaluation, no. 52. San Francisco: Jossey-Bass.

第 12 章
项目有效性的报告材料

诺曼·A·康斯坦丁　马克·T·布雷弗曼

对于如何证明“解决复杂社会问题”类项目的有效性，通常我们找不到一个简单确定的回答。但是如果我们所执行的项目具备良好设计，有专业评估的话，就可以提供证明项目有效性的证明。为了充分利用证明材料，需要合理的怀疑态度，也需要主动去理解模糊结果的来源，理解贯穿于项目评估工作中那些误导结论的根源（我们十分感谢梅尔文·马克、温迪·康斯坦丁、马克·利普西、乔尔·莫斯卡维茨提供的建设性怀疑意见与有益建议。也感谢戴维斯·美惠子提供的图书馆资源帮助）。

我们这一章的目的是为了提供一些基本的指导，以便获得项目有效性的评估材料。我们从模糊结果及误导结论的本质谈起，进而借助青少年贞操承诺项目方案（十分有影响力的国家研究方案）来进一步阐释。接下来，我们探讨加强有效性评估的重要工具与方法——实验法和准实验设计以及项目理论。通过介绍青少年暴力预防以及青少年早孕预防相关领域的评估工作，我们可以揭示通过统计学显著性实验而获得的有关项目有效性结论过程中，通常会遇到哪些问题与挑战。而后我们举一个透明开放的案例，根据我们所提出的方法提供一个全面的评估结果。进而对无效或否定结果以及项目有效性相关内容进行讨论。本章结尾，我会重申严格检验项目有效性材料的重要性。

尽管在讨论的过程中会引用一些技术性观念，但是呈现的这些思想和例子都经过了精心合理的推论。我希望这一章能够为不同培训课程的学员和不同角色的读者都带来一些启发，而且我也希望能够支持专业人士和读者提供的“批评性评估”的有效性。

评估可以被广泛定义为：**系统收集信息并利用这些信息来回答有关项目的问题。**根据不同项目要求和股东的立场，通常在总体评估框架中会有不同类型的问题。包括关于项目发展、执行、改善、有效性，以及对其他方面的潜在影响。对于“什么是评估”“应该怎样评估”等问题，我们提供了很多不同的观点可供参考（Shadish，Cook and Leviton，1995；Mark and Smith，2001；Cronbach，1982）。这些观点各有不同的侧重点，包括强调直接提出关于项目有效性的问题。调查项目信息，确定有着不同情况和背景参与者的样本是否向着预期结果发展，而得出的结论又可以在多大程度上被推广到类似但是又不完全相同的项目活动、不同参与者、不同环境和不同结果中。尽管这类问题不是评估活动要回答的唯一问题，但却是保证项目有效评估的基本问题之一。

模糊的结果与误导的结论

关于项目有效性的中心问题是：项目是否达到了预期结果？但是很少人强调回答因果关系。这种复杂性的存在可能会重新思考那些有模糊结果、失真或者误导结论的项目。我们在此将“模糊结论”定义为存在多重冲突的结论，而将“误导结论”定义为可疑的结果或有问题的结果所支持的不合理结论。模糊结论在项目与有效性评估方面很多见，似乎在所有科学调查领域——社会科学和自然科学类似调查中都很常见。根据问题的本质、可得到的资源、评估小组的技术以及其他一些问题的不同，材料和结论的有效性有些会强一点有些会弱一点。但是很少有项目可以对一个问题给出一个绝对确定的答案。这是科学的一个特征，研究假设（比如项目和影响效果之间的关系）一定要经历长时间的发展，并且要通过逐步回答，有时候还要保留修改与反驳的可能性。通常科学进步都要经历怀疑、批评和争论的阶段。评估过程也是如此。在理想情况下，良好结果的评估可以为项目投资小组提供有效的证明材料，帮助项目小组制定决议。如果项目有强大的理论背景并且有之前相似项目的评估经验，更容易得出理想的评估结果。具体情况的不同，对结果和结论需要的信心程度是不一样的。随着时间的推移，或者通过对类似项目的额外研究，我们之前得到的这些结论可能会削弱也可能会增强，甚至有些时候需要重新思考项目投资决议。

社会内部的问题和解决这些问题的方案有不同的价值观和意识形态观，这些观点有时候会扭曲证明材料的有效性，尤其是当证明材料本身就是模糊的时候更为严重。例如，在青少年早孕预防和性传染疾病项目评估的几年之后，全面禁欲主义与广泛性教育项目之间的深刻分歧进一步加剧。两方都要求项目评估的“证据”，而我们能为它们的案例（详见下面的阐述）提供的只有一些模糊不清的材料。另一个误用证明材料的是来自真实的或者想象中的压力，受资助者以及外部评估者都希望展示积极的结果和确定的结论，因为这样才能取悦那些资助者（Braverman and Campbell，1989；Moskowitz，1993）。可能从根本的无意识到明确的倾向性都可能导致这种偏见。而且我们可能都是这种思想的后备军——从评估者、项目工作者、基金会项目管理者再到其他评估人员。

为了进一步复杂化这些问题与挑战，现代统计和方法论工具也在复杂化，使非专业人员根本无法理解整个过程。很多评估者不能完全掌握全方位的研究方法，因此他们通常就专攻深奥的领域或者技术。当应用了一种很复杂的研究方法后，那些“评估消费者”因为看不懂因此就倾向于“好吧，相信专家”的想法，并将其作为工作策略，并且假定评估结果和结论是有效的。事实上，复杂的统计过程有时可以加强有良好评估的设计，但是这个原则并不适合那些没有良好评估设计的情况。正如莱特（Light）、辛格（Singer）与威利特（Willett）写的那样（1990，p. v）：“对于设计中本身就存在的错误与遗漏，你不能通过分析来弥补。”幸运的是，评估设计对于非专业人员来说要比复杂的统计方法更容易理解一些。很多情况下想要验证结论有效性，研究设计是很重要的考察方面。

因果关系、相关性，以及选择性解释

对因果关系本质的争论，以及对揭示因果关系证据材料的类型问题（比如项目对一个结果的影响）的争论持续了很久（例如，Bunge，1979；Mackie，1980；McKim and Turner，1997）。尽管有这些持续的争论，但确定的是，因果关系的实用观点是对干预效果研究最合适的观点。大多数项目的结果都是由无数的且相关联的原因共同引起的——其中有一些原因具有潜在的多变性（比如一些家庭环境），而有一些没有那么强的多变性（比如基因影响）。我们能预期的、最好的干预结果是在具体的条件和环境下，利用对一个或多个因果因素的调整，其中某些因素会对结果产生的影响。但是我们怎么知道什么时候产生了这样的效果呢？

根据 19 世纪哲学家约翰·斯图尔特·米尔（John Stuart Mill）的观点，在评价非正式活动时至少要考虑以下三个因素：(1) **联系因素**（或者可以称为关联——与最终效果有关联的因素）；(2) **暂时性因素**（最终效果之前的暂定原因）；(3) **排除一些似是而非的解释**（要考虑到并排除那些对效果似是而非的解释）。要谨记三点缺一不可，有些时候在设计和评估研究的过程中，这三个标准中第二点或者第三点被忽略了。即使评估过程很清楚地强调了第三个标准，对于是否足够重视与排除干扰因素依然受人质疑。

很多人认为相关联因素不需要隐含因果关系。然而人们却没意识到错误归因通常都是建立在关联因素或相关因素基础上的。基于两种变量的连接关系我们得出了这个潜在结论：青少年心理依恋家庭程度是观察到的不同问题行为产生的原因。尽管这个结论的事实可能是有效的，但是只列出关联关系并不能提供足够的支持材料来证明自身的有效性。任何解释都应该符合观察的关系。比如，低水平的问题行为相比其他因素更容易加强对家庭的依恋。或者第三个因素，比如父母冲突的情况可能对家庭依恋和问题行为都有独立的影响作用。

掌握了米尔（Mill）所提出的前两个因素（关联和暂时性），可能更会因为不考虑其他因素而导致错误推断因果关系。比如，借鉴一下全国青少年健康纵向研究的例子，公认这是一项附加健康研究（Resnick and others，1997）。[①] 这项大型相关性研究在青少年行为、背景条件、健康结果和其他因素之间发现了一些不可信的**联系**。而且因为这些都是纵向因素，而很多相关的测量都是一个参与人几次调查后的结果，其中一些相关因素已经按照原因结果暂时性关联因素来测试，也就是**暂时性因素**。但是很少投入第三个方面因果关系因素的调查：确认并排除那些似是而非的因素。

广泛发表的“增强健康”研究得出的结论是：贞操承诺计划能够“引起贞操感”，也就是可以推迟发生性行为的时间（Bearman and Bruchner，2001）。这项计划中应用了一些复杂的统计方法，比如生存分析法与逻辑符号回归法来得出结论。关于这个项目的一些定性研究方法也提供了一些结论，其中最重要的是这种承诺计划的对象所在的社区内，其他承诺者的数量相对于所在学校学生人数来说不能过大或者过小。但是作者忽略了似是而非解释因素。其中最重要的一点可能是他们忽略了在实验之前可能受调查人对过早发生性行为的厌恶这个因素是签署承诺并推迟性行为发生时间的原因。如果是真的，从此种角度看，签署贞操计划只能是确认了那些由于很多其他原因而不愿意发生早期性行为，但是却没有承诺出来的年轻人。这样早期性行为的调查模式会产生巨大的改变。这种变化来源于自我控制可能性的影响，意味着调查参与者会自己决定是参加干扰组（在这种情形下，愿意承诺的调查参与者会选择干扰组），还是参加控制组（在这种情形下，不愿意承诺的调查参与者会选择控制组）。因此，更可能的是，参与者对待承诺的态度（有些愿意承诺有些不愿意承诺）之前就有区别——最主要的区别是对于推迟性交年龄的问题上。这种之前便存在的态度，不仅影响到干扰组的分配，同时还会对调查参与者重要的决定造成影响。

有一项统计调整过程计划旨在删除自我选择的影响，但是这个过程不管在逻辑上还是在统计上都说不通（Pedhazur and Schmelkin，1991：295～296）。研究者关于承诺效果的结论反而表明他们采用了一种“先者为因，后者为果”的标准来判定因果关系，这也是基金会的一种传统的逻辑

① 本着建设性评论和理性争论的精神，我们会从本章所有评论研究的作者中寻求书面答复，并发布在 www. crahd. phi. org/evidence。

谬误，也就是仅凭关联性和暂时性因素来推断因果关系。

尽管有些问题，“贞操承诺计划”还是有广泛的媒体覆盖面的，而且还有广泛的政策讨论（详见：Boyle，2000；Nesmith，2001；Schemo，2001；Willis，2001），甚至在过程中还对关于性教育的联邦政策产生了重要影响。在此研究之前，美国人类健康服务中心在联邦政府资助的禁欲教育项目“项目参与者中曾有性行为史的比例”以及“女性参与者怀孕率”的项目评估工作中应用了绩效衡量方式（Federal Register，2000）。2 年之后，随着媒体对比尔曼（Bearman）和布鲁克纳（Bruchner）研究关注的增多（2001），这些性行为和生育率的测量被对“青少年支持婚后性行为的比率”的测量所取代（U. S. Departerment of Health and Human Services，2002）。因此，贞洁承诺计划成为主要的测量行为结果。

如果一个人读了不同评论性和总结性承诺研究，还读了其中的结论的话，你会发现研究中没有明确提到，对承诺者中已经存在的那些似是而非因素进行解释的过程。对该项目的主要批评也只集中于，确定干预作用有效性和观察到否定结果条件的局限性（例如，不履行承诺的承诺者使用避孕工具的可能性要比非承诺者小）。然而考虑一下最初的问题——贞洁承诺是否是推迟发生性行为时间的主要因素。对这个问题的回答是含糊的——可能是主要因素也可能不是。类似这种研究对我们期望获得的研究结果基本没有什么帮助，顶多只能说帮助很小。

实验设计与准实验设计

我们在回顾实验和准实验研究设计的阶段列举了承诺研究例子。雷查德（Reichardt）与马克（Mark）为这个题目提供了更为全面的介绍。此外，沙迪施（Shadish）、库克（Cook）、坎贝尔（Campbell）也为其界定了确定的范围（2002）。在承诺研究中遗漏的一个关键设计元素是一个“受控操作”也就是把承诺项目按随机的或其他受控方法来项目中只是随机或者用其他控制分配方法选择了一些学校或班级。随机分组应该是实验设计的特点，非随机分组是准实验设计的一部分。相反，贞洁承诺研究设计是纯粹的相关因素设计，没有各学校、班级或者其他群体的人为干预。对于一个好的实验或者准实验设计，在我们观察到的贞洁观影响因素中应该列出，并排除那些似是而非因素的解释，而后承诺中的潜在有效性因素才会被更明确地测试出来。关于“没有人为，操作没有因果关系”的标语（普遍认为是保罗·霍兰所提出），可能在某些程度上夸张了这个影响，但是如果在干预项目活动中，如果某人是基于自我选择而主动参与到项目当中的话，保罗·霍兰的观点可以给予有益的启发。相关因素设计的确有很多合适的场合也有重要的作用，比如在继续研究中测试正在完善的假说等等。然而，它们在消除似是而非因素方面的作用是有限的。①

实验和准实验设计意在帮助找出内部有效性的威胁因素，也就是对项目影响的因果归因。沙迪施、库克和坎贝尔（Shadish，Cook and Campbell，2002）列举了其中8项威胁因素，包括贞洁承诺项目研究所揭示的相关选择威胁因素：

- 选择因素（能够解释干预与控制组之间的已存区别）
- 模糊的实践顺序因素（变量顺序）
- 历史因素（干预过程中可以解释影响效果的外部事件）
- 成熟因素（随着时间推移调查参与者发生的自然变化）
- 回归因素（在对所有成员组进行继续测量过程中发生的自然变化）
- 磨合因素（研究小组中调查对象特质的遗漏）
- 测试因素（由于暴露评估工具对实验项目实践或者其他方面的影响）
- 工具因素（一直应用或者各小组之间应用测量方法的功能改变）

其中一些或者所有威胁项目有效性的因素都可以在准实验和随机分组实验过程中进行处理。然而，准实验和随机实验这两个方法在重要方式上有所不同，而且这两个方法也适合不同的环境与情况。

“随机实验”（有时意指真实验、随意控制实验或随机实地实验）要随机分配单位（比如，随机分配个人、学校、诊所或者社区），并以此方式与控制环境相比较。这样做是为了最大化降低对有效性潜在威胁的主要因

① 有怀疑精神的读者可能会问，对校正数据的路径分析法或结构方程模式方法是否可以用来描述因果关系。这些分析可以应用到任何形式的设计——校正分析、实验分析或者准实验研究；这些实验研究经常面临测量错误或者模式规格错误。不管哪种情况，“模式本身并不‘承认’因果关系。而是它会假定因果联系，然后假定这个模式是现实的正确代表，再测试这个模式的效果”（Shadish，Cook and Campbell，2002：398）。

素，而且尤其是降低或者消除选择性影响的有利方式。

“准实验”并不涉及对干扰因素和比较条件的随机分配，但是也要结合一些其他涉及特征来协助排除影响观察效果的不明确因素。包括一些诸如匹配、分层、多重前干扰或者后干扰测量的时序安排等非随机分配策略。还可以多次测量、设计比较组，多重设计干扰时机。随着时间的推移，各种准实验设计可能演变出一个或者更多的策略（Campbell and Stanley，1966；Cook and Campbell，1979）。沙迪施、库克以及坎贝尔都曾深刻地探讨过相关问题（2002）。

有些时候随机实验被称为评估项目有效性的“黄金标准”。一些时候这个说法是正确的，但是仅限于那些有良好背景的项目评估（可能“青铜标准”是更合适的名称）。对于现实世界中的项目环境，准实验通常是最好的选择——有些时候也是唯一的选择——相比随机实验提供的结果而言，准实验有些时候可以提供相同或者是更为有效的因果结论。例如，一项实验中一些调查对象拒绝接受随机分配，这种情况并不少见，而这时，项目实验的设计环节要比准实验薄弱。而随机实验设计通常在一个项目完全成熟之前不能被良好地应用。正如沙迪施以及同事们（Shadish，2002：277）认为：“未成熟的实验是资源的巨大浪费——事实上它可能会破坏有潜在生命力的干预措施，可能我们还没有开始对这项设计措施进行补充、确定执行中可能出现的问题。也没有时间大展拳脚为客户提供长期服务，这个项目就被扼杀掉了。”

相反，在一些情况下，对一个理想环境下的小规模的随机实验可能要比大规模的随机实验效果要好，准实验设计是在更现实的环境下进行的（Glasgow，Lichtenstein，and Marcus，2003）。关键是随机实验与准实验设计都力图降低一些怀疑性的影响效果，而且这两种实验方法也的确有这个可能性。但是实际一点，这个过程需要专业技术，需要正确的环境以及条件。评估者有责任考察和备档那些有良好设计而又经过了专业化应用的案例。而评估消费者的责任是仔细检查评估内容，包括相关结果与结论。尽管随机实验与准实验都在努力追求实验的信度与效度，但是没有任何一种方法能免除模糊结果或者误导的结论。假设结果或者结论的有效性只是来源于某种特殊形式的评估设计的话，这个评估设计可能会很普遍应用但是经不起严格的推敲。

随机实验设计与准实验设计的举例

哈钦森防止吸烟计划（Peterson and others，2000）揭示了一个典型性的（并昂贵的）学校烟草预防干扰因素的长期随机实验，我们可以从这个例子中得到很多启示。在这个严格的评估过程中，40个华盛顿学区随机分配到干扰或者控制条件的调查环境。超过8 000名三年级学生参与并且持续参与到高中二年级。项目最终达到了高标准执行的结果，而且94%的参与学生一直跟进到最后一轮的评估。在干扰组与控制组学生之间在吸烟率上面没有差异，而且作者很自信地总结道："从本次实验中没有任何证据证明，社会对校本为基础的社会影响方法对防止青少年吸烟的方面有长期的影响作用。"（第1979页）

尽管哈钦森的研究为随机实验提供了一个引人注目的阐释——"黄金标准"。有人认为"黄金"在这里可能不仅仅指研究质量，还指它的价格，他们相信这种严格实验只能存在于在学校和社区干扰研究的随机评估中，这是一个错误的认识。

举一个花销少一点的例子。看一下全天候非固定危机干扰评估（Around the Clock Mobile Crisis Intervention）（Reding and Raphelson，1995）。这个项目相对来讲花销较少，但是却获得了成功的社区内部项目评估效果。这个项目建立在创造性结合准实验设计因素的基础上。在此随着时间的推移，多重测试设计因素（中间打断了几次）、介入时机（干扰的开始与结束），以及完整的比较组因素有效地结合到一起，提供了强有力的干扰效果的证据（详细分析请见：Shadish，Cook and Campbell，2002：188～189）。可以说，准实验评估的结论正如哈钦森的随机研究实验一样具有可信度，但是经费却少了很多。当然，分配给这两个项目研究的经费并不是武断的，而是要根据评估的问题、干扰的特征以及它们的背景等因素决定的。

项目理论与社会科学理论

严格地讲，一项结果评估只需要考虑人为干预作用对一个或者多个效果的影响作用，而不去追究为什么会发生这样的结果。然而如果将结果评估建立在清晰的具体的项目理论的基础上，我相信会对项目有很大的促进作用（Lipsey，1993；Cook and Shadish，1994）。最重要的是，一个良好的项目理论“能够帮助评估者消除反对者假说并更轻松地建立一个归因分析”（House，2001：311）。休斯（Hughes）进一步阐释了这个问题（2000：324）：

> 愿意研究对手的阐释内容、具有广博的知识背景、以更开放的态度对待问题、概念化的新方法是科学调查的重要因素。理论可以提供这些功能也有助于直接的调查过程，可以统一和系统化知识，并且使原本难以理解的经验事实更有意义。

通常可以这样理解项目理论的概念：它规定了为了达到理想项目目的，而要进行哪些工作、过程中还要产生什么影响、产生这些机制和目标的基本原理又是什么（Chen，1990）。更具体一点，一个完成的项目理论具体来说包括以下几个因素：（1）待解决问题的条件；（2）干扰组的数量以及相关环境背景；（3）评论性项目的组成因素与相关联关系；（4）达到项目效果过程的重要方面；（5）干扰活动的预计目的与潜在目的；（6）这些影响效果之间的关联（Lipsey，1993）。为了解释项目理论，在这些不同理论因素中的假定的关联关系有时候可以以图解的方式描绘出来，这通常被称为因果关系图解。

一个项目理论通常建立在现有社会科学变革理论之上。格兰茨（Glanz）、里默（Rimer）、路易斯（Lewis）（2002）全貌回顾了应用到健康行为和健康教育干扰作用中的社会科学理论。正如所揭示的那样，推理性行动的理论（Fishbein and Meddlestandt，1989）指定了信念、态度表现、认知社会规范、行为目的等一系列的影响因素之间的联结网络。并将此用于艾滋病病毒与艾滋病预防项目（HIV-AIDS）的设计和评估工作以及其他领域的工作中。康斯坦丁（Constantine）和柯里（Curry）整理了学校暴力预防评估的过程（1998）。在这份评估项目中，评估人员与工作人员和股东共同从一系列调查对象活动中抽象了项目理论，并且在推理行为理论的基础上建立了高水平的理论框架。

然而更常见的是，项目理论只是建立在项目设计者的假说与期望的基础上，而没有联系现有的社会科学理论或者很少联系现有的社会科学理论。取而代之，这个项目反映了一种多样化的分析，分析了建立项目预期的背景环境，又如何建立这样的背景环境，以及促进项目成功的中间因素又有哪些。这种局部发展项目类型通常被称为：**逻辑模型**或者**变革理论**。

统计学显著性测验的应用与滥用

近期的评论中，戈尔曼（Gorman，2002）描述了一个随机实验，这个实验发表于美国医学联盟杂志（Journal of the American Medical Association），是暴力预防课程的第二阶段实验。在这个评估基础之上，项目被美国教育部专家作为项目模板。教育部专家为项目制定的被称为“模板”的指导原则，包括这样一条标准：“至少评估工作描述了药物滥用、暴力习惯或者其他 1 年或多年超过底线行为问题的影响。”（Safe，Disciplined and Drug-Free Schods Expertpanel，1999：5）由这个标准得到的结果，一个方案被推荐应用在“安全、规则、药品自由学校”项目中，可以免除地区水平所需的进一步结果评估。然而戈尔曼指出，问题是发表的这项研究与偶然调查结果的一致性联系，要比与项目有效性证据的联系更大。干扰和控制组要对总共 20 组进行为期 1 年的比较显著性差异（例如，教师报告的攻击行为、父母报告的社会技巧等等）。统计显著水平在 0.05 时，20 组比较中只有一个显示了与其他不同，具体来说这个结果只是建立在偶然的期望之上，事实上，这个项目并没有什么影响效果。

看一下另外一个例子，“降低危险”——一个降低青少年早孕率以及性交感染率的预防课程设计（Barth，1996），获得了基金会的部分资助。联邦项目小组成员认为这个课程是疾病预防与控制中心的项目中“效果显著项目”中的一个。这样的评价要求小组成员证明该项目对于“降低有患艾滋病风险的行为是有效的”（Centers for Disease Control and Prevention，2001）。根据一项结果评估，“降低危险”项目被冠以“效果显著项目”的称号（Kirby，Barth，Leland and Fetro，1991）。结果评估的过程包括 32 个有关危险习惯的结果比较的初始显著性实验（包括 9 个习惯结果测验，测试时间以及有性行为经验的细化小组的不同结合。）这其中，三项显著性指标是 0.05 水平，只涉及项目开始时有性经验的学生。还有

36 项额外结果比较测试用来测试性别、民族、危险水平小组这另外三个结果的显著性。这些额外测试的两个显著性是 0.05 水平。

到这点为止，干扰组与控制组之间已经测试出 68 个潜在显著性区别，产生 5 个统计学意义的结果。再强调一下，这个与无项目结果时所偶然预计的结果很接近，并且规定了 0.05 的统计学显著性标准。此外，仔细研究这篇文章的读者将有能力确认大量的附加比较，附加比较经过了测量但是没有系统化的报告，没有在这个研究基础上的进一步关于项目有效性的折中结论。

所有的这些研究并不是说这两个评估显示了各自项目的无效性。“证据的缺失不是缺失的证据”（在无效解释或者否定影响的章节中深入探讨了这个题目）。事实上，“降低危险”评估创造了一个总体区别范式，这个范式区别了干扰组和控制组在小组内部潜在行为影响，值得未来开展进一步研究。然而，不管是根据应用统计学显著性测试方法收集证据材料的标准，还是根据联邦相关研究小组所认定这两个项目得出的标准，哪一种评估结果都不能证明结果是“行之有效”的。

对大量潜在性结果的统计学显著性测试过程中，随着附加了更多的测试，监督管理人员通常忽视了伪造影响结果的可能性也在增加。这时通常应用“随意方法”或者“引导性测试”。当只有显著性结果报告，而非显著性测试被掩盖时，要想一下他是否有“挑好的说”的可能——见“降低危险”的复制评估（Hubbard，Giese and Raney，1998）。并且发表的引导性测试通常放在了摘要报告最后部分，或者在一些外部评审小组，项目支持者或者项目批评者简论当中。

这些问题不只存在于“第二阶段”或者“降低危险”项目的评估过程中。例如，达（Dar）、瑟琳（Serlin）和俄梅珥（Omer）的报告中（1994）写道：在心理治疗有效性的研究回顾中，111 个案例只有 21%补偿了多重显著性测试。我们用这些特殊评估作为解释手段，因为它们曾对公共政策有直接影响，而且被很多人错误地认为这是一项方法论含糊但是结果有效的评估方式。

多重显著性实验的合理策略

解决多重显著性实验出现问题的策略有三个：（1）开展较少但更有针对性的显著性实验；（2）建立更严格的统计显著性标准（显著水平）；（3）以替代指标效果补充统计显著性实验。

开展较少但更有针对性的显著性实验

防止引导性测试最好的方法，是应用项目理论告知理论派生假说小规模测试规定，这些假说涉及了特殊结果测量预期差异的内容。这个项目理论还应该在开展分析之前规定几项重要测试的名称，选择出几项主要的测试，这样有利于提前定义其他的实验为二级实验还是探索性实验。主要测试是对项目结果起关键作用的那项实验——获得项目有效性结论的最重要的一项测试。项目理论还可以将某个特殊小组规定为实验样本，可以用来开展额外的显著性实验，而不是要求测试所有的小组。应该谨慎对待小组测试，并且通常只有在以下情况下可以应用小组测试：（1）跟进全组显著性测试；（2）只有在项目理论、以往结果所要求的情况下，在看到全部数据之前制订计划并以此方式替代全组测试。

建立更严格的统计显著性标准（显著水平）

为了控制统计结果偶尔产生错误可能性，有时候可以通过执行一些显著性测验来划分期望显著性水平，从而制定更加保守的显著性标准，这样可以获得更为有效和更为严格的标准。因此如果一个人开展了20项实验，并且期望显著性水平是0.05，每一项测试都应该在更为严格的显著性水平——0.0025（0.05/20）的基础上重新测试。这个策略被称为波凡尼校正。波凡尼校正在统计数据繁多、样本量数目较多的研究中效果尤为显著。但在小样本中，波凡尼校正可能会因过度纠正或者过度降低有效潜在性因素而影响效果结论的测试力（Shaffer，1995）。

单独校正可以解决过度强调问题。也就是可以应用单独校正形成逻辑定义的显著性测试进行更小的分组的实验。这可能涉及一系列针对特定内容的测试。例如，如果研究人员将30项测试指标平分给知识、态度和行为结果，那么这 3 项内容可以分为 3 个系列，其中每个各有 10 项结果测试。相关性测试结果可以以每个系列的 10 项测试结果为基础而不是总体的 30 项测试，这样就会降低过度纠正的危险性。另一个确定测试系列的方法是通过分组嵌套一个重要的全样本测试。例如，如果发现一个完整的样本差异的独特结果有统计学意义，那么就只在这个同等结果的小组中进行校正，这样就进一步降低了过度校正的危险。谢弗（Shaffer，1995）探讨了在这些测试中对多重显著性测试进行校正的逻辑方法和其他相关方法。普遍来讲，这些方法处于一个中立位置，尽量保持在未校正和波凡尼校正之间，避免完全不校正和过分的校正两种趋势。

以替代指标效果补充统计显著性实验

另一个重要策略便是超越统计学显著性测验依赖性，并且超越关注在显著性水平 0.05 上其他指示标准的项目影响。尽管它对实践的影响发展很缓慢，但是方法论中越来越多研究者做这个方面的尝试（例如，Cohen，1994；Wilkinson 以及美国心理学联盟统计学推断特别小组，1999）。至少我们应该计算出一个**效应标准**，贯穿整个研究中，以此来指示对比研究的效果指标的实际大小。通常，所应用的有效规模是干扰和控制组方法之间的差别数，再用联合小组标准差去除（Cohen，1969）。在利普西（Lipsey）和威尔逊（2001）以及罗森塔尔（Rosenthal）和迪马特奥（Dimatteo，2001）的研究中讨论了相关研究以及其他效果指标的测量。在每一个效果指标中都应该提供一个置信区间，来指示最高限与最低限，并规定具体信心程度，通常是 95%（等于 0.05 的显著性水平）。提供效果指标的另一个好处是这些能够促进之后的研究，也能促进变化分析，这有利于数量化同等或者相似干预影响的平均结果。很难想象一个报告了效果指标和置信区间的评估结果会不合格。

还要考虑一下在关于临床、项目或者政策等独特影响的实践意义。例如，采用一个补充方法来协助评估临床显著性，并将其作为比较干扰组个人和正常水平或者良好运作控制组的重要组成部分（Jacobson and others，1999）。这样就提供了一个不同的理论基础，阐述良性运转测量下两组实验显著性的差异。

在很多涉及多重统计显著性测试的评估结果中，评估消费者希望能够得到以上所介绍一些策略的结合体。通常这三个策略可以共同应用。婴儿健康发展项目研究中揭示了这一点。婴儿健康发展项目是一项基金会资助，对儿童发展干预的国家随机评估。在评估初期，从几百个测量结果中选择了 8 个主要结果变量（在数据分析之前），而且在发布报告上面具体区分了主要测量与次要测量。在这 8 项主要测验中，为了这 8 项主要测验能够达到 0.05 的期望显著性水平，采用了校正分析，这样就可以得到 0.006 的更严格的纠正标准。最后，对所有结果都可以计算效应标准，并且在报告中还同等强调统计学显著性实验。

透明度及开放性

之前所探讨过的项目“贞操承诺计划”的初期草稿在 2000 年的 7 月发表了——要比官方正式发表在《美国社会科学杂志》（American Journal of Sociology）上的日期（2001 年 1 月）提前了 6 个月。然而，直到 2001 年 6 月之前印刷版杂志都没有寄给图书馆或者是订阅者。因为没有获得文章的最终发表版，这样在报告被广泛的媒体讨论和全方位政策支持与正式发表之间有一年的时间差。很多讨论者的讨论就仅限于评论出版的部分文章或者从媒体报道上选择出的一些细节。

另外一个例子，看一下加利福尼亚全州青少年早孕预防项目的立法授权评估（Cagampang and others，2002）。全文公开发表之前 6 个月，加利福尼亚州广泛发表了基金会资助评估的执行摘要。这个评估包括一些与政策相关的内容，但是也有一些关于项目积极影响的质疑。随着全文的发表才通过了一系列有意义有建设性的讨论与争论（见：Constantine，2003，评估与结论的方法论批评）。这两个例子并不是独立的。我认为这种情况涉及了一个提前曝光的问题，即在评论结论有效性的正式文件发表之前，先发布给媒体或者直接提供给政策制定者。这种现象近年来越来越流行，几乎成了不成文的规定。为什么会有这样的现象呢?

在之前几年，健康以及社会项目评估问题达到了史无前例的水平。学术杂志数量激增，并且包括电子方式等其他传播途径空前繁荣。同时，媒体也越来越希望能够报道一些“最新研究”的内容。当它成为一种信息时，其实没有太多的意义（Brown and Duguid，2000）。很多时候，我们迷失在这些信息中，而且要有效利用这些信息的挑战也在不断增加。至少，这需要有一个去伪存真的过程，意思是至少要有一个评价所得出的评估结论以及评估依靠材料的有效性的过程。然而，当受欢迎的媒体成为守门员的时候，评价评估有效性的过程会被新闻价值的直觉所代替，甚至会被潜在的娱乐价值所代替。而且这种零碎发布的摘要或者选出的部分结果可能剥夺了法定股东获得做出评论结果和结论所需信息的权利。

暂时还没有很简单的方法来解决这个问题。同行评审科学杂志为公开发表评估提供了一个途径，然而众所周知，同行评审通常过程很慢，而且同行评审中达成一致的可能性又很低（Cicchetti，1991；Cole，1992，MacCoun，1998，Peters and Ceci，1982）。而且一些小规模评估也无法应用同行评审方法。一些基金会应用自身外部或者内部的审查小组。依靠审查小组的能力和目的的确是一个建设性的方法。然而这时候我们通常就要评价没有经过专业培训和严格审查的结论。

在没有公开发布、没有经过通常审定，甚至还没有经过公开综合报告之前，就将项目评论结果发表给媒体或者政策制定者，可能暂时很受欢迎。但是同时他们应该认识到，同行评审以及专业人士的审查不足以提高报告结论的有效性。繁忙的专业人士可能只有时间阅读摘要部分，写摘要的作者最好能提供互联网链接或者其他方便访问全文的地址，包括对背景、方法、假设、有限性，以及评估完整结果的全面描述。如果没有提供，就很难全面理解整个过程，作者也很失败。最后，评估消费者必须承担起评论评估结果的责任，或者是找到一个可信的有资格的同事承担这个任务。不管怎样，获得一份全面报告是必不可少的。

对无效结果或否定结果的解释

至此，我们探讨了关于能够提供支持项目有效性证据的评估。而还有一些评估找不到预期效果的证明材料（无效结果），或者评估效果与预期结果相反（否定结果），如何利用这些评估的价值对我们来说是一种挑战。看起来从某项研究中获得了无效结论是正常的，尤其是那些对有争议项目持批评意见的人们更愿意相信研究的无效性。但是单纯这样结局是不成熟的。在无效结果面前，我们有必要对该评估研究进行仔细测量，这样会了解哪一种替代方法最有可能实现（Lipsey，1993）。

寻求积极结果但最终却失败的原因有很多，很多时候取决于项目研究本身。首先，薄弱的评估计划有可能模糊了项目的有效性。一种常见的薄弱设计是利用了不可靠测量方式或者在评估应用中缺少充足有效性或敏感性的手段。正如利普西（Lipsey，1988）在审查 122 项发表的评估研究的随机样本时总结道："在大多数的研究中，结果测量的质量不能被假设，也不能用研究本身去描述"（第 15 页）。另一个常见的薄弱设计是统计力的不足。统计力是在一项统计显著性测验中，准确获得一个项目真实效果的可能性（与"虚假否定"结果相反）。统计力问题通常源于过少的被试，以及使用低可信度或低有效性的测量手段。一项不合理统计力的研究，可能不能展示真实效果的统计数据，或者对结果的估计是不准确的。在评估工作中甚至在出版领域研究中，很久以前大家就意识到了统计力不足是一个严重且影响广泛的重要问题（Lipsey and others，1985）。

关于执行评估的第二个问题是：评估可能会有很好的设计，但是在过程中却被错误地应用。例如，研究数据收集者的不良培训，尤其是当数据收集过程需要专业技巧时候（比如开展个人或群体访谈）时，能力不足会导致很严重的问题。再比如应用长期建构评估的方法，包括长期对数据的多次收集。这种评估很容易在后期数据中得到武断的结论（参加者退出评估），如果这种武断结果存在，就潜在减弱了确认项目效果研究的能力（或者，研究可能产生虚假的结果）。在多重数据收集的评估中，必须努力保证参与人自始至终的参与，并且要清楚记录离开人员，还要分析和公开损害评估结果的潜在的影响。（Constantine and others，1993）

另外，还有一些对于无效结果的解释认为原因是出于项目本身。首先，潜在有效性项目可能没有得到良好的实施——在这个领域可能很常见。项目工作人员可能没有得到合适的训练，参与者可能没有受到足够的指导，或者在不同项目试验点的执行有很大的变数。这些问题产生了一个不充分测试程序的基础理论。

随着时间的推移，干扰项目很少保持一个恒定的状态。在发展和执行过程中，它们的进步通常需要一个成熟的过程（Berk and Rossi，1999）。在计划阶段之后、执行阶段之初通常要进行大量的非结构性试验。在这期间项目可能发展得很快。但是在项目没有达到一个成熟阶段的时候，没有达到可操作性的稳定点时并不能有效地为客户提供有效服务。在第一年就全面评估项目的全面有效性，最终的实用价值很值得怀疑。在解释评估结果的意义以及适用性的时候，有必要回答两个关于项目发展的问题：

- 评估工作是否开展在项目发展的恰当时机？
- 理解项目目前形式相关材料是什么？

这些问题并不涉及评估工作自身的质量问题，而是涉及项目评估关系问题，也涉及项目发展历程。

最后，无效结论可能源于项目理论的失败——理解项目的观念可能是不合适的（即使项目执行和评估执行工作很有力）。项目理论的失败可能源于评估对关键干预过程理解不足，导致了项目活动的错误。这还可能源于最合适的目标被试人群不够规范。

得出无效结论之后，可以对程序理论开展一种全面的审查，并通知项目设计者应该对项目进行一定的调整，调整执行方式或者评估工作，这样就可以测试出一个改良的版本。又或者，他们可能认为提出的挑战就是一个根本性的证明，证明需要进一步的投资进行下一轮的改良和评估工作。不论接下来的行动怎样，我们的决定应该全面地考虑所有相关因素。

在广泛背景下理解调查结果

在很多科学调查的领域，多重研究结果的复制是知识生成过程的重要因素。同样，评估研究应该被放在广大的背景中去解释，人们应该看到项目背后关于干预测试或项目理论的背景。一项个别研究代表一系列独特的决定，决定如何测试关键变量，决定观察的实践以及一项执行工作在程序观察中是有利还是有弊。更进一步说，如果研究只涉及一个试验点，那么它只代表项目实施的单个案例。所有的这些情况——测量、时间、项目执行，以及其他因素——通常各种各样，而又不会破坏项目的基本理论。因此，一项单独评估研究，可能会很引人注目，但是要明确它只是整个知识体系渐进过程中的一小块。直到有证据证明在不同的项目背景以及不同的项目执行环境下都能得到相似的评估结论都，或者对项目有效性进行具体环境、条件、设置、被试的明确备案，才可以说评估工作的彻底性、有效性。

在对以往的研究中我们发现，在评估结论与项目预期结果之间有时有巨大的落差。一项研究可能提出一项惊人的结果而在之前的研究中一直显示无效果，或者一项研究认为无效果但是其他评估却发现有效果的出现。这些差别可能很有意思，也有一些启迪。它们要求对结果和项目理论进行更仔细的检验，有时候需要进一步的调查研究。

将所有的这些内容都纳入考虑因素中，在解释研究结果时就会产生一个重要的问题：接下来的步骤是什么？一项好的研究在回答了一个问题之后会提出一个新的问题。有些时候追求评估中出现的新问题或者提炼这类评估问题对项目发展很有帮助。同样系统多样化项目内容、多样化评估设计也有促进作用。另一种情况，一项研究可能与之前的调查相一致，因此大家都认为这项研究所有的重要项目结论完全是建立在目前所认识到所有情况的基础上，是可信的结果。在这种情况下我们应该在更广阔的背景下检验评估结论，要超越单独研究，为最终追求的决定或者行动步骤提供更强大的信心水平。

结　论

在这一章，我们谈论了很多关于项目有效性评估材料，以及有效完整地应用这些材料的问题。我们的讨论并没有完结。为了对材料与结构有效性进行全面的评价，评估者以及项目评估消费者还需要了解其他很多问题。我们列举了一些其中比较重要或者我们经常遇到的问题——这些问题经常导致模糊或者错误的结论。我们的目标是提高对这些挑战的认识，促使基金会评估者以及评估消费者提出关于有效证据和有效结论的问题，并且提供对这些问题的基本了解，支持建设性疑问和关键评估。

项目有效性评估建立在广泛社会科学方法论的基础上。正如很多科学本位的努力尝试一样，该项目可能为现实中面临的问题提供一个并不完美的答案。但是随着时间推移，随着进一步的研究与讨论，这些问题可以得到逐步的改善。为了计划评估能够充分发挥其潜力，根据逻辑和批判性方法来评价材料有效性是评估者与项目消费者义不容辞的责任。核心任务包括以合理的怀疑精神去提出适当的问题并思考答案。正如巴顿（Patton，2002：11）建议道：

评估者以及与我们共事的人们有必要本着怀疑和清醒的态度检验那些自称“科学”的证明材料，并且提出自己的结论。评估消费者需要“揭示真相”。需要透过项目的标签或者那些所谓“基于科学的”提案看清本质，检验证明材料的来源以及这些材料要揭示的内容。

只有当我们高度重视这个建议，我们才能够更多地获得项目有效评估所提供的潜在利益。

参考书目

Barth，R. P. (1996). *Reducing the risk：Building skills to prevent pregnancy，STD，and HIV*. Santa Cruz，CA：ETR Associates.

Bearman，P. S.，& Bruchner，H. (2001). Promising the future：Virginity pledges and first intercourse. *American Fournal of Sociology*，106，859—912.

Berk，R. A.，& Rossi，P. H. (1999). *Thinking about program evaluation* (2nd ed.). Thousand Oaks，CA：Sage.

Boyle，P. (2000，November). The score on teen virginity pledges. *Youth Today*，1，16—17.

Braverman，M. T.，& Campbell，D. T. (1989). Facilitating the development of health promotion programs：Recommendations for researchers and funders. In M. T. Braverman (Ed.)，*Evaluating health promotion programs*. New Directions for Evaluation，no. 43. San Francisco：Jossey-Bass.

Brown. J. S.，& Duguid，P. (2000). *The social life of information*. Boston：Harvard Business School Press.

Bunge，M. (1979). *Causality and modern science* (3rd ed.). New York：Dover Publications.

Cagampang，H. H.，Brindis，C.，Peterson，S.，Berglas，N.，& Barenbaum，M. (2002). Making the Connection：How School-Community Partnerships Address Teenage Pregnancy Prevention (Statewide Evaluation Report for the California Department of Education's Teenage Pregnancy Prevention Grant Program). San Francisco：UCSF Center for Reproductive Health Policy Studies.

Campbell，D. T.，& Stanley，J. C. (1966). *Experimental and quasi-experimental designs for research*. Chicago：Rand-McNally.

Centers for Disease Control and Prevention. (2001). *Programs That Work*. Atlanta：Author.

Chen, H. (1990). *Theory-driven evaluations*. Thousand Oaks, CA: Sage.

Cicchetti, D. V. (1991). The reliability of peer review for manuscript and grant submissions: A Cross-disciplinary investigation. *Behavioral and Brain Sciences*, 14, 119—186.

Cohen, J. (1969). *Statistical power analysis for the behavioral sciences*. Hillsdale, NJ: Erlbaum.

Cohen, J. (1990). Things I have learned (so far). *American Psychologist*, 45, 1304—1312.

Cohen, J. (1994). The earth is round ($p<.05$). *American Psychologist*, 49, 997—1003.

Cole, S. (1992). *Making science: Between nature and society*. Cambridge, MA: Harvard University Press.

Constantine, N. A. (2003). *Review of the TPPGP statewide evaluation report prepared for the California Department of Education*. Berkeley, CA: Public Health Institute. Available at http: //crahd. phl. org/TPPGPreview. pdf.

Constantine, N. A., & Curry, K. (1998, November). *Collaborative development of a theory-based assessment instrument for a school-linked violence prevention evaluation*. Paper presented at the 1998 American Evaluation Association Annual Conference, Chicago. Available at http: //crahd. phi. org/papers/collab _ development. pdf.

Constantine, W. L., Haynes, C., Spiker, D., & Constantine, N. A. (1993). Recruitment and retention in a multisite clinical trial for low birth weight infants. *Fournal of Developmental and Behavioral Pediatrics*, 14, 1—7.

Cook, T. D., & Campbell, D. T. (1979). *Quasi-experimentation: Design and analysis issues for field settings*. Chicago: Rand-McNally.

Cook, T. D., & Shadish, W. R. (1994). Social experiments: Some developments over the past fifteen years. *Annual Review of Psychology*, 45, 545—580.

Cronbach, L. J. (1982). *Designing evaluations of educational and social programs*. San Francisco: Iossey-Bass.

Dar, R., Serlin, R. C., & Omer, H. (1994). Misuse of statistical tests in three decades of psychotherapy research. *Fournal of Consulting and Clinical Psychology*, 62, 75—82.

Federal Register. (2000, November 17). 65 Federal Register 69562—65.

Fishbein, M., & Middlestandt, S. E. (1989). Using the theory of reasoned action as a framework for understanding and changing AIDS related behaviors. In V. M. Mays, G. W. Albee, & S. F. Schneider (Eds.), *Primary prevention of AIDS: Psychological approaches* (pp. 93—110). London: Sage.

Glanz, K., Rimer, B. K., & Lewis, F. M. (2002). *Health behavior and health education: Theory, research, and practice* (3rd ed.). San Francisco: Jossey-Bass.

Glasgow, R. E., Lichtenstein, E., & Marcus, A. C. (2003). Why don't we see more translation of health promotion research to practice? Rethinking the efficacy-to-effectiveness transition. *American Fournal of Public Health*, 93, 1261—1267.

Gorman, D. M. (2002). Defining and operationalizing "research-based" prevention: A critique (with case studies) of the U. S. Department of Education Safe, Disciplined, and Drug-Free schools exemplary programs. *Evaluation and Program Planning*, 25, 295—302.

Grossman, D. C., Neckerman, H. J., Koespell, T. D., Liu, P. Y., Asher, K. N., Beland, K., Frey, K., & Rivara, F. P. (1997). Effectiveness of a violence prevention curriculum among children in elementary school: A randomized trial. *Fournal of the American Medical Association*, 277, 1605—1611.

House, E. (2001). Unfinished business: Causes and values. *American Fournal of Evaluation*, 22, 309—315.

Hubbard, B. M., Giese, M. L., & Raney, J. (1998). A replication study of Reducing the Risk: A theory-based sexuality curriculum for adolescents. *Fournal of School Health*, 68, 243—247.

Hughes, J. N. (2000). The essential role of theory in the science of treating children: Beyond empirically supported treatments. *Fournal of School Psychology*, 38, 301—330.

Infant Health and Development Program. (1990). Enhancing the outcomes of low birth weight, Premature infants: A multisite, randomized trial. *Fournal of the American Medical Association*, 263 (22), 3035—3042.

Jacobson, N. S., Roberts, L. J., Berns, S. B., & McGlinchey, J. B. (1999). Methods for determining the clinical significance of treatment effects: Description, application, and alternatives. *Fournal of Consulting and Clinical Psychology*, 67, 300—307.

Kirby, D., Barth, R. P., Leland, N., & Fetro, J. V. (19991). Reducing the risk: Impact of a new curriculum on sexual risk-taking. *Family Planning Perspec-*

tives，23，253—263.

Light，R. J.，Singer，J. D.，& Willett，J. B. (1990). *By design*：*Planning research on higher education*. Cambridge，MA：Harvard University Press.

Lipsey，M. W. (1988). Practice and malpractice in evaluation research. *Evaluation Practice*，9，5—24.

Lipsey，M. W. (1993). Theory as method：Small theories of treatments. In L. B. Sechrest & A. G. Scott (Eds.)，*Understanding causes and generalizing about them*. New Directions for Program Evaluation，no. 57. San Francisco：Jossey-Bass.

Lipsey，M. W.，Crosse，S.，Dunkle，J.，Pollard，J.，& Stobart，G. (1985). Evaluation：The state of the art and the sorry state of the science. In D. S. Cordray (Ed.)，*Utilizing prior research in evaluation planning*. New Directions for Program Evaluation，no. 27. San Francisco：Jossey-Bass.

Lipsey，M. W.，& Wilson，D. B. (2001). *Practical meta-analysis*. Thousand Oaks，CA：Sage.

MacCoun，R. J. (1998). Biases in the interpretation and use of research results. *Annual Review of Psychology*，49，259—287.

Mackie，J. L. (1980). *The cement of the universe*. New York：Oxford University Press.

Mark，M. M.，& Smith，M. F. (2001). Special issue on the future of evaluation. *American Fournal of Evaluation*，22 (3).

McKim，V. R.，& Turner，S. P. (1997). *Causality in crisis*：*Statistical methods and the search for causal knowledge in the social sciences*. Notre Dame，IN：University of Notre Dame Press.

Moskowitz，J. M. (1993). Why reports of outcome evaluations are often biased or uninterpretable. *Evaluation and Program Planning*，16，1—9.

Nesmith，J. (2001，January 4). Teens who pledge not to have sex stay virgins longer，study finds. *San Francisco Chronicle*，p. A5.

Patton，M. Q. (2002，Spring). A conversation with Michael Patton. Interview by J. Coffman. *The Evaluation Exchange Newsletter*，8，10—11.

Pedhazur，E. J.，& Schmelkin，L. P. (1991). *Measurement*，*design*，*and analysis*：*An integrated approach*. Hillsdale，NJ：Erlbaum.

Peters，D. P.，& Ceci，S. J. (1982). Peer-reviewed practices of psychological journals：The sate of accepted published articles submitted again. *Behavioral and Brain Sciences*，5，187—195.

Peterson, A. V., Jr., Kealey K. A., Mann, S. L., Marek, P. M., & Sarason, I. G. (2000). Hutchinson Smoking Prevention Project: Long-term randomized trial in school-based tobacco use prevention-results on smoking. *Journal of the National Cancer Institute*, 92, 1979—1991.

Reding, G. R., & Raphelson, M. (1995). Around-the-clock mobile psychiatric crisis intervention: Another effective alternative to psychiatric hospitalization. *Community Mental Health Journal*, 31. 179—187.

Reichardt, C. S., & Mark, M. M. (1998). Quasi-experimentation. In L. Bickman & D. J. Rog (Eds.), *Handbook of applied social research methods*. Thousand Oaks, CA: Sage (pp. 193—228).

Resnick, M., Bearman, P., Blum, R., Bauman, K., Harris, K., Jones, J., Tabor, J., Beuhring, T., Sieving, R., Shew, M., Ireland, M., Bearinger, L., & Udry, R. (1997). Protecting adolescents from harm: Findings from the National Longitudinal Study on Adolescent Health. *Journal of the American Medical Association*, 278, 823—832.

Rosenthal, R., &DiMatteo, M. R. (2001). Meta-analysis: Recent developments in quantitative methods for literature reviews. *Annual Review of Psychology*, 52, 59—82.

Safe, Disciplined, and Drug-Free Schools Expert Panel. (1999). Guidelines for submitting safe, disciplined and drug-free schools programs for designation as promising of exemplary. Washington, DC: U. S. Department of Education.

Safe, Disciplined, and Drug-Free Schools Expert Panel. (2001). *Exemplary and promising safe, disciplined and drug-free schools programs*. Washington, DC: U. S. Departement of Education. Available at www. ed. gov/admins/lead/safety/exemplary01/exemplary01/pdf.

Schemo, D. J. (2001, January 4). Virginity pledges by teenagers can be highly effective, federal study finds. *New York Times*. Available at www. nytimes. com/2001/01/04/science/04VIRG. html. Accessed January, 18, 2001.

Shadish, W. R., Jr., Cook, T. D., & Campbell, D. T. (2002). *Experimental and quasi-experimental designs for generalized causal inference*. Boston: Houghton-Mifflin.

Shadish, W. R., Jr., Cook, T. D., & Leviton, L. C. (1995). *Foundations of program evaluation: Theories of practice*. Thousand Oaks, CA: Sage.

Shaffer, J. P. (1995). Multiple hypothesis testing. *Annual Review of Psychol-*

ogy，46，561—584.

U. S. Department of Health and Human Services. （2002，December）. *SPRANS Community-Based Abstinence Education Program，Pre-Application Workshop*. Available at www. mchb. hrsa. gov/programs/adolescents/abedguidetext. htm. Accessed August 14，2003.

Willkinson，L.，and the American Psychological Association Task Force on Statisticl Inference. （1999）. Statistical methods in psychology journals：Guidelines and explanations. *American Psychologist*，54，594—604.

Willis，M. （2001）. Virginity pledges work：Pledging I won't until swearing I will is helping teens say I don't. Available at www. abcnews. com. Accessed February 17，2001.

第 13 章 受资助者的评估性思维

E·简·戴维森　迈克尔·M·豪　迈克尔·斯克里夫

评估有时候被视为一个阴险的黑洞，拿走了本该用来帮助人们的资金。还有人要问，如果将项目资金中抽出 5%到 10%用于评估，如何评价评估工作的结果呢？通常，受资助者进行评估工作的原因是资助者要求受资助者这样做。但是将评估视为不得已而为之的工作，认为这完全是他们所服务的受资助者和社区从外部强加给他们的任务的话，可能就会错失评估工作本可以提供的好处。

在这一章，我们从受资助者的角度探索一个方法，试着将评估工作从一种负担转变成一个有力工具，甚至让评估工作创造的利益超过评估所需的花费。如果受资助者建立评估性思维并将其运用到他们的项目实践中的话，我相信这会为受资助者自身带来很多好处，我们在此举 4 个例子：(1) 增加项目计划资助的可能性；(2) 一旦获得资助，提高项目成功的概率；(3) 提高我们对社会变化中“哪些工作有效”的理解；(4) 为项目支持者（工作人员、资助者、管理者以及社区）展示组织活动的价值。

在描述评估工作如何获得我们所列出的好处之前，需要先定义一下什么是我所说的“评估性思维”，我们又如何将它作为建立和支持“创造性紧张”的重要因素？这一章结尾旨在帮助基金会支持的组织以分阶段的方法，逐步在现有优势的基础上将评估工作应用到项目运营中，最小化人们对评估的忧虑，最大化受资助者的能力，为他们所服务的社区拥有更好的发展而贡献力量。

创造性紧张和评估性思维之间的联系

这一章的主题不是要“做评估”，也不是简单地检查我们是否完成了之前说过要达到的目的（这里所说的“我们”是受资助者以及我们这些从受资助者视角思考评估工作的人）。我们要探讨的题目是，应用评估性思维产生且支持一种被圣吉（Senge）称为“创造性紧张”的东西。意思是我们预期达成的目标（我们想努力使社区达到的效果）与目前表现水平（我们至今形成的影响，见图 13.1）之间有一个差距，这个差距会导致一种情绪反应，这种情绪便是创造性紧张。

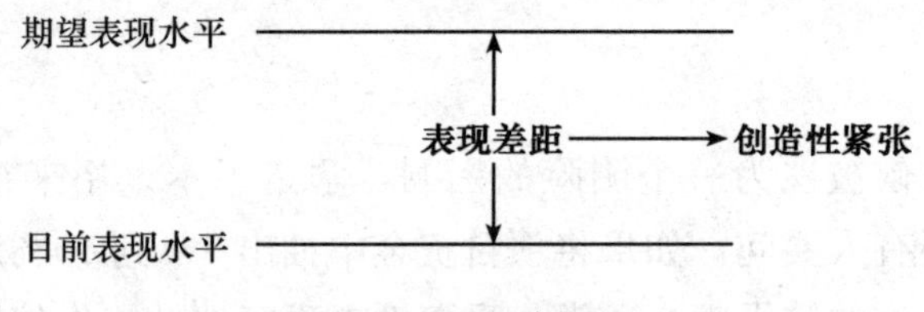

图 13.1　创造性紧张

尽管创造性紧张可能会是一个强大的进步动力，但圣吉（Senge）指出，人们出于本能，会对创造性紧张感到非常不安。为了缓解这种不安，人们通常寻找降低这种不安的方式。比如有时候我们会降低目标要求或降低项目完成水平，使其达到我们能够完成的程度。这是比较温和的方法，但却与项目发展背道而驰，因为同难以达成的目标挑战相比，降低的目标会失去很多动力。或者我们可能也可以通过高估我们目前的表现，来弥补这个差距，也就是自欺欺人地（不是通过检验了的）将我们达到目标的程度**描述**得比我们实际情况要好一些。尽管这两个掩耳盗铃的策略对于缓解我们内心的紧张很有用，但是我们必须认识到，这两个方法对我们实际工作中产生的差距没有**真实**的帮助。根据圣吉（Senge）所说，我们真正要做的是既要保持高水平的、有激励作用的目标，而且还要实事求是地认知我们目前达到的水平，然后通过促进我们工作的办法来弥补之间的差距。

那么，什么是评估性思维，评估性思维又如何帮助产生并支持创造性紧张？评估性思维是努力工作与专业知识相结合的产物，包括对表现差距的理解和知道如何测量这个差距。换一种说法，评估性思维有两个基础性组成部分：**对提高的热情**和**评估的技巧**。

“对提高的热情”这一部分是评估性思维的动力维度。正如圣吉（Senge）所说：“通过看清现实，无情地铲除我们限制自己或者欺骗自己的方式”（第 159 页）。简单一点说，这意味着我们要努力弄清楚什么是图 13.1 中所说的低水平表现。当被应用于表现差距时，这一理念大概与“评估态度”——一个由斯克里夫（Michael Scriven，1991）创造的术语，后来被确认为学习组织文化的重要因素之一——相同：“坚定地追求‘质量和表现’的真理。”（Sathe and Davidson，2000：293）

但是承认现实只是成功的一部分。为了将这种对提高的热情付诸行动，我们还需要评估性思维方式中的一些**评估技能**元素。就是有能力确认和澄清项目和计划中一些重要潜在效果、思考达到这些效果的方式、设计我们需要的工作系统并利用这个系统揭示我们需要知道的效果内容，告诉我们这些效果的水平或者其他正在产生的效果的水平。那些已经参与了项目有效性评估的人，必然了解评估工作并不是可有可无的事情。这一章的一个目标是为我们所面临的一些挑战任务，提出一些有效性策略建议和解决资源。

如果从一开始我们就将对提高的热情与评估技巧因素投入到计划与项目中来，并以这种方式建立一种评估性思维，受资助者就可以产生并保持这种能够促进成功的创造性紧张。在下一部分，我们将研究如何更好地利用以及在何处能更好地利用这些评估性思维，使之为受资助组织提供最大限度的帮助。

评估性思维对受资助者的回报

对受资助者来说，在项目设计以及管理过程的实践中纳入评估性思维有很多潜在的回报。在接下来的部分，我们探索评估性思维是如何起作用的，并且分享一些应用评估性思维为项目带来利益的策略。

制定一个振奋人心的方案

当资助者浏览他们收到的项目计划时，其中一项他们关注的内容是每一项计划如何实现社区所需要的积极影响。

受资助者如何利用评估性思维为项目建立一个振奋人心的方案，从而提高获得资助的概率呢？以下是要考虑的四个策略：

➢展示出你已经做的功课，说明你已经查阅了相关文献，寻找以往实践中有效与无效的方案。

➢获得关于这个项目本质、程度的确凿证据，说明为什么你期望解决那些社区需要，以及为了达到这些需要你希望帮助社区建立起哪些能力。

➢清楚地解释你的方案计划如何满足社区的这些需要（以什么方法、机制）。

➢阐明具体可测量的条款，用以评估达到目标的时间与方式。

展示出你已经做的工作

通常，在流行的公众舆论（或者被认定的常识）与当前研究之间有一些不协调。很多我们凭直觉认为是很好的项目方案，实际上早就已经被确认为注定不会有多大收获的项目。

有一个例子可以解释这一点。比如很多项目想通过教育提高青少年抵制毒品的能力从而降低吸毒率（比如毒品和酒精抵制教育项目或称为 D. A. R. E)。尽管有巨大的关注度，但是结果都不能证明这个方案的有效性（Brown，2001；Donaldson，Graham，and Hansen，1994；Ennett，Tobler，Ringwalt，and Flewelling，1994；Lynam 和其他人，1999；Rosenbaum and Hanson，1998)。某些基金会工作人员在某一个领域参与了很多项目，因此获得了很多经验，能够认识到哪些项目或者方法在某个领域或者人群中是有效的，哪些是无效的。如果他们能清楚地反映并构建当前的知识体系，知道哪些策略有效哪些无效，我们就可以从合理的角度来审视当前的方案与计划。

如何查询备档的那些有良好效果的案例呢？可以通过以下方式：(1) 查阅已经发表的文献（学术杂志、专业杂志以及书籍)，(2) 查阅正式或者非正式网站，获得未发表的信息（例如，专业联盟以及讨论组的讨论内容）。（3）在互联网系统中搜索。如果一个人知道查阅材料的主要资源并且了解具体步骤，同时还有评估专家快速评估材料与证据文件资源的价值和有效性的话，调查的过程会快速有效。一些受资助者或者组织很幸运，在内部就有专家指导。而其他一些人可以在有重要的基础性工作时请来一些专家作指导（例如，聘请当地专家、大学教师成员或者毕业的学生），尤其是在提案中的项目是一个创新项目，正在将组织带入一个全新的领域时，更需要这些专家的帮助。（见第 12 章关于干预项目有效性评估原则的讨论。）

收集关于社区需要和优势的有力证据

通常，社区内的迫切需要形成了提交给基金会资助计划发展的基础。对于那些撰写提案的人来说，社区的需要很明确，也很值得大家资助。在需求评估中，撰写人会报告一些数据支持这个观点。最简单的需求评估是一份编辑系统文件，体现了社区（或者是一个群体）在某种背景下工作不尽如人意的地方。然而，有几个方法可以使一份需求评估不仅仅是单纯地收集和呈现关于目前社区困境的相关数据材料来促进社区的发展（有时将这种方法称为需求评估的“缺陷模式”）。

除了收集需求不满领域的资料，仔细检查社区的优势平衡这些需要也是一个重要步骤。应该更好地利用那些能够促进社会积极变化的优势。如果不仅补充了关于社区需要的信息，还给出了关于社区优势的信息，这个申请人就会将绝望的图景变为充满希望，从而找到了能够为提案计划中的成果提供杠杆点的方法。

以下的例子还是揭示评估重要性的。在设计一项被称为“Ai Pono”（翻译过来大概是“合理饮食”）的社区营养调节计划（计划地点为夏威夷的一个岛）时，来自卡莫汉默哈学校（Kamehameha Schools）健康、强健和家庭教育部门（卡莫汉默哈学校教育推广部门的一部分）的项目工作人员认为：一些夏威夷独特文化对项目的成功设计有促进作用，能够帮助设计一项成功的营养教育计划。这些文化包括传统上对长者的尊重、愿意面对面的交流、喜欢大家一起聚餐，以及广泛的家庭关系网。项目工作人员设计的社区营养调节计划直接建立在这些好的基础上，从而制订了更为振奋人心的计划。例如，他们会请长者教育儿童如何用传统方法制作更为健康的食物，在项目结束时，还可以由儿童邀请家庭关系网中所有的成员来品尝食物，共进晚餐。对该项目的优势评估不仅显示了项目成功的巨大可能性，更表达了对社区的尊重以及对文化与资源的理解。

另外一些能够推动建设“更振奋人心的项目计划”的需求评估设计，将透过项目需要的表面挖掘对更深层原因的理解。在给出的例子中，“合理饮食”的创立者认为：导致一些夏威夷原著家庭没有足够健康饮食习惯的主要原因包括：（1）他们认为一些健康方法烹制的食物味道不好（同时也缺乏能够使其味道鲜美的相关知识）；（2）在小岛上得到能支付得起的健康食物的可能性很小；（3）缺乏关于营养和健康食物的相关知识。有了这种洞察力，他们就能够设计出针对深层原因的项目（例如，在家庭聚餐时为家庭成员解说食物营养。教给儿童一些种植技巧，并为他们提供一些在岛上可以种植的种子以及种植工具）。

这些策略能够提高需求评估的深度与广度，包含了社区的优势信息，也包含了从基金会的角度来看十分重要的深层原因。它们分配资金的标准之一就是支持那些有清楚的描述性介绍，并且通过提案中的干预活动可以满足社区重要需求的项目。毫无疑问，描述清楚、了解项目的本质和程度、了解自身希望满足的社区需求的项目会受到更多的青睐。除此之外，那些清楚自身优势，依靠自身优势获得成功的项目也同样会得到大家的支持。

真实展现项目如何满足提出的需要

一旦你确认了社区的优势和需要（以及根本原因），下一步就是应用这些信息组织“项目理论”，也就是用项目预期效果对项目机制进行描述。项目理论可以以叙述或者是图画的形式进行表达，或者也可以用一系列简单的逻辑模型进行描述（一个直观展示模型，可以表达通过什么样的机制类型，能够让项目获得某种期望效果）。我们举了一个合理膳食社区营养项目作为逻辑模型的例子，详见图 13.2。

练习构图项目理论不需要花哨的图表或者高深的理论工作。即便是简单逻辑模型的图形也会有助于阐明努力方向。你越清楚组织的根本项目理论，就能越容易地进行交叉核对，检查该项目是否能够经得起详细审查。

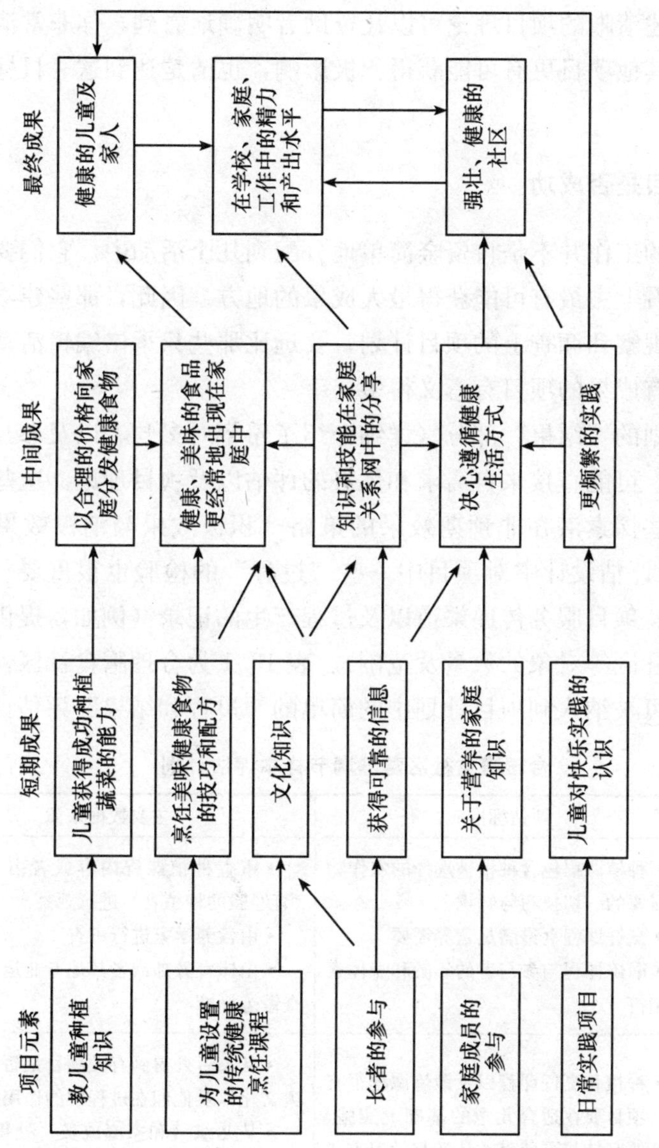

图 13.2 夏威夷营养膳食社区项目逻辑模型

这一阶段对确认项目理论中存有疑问的、需要进一步解释、发展或进行背景研究的“逻辑飞跃”很重要。这个过程经常可以带来十分有益的改进，并极大地提高项目成功率，避免资源流入薄弱项目中导致浪费。更进一步讲，一个表述清晰的项目理论可以让资助者明确地看到，你非常清楚你的项目如何比其他项目更有可能获得积极影响，也清楚达到这一目标的原因及方法。

如何感知项目是否成功

基金会的工作并不是将资金简单地分配到几个活动中。它们要负责将资金投入到看上去最有可能获得最大成果的地方。因此，那些建立在对结果进行仔细观察和调查上的项目计划，要远比那些只承诺编辑活动信息并假设马上会有成果的项目有意义得多。

评估计划的“结果”部分（详细介绍了希望对参与者以及参与者家人产生的效果）可能直接来自需求和优势的评估以及项目理论。这些资源还应该补充一些探索潜在非预期效果的策略（积极效果与消极效果都算在内）。在项目评估设计中对项目中一些“过程”的检验也很重要——项目内容的质量、项目服务传递渠道以及过程产生的记录（例如，提供服务渠道、家庭、社区等对象的数量及范围）。表 13.1 为合理膳食社区营养项目列出了一个可被纳入到项目计划中的简单的“过程和结果”评估计划。

表 13.1 合理膳食社区营养调节样本评估计划

项目方面	评估标准	主要数据来源
项目内容质量	•种植课程包含种植被选择的农作物所需要的一切技巧与知识 •烹饪课程食谱满足营养需要 •锻炼课程与参与者的年龄和身体素质相符	•审查种植课程内容或者由专业人员（有经验的种植者）进行观察 •由营养学家进行审查 •由体育教师或者其他专业运动员来审查锻炼标准
项目实施质量	•种植和烹饪课程以及锻炼课程很有趣，项目要在适合儿童的基础上实施，并且要坚持与夏威夷的认知与学习方式相一致 •有长者参与教授以及跟进过程	•从长者处得到有关项目是否符合夏威夷文化以及他们在过程中的作用的反馈 •从儿童（和家庭成员）处得到反馈，了解他们对项目的理解与从中得到的乐趣 •从家庭成员处得到反馈，了解家庭聚餐活动效果

续表

项目方面	评估标准	主要数据来源
项目产出	•服务儿童对象（数量和细节；如何选择） •服务家庭对象 •受影响的地域范围	•全体目标人群的参与情况（数量，人员分布） •最终活动（家庭会餐活动）参与者的档案记录 •服务社区（地点）
短期结果	•儿童成功种植蔬菜的能力 •儿童烹饪美味健康食物的技巧和知识（配方） •学习夏威夷传统烹饪方法的相关知识 •关于营养的家庭知识 •营养信息的可信度 •儿童学习自己喜欢的运动方式	•在手把手教育儿童种植的活动中，儿童的表现 •儿童为家庭聚餐烹饪的食物是否既营养又美味 •长者评价儿童在整个体验过程中的文化认同程度 •家庭对以下两方面的自我评估：（1）营养学知识。（2）在聚会之前（回顾实验前状态）和之后对营养重要性的理解
中期结果	•以实惠的价格供给大家庭健康食物 •在家经常提供健康美味的食物 •儿童实践活动更为规律 •知识和技能经验在夏威夷家庭关系网中广泛分享 •愿意开始健康的生活方式	•儿童“食物和锻炼日志”（以学校布置的家庭作业形式） •教师和学校工作人员对学校午餐情况的汇报（在学校不提供午餐的情况下） •与家庭成员共同进行的访谈 •追踪夏威夷家庭关系网中健康技能和知识经验的分享路径
最终结果	•健康的儿童和家庭 •在学校、家庭和工作中的精力和产出水平 •强壮、健康的社区	•儿童和家庭常规健康检查的结果 •教师对儿童在学校的学习能力与精力水平的评估 •家庭成员访谈 •社区中因为营养方面的原因而生病的比率（尤其是参加调查的家庭成员中）

请注意在图 13.2 中直接列出了结果因素，而过程因素则被列在三个基本分类下面：**内容**、**实施**和**产出**。项目内容的质量包括：项目内容在多大程度上满足了参与者的需要，以及技术上的可行性等问题。项目实施质量通常涉及诸如项目适应性水平、实施方法与学习方式的匹配程度、兴趣价值以及资源有效利用等问题。产出信息是对得到结果的数量和本质的记录，以及关于参与者和其他间接受影响对象的信息。有些时候，为评估

计划增加一些关于其他项目实施花销的评论性分析也很有用。这有助于回答“与回顾的其他项目设计相比，为什么当前的项目更有可行性且更先进”。

在表 13.1 的评估计划中，还列出了评估数据的主要来源。重要的是要确保评估工作中每一部分的数据收集工作都要为服务于项目工作人员的需要，包括那些负责收集数据的人员。一方面是因为这些与工作人员的工作内容直接相关，另一方面则是因为他们会提供据他们所知比较重要的内容。这个方面是人们最不理解，也是在评估设计和执行当中最容易被忽视的方面。而且在不允许项目工作人员参与评估设计时，如果要求工作人员在原有调查基础上再增加一层数据收集工作，但是又对他们没有任何好处的话，这意味着你的要求将被忽视或被误读。

一些受资助组织很幸运，因为他们的工作人员中包含一两个专家，因此可以将好的评估计划设计为项目方案的一部分。在缺乏这种内部专家时，发展这部分计划的一些训练和技术支持就很重要。受资助组织有几种方式达到这个目的，这取决于预算和当前的专业化水平。其中包括让一个或几个主要工作人员参加短期课程、建立评估技巧（比如去当地大学、非营利资源中心、支持中心和基金会中心，以及评估者机构）、获得关于开展评估工作技巧的指导书、充分利用良好的网络基础资源等（见文末网络资源列表）。

对于那些没时间让其工作人员接受评估技巧培训的基金会来说，另一个选择是聘请外部专家。即使找不到对正进行的项目类型有经验的评估者，很多情况下也可以将外部评估专家与内部专业人员的意见相结合。同时，要十分关注评估技术的发展，至少在内部保留一种评估性思维，将其应用到将来的工作中。

提高项目成功概率

当你的项目得到了资助时，下一个任务就是最大化项目成功的概率。评估思想可以在某些方面增加成功的概率，主要体现在：

- 清楚阐释（将人们的能力集中在）项目的真实目的
- 帮助一个新项目“找到立足点”
- 帮助成熟项目保持活力，始终满足社区不断改变的需要

清楚阐释项目目的

通过对世界最成功的组织的调查可以看出：清楚并分享项目目的是激励和督促工作人员最重要的方法之一（例如，de Geus，1997；Senge，1990；Wind and Main，1998）。对于领导——特别是那些无法通过高薪来激励员工的组织领导——来说，将日常活动与员工工作的动力相结合至关重要。他要给员工早晨从床上爬起来上班一个理由：改变世界。

“实现对**未来发展图景**的分享的技能与技巧，可以让员工真正地融入到项目中来而不是单纯地听从指挥”（Senge，1990：9）。应该帮助员工思考自己工作的目的，帮助他们思考他们要对谁产生影响、影响哪些方面、又该如何去做。之前提到过的构建项目理论图景的锻炼，可以在这方面提供很多帮助。

评估性思维（包括对提高的热情、确认项目期望目标的能力，以及达到目标的能力）对构建工作动力和明确意义以及指引正确的工作方向来说至关重要。如果完成好了这个工作，随着工作人员工作热情的高涨，项目提前成功的可能性也逐渐增大。而项目的成功又会反过来提高工作人员的认同度和热情。

帮助新项目寻找立足点

一个创新项目的执行，很少在一开始就一帆风顺，不管其目标多么美好或者工作人员的经验多么丰富。事实上，一些人认为，如果所有事情在一开始就很顺利的话，肯定是你没有全力推动项目创新。如果一个新项目在开始执行后出现一些混乱状况的话，通常意味着有一些没遇见到的情况阻碍了成功，或者需要一段时间将所有资源同步并整合。这对于一个复杂的项目来说尤其如此——项目中某一部分运转良好而另一部分却需要微调或者修改。

有些时候人们对早期结果评估有强烈的抵触情绪——他们的基本想法是：预期结果“为时过早”，并且早期的审查通常只能发现很少有损于项目的东西。这是“对可评估性的评估”（一个检验过程，用来决定项目是否“准备好”接受评估）思想背后的争论内容之一（Smith，1989；Wholey，1979）。但是很多人通过很多痛苦的经历所学到的一个教训是：

如果一个项目偏离了轨道，发现这个问题越晚，对项目的损害就越大，改正的难度也越高。最不利的反面案例是直到进入项目正式审查的环节，并且已经制定了继续资助的决定，我们才发现项目出了问题。早期纠正和改进不仅既简单又便宜，而且早期的负面反馈也较为温和，不太容易受到抵制，也就更容易带来及时有效的行动。

另一个要考虑的因素是在项目开始之后，项目执行初期的问题持续时间越长，在开展项目和获得成果之间的时滞就会越大。这会导致两个严重的不良后果。第一，项目应该在给定时间内达到效果，这不仅是为了项目能够顺利进行，而且如果拖延时间的话，在后续活动或者下一轮的扩大资助中更难证明其效果。这不仅是因为项目有效性看起来要更差，而且由于要赶进度，执行项目的花销也会更大。第二，长时间的拖延，会使项目在投入了巨大的努力后却看不到任何结果，这样会使工作人员丧失信心。如果工作人员缺乏精力与勇气的话，那么项目充分发挥自身潜力的可能性就要小很多。

不管新项目是什么，如果有问题的话，最好要尽早找出问题所在。最好的办法是设计一项高质量的早期反馈机制，这样就能清楚知道项目在哪些事项上已经就位而哪些事项仍需调整。为了能够尽早描述夏威夷合理饮食社区营养调节计划，就意味着从项目第一天开始就收集关于项目内容、设置、产出、预期中期结果等方面的数据（见表 13.1）。为了能有良好的计划，早期数据收集可以被纳入项目活动初始阶段的研究中。项目工作人员可以在项目每一部分结束时重新审查一下这部分成果，也可以邀请由长者父母组成的顾问组以及营养学家共同来参与审查工作。通过这种方式，就可以为项目的改善提供有益的方向，评估信息也可以直接纳入项目调查研究中。随着时间的推移，数据收集工作将提供持续累积的证据材料，由此可以清楚地看到项目有效性改善过程的追踪记录。

另一个例子阐释了将建立数据收集系统直接纳入项目操作中而不是对其单独处理的好处。这 10 年来，完整、全面、综合的项目开始流行开来。康特拉克斯塔卫生社会服务部门（The Contra Costa County Health and Social Services Departments）与某些学区发现，如果要评估它们的合作项目，就必须设立一个跟踪系统收集证据材料，证明合作机构的确通过与其他社会服务机构的整合改变了项目实施体系，并且为用户提供了很好的服务，而不是建立一个外部追踪系统（这将会带来大量的额外工作）。因为为了达到更高的目标，全部数据系统已被重建，而不是再建一套外部跟踪流程。系统设计建立在帮助工作人员获得更多信息的基础上，这样也会帮助他们更好地为顾客服务。

有 3 件事情在这一变化中表现了出来。第一，项目工作人员更有热情参与信息收集。第二，一线工作人员只需要参与一次信息研究。第三，所有信息都由评估所需要的数据组成。最终，对项目服务的有效追踪会使项目工作人员为客户提供更好的服务并且收集更多的背景评估数据。

为了补充正在进行的项目内容追踪（通常指的是项目监控）的反馈信息，我们可以合理使用形成性评估审查（旨在为改进现有项目而提供反馈的评估），不论是外部还是内部的评估审查，都可以在项目执行早期提供更多更好的意见，促进项目改善。如果在项目操作过程中能够建立一个良好的数据收集系统，审查团体就只需要补充一些信息，而不是从零开始收集信息。这可以有效地降低成本。

帮助成熟项目跟随社区需要的改变而改变

我们当中有很多人都知道，构建社区能力和缓解社会问题等工作在很多时候代表了一种动态的目标。即使社区的一些基础需要是固定的，其中的元素也会随着时代的变迁、人口的波动、社会经济变化等其他因素而改变，而解决方案也会随之改变。这意味着，哪怕经过了最细致的思考和执行，有着强大的过往业绩的项目，也需时刻保持警惕，保证牢牢把握时代变化的脉搏，才能使项目有效回应现实的变化。

如何能保证牢牢把握社区内对项目有影响的变化脉搏？一个有效的策略就是根据最新的社区需要来对常规性结果评估进行补充。例如，作为“夏威夷营养饮食项目”长期评估工作的一部分，可能需要对成功案例和失败案例进行深层次、开放式的调查，研究目标人群养成饮食习惯的原因和身体健康数据。在此过程中，要牢牢记住这些原因不会适用于所有社区成员。通过关注不同人群的习惯和结果的变化（例如，男士、女士、不同年龄人群、不同民族背景和教育水平的家庭成员），完全可以时时调节项目设计，并对其进行调整，为各种不同的社区服务。

甚至当社区不需要大规模改变时，“经验证明的”成熟项目通常还包含了很多种项目创新的潜在机会。可能在项目执行的过程中会发展出一种新的方法，或者可能有一些机会让项目执行得更为顺畅。在这时有 3 个选择：（1）内部改善动议；（2）外部审查；（3）比较性学习。

“合作模式”正是出于这种目的。它有趣、适用性强，并萌生了内部改进的思想（通用电气，General Electric，2004：1）：

> 这种被称为“合作模式”的过程包括确认需要改进的地方，过程中所有岗位上的人们共同合作……一起努力寻找更好的方法……团队意见可以反映给负责人，而且他必须明确做出同意还是否定的回答。那些需要进一步研究的意见，在做最后决定之前通常要经团体同意后留出一个审查时间段（通常不超过 1 个月）。

尽管首先是在私营部门应用，这个模式在非营利部门也有很大的发展潜力，因为它强调员工参与决议制定和回应性管理的价值。这种模式在每一种背景中都有一个基本理念：寻找清除项目的实行障碍的方法，让人们可以将精力集中于预定目标（即改善人们生活的目标）上。

内部改善的努力可以产生很大的效益；然而通常随着新发现变得越来越可预测，会有一段时间内部审查的收益出现递减的情况。在这个时候，通常应该纳入一些外部评审的新视野。即使你没有为这部分做预算，而资金又很紧张，仍然有“小资金”投入的一些办法。例如，试着接触其他受资助组织，尤其是那些也在类似问题中痛苦挣扎的其他社区，看一下是否可以相互合作，让他们最专业的评估人员参与你的项目评估，而你则借给他们你们最好的工作人员作为回报。

在比较性学习中（被称做私营部门的杠杆管理），你可以寻找一个合作组织或者项目并邀请他们加入，双方共同对有关过程和实践活动进行比较，这样项目双方都能学到可以促进彼此发展与改善的新方法与新思想。很可能某一个组织已经寻找到解决你正在纠结的问题的良好对策，而且比较性学习也有助于利用其他组织的集体智慧，避免重复研究。

建立关于社会改革的知识基础

基金会和非营利组织已经花了很多年去追寻有效方法来加强家庭和社区能力并改善社会环境。为了达到这个目的，基金会曾经采用了很多方法。其中有些方法以失败告终，但也有些方法显示出了光明的前景。通过整理编辑一些材料，比如“我们需要做什么工作”“为什么这样做”“我们又达到了什么效果”，我们就可以共同分享组织内部和组织间的研究经验。以下方法可以让评估工作支持这个目标：

➢给予创新项目丰富的机会去构建内部知识体系，为基金会内部未来的项目设计提供借鉴模板。

➢增加关于“有效工作”的一般知识，使得其他组织和学术圈从这个研究经验中获得启发。

给予创新项目丰富的机会去构建内部知识体系

每一种新的项目或方案就代表了一个寻找到“哪些工作内容有益”“在什么条件下有益”“对谁有益”等问题的答案的机会。如果我们能建立一个自动系统来收集对设计工作有益的信息，就有机会应用这些研究结果在下一个方案设计中做得更好。换句话说，好的评估有助于构建知识体系并支持受资助组织的工作使命。

对基金会内部来说，记录每一个项目的研究内容，最重要的好处就是它确保了整个组织的记忆的传递性。通常，当一名主要工作人员被解聘或者退休，他或她积累的有关以往哪项工作有用哪项没有用的经验将永远遗失。退一步说，即使这个人依旧在职，人类的记忆也会随着时间慢慢消退，不可能总能随时被调动起来。在那些频繁更换工作人员的组织，跟踪活动的轨迹、结果、教训可以避免新的工作人员浪费时间精力从头做起。

增加关于“有效工作”的一般知识

正如我们之前提到的，通过研究文献，在项目计划实施之前了解已经试用了哪些方法，是很重要的一个过程。但是同样重要的一项工作就是总结自身的工作经验，为构建知识体系作贡献，这样其他人（我们当前组织的继任者或者其他力图解决类似问题的人）就可以从你的经验中受益（Campbell，1969）。

在项目设计中，一项好的评估计划要能够向基金会传达该项目的潜在社会价值，证明此项目通过提供宝贵知识的形式为社会进步作出了贡献。而且撰写报告和进行评估工作可以帮助项目计划和资助组织提高传播信息的能力，这样别人也可以从他们的知识经验中获益。甚至那些失败的结果也可以给他人带来一些启示——回忆一下关于毒品和酒精抵制教育（D. A. R. E）项目信息的价值吧！为了达到这个目的，通常需要特别关注项目结果的传播方式。例如，通过网上发布报告或者宣布这些报告的存在，再或者与大学机构合作来获得更正式的公布报告的渠道。

展示组织活动的价值

非营利组织的一个新兴观点是形成性评估对受资助组织有利，终结性评估（对项目全面质量与价值的报道）对资助人有利。事实并非如此。描述全局利益的终结性评估对受资助者也有很多好处，主要体现在以下方面：

➢整理可追溯的项目成功报告的材料，并将其与主要利益相关者（而且通常是评论者）进行分享。

➢建立关于独立评审的合理信心（信心需要证明材料的支持）。

➢宣布决定，告知未来的受资助者应该对哪类项目发展与执行投入精力与时间。

建立一个可追溯的成功记录

基金会希望它们所资助的项目计划能对社会产生积极的影响，并且它们经常需要证据证明某项投资中取得了成果。这也是每个项目都要进行整理备档的主要原因。但是收集关于项目影响的信息并不只是基金会实行问责制的要求；它还能帮助组织建立项目成功轨迹记录，以便这个项目需要更多资助时，或者需要得到资助进行一些新项目时，可以将这个记录与利益相关者、工作人员，以及社区和其他资助者们共同分享，并根据这个记录共同商议。

建立关于正式评估审查的信心

评估有些时候会缺乏动力，这是因为担心收到负面的审查结果。然而，正如我们之前所说的那样，为项目或计划建立早期反馈系统通过早一些发现问题并对其进行纠正，可以增强成功概率。如果建立了早期反馈系统并使之正常运作，就可以大大降低过后正式审查中出现负面结果的可能性。

一个有力的早期成功材料证据，加上了解项目哪部分需要处理与改进，这些都可以缓解对评审的恐惧。越早进行早期评估，那么当项目成熟后，接受资助人的评估检验，决定对该项目进行的投资是否值得，你所在机构（和你的工作人员）对评审就会越有信心。当然，**评估**也可能产生负面的结果，但是这通常是发生在项目的发展阶段，大多数的问题都可以被解决。

通知有关未来项目的决定

另一方面，从受资助者的视角来看，每一个组织全心投入到改善社区服务工作的时间和精力很有限，自然应该确保项目最大限度地利用这些有限的精力与时间。尽管通过文献搜索的方法，可以获得关于社会改变有效性的相关信息与知识，但是毫无疑问，对于哪种活动值得你投资宝贵时间与才华，还是亲自考察更为有效。这不仅仅可以让你所了解的新事务融入到组织研究中，还可以在引导大家向着正确方向努力的时候帮助制订有效的策略计划。

逐步形成评估性思维

我们提供了很多方法，用于指导在基金会资助项目中形成评估性思维和进行评估实践。那么一个组织要想达到这样的目的，应该从何处着手呢？接下来主要是为那些内部缺乏评估专家但是希望开始应用评估性思维加强提案和已有项目的受资助组织提供一些建议，帮助他们建立创造性紧张和能力，从而在将来获得更大的成功。

在冒险深入到一个新领域时，有两个重要的问题要考虑：(1) 能够先进行小范围尝试；(2) 最大化工作人员的能力。出于这个原因，项目开始最好是在该组织擅长的能力范围内进行，但是不要将题目过分地概念化。如果可能的话，应该对这个项目有十足的把握，确保在经过仔细的设计和准备后，该项目一定会得到资助。

接下来列出的步骤与方法从形成评估性思维开始，这种思维的形成会在相对短期内获得明显收益。在之后的步骤中，要逐步形成内部评估能力，增强工作人员的工作动力和参与度，增加项目成功的机会。设计这个过程有助于利用创造性紧张的观念，也就是在维持社会改良的高水平、鼓舞人心的目标的同时，提高有关项目目前进展状况的信息质量。所有这些最终会帮助组织向着项目理想靠拢。

步骤1：在项目计划发展阶段发挥评估专家的作用。如果内部没有评估专家，可以让工作人员参加培训班，或者直接聘请一些专家制定所需要的项目计划发展工作的某一部分。特别要指出的是，评估技能可以加强对研究的批判性审查，加强需求和实力评估，还能加强目标设置、项目理论发展、评估设计等方面的工作。

如果很难找到恰当的人，要记得如果你已经有了具备某些专业知识的工作人员（例如某些工作人员有社区发展知识、预防青少年吸毒的知识或者失业知识），就不需要聘请在特定领域可以进行干预实验的评估专家了。可以结合两个互补来源专家的专业技能。

除了内容和评价的专业知识，还要确保你的工作团队成员具有理解项目目标人群文化的能力，也有解决目标人群问题的能力。这可能表现为有社区代表的设计团队、允许信息投入的咨询过程或是引入一些了解相似类型社区的人。

步骤2：建立评估数据的收集和管理系统。如果项目过程做到以下两点，为了开展良好的评估工作而收集大量信息所需的成本也许就不会高。这两点包括：(1) 随时收集你所需要的信息；(2) 可以与项目进程报告和项目终结性评价相结合，共同促进项目评估工作。做到这两点，可以最大限度地减少评估成本，无须从头开始。制订信息收集计划，确定哪些表格需要专业的评估专家，还要考虑培训参与数据收集的人员。一旦这样的系统被建立起来，就会节省很多普通结果报告将花费的时间。

步骤3：受资助组织的工作人员获得评估训练或者在职评估指导。在数据管理系统中最难的一部分工作是：将多方来源的数据信息整理成简明扼要的总结，以便决议执行者在需要时可以立刻应用这些信息。对评估数据的解释（包括定性和定量解释）是一门艺术而非科学，为了让工作人员具备这种能力，最好的方法（如果内部需要）是将离职训练和在职培养相结合，并利用好易为用户掌握使用的参考资料。

步骤4：在内部评估中委托专家提供意见与支持。当你的内部评估团队有机会尝试他们在培训中或者指导下所学到的专业技术时，可以开始独立开展第一次评估工作，在此过程中，他们还可以询问评估专家的意见，后者可以提供一些建议和支持，但是不亲自进行评估活动。专家可以评论最初的评估设计，在评估过程中提供建议和反馈，并且对最终评估报告提出一些意见与建议。

步骤 5：委托全面评估审查。当内部评估团队在专家建议和指导下开展过一系列评估工作，并且对自身的工作充满信心时，就应该给他们独立完成整个项目的机会，然后聘请一些专家来审查该项评估工作。这个专家可以检查最终的评估报告，补充一些额外检验方法，检查该项目的有效性，然后提供全面的评估质量反馈，并提供一些改进程序的意见。

步骤 6：委托开展完全独立评估。如果在进行了早期评估和中途校正之后，项目仍看起来非常健康，而且如果内部评估的结果经由外部评审后被认为很可信的话，那么项目就为完全独立的审查做好了准备。这时，工作人员对项目质量的信心就会高涨，并且对全面审查结果是积极结果还是消极结果（通常是评估忧虑的根源）的关注会更少一些，而是将注意力集中于对该项目将带来的新视野的理解。

第 6 个步骤描述的策略可以使受资助者逐步应用评估的方式，最大化受资助组织的能力建设。最普遍的方法是获得前端帮助，改善项目设计并且建立正规反馈系统，然后逐步建立组织自信和组织表现力，直到该组织能够利用内部和外部评估形成一个“最好的实践”组合。

结　论

正如我们在这一章所了解到的，评估性思维是一个有力的工具。受资助组织可以利用这个工具，建立和维持能够提供关注和动力的创造性紧张，而且可以设计更高效的项目，有更多获得资助的机会，从而为我们社区带来重大的改善。除了这种加强组织能力的“内部”视角，组织的外部形象建设也能带来重要的利益。

在工作操作过程中，愿意纳入评估性思维的受资助组织为基金会、工作人员和社区传递了一个很重要的信息——坚持质量。通常那些具备明确的承诺、能够在资源范围内提供最详细的执行过程记录的组织，可以吸引顶级的工作人员——这些人会备受激励，因为他们相信自身的努力会被认识并且会被赏识。正如我们之前提到的那样，受资助组织的真正实力取决于热情、奉献精神以及人们的才华。评估性思维是吸引、培养和保持这一关键资源的重要方式。

在线资料

Aspen Institute. *Measures for community research*.

http://www.aspenmeasures.org/

Callow-Heusser, C. *Digital resources for evaluators*.

http://www.resources4evaluators.info/

Canadian Centre for Philanthropy. *John Hodgson Library*.

http://www.nonprofitscan.ca/ccp_library.asp

National Science Foundation. *Online evaluation resource library*.

http://oerl.sri.com/

National Science Foundation. *User-friendly handbook for project evaluation*.

http://www.ehr.nsf.gov/EHR/RED/EVAL/handbook/handbook.htm

Shackman, G. *Resources for methods in evaluation and social research*.

http://gsociology.icap.org/methods/

South Australian Community Health Reerach Unit. *Planning and evaluation wizard*.

http://www.sachru.sa.gov.au/index.htm

The Evaluation Center, Western Michigan University. *Evaluation checklists project*.

http://evaluation.wmich.edu/checklists/

United Way of America. *Outcomes measurement resource network*.

http://national.unitedway.org/outcomes/

U. S. Department of Energy. *Knowledge transfer center*.

http://www.t2ed.com/

Voluntary Sector Evaluation Project (*Canada*).

http://datasource.vserp.ca/vserp/resources.lasso

Wilde, J., & Sockey, S. (1995). *Evaluation handbook*.

http://www.ncela.gwu.edu/miscpubs/eacwest/evalhbk.htm

参考书目

Brown，J. H.　(2001). Youth，drugs，and resilience education. *Journal of Drug Education*，31 (1)，83—122.

Campbell，D. T.　(1969). Reforms as experiments. *American Psychologist*，24，409—429.

Davidson，E. J.　(forthcoming). *The multipurpose evaluation guidebook：The nust and bolts of putting together a solid evaluation*. Thousand Oaks，CA：Sage.

de Geus，A. P. (1997). *The living company*. Boston，MA：Harvard Business School Press.

Donaldson，S. I.，Graham，J. W.，& Hansen，W. B.　(1994). Testing the generalizability of intervening mechanism theories：Understanding the effects of adolescent drug use prevention interventions. *Journal of Behavioral Medicine*，17，195—216.

Ennett，S. T.，Tobler，N. S.，Ringwalt，C. L.，Flewelling，R. L. (1994). How effective is drug abuse resistance education? A meta-analysis of Project DARE outcome evaluations. *American Journal of Public Health*，84 (9)，1394—1401.

General Electric.　(2004). *Cultural change process*. Available at www. ge. com/en/company/news/culture. htm.

Lynam，D. R. Milich，R.，Zimmerman，R. S. Novak，S. P.，Logan，T. K.，Leukefeld，C.，& Clayton，R.　(1999). Project DARE：No effects at 10-year follow-up. *Journal of Consulting and Clinical Psychology*，67 (4)，590—593.

Rosenbaum，D. P.，& Hanson，G. S.　(1998). Assessing the effects of school-based drug education：A six-year multilevel analysis of Project D. A. R. E. *Journal of Research in Crime and Delinquency*，35 (4)，381—412.

Sathe，V.，& Davidson，E. J. (2000). Toward a new conceptualization of culture change. In N. M. Ashkanasy，C. P. M. Wilderom，& M. F. Peterson (Eds). *Handbook of organizational culture and climate* (pp. 279-296). Thousand Oaks，CA：Sage.

Scriven，M.　(1991). *Evaluation thesurus* (4th ed.). Thousand Oaks，CA：Sage.

Senge，P. M. (1990). *The fifth discipline：The art and practice of the learn-*

ing organization. New York：Currency/Doubleday.

Smith，M. F. （1989）. *Evaluability assessment*：*A practical approach*. Boston：Kluwer Academic Publishers.

Wadsworth，Y. （1997）. *Everyday evaluation on the run* （2nd ed. ）. St. Leonards，NSW，Australia：Allen & Unwin.

Wholey，J. S. （1979）. *Evaluation*：*Promise and performance*. Washington，DC：The Urban Institute.

Wind，J. Y.，& Main，J. （1998）. *Driving change*：*How the best companies are preparing for the 21st century*. New York：Free Press.

第 14 章
与不同对象沟通结果①

莱斯特·W·巴克斯特　马克·T·布雷弗曼

随着对目标用户需求信息服务的关注（Joint Committee on Standards for Education Evaluation，1994），评估成为了调查的基本实践形式。这种对实践的强调十分重视评估所有参与者之间有效的沟通，包括那些研究人员和那些应用评估所提供信息的人。事实上，随着评估方法的普及与传播（Stufflebeam，2001）、人们对某项特殊评估计划中期望目标的误会，再加上人们对某个评估计划中研究假设的误解，迫使项目对准确性、平衡性以及沟通清楚性提出了前所未有的强烈要求。

这一章讲的是评估结果的沟通问题——这个问题通常被忽视了，或是其研究价值被贬低了。对结果的沟通有时被视为评估过程中的例行程序，包括起草和发布报告，过程中可能还有会议和口头演示。进一步来讲，很

---

① 我们非常感谢迈克尔·科特斯（旧金山大学）与卡罗利娜·雷耶斯（加州基金会）在这一章设计之初所贡献的概念。我们还要感谢马莎·坎贝尔、丽贝卡·科尔内霍、维克托·郭、加思·诺伊弗、爱德华·波利和特蕾西·拉特尼克对初稿进行的深入评论。莱斯特·巴克斯特在这一章的观点并不一定代表了皮尤慈善信托基金。

多评估报告都是按照一种研究报告的模板，有条不紊地介绍背景、假说、技术、结果以及推荐内容等。之所以用这种方法作为沟通的标准，是因为人们相信，在开展评估工作研究时，技术指标方面（比如项目设计的合理性、数据收集方法的稳定性以及分析数据的相关性）需要对项目过程进行全面彻底的考量。而其人力方面（比如如何沟通项目计划、最终沟通方法是什么、项目沟通过程中是否回答了人们的问题等）是很容易管理与制定的，因此不用进行过多的研究。这种想法显然是错误的，良好的沟通即不是因为简单或者例行公事，而是要将自身的应用性推广到更广阔的人群范围中（Patton，1997；Torres，Preskill，and Piontek，1996）。

我们的中心问题是，项目需要制订良好沟通计划，包括确认具体的报告对象、决定如何接触他们、决定沟通的目的、产生信息和考虑所有安排中的其他特点。我们的目标是促进沟通计划，并帮助评估者和基金会人员考虑沟通工作中相互影响的因素，最终使得评估过程更为有效。制订计划和开展结果沟通工作的任务便落在了基金会沟通工作人员、评估管理者、外部评估者或受资助者的肩上。我们的讨论内容主要是希望能够为这些人提供服务，但是我们仍然希望其他参与基金会评估工作的读者也能通过本章讨论有所收获。

这一章有 4 个主要部分：（1）描述评估研究的沟通环境；（2）对不同潜在报告对象的讨论；（3）全面审视沟通工具和方法；（4）沟通评估结果相关要素的含义。

理解沟通的环境

沟通环境建立在评估研究初期，信息交换方式与制定决议的方法决定了沟通环境的特点。这种环境可能还包括对研究目的、主要和次要报告对象、评估问题、评估方法以及相关时间表等问题的相同或不同的理解。合理的计划可以帮助评估以建设性方式发展沟通环境。

在下一部分，我们将提出 6 个问题。它们对评估和沟通计划来说都是基础性问题。对这些问题的考察能够帮助评估者理解，针对不同的报告对象，提供什么样的信息类型（什么时间执行，以哪种形式执行）是最有用的。追寻这些问题的答案可以帮助我们衡量组织设置的动态（例如，环境合议性和对抗性的程度），还可以促进预算规划——预算不同，沟通策略也会有很大的差异。如果评估研究的计划者并不清楚这些问题的答案，对结果的沟通将受到严重的阻碍，而且评估工作可能会达不到预期目的。

需要寻求什么信息

很多情况下，评估会被设计成为解决一系列评估问题的过程，这个过程也是接下来形成“信息收集活动结构”的关键指导内容。对这些问题的回答将形成后期沟通结果的基础。除此之外，在评估进行过程中寻找新问题也很重要。考虑到这些新问题的出现，要评价对评估工作进行中期调整的可行性，最好的方法是清楚地了解研究的主要用户的需求。

谁是这些信息的报告对象

确认评估的主要报告对象是沟通计划的关键目标。正如我们将要详细探讨的那样，最根本的差别是确定主要报告对象是内部评估支持组织还是外部评估支持组织。不同的报告对象对项目有不同的态度，包括支持态度、怀疑态度、逆反态度，或者是漠不关心的态度。他们可能是评估工作的长期支持者，也可能初次接触评估工作。这些报告对象越能理解评估内容，我们就越能有效地与其沟通。

他们为什么想知道

这个问题考察的是特定用户应用评估结果的目的。巴顿（Patton，1997）描述了 3 个常见的评估应用目的：（1）为了评价项目的工作，包括评价项目责任性和项目有效性的问题；（2）促进项目和组织的改进，包括帮助基金会或者受资助组织更有效地工作或者更适应环境变化；（3）为了生成通常知识，促进某一领域发展，或是让政府和其他基金会广泛应用这种知识，改善实践和社会政策。

报告对象对评估结果的兴趣，一部分取决于这些评估结果对报告对象的影响程度，另一部分则取决于他们是否可以就研究发现和建议采取一些行动。基金会人员获取受让项目进度的信息后，将会采用同受让组织不同的评估方式。此外，在评估中，一些小组会高度重视评估的客观性，另外一些小组则会重点关注展示项目的成果。

在另一些情况下，一个报告对象可能不在意评估研究，或者对其结果不感兴趣，但是演示者希望举例说明项目或评估工作的重要性。这种想法可能在项目的外部次要报告对象（比如其他资助者或者出版社）身上出现。在这种时候，这些报告对象的动力取决于演示者。不管演示者是评估者、受资助者还是基金会，都要承担起这个责任。而这时摆在他们面前一个至关重要的问题是："为什么我们需要他们了解评估研究？"

他们需要多少信息

不同的报告对象需要的信息种类不同：项目工作人员和受资助者可能需要所有关于结果的信息，理事会和执行人可能需要对重点和基本执行原则进行简要的演示，学术报告对象可能想知道研究的科学和技术方面的具体内容和方法。报告对象成员在他们自身组织或者领域中代表了信息需求的类型，这些代表的特征可以帮助我们决定介绍的内容和演示方案。当然，同时还要考虑到个人的喜好，尤其是当主要报告对象规模很小的时候（比如对董事会和董事长），更应该进行个性化的演示。

谁在进行沟通

如果基金会规模足够大，有专职进行沟通和公共事务的工作人员，那么这个群体就应该是负责沟通评估结果的主要成员。当然，评估人员通常也应该参与沟通工作，尤其是在某些重要的报告对象在场时。基金会管理评估合同的工作人员可以有效地为内部报告对象制定评估结果框架和建议。这些工作人员也是重要的内部沟通人员，他们会提供基金会在评估工作和项目计划上的观点，并告知执行人或者理事会，基金会将如何回应评估结果。而且项目工作人员也是与受资助者共享评估信息的人选。

不管是哪种情况，如果你期望这些报告对象将评估的结果与发现付诸行动，那么就一定要保证这些信息来源的可信度。如果是由受资助组织沟通自己项目的评估结果，一些报告对象就可能会怀疑，受资助组织是否愿意主动揭示负面的评估信息。同样，外部报告对象也会猜想，自己是否只了解到了评估中"好的"消息。在这种情况下，受资助组织就必须特别谨慎地提供客观的、平衡的和公开的证据材料。

沟通计划还需要考虑知识产权。例如，在评估中谁拥有和控制数据？

谁有权拥有和控制发现成果？在委托外部人员进行评估时，如果没有妥善处理这个问题的话，就会制造很多问题和麻烦。有些时候，基金会可能会希望得到拥有权和控制权；但是有些时候，这些权力会被授予评估者。决定知识产权问题最好的时间是计划的早期阶段，对评估者的最后一轮挑选之前。应该在评估合同中清楚地列出有关掌握、传播或者其他应用数据和结果的相关条款。

应该什么时候沟通评估结果

对结果的有效沟通很少只进行一次。不可能在进行了各种分析和解释、形成并确定了各种建议之后，只沟通一次就够了。相反，沟通可以被制订为阶段性的计划，确定几次沟通时间，规定与某个报告对象共享具体信息的类型。例如可以在有阶段性成果时，将其反馈给那些和评估工作有密切关系的人（比如项目管理者或受资助者）。而对于其他一些报告对象，就可以降低报告频率，或者只在项目彻底完成的时候向他们报告。对于正在研究的有关项目执行方面的信息，可能要在获得项目结果信息之前就进行沟通。

如果项目评估者发现项目没有被很好地执行，因此评估也不是按照最初计划的那样进行一系列的干预测验，最好将这个情况告知项目工作人员。如果执行问题可以被校正，从而可以继续通过正确的执行方法收集到有意义的数据的话，那么之前评估者为工作人员指出的执行过程中的问题就是至关重要的环节。然而，必须注意确保沟通反馈结果的计划、评估的目的与设计相吻合。例如，如果研究中包括封装式项目和评估，并且要优先确保结果普遍性的话，就可能有必要一直保留评估信息，直到彻底完成项目。这可以帮助其他还没有获得自我校正反馈的项目保持结果的普遍性（见 Shadish，Cook，and Campbell，2002，对一般化问题的详细探讨）。

更多时候，评估沟通是评估者和不同项目利益相关者按计划互相交换信息的过程。正如之前所探讨的，有些时候，在研究开始之后才能确认项目中创造性的新问题或创造性观点。这种创造性思维的产生，可能有一部分就是持续沟通和共享研究内容的结果。良好的沟通还可以让不同的报告对象愿意参与评估研究，并且期望了解研究最终结果。

评估报告对象和他们所需的信息

一项评估研究可能会有几个潜在报告对象，但是通常只有一两个是需要重点考虑的。了解报告对象是成功沟通的重要因素，而倾听对基金会资助的评估信息的报告对象事实上也有不同。应当首先关注最主要的报告对象，评估工作的设计、开展、传递都应该首先满足他们的需要。次要观众可能有不同的需要，评估中也同样应给予重视，尤其是在可以提前预期到他们的需要，而且资源也允许的情况下，更是应该考虑他们的意见。但是评估的应用有时不可避免地会有有限性，除非有一种方法能让主要观众更多地接触与了解到评估的主要信息。

确定主要观众是基金会内部人员还是外部人员，这是一个基础性问题，因为这两类人有不同的信息需要和目的，我们最好能够运用个性化的沟通方法与其沟通。如果主要报告对象是内部的，通常需要做的工作是告知他们有关组织决定的评估信息（例如，“我们是否还要继续投资这个方案或项目”），或者是关于改善项目和计划的评估信息（例如，“如何更好地设置项目实力”“项目在哪些方面会是薄弱环节，如何才能加强这些方面”）。某些外部报告对象可能分享这些优先权，尤其是与基金会联系很密切的那些人（例如，受资助者或者资金合作者），或者着手类似的项目。另外一些外部报告对象，尤其是那些与基金会关注领域差异很大的人，可能更重视评估工作所贡献的普遍性知识以及对这个问题的理解，而不太关心具体的决议和结论。内部管理者与外部报告对象的接触通常会受到些限制，却与内部报告对象有密切的联系，而且提出了很多可供他们选择的沟通工具，以便更好地接触与联系他们。

我们还要区分信息需求的三种类型：战略型；策略型；操作型。图14.1 揭示了评估潜在报告对象与他们的信息需要之间的关系。图中用组织的“使命”、“价值”和“目标”来描述战略型信息需求。例如，有关基金会对慈善事业的方法、目标或者资源分配等评估结果中可能涉及该组织的战略型决议。满足战略型信息需求的沟通应该具有简洁性，正如塔夫特（Tufte，1991）概括的“高精练信息”一样，其主要内容可能集中于慈善事业背景、中心评估结果、对未来或后续工作的巨大教训或者启发，以及

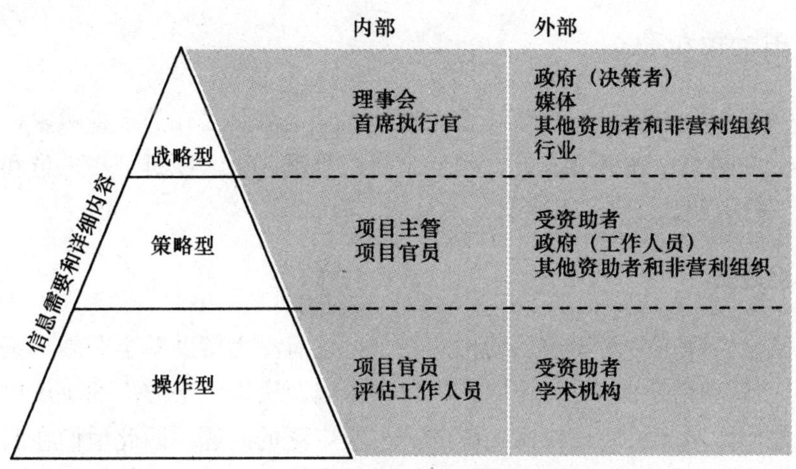

图 14.1　潜在报告对象以及他们的信息需要特点

紧迫问题等方面。

策略型信息需要由目标、慈善事业方法、好的项目领域内的具体慈善工作等方面构成。评估的结果要显示慈善活动的执行方法（或慈善工作信息的收集情况），或者针对基金会的某些具体问题（例如，未成年人饮酒问题，野生环境保护问题）提供满足基金会制定策略决议的需求的方法。在策略水平上的工作人员，比如项目指导者或管理者，会更了解评估自身的题目。策略信息需求方面的沟通工作包括定期更新评估过程，提供全评估报告，以及提供一些重要信息（比如将为高层决议制定者提供什么战略内容）。

最后，操作型信息需要来源于慈善事业和慈善收集工作所期望的活动和结果。这方面的详细内容通常是通过基金会的慈善监督或管理过程发展而来，而不是通过评估工作发展而来。然而，评估者可以提供给项目管理者和受资助者有关时间表、质量以及某些具体活动和结果的适用性等方面的独立观点。此外，评估者还可以在项目进展过程中接触到一些工作人员或者组织中的问题。操作信息的具体特点将有助于决定这些问题是否应该在评估报告中进行讨论，还是应该在附录、单独备忘录或者是简介中讨论。

内部报告对象

在基金会内部对评估结果感兴趣的人，也就是潜在的报告对象，可以具体分为四类：理事会成员、基金会执行管理人员、项目工作人员和内部评估工作人员。

理事会成员

基金会理事会对于评估的作用在于，它有潜力帮助基金会制定更好的决议，使其在使命、主要方向、项目领域以及资助水平方面的决议更为合理。他们倾向于关注组织所面临的那些最广泛的问题，因此他们在制定决议过程中，本质上是战略型的和方向设置型的角色。更进一步说，作为理事会成员，他们对基金会的责任不是全职的。理事会只是每年开几次会，而会议必须涉及基金会广泛的题目日程，包括组织管理、财政管理、人员和公共关系管理，还有关于项目领域的决议。因此，他们对基金会问题（例如，资源分配问题或者项目审批问题等）的决议过程必须有很高的效率。

理事会需要什么样的信息？在他们的责任范围内，简洁的信息对他们来说十分有益，因为这些简洁信息可以支持他们的组织角色。从评估研究中分享的信息一般包含：重要结果、提供的建议、通过检验获得的对该领域有启示的经验（例如公共健康、教育、儿童发展、环境），以及一些相关的突发问题——即设置评估时没有预想到，但在研究过程中出现在项目相关领域或大型机构中的问题。

理事会没有时间审查详细评估报告中的具体备档方法、工具和分析过程。很多情况下，要求理事会审查这个报告，实际上是浪费他们的时间。因为代表基金会得出严格的评估结论或类似的评估内容，并不符合他们的专业，也不是他们的责任。（当然，如果他们有要求的话，应该为他们提供一份全面报告。）

基金会执行管理人员

基金会执行官是组织内的高级管理人员，主要负责基金会的全面日常管理工作。我们通常给这个人的头衔是 CEO、主席、或执行指挥人员。

这个人通常是基金会理事会成员，是理事会和项目管理者之间的桥梁，保证理事会的期望会被纳入基金会开展慈善事业的方法中。高级执行官员的工作涉及组织方向设置和操作监督，但是通常并不进行直接的项目监督。执行官具有制定战略型或策略型决议的义务。从某种意义上来说，他或她必须参与理事会制定决议的过程并推动组织功能的发展。对此报告对象的评估信息应该进行特殊的整理和组织，确保这些信息将促进有效的活动和决策的制定。对理事会来说，为了有效地完成工作，基金会高管们需要的是评估研究的概要而不是详细全面的报告。这些概要还可以包含一些从备忘录或者简报中精心选择的结果、建议或者能提高基金会及项目管理的内容。在有些情况下，顶层高管可能需要对某些问题的全面评估报告，例如，对基金会特殊领域慈善战略评估的集群审议。

项目工作人员

项目指导人员与负责官员认为，监督审查资助项目和服务，是与受资助组织接触的重点任务之一。在一些基金会中，项目工作人员自己制定资助决议，而在另外一些基金会中，他们会为董事会准备资助建议。但是对所有基金会而言，他们都有责任全面了解提案和正在进行的计划，而且他们的评论和选择有着很大的影响力和说服力。他们在决议制定过程中的角色本质上主要是策略性的，因为他们的工作接近于基金会的主要功能。对评估项目有直接监督责任的工作人员，还有操作信息的需要。

项目工作人员是基金会内对评估研究详细信息很感兴趣的员工。他们经常接触评估工作的焦点和设计，有时是直接通过与受资助者的合作接触这些工作，有时则是在项目评估活动的设置中要求这些员工的参与。项目工作人员还有很多与评估人员接触的机会，尤其是在将定期摘要作为评估沟通计划的一部分的情况下，二者的联系就会更多。如果评估工作集中于受资助者项目或受资助组织的表现或结果，这个任务通常就会落在相关项目管理者身上，由他们向其他基金会内部报告对象描述这项研究或者从这项研究中得出的知识经验。通常，项目工作人员的责任是综合评估信息，并将其整理成为董事会成员能够迅速有效采取行动的报告。项目工作人员也是通知其他基金会工作人员共同分享、研究评估结果的最佳人员。因为同行与同行的研究是获得组织知识经验的最有效的方法。

我们建议基金会为理事会和高级管理人员提供简洁的综合评估研究，并在其中介绍那些个人无法获得的全面背景材料。只有获得了这些材料，理事会和高级管理人员才能了解项目研究是否应用了高水平技术。基金会也需要其他工作人员具备进行这类评价的能力，这样，在内部评估人员缺乏的情况下，项目工作人员（有些时候在专家的指导下）就能填补这个角色。相应地，项目工作人员就需要熟知基金会评估研究的各种细节。

内部评估工作人员

一些基金会内部员工中也有评估专家。这些评估专家可以在陈述初期承担很多的工作：帮助形成评估方法、设计评估计划、评价评估技术利弊，以及在评估结果沟通中起到重要的作用。他们通常建议受资助者和高级执行人员对项目的选择进行慎重的研究，最常用的策略是收集和利用信息来加强机构决策制定。评估人员在决策制定的策略型角色层面所要完成的工作是：支持组织对慈善工作者的管理，支持捐赠工作。当然，评估工作人员有时也会为基金会董事会准备并递交一些战略性报告。另外，他们在操作型角色层面上要完成的工作是：支持基金会慈善项目工作的操作性和有效性，并帮助项目工作人员在追踪慈善捐赠活动进展情况时，获得所需要的信息。

外部报告对象

在基金会外部，也有很多人对评估结果感兴趣。在本文的这一部分，我们将对这类对象进行讨论。他们包括受资助者、政府、新闻媒体、学术机构、其他资助者和非营利组织以及单个行业组织。

受资助者

受资助者和他们的资助人对项目的成功起着至关重要的作用。因此受资助者是基金会最直接并经常接触的重要外部报告对象。正如项目指导者与负责人一样，受资助者的信息需求通常都是策略型的。如果沟通过程是坦诚的、持续的、相互的话，就会很好地实现项目执行和结果的沟通。这个建议是由评估者的经验证明的。托雷斯（Torres）、普瑞斯基尔（Preskill）以及皮昂特克（Piontek）研究了美国评估联盟与预期用户的沟通结果，并报告：持续而合作的沟通形式是最成功的，其中包括正式交谈和其他一些保持密切联系的方式。基金会有很多促进沟通的工作可做，从而鼓励项目管理人员和受资助者建立良好的工作关系。

在基金会与受资助者之间关于评估结果的沟通有很多种形式：受资助者可以向项目管理者报告评估结果；基金会可以向受资助者报告所有慈善活动的计划；受资助者和基金会可以共同协作，向其他报告对象报告评估结果；或者基金会可以向受资助者报告对其项目的评估结果。在后面的建议中，如果提供了评估报告，受资助者就应该有机会对草稿进行审查和评论。受资助者同样有机会询问由基金会项目或评估工作人员做出的评估结果，也应有机会了解基金会会如何应用这些评估结果。

政府

政府官员和工作人员也可能对评估结果感兴趣，因为他们有制定政策、制订计划和制定预算的责任。政府实际上代表了广大潜在报告对象的交叉领域，包括政府代理以及地区、国家或联邦水平上的立法机构——还包括已存在的以提供信息或以其他形式协助立法机关的组织，比如，国会调查研究机构（Congressional Research Service）或者全美州议会联合会（National Conference of State Legislatures）。代理机构工作人员和立法工作人员对评估产生的结果和建议最感兴趣的人。这是一个很“广泛”的问题，他们需要对评估技术有信心。而那些负责评估研究手段的利弊的工作人员，可能共享一些基金会内部报告对象需要的策略信息，即使他们不能完全自主决定。但是在将一项研究推荐给决策人员（诸如代理执行工作、选举或任命政府官员等）之前，政府工作人员还是会希望了解研究中的重要利弊所在。与基金会理事会相同，政府决策者和顾问所需要的信息是战略型的，因为他们关注与政策发展、执行工作以及广泛监督政府操作有关的详细信息。与这些报告对象的沟通必须要简洁明了，而且要集中关注结果和评估研究的内涵，也就是对我们已知的领域、政策或项目来说，评估工作可以为其增加哪些知识经验。

新闻媒体

对基金会资助项目来说，出版社和广播媒体是次要（在有些场合是主要）报告对象。新闻媒体是一个重要的沟通渠道，可以反映公众对于推进政策改革的努力的观点与意见。此外，有些政策制定者会经常关注媒体报道的重要问题，并将其作为当前公共舆论的标记或是未来发展方向。而如果我们与媒体沟通，政策制定者也会通过媒体了解我们要提供的信息。大多数媒体所需要的是战略水平信息，他们主要关注已存在的或是刚出现问题的新意见与证据材料。对于那些专业化的媒体（比如专业新闻或贸易新闻），可能就要附加一些相关的信息与材料。

当然，与新闻媒体沟通也需要经验和专业素质。如果没有评估者、基金会和受资助者的努力，媒体很少能够撰写出有特色、能吸引公众的眼球的评估报告。如果很好地开展了评估工作，而结果经过评价后被认为对当前公共问题有很强的适应性，那么受资助者和基金会也会尝试给予其适当的曝光。对媒体的推广包括发布新闻稿，联系个人记者，确认和组织机构代言人探讨评估和评估的执行问题，以及聘请公共关系公司。这些活动对地区范围、州范围以及国家范围的沟通工作都很适合。

学术领域报告对象

在大学内的学者、研究机构、智囊团以及其他学术领域中的机构，在评估研究的传播和应用中扮演了两个重要的角色。第一，他们通常会参与社会或政治问题的争论。比如日间婴幼儿护理，各种预防艾滋病的策略，以及学校教育补助金实验地区的实验效果等一些有争议的公共话题，都可以引起激烈的争论，而研究者就站在某一立场上讨论所提出的科学适应性评价研究。研究者通过他们的评论，扮演的是守门员的角色。他们对于公众和政策制定者是否接受一项新研究起到了重大的影响。第二，学术界会紧跟评估研究的脚步，形成新的研究发展方向。通过跟进某个项目，学术界通常还会参与社会问题和政策问题的长期调查。

与学术界报告对象进行沟通需要尤为注意研究的细节。两个主要的可能沟通方法一个是学术报告，可以作为全面评估报告中的独立文档；另一个是出版同行审议的学术期刊。期刊的出版，标志着学术界对这项研究的接受（接受程度取决于期刊的类型）。但是不利的一点是，出版的周期很长，有时从提交手稿到发表需要一年时间。进一步说，很多期刊需要在出版之前对报告进行封锁，这样就会延缓传播，同时也会妨碍其他报告对象对成果的及时分享。

其他资助者和非营利组织

其他在某项方案的常规问题领域开展慈善活动的基金会或资助者可能对项目的影响很有兴趣，而且，与这些人共享结果也是该领域整体发展的重要路径之一。同样，与广大范围的非营利组织而非仅仅与受资助组织共享评估成果，还有助于发展有效的实践知识。这些沟通需要对有用信息的类型进行评估。例如，关注近期项目中的一些操作细节的评估工作，并不一定适于广泛的应用，除非是在一些特殊的条件下才能被借鉴（比如项目很新颖，评估很有启发性，或者外部兴趣高涨到足以推动传播等）。

私营行业

基金会的慈善活动可以通过改进政策、改变行业规范或者为新型产业提供资源等方式来影响私营部门的行为。因此，私营部门是评估结果的报告对象之一。事实上，如果基金会期望改变工作活动，或者当私营公司与基金会或非营利受资助者是合作关系的时候，他们也是评估结果的主要报告对象。如果是第一种情况，媒体就是与各种报告对象沟通私营部门实践或政策的良好渠道。

沟通工具与方法

一些作家描述了沟通评估结果的可行工具（Hendricks，1994；Smith，1982；Torres，Preskill，and Piontek，1996），在此我们做一个简要的回顾。一些重要的选项被列入了表 14.1 中，该表还描述了每一项工具的优势与局限，以及针对某些报告对象的一些注意事项。一些格式很适合传递技术细节方面的信息；另一些格式非常方便并利于推广，还有一些则是促进决议制定，激发人们按照报告建议采取行动的最好方法。良好的沟通计划要符合报告对象的特殊需求，可能还需要各种其他的沟通工具和方法来传达评估研究的方方面面。

表 14.1　沟通工具及其特点

工具	优势	局限性	报告对象
最终报告	• 支持分析和解释 • 在描述项目、评估重点和评估方法的时候更为全面详细 • 可以作为这项研究的历史档案	• 即使经过良好的设计与撰写，也不适合某类特定的报告对象 • 通常按照作者的需要而不是按照主要报告对象的需要制定报告 • 可能需要技术专家全程参与	• 适合那些需要了解评估研究细节的报告对象（例如项目工作人员、评估工作人员、受资助者、学术界人员）
报告摘要	• 突出了评估信息的评论重点 • 确认核心发现和建议 • 促进思考与行动 • 可以在短时间内阅读	• 对支持完整的大型终结报告提出了挑战（例如，要高度提防扭曲事实、随意删减和主观评价等问题） • 需要额外的准备时间和工作	• 对内部和外部报告对象来说，可以传递战略型信息
其他撰写格式 • 概要 • 备忘录 • 新闻稿 • 学术论文	• 可以在短时间内阅读 • 适应具体的报告对象 • 可以呈现为容易理解的材料，因为可以产生关联信息（而不是将所有的信息在评估最后才呈现）	• 如果分别呈现结果的话，很难提供项目全景	• 根据产物特征，可能适合广大范围的报告对象
演示和简述	• 在报告过程中，报告对象自发发挥主导作用，人们主动互相交流 • 使误解得以提出，并当场得到解决 • 鼓励阐述后续想法 • 鼓励报告对象互相交流探讨 • 能够根据具体问题和具体报告对象量身定做	• 演示是否成功取决于演示者的技术 • 对个别报告对象的时间规定不灵活	• 比较适合需要对结果进行简要概括的报告对象。而且能够满足要采取果断行动的报告对象的需要（受托人，管理人员） • 适合战略型内容或者适合小部分策略型和操作型信息 • 对敏感问题能有效交换意见

续表

工具	优势	局限性	报告对象
定期非正式会议	• 建立评估者和目标用户的密切关系 • 是演示否定结果的有用形式	• 对报告建议中负面结果论述的扩展可能会威胁评估者的目标	• 对保持持续的沟通关系十分有效，尤其是对基金会内部报告对象和受资助者而言
互联网资源 • 网站 • 电子沟通方式（信箱、通告、新闻通讯） • 收录的关键字	• 通常花销很低 • 可以迅速传播 • 可以普及到广泛或者少数报告对象 • 允许网站浏览者或者沟通目标选择沟通内容 • 允许沟通的持续更新以保证项目环境改变时当前信息得以更新	• 需要现场指导 • 网络传递很难确定是否已经达到效果并真正到达报告对象处 • 由于报告对象硬件格式不同，可能很难知道报告对象收到的可视效果是否与设计一致	• 网站可以提供一个非常理想的格式，让报告传达到普通或者其他报告对象。然而，为了适应由于报告对象技术模式所带来的偏差，要将这个方法与其他方法相结合 • 可以利用电子邮箱列表联络到范围广大的报告对象 • 所有工具都可用于与其他基金会、政府、媒体、学术界、商业界和受资助者进行良好的（经常性）沟通

最终报告

评估报告最普通的形式是最终计划报告。有些报告因为相关性有限，而未被阅读。其实评估应该是一份全面有效的评估研究记录，这样才不会变成毫不相关的内容。

亨德里克斯（Hendricks，1994）提供了一系列有价值的关于格式的建议，可以用于行动导向的最终报告而又满足报告对象的信息需要。他的建议包括：

- 以积极的、通俗易懂的方式撰写
- 降低对背景和方法论的强调，提高对结果和意义的强调
- 用生动画面解说
- 研究解释、研究结论和最终建议等方面要清晰明了

在设计报告格式时，评估者还应该富有创造性和灵活性。而不只是为

了符合学术研究论文的格式，评估报告应该根据主要报告对象的信息需要来设计。对于内部报告对象来说，一个有效的策略是清楚地列出评估引发的问题，以对这些问题的回答形成评估报告的主体，再详细介绍一下研究的方法、数据、研究工作的历史、背景信息以及附录中可以收集到的广泛证据材料等细节问题。我们读到过一些特别清晰明了的评估报告，其中包括一系列经过深思熟虑的观点以及传达了重要观察、结果和建议的按逻辑排列的要点，还有评估者和学者喜欢的收录在技术附录中的各种细节数据。这一类型的报告还要面临的挑战是：要清楚地将它与根本的证据联系起来，以证明这种讨论的有效性。

摘要报告

通过撰写摘要，可以有效地传递战略型信息。摘要是符合报告对象需要的一种简洁、引人入胜、有意义的报告。对内部报告对象（理事会和首席执行官）来说，摘要可以由背景（例如慈善事业的目标、主要工作流程、所用资源、重要背景因素、评估目标、主要评估负责人个人介绍以及方法论简介等）、重点发现（积极结果、消极结果和模棱两可的结果）、建议（以作者知识结构为指引）、结论（向外推广的信息）等元素构成。撰写一个既能让报告对象理解又能支持报告结论的一致性的摘要是一项挑战。但是根据我们的经验，很少有评估项目不能总结出一份 3 000 字内的报告摘要来。对外部报告对象的摘要会更经济一些，可能只需要最起码的背景细节以及合适的修改建议（对内部报告对象的建议可能要与基金会外部报告对象有所区别）。

泽尼克森（Sonnichsen，2000）曾经撰写了一份有关于内部评估摘要和准备材料价值的深刻的报告。以下是他的建议中与我们的经验有强烈共鸣的见解（改编自 Sonnichsen，2000：248～250）：

➢撰写摘要的目的是为了简洁而又有意义地传递评估工作的要点以及建议措施带来的益处。

➢为报告对象列出报告重点，强调重要的组织组成部分、个人或项目。围绕材料题目组织报告。

➢总结项目能力和影响力。将“有利因素”置前。清楚认识评估目标和问题。

➢适当的时候在摘要中用数据说话。用有代表性的、描述性的数据来揭示收集到的数据的精髓。

➢不要将客观发现与主观建议相混淆。

➢收纳一些少数人的意见以及竞争对手的数据。清晰明了并不意味着忽视复杂性和细致性。

其他撰写形式和图表展示

除了单独报告，或者偶尔的全面报告，汉德瑞克斯（Hendricks，1994）建议选择一个包含一系列问题的简报集合，每份简报可以针对某一类特殊报告对象或者覆盖一个特定的子题目。收集这类报告并将其合并在一起，就可以有效代表一个评估项目的全部范围。

当然，报告应该及时地执行。应该高度重视确保执行的时间表可以支持所需要的决议和其他行动。另一个常见建议是在报告仍是草稿阶段时就与重要用户共享报告内容。这样做有几个好处。第一，事实错误或视角错误可以被项目工作人员及时校正。他们往往是最熟悉项目细节的人。第二，在报告发展过程中吸收主要评估用户的意见可以增加他们购买和接受该报告的概率。如果评估结果是消极的或者对用户来说不受欢迎，可能对草稿的分享是一个很尴尬的过程，但即使是这种情况，最好也还是尽早沟通。这样，项目工作人员就有时间将他们的目标与评估结果相整合，而且可以更好地深入了解结果背后的情况。

报告的撰写形式中有很多其他有效沟通的方式。时事通讯、公告、情况说明书都可以包括在内，还可以应用很多其他方法。评估者可以分发一系列的备忘录来保证报告对象了解分析过程的更新状况。备忘录可以将不便于纳入摘要报告中的一些敏感的或保密的操作型信息（比如人员问题或者关于慈善管理结果的问题）传递给基金会高级执行官员或项目指导者。除此之外，报告应该尽可能地利用图表，包括图形、表格、关系图、提纲等。这些可以更清晰明了、简洁有效地提供报告信息（Henry，1995；Torres，Preskill，and Piontek，1996）。

演示和简述

除了书面沟通，还有很多形式可以进行面对面的信息传递。演示应该确保过程清晰明了、容易理解，而且要鼓励报告对象的参与。对信息演示内容的设计应该考虑到特定报告对象的意见与思想，并使用合适的术语和技术细节。要谨记是项目核心信息推动着演示设计，而不要过分依赖基本格式（见 Tufte，1991，2003，对这个问题更进一步的分析）。演示还必须允许演示者和报告对象之间或者报告对象之间进行长时间的交流。

简述是简短的口头演示，通常是对特定方面研究的沟通，并高度强调解释和潜在应用性。口头简述是传递敏感信息的有效方式。在皮尤慈善信托基金，评估者、首席执行官、项目指导者、其他项目工作人员以及基金会评估工作人员通常会召开半天会议来总结重要评估内容。作为这些会议的一部分，首席执行官会私下与评估者见面，给他们探讨在评估过程中出现的任何问题的机会。首席执行官还与项目工作人员一同参与评估者对评估结论和建议的简述过程。

定期非正式会议

一些评估者会与项目管理者或资助者组织定期会议，并通过这种形式更新他们对项目进程和结果的了解，用这个方法，可以与其他人在短时间内共享有效信息。继续参与项目评估有很多好处，包括让评估用户在非正式背景下收到信息，以鼓励他们展开评论、提出建议。定期会议也为整合奠定了基础，通过全组织的研究，将评估结果纳入项目研究方案中。

通过互联网沟通

互联网沟通可以利用网站、群发、论坛、电子邮箱等多种形式，这里仅举几例。这些选择为沟通工作提供了很多方式，而且新的方法也演进得十分迅速。电子沟通方式通常花费低廉而且方便迅速。可以很容易地修改内容，快速分配内容，还可以对大范围报告对象或者只对小范围目标用户进行信息传送。

一个基金会公共网站可以成为电子沟通的主要工具。访问者可以自愿到网站搜索内容，也可以通过相关网站的链接、电子邮箱的新内容提醒，甚至是利用主要搜索引擎提供关键字链接等方式转到其他网站。这个网站可以被设计成能够让访问者选择自己感兴趣的问题（比如医疗健康保健问题，或者儿童早期教育的问题）。如果新发布的内容是订阅者感兴趣的话题，他们可以通过电子邮箱中公布的信息获得新内容的链接。电子版本线路服务可以被发展为传递更加个性化内容（分析、解释或意见）的方式。也可以为小范围的目标用户（例如政府或非营利机构决议制定者、记者、学术专家等）提供量身定做的服务。一般来讲，报告用户范围越小，传播内容和传播工具就越有针对性。

基金会可以应用互联网演示它的评估方法，演示以往的清单或者是当前的评估项目，也可以演示综合评估过程的结论并讨论如何将评估结论与建议纳入整体工作当中。例如，在皮尤慈善信托基金，定期实验方式得到了发展。大概一年四次，信托基金会将有关于项目或评估等方面的一些材料挂在网站上面。如今，这些内容几乎与摘要信息、特殊评估以及如何将评估更广泛、完整地纳入信托基金项目设计当中等事项同等重要。

当然，电子媒体的应用同样也会给沟通带来一些挑战。例如，将全部评估报告放在公共网站上可能会带来一些问题，除非它一开始就认为公众是报告的对象。在下一部分，我们将探讨评估报告的公共传播问题，对这个问题的讨论与如何应用互联网的问题有很大的关联。

对沟通评估结果的意义的考察

正如我们描述过的，有效评估可能是一个复杂的过程。在这最后一部分，我们要考虑几个含义，主要是关于对基金会评估信息的沟通工作进行广泛讨论的几项内容。

沟通者和报告对象背景的多样性

在很多方面，对沟通的设计者来说，迎合内部沟通对象要比外部沟通对象容易一些。很明显，评估小组和内部评估对象（理事会、执行者、项目工作人员）之间的沟通渠道通常是开放性、持续性的。这个特点使得我们可以应用很多种沟通方法：可以是全面报告、电子信箱通信、定期的简述和其他形式的联系。这种随着时间推移而持续的各种各样的沟通方式支持着彼此间丰富的对话。例如，在项目结果演示几天之后，项目负责人可以联系评估者，询问一些关键问题，然后可以通过电话、邮箱或者是面对面的沟通来进行商讨。理事会成员也可以提出一些分析性问题，推动对某些数据进行进一步或是重新分析。这种模式有助于相互沟通并更正一些由于无意的误解而造成的问题，也有助于分析过程中产生的之前未预见到的问题，而且新的评估信息也会被纳入决议制定过程中。正如沃利斯和罗斯曼（Rallis and Rossman，2001）描述的那样，在评估者和预期评估用户之间公开交流，可以促使大家对很多只可意会不能言传的知识经验进行讨论，并将其发展成为共同理解的知识经验。即使是那些没有达到共识、还有反对声音的问题，至少也会对此标记清楚。

与基金会外部报告对象进行深刻的通信沟通是很难的，尽管也不是不可能。在与政府机构、新闻媒体和其他外部报告对象的沟通过程中，对话的机会很少，而且从报告对象反馈给基金会或评估者的信息更是少之又少（受资助组织比较特殊，沟通的效果取决于基金会与受资助者之间的关系）。很多沟通的终端用户对评估者来说可能是匿名的，我们所知的只是他是某本杂志的读者或者某个网站的访问者而已。如果一名报告对象提出一个需要进一步解释或者进一步数据分析的问题或视角，也许会为项目带来新的研究工作。尽管最后得出的新的信息会成为评估研究论述的一部分，但是我们可能无法将这一过程与结果展示给最初提出这个问题的人。在沟通过程中的这些局限性阻碍了评估者在与外部报告对象沟通中保证清晰性、直接性和严格性。因此，与内部报告对象相比，和外部报告对象的信息以及沟通渠道的选择都需要改变。

斯诺（Snow，2001：33）解释了这个观点。他致力于探索“与远距离读者沟通”的内在问题。为了满足项目或产品“质量”代表性和沟通性的挑战，他认为，评估者可以利用主观和客观方法。沟通的主观方法包括在评估过程中纳入评估者个人的反应，这通常是影响评价或决定的有力策略。相反，客观方法要依靠可重复的描述和评估。因为主观陈述的价值、相关性和可接受性在一定程度上取决于报告对象与沟通对象的熟悉程度，斯诺认为在评估者与报告对象关系比较远的时候，就一定要高度强调过程的客观性和可重复性。

对公众讨论的贡献

通过对评估结果进行广泛而严密的沟通，从而影响公共政策的讨论，这一过程被视为基金会评估实践潜在好处的重要方面（Council on Foundation，1993；Patton，1997）。然而这一点在基金会的沟通中还没有被充分认识到（McNelis and Bickel，1996；Patrizi and McMullan，1998）。基金会希望在计划过程中更多更积极地考虑这个方面。

对研究结果解释的变化

有限受众访问和单项沟通的特点，给参与的评估者或基金会带来了一定的损失，有时甚至是知识经验的损失。这是由于报告对象对评估信息的理解有差异。如果基金会的评估研究与公众感兴趣的问题相关，基金会人员会发现自己不能为合适的或需要的信息注入各种各样类型的意义与含义，将公众感兴趣的部分纳入研究当中，包括纳入那些偶然得到的或误解了的内容。当然，这种不可预测性是公共争论和建议的本质特点，我们建议基金会参与争论，以防评估结果出现不正确的表达形式。沟通人员应该帮助基金会，确保能够准确表述评估的主题。

评估结果的公共传播

对于如何才能最广泛地分享项目执行信息的问题，每家基金会都会采取不同的手段。随着互联网的崛起和与公众的直接沟通呈现出新的发展，这个问题又出现了新的形式。完整的未经删减的评估报告可能不适合网络传播及其他传播方式，因为其中存在很多个人隐私和潜在的敏感信息。然而，为了传播的需要，可以努力改变这种报告。而且，如果联系外部报告对象是研究的主要目的，这种网络报告的设计就是很好的方法。

基金会如果很重视评估结果的公开与共享的话，可能会将公开发表评估报告作为基本政策的一部分。这样的例子已经存在了，比如华莱士基金会（Wallace Foundation）。此外，还有一些开展评估调查的优秀组织将向公众开放评估结果作为进行评估工作的条件，比如人力示范研究公司（Manpower Demonstration Research Corporation）、公共/私人企业（Public/Private Ventures）以及兰德公司（Rand Corporation）等。这些组织和其他有经验的评估者都非常清楚，应该如何制定一个能时刻关注受资助者和资助人所关心的问题的公共评估方式。

沟通负面结论

有些评估研究没有描述一个项目或慈善活动的预期利益，这时这个评估就面临一个特殊困境。出于对基金会声誉和受资助者利益的考虑，基金会可能不愿意传播它们所得出的负面结果。然而，从促进某一领域的一般知识的角度考虑，了解没有达到评估预期的原因，包括知道失败的方法以及失败的实施过程，是非常有用的。不愿意公布结果会让这种无效方法继续存在下去，影响其他的工作。

还一个方式可以鼓励基金会公布评估结果：思考一个评估的负面结果是代表了策略的失败（项目最基本的观念原则或理论原则的失败），还是代表了执行的失败（没有按照项目计划执行）。如果有良好的实施策略，那么项目的结果通常都是有益的，不论项目被评价为成功的还是失败的。事实上，如果策略良好又得到了忠实的执行，但项目还是失败了，策略失败的信息对于推动这个领域朝一个新方向发展仍有不可磨灭的价值。因此反映这种新信息的评估结果是很值得共享的。

相反，如果一个项目没有被合理地执行，尤其是在失败的理由是项目设置有问题时，那么从这个项目中得到的教训更多地只会适用于地方。在这种情况下，传播评估的信息对公共知识的增长并没有多大益处，而且还可能对受资助组织有害，因此不应该对其进行传播（见第 12 章中对无效或者消极结果的进一步讨论。）。

结　论

我们当中的一些负责沟通评估结果的工作人员，有时候可能忘记了评估研究不会自我传播，不管这个项目经过了多么专业的设计，又多么专业地开展了评估工作。我们在这一章的总题目是为沟通结果制订计划，从而鼓励评估工作应用最好的方法，获得更大的机会去接触主要报告对象。这样我们也能明确评估研究产生的新信息的数量，同时确定评估工作所需要付出的努力和开销的程度等问题。但是这个阶段的工作（制订沟通计划）往往被忽视了。如果基金会和受资助者清楚地列出“什么、为什么、什么时候沟通”，再列出“希望与谁沟通评估工作中产生的新知识经验”等问题，对基金会评估工作的应用就会得到大幅增加。

参考书目

Council on Foundations. (1993). *Evaluation for foundations: Conepts, cases, guidelines, and resources*. San Francisco: Jossey-Bass.

Hendricks, M. (1994). Making a splash: Reporting evaluation results effectively. In J. S. Wholey, H. P. Hatry, & K. E. Newcomer (Eds.), *Handbook of practical program evaluation*. San Francisco: Jossey-Bass (pp. 549—575).

Henry, G. T. (1995). *Graphing data: Techniques for display and analysis*. Thousand Oaks, CA: Sage.

Joint Committee on Standards for Educational Evaluation. (1994). *The program evaluation standards: How to assess evaluations of educational programs* (2nd ed.). Thousand Oaks, CA: Sage.

McNelis, R. H., & Bickel, W. E. (1996). Building formal knowledge bases: Understanding evaluation use in the foundation community. *Evaluation Practice*, 17 (1), 19—41.

Patrizi, P., & McMullan, B. (1998, December). *Evaluation in foundations: The unrealized potential*. Report prepared for the W. K. Kellogg Foundation Evaluation Unit.

Patton, M. Q. (1997). *Utilization-focused evaluation: The new century text* (3rd ed.). Thousand Oaks, CA: Sage.

Rallis, S. F., & Rossman, G. B. (2001). Communication quality and qualities: The role of the evaluator as critical friend. In A. Benson, D. M. Hinn, & G. Lloyd (Eds.), *Visions of quality: How evaluators define, understand and represent program quality* (pp. 107—120). Amsterdam: JAI Press.

Shadish, W. R., Cook, T. D., & Campbell, D. T. (2002). *Experimental and quasi-experimental designs for generalized causal inference*. Boston: Houghton-Mifflin.

Smith, N. L. (Ed.). (1982). *Communication strategies in evaluation*. Beverly Hills, CA: Sage.

Snow, D. (2001). Communicating quality. In A. Benson, D. M. Hinn, & C. Lloyd (Eds.), *Visions of quality: How evaluators define, understand and represent program quality* (pp. 29—42). Amsterdam: JAI Press.

Sonnichsen，R. C. （2000）. *High impact internal evaluation*. Thousand Oaks，CA：Sage.

Stufflebeam，D. L. （2001）. *Evaluation models*. New Directions for Evaluation，no. 89. San Francisco：Jossey-Bass.

Torres，R. T.，Preskill，H. S.，& Piontek，M. E. （1996）. *Evaluation strategies for communicating and reporting*：*Enhancing learning in organizations*. Thousand Oaks，CA：Sage.

Torres，R. T.，Preskill，H. S.，& Pionted，M. E. （1997）. Communicating and reporting：Practices and concerns of internal and external evaluators. *Evaluation Practice*，18 （2）. 105—125.

Tufte，E. R. （1991）. *Envisioning information*. Cheshire，CT：Graphics Press.

Tufte，E. R. （2003）. *The cognitive style of PowerPoint*. Cheshire，CT：Graphics Press.

编者简介

马克·T·布雷弗曼（Mark T. Braverman）是加州大学戴维斯分校人类和社区发展系的1名青少年发展合作推广专家。他的专长包括设计项目评估方案和增进青少年健康。他的应用研究涵盖了加州大学在全州的多个项目。布雷弗曼曾于1994年创立了加州大学戴维斯分校的青少年发展4-H中心，并于1998年前一直担任主任一职。他还曾担任加州公关医疗服务局、联邦疾病控制和预防中心、美国癌症协会以及其他大量地方性机构的顾问。自1998至1999年，他在位于挪威奥斯陆的国立公共卫生研究院做访问学者，并在此期间从事有关青少年健康的研究和项目。

布雷弗曼是乔西-巴斯出版社（Jossey-Bass）《评估的新方向》（*New Directions for Evaluation*）系列丛书中两本的编辑或编辑之一：《评估增进健康项目》（Evaluating Health Promotion Programs，1989）和《调查研究的进步》（Advances in Survey Research，1996）。他在加州大学戴维斯分校教授应用研究、项目评估方法和青少年的健康行为等研究生课程。在获得加州大学戴维斯分校的教职之前，他是俄勒冈州波特兰市的西北地区教育实验室的1名评估专家。他从威斯康星大学麦迪逊分校获得了教育心理学的硕士和博士学位。

诺曼·A·康斯坦丁（Norman A. Constantine）是公共卫生研究所的青少年健康和发展研究中心的资深科学家和项目主管，同时担任伯克利大学公共卫生学院的流行病学讲师。他在青少年健康、家长教育和婴幼儿发展等领域的研究和评估方面有着多年经验。他目前感兴趣的领域包括政策利用、对研究证据的滥用，还有评估结果使用者验证项目有效性的探索方法。他于近期协助制定了《加利福尼亚州性健康和艾滋病毒/艾滋病预防教育综合法》（California Comprehensive Sexual Health and HIV/AIDS Prevention Education Act），并推动了这一法案的通过。他为推动这项法律而领导的宣扬用证据说话的运动获得了美国公共关系协会的指南针奖。康斯坦丁曾教过评估、统计和测量等方面的研究生课程，目前正在教一门关于公共卫生干预的研讨型课程。他是伯克利大学社区健康中心的资深方法论学者，并以此身份参与了该中心对加州 First 5 委员会（California First 5 Commission）“给新晋父母的工具箱项目”的全州性评估。他之前还曾担任加州的机构间数据合作中心主任、加州健康儿童调查的联席主任、WestEd① 的评估服务项目的创始人兼主任以及斯坦福大学婴幼儿健康和发展项目的全国性随机试验的分析主任。康斯坦丁于 1984 年获得了俄勒冈大学教育心理学的博士学位。

贾纳·凯·斯莱特（Jana Kay Slater）是公共卫生研究所青少年健康和发展研究中心的资深研究科学家。她在对低收入高危人群的健康教育和疾病预防项目的评估方面拥有超过 20 年的经验。她目前的兴趣是作为“评估教练”，在和受资助者合作的过程中，把他们由对评估焦虑不安转变为支持评估，并在当地建立起收集评估信息并利用它改进项目的能力。自 1987 至 1998 年，斯莱特在加州教育局担任研究和评估顾问。在此之前，她是西北地区教育实验室的一名评估专家。美国评估协会于 1982 年向斯莱特授予了马西娅·古滕塔格学术奖金，后又于 1997 年授予了她罗伯

① WestEd 是旧金山的一家无党派、非营利性，以任务为导向的组织，其工作重点主要放在教育上。——译者注。资料来源：Wikipedia。

特·英格尔服务奖。她在美国评估协会的领导层担任过多项职务，并做过它的理事会成员。斯莱特在加州大学戴维斯分校和加州州立大学萨克拉曼多分校教过应用研究方法的研究生课程。她还是乔西-巴斯出版社《评估的新方向》系列丛书中的《调查研究的进步》（Advances in Survey Research，1996）一书的编辑之一。斯莱特从南伊利诺伊大学获得了应用实验心理学的博士学位。

作者简介

约翰·贝尔（John Bare）是位于迈阿密的约翰和詹姆斯·奈特基金会的项目发展和评估主任。他负责对该基金会的新闻项目、创业基金和基于社区的资助项目的研究、规划和评估进行指导。贝尔于 1997 年 8 月以首名评估主管的身份加入该基金会，并在任职期间协助将评估纳入了它的宗旨。他创建了一个体系，用于跟踪奈特基金会关注的 26 个社区的生活质量指标，并帮助该基金会开发出了综合管理其各项资助的风险的方法。贝尔持有北卡罗来纳大学教堂山分校新闻和大众传媒学院的大众传媒研究博士学位，并做过一段时间的媒体研究顾问。在研究记者对他们覆盖的社区所持的态度的过程中，贝尔发展出了一种把公共新闻学作为一个信仰体系来衡量的方法。在加入奈特基金会之前，贝尔是位于华盛顿的美国研究学会教育统计服务分会的 1 名撰稿者和研究人员，同时还是北卡罗来纳州《教堂山先驱太阳报》（Chapel Hill Herald-Sun）的专栏作者。

玛丽安·E·巴斯（Marian E. Bass）在为罗伯特·伍德·约翰逊基金会做了 18 个月的顾问后，于 1998 年 1 月加入了它的员工队列。在此期间，她协助创办了资助结果报告小组，并于目前担任该小组的联席主管。她于 1990—1996 年在洛克菲勒基金会供职，并于 1992—1996 年负责领导它的中央评估小组。在此之前，她在新泽西州的社会服务部（她在那里担任评估、规划和分析办公室主任）、皮尤慈善信托基金、宾州大学附属医院和宾夕法尼亚州公共福利部都工作过。巴斯还曾经在资助者评估网络的执行委员会、特伦顿的艾尔斯股份有限公司、普林斯顿教育基金会和费城人民应急避难所担任过董事。她从宾夕法尼亚大学获得了城市和区域规划硕士学位，并于此前在布兰迪斯大学完成了本科教育。

莱斯特·W·巴克斯特（Lester W. Baxter）作为皮尤慈善信托基金的首席评估官，负责为这家全国最大的公立慈善机构之一制定评估政策并监督其执行。在这一职位上，巴克斯特负责就项目战略的设计和表现以及影响到该基金运营的有关研究和政策事项对理事会、高管层和项目人员进行指导。他曾经对该基金有关运动行为、运动资金来源的改革、气候变化、公共卫生、荒地保护和青少年选举投票等论题的项目开展过评估，并且还是《结果反馈：皮尤慈善信托基金的规划和评估》（Returning Results: Planning and Evaluation at the Pew Charitable Trusts）一书的作者之一。在于1997年加入该信托基金之前，他曾在美国橡树岭国家实验室、加州能源委员会、宾夕法尼亚大学和位于夏威夷的东西方研究中心任职。巴克斯特就有关公共政策和慈善业的话题曾单独及与别人共同发表过70多篇专业文章。他于西北大学获得了人类学的学士学位，于夏威夷大学获得了人类学的硕士学位，并于宾夕法尼亚大学获得了人口统计学硕士及公共和城市政策博士学位。

威廉·L·比里（William L. Beery）于1997年起开始在集体健康社区基金会担任副主席一职，分管该基金会的项目、评估和资助部门。他同时还在希望心脏研究所指导教育和疾病预防项目。比里在华盛顿大学的公共卫生和社区医药学院持有（助理）教授职位。在此之前，他在杜克大学医学中心和北卡罗来纳大学公共卫生学院都曾工作过。他的评估和研究重点主要放在帮助低收入高危人群改善健康、预防疾病的基于社区的项目上。比里在搬到西雅图之前，在北卡罗来纳大学的塞西尔·G. 谢普斯卫生服务研究中心负责指导关于健康促进和疾病预防的示范、评估和研究项目。他还分别为杜克的一个社区卫生教育项目和弗吉尼亚州的一家社区行动组织担任过负责人。比里还曾在西非的塞内加尔当过美国和平部队的志愿者，并在此后担任了和平部队在马来西亚和泰国的健康项目负责人。

威廉·E·比克尔（William E. Bickel）是匹兹堡大学教育学院的管理方针研究教授及学习研究和发展中心的1名资深科学家。他的研究兴趣包括评估方法学、研究评估在多种组织和政策环境下的应用，以及对教育改革政策及实施的研究。他的评估工作重心在于研究评估在教育系统中及相关组织、政策环境下如何能对实践活动产生推动作用。通过在多种改革和社区环境下为政策制定者和决策者开展评估研究，就能部分解决这一问题。他近期的工作侧重于调查研究评估在美国的私立基金会中起到的作用。比克尔目前正在负责指导与亨氏捐助基金会共同进行的一项评估，其对象为后者的区域性教育项目，重点在于“以绩效为导向的”基于学校的改革、对士兵在服役前的教育政策和实施情况，还有城镇体系中的技术扩散。他曾于1990—1997年间主持过一项匹兹堡大学和礼来基金会的机构间评估合作。在过去数年中，比克尔担任过包括罗伯特·伍德·约翰逊基金会、W. K. 凯洛格基金会和皮尤慈善信托基金在内的多家基金会的顾问，并就如何有效利用与评估相关的过程来支持组织学习向这些基金会提供咨询服务。比克尔研究的受众包括教育行业从业者和政策制定者、慈善机构的领导者和评估学界成员。

德博拉·G·邦尼特（Deborah G. Bonnet）于2001年起开始担任鲁米那教育基金会分管评估的副主席。除了为该基金会的资助活动和研究工作设计并开展评估活动之外，她还负责对该基金会进行整体评估。自1974年涉足该领域以来，邦尼特已经在包括教育、医疗卫生、社会服务、社区发展、领导力和艺术在内的多个领域开展过百余项评估研究。在加入鲁米那基金会之前，她是DBonnet联营公司这家位于印第安纳波利斯的虚拟公司的总裁，专门为私募基金会和非营利性组织提供评估服务。邦尼特还曾担任美国评估协会的理事会委员及乔西-巴斯出版社的季刊《评估的新方向（New Directions for Evaluation）》的顾问委员会委员。她在数本业内出版物上发表过多篇评估方面的论文，包括《美国评估杂志》、《教育领袖：监督和课程制定协会杂志》（Educational Leadership: Journal of the Association for Supervision and Curriculum Development）、《教育研究和发展杂志》（Journal of Research and Development in Education）以及《课程评估的应用策略》（Applied Strategies for Curriculum Evaluation）中的一章。她在美国评估协会的会议上经常发表演说。邦尼特于印第安纳大学获得了工商管理硕士学位，于弗吉尼亚理工大学获得了工业工程和运筹学硕士学位及心理学学士学位。

霍丁·卡特三世（Hodding Carter Ⅲ）于1998年2月起开始担任约翰和詹姆斯·L·奈特基金会主席兼首席执行官。他于1995—1997年间在马里兰大学新闻学院担任奈特基金会资助的新闻学奈特讲座一职。卡特于1959年在密西西比州格林维尔的家族报纸《三角洲民主时报》（*Delta Democratic Times*）开始了他的新闻职业生涯。他为《华尔街日报》做了10年的驻华盛顿专栏评论作家，并于20世纪90年代早期为联合传媒/全国编辑协会做过联合专栏作家。他还是《里根时代》（The Reagan Years，Braziller，1998）和《南部大反击》（The South Strikes Back，Doubleday，1959）两本书的作者。卡特还在PBS、ABC、CBS、BBC和CNN等多家媒体关于公共事务的多个电视节目中担任过主持人、专家小组成员、通讯员和记者等职务，其中包括《前线》（*Frontline*）和《大卫·布林克利每周栏目》（*This Week with David Brinkley*）。1985—1998年，他先是担任了一家专注于公共事务的电视制作公司MainStreet的总裁，后来又任该公司董事长。他曾获得过职业记者协会的社论写作国家大奖（1961），4次美国艾美奖和爱德华·R·默罗奖。卡特曾2次服务于总统竞选团队，1次是1964年为林登·约翰逊（Lyndon Johnson），另一次是1976年为吉米·卡特（Jimmy Carter），2次都赢得了大选。他在卡特政府担任过国务院发言人和负责公共事务的助理国务卿。卡特于1957年获得了普林斯顿大学的学士学位，并于1965—1966年在哈佛大学担任由尼曼新闻基金会资助的尼曼研究员。

罗斯·F·康纳（Ross F. Conner）是加州大学欧文分校社区健康研究中心主任及社会生态学的助理教授。康纳从西北大学获得了社会心理学和评估学的博士和硕士学位，并于约翰·霍普金斯大学获得了心理学学士学位。他的主要研究领域是评估那些有助于增进社区健康和预防疾病的项目。他最新的课题是1个由加州大学和3个社区团体合作开展的多年课题，主要关注华人和韩国人社区的创新型、充分考虑文化差异的癌症控制项目（该项目由罗伯特·伍德·约翰逊基金会、加州基金会和欧文健康基金会共同资助）。他和同事们正在合作开展一个拉美裔男性艾滋病预防项目——由加州政府、艾滋病办公室和大学艾滋病专责小组资助。康纳曾独立或与人合作撰写、编辑了9本书和多篇论文。他曾于1989年担任过美国评估协会的主席，并仍是该协会特别委员会的成员。他曾帮助过包括洛克菲勒、凯洛格、詹姆斯·欧文、北通道健康基金会、圣卢克和利瓦伊·斯特劳斯在内的多家基金会开展评估工作。他和一些基金会工作者共同在评估人员研究所教授一门名为“基金会项目官员的评估工作”的课程。他的研究有很大一部分都以多文化人群为对象。对于这类人群的关注是从他在突尼斯的美国和平部队服役时开始的。

温迪·L·康斯坦丁（Wendy L. Constantine）是一名独立评估顾问。她主要关注提高儿童和家庭福利的项目。她目前正在担任加州 First 5 委员会的给新晋父母的工具箱项目的 3 年期全州性评估研究负责人。该项目基地设在伯克利大学的社区保健中心。她在 30 年的职业生涯中对项目评估和调查研究领域的各个学科都有所涉猎，这使得她在定性和定量方法的使用上都拥有丰富的实战经验。她的研究领域包括家长教育、婴幼儿成长、家庭冲突的解决和领导力训练。她最擅长设计实验、编制问卷、多点收集数据和项目管理等方法，并偏重于纵向研究。她之前还担任过加州司法委员会的亲属法研究资助项目的策划官员，斯坦福大学婴幼儿健康和发展项目的全国性随机评估的实地行动主任，伊利诺伊大学芝加哥分校调查研究中心的实地行动负责人，以及全国民意研究中心主持的全国青少年调查的调查主任。她从位于伊利诺伊州森林湖的森林湖学院获得了社会学学士学位。

E·简·戴维森（E. Jane Davidson）是西密歇根大学评估中心的副主任，并担任该大学最近由文理学院、教育学院、工程和应用科学学院以及健康和社会服务学院共同开设的评估学博士项目主任。目前戴维森对评估的研究集中于发展评估逻辑和方法，并把它们转化为易学易懂的基础工具和实战方法。她是即将由赛奇出版社出版的《多用评估指南：出色完成评估的基本要素》（The Multipurpose Evaluation Guidebook：The Nuts and Bolts of Putting Together a Solid Evaluation）一书的作者，同时也是一种名为“组织智商测试”的用于评估机构学习能力的工具的创造者。戴维森在政府、非营利和营利机构都曾经作为内部和外部人员做过数年的顾问和培训专家，并在新西兰注册成立了戴维森咨询有限公司。她的主要专长领域为人员测评和绩效管理、组织学习以及对组织变革的评估。戴维森持有化学和心理学学士学位、工业和组织心理学硕士学位以及组织行为学博士学位。她在学习过程中尤为侧重评估方面的内容。

珍妮弗·C·格林（Jennifer C. Greene）是伊利诺伊大学厄巴纳-香槟分校的1名教育和社会项目评估专家。她于1976年从斯坦福大学获得了教育心理学博士学位。她在罗德岛大学、康奈尔大学和现在的伊利诺伊大学厄巴纳-香槟分校都拥有教职，并在研究中重点关注从理论上和实践上都使评估变得有用且富有社会责任感。格林的工作着重于开发评估和应用研究方面的非传统方法，特别是定性的、民主的和混合型方法。她的工作还在主张评估最有利于民主和公共利益的基础上，强调了它的社会政治角色和价值取向。格林的评估实践涵盖了各种各样的教育和社会项目，其中包括联邦政府的补救性和补偿性教育项目、公共政策和自然资源领导力开发、青少年发展、中学理科课程改革、艺术教育以及代际叙事。格林在美国教育研究协会和美国评估协会都居于领导地位，并于近期结束了为期两届的《评估的新方向》（乔西-巴斯出版社）联合主编的任命。

彼得·多布金·霍尔（Peter Dobkin Hall）是哈佛大学肯尼迪政府学院的非营利性组织学的豪泽讲师。他毕业于里德学院和纽约州立大学石溪分校。他的著作包括《1700—1900年美国文化的组织：私营机构、精英和美国民族的起源》（The Organization of American Culture，1700—1900：Private Institutions，Elites，and the Origins of American Nationality）（纽约大学出版社，1982）、《创造非营利部门：关于慈善业、自愿行为和非营利组织的杂文文选》（Inventing the Nonprofit Sector：Essays on Philanthropy，Voluntarism，and Nonprofit Organizations）（约翰·霍普金斯大学出版社，1992）和《生活在信任中：20世纪晚期有活力的美国家庭的机遇》（Lives in Trust：The Fortunes of Dynamic Families in Late Twentieth Century America）（Westview，1992）。他还和别人合作编辑了《神圣的公司：宗教的组织特征和组织的宗教特征》（Sacred Companies：Organizational Aspects of Religion and Religious Aspects of Organization）（牛津大学出版社，1998）和即将出版的《千禧年版美国历史统计数据》（Millennial Edition of Historical Statistics of the United States）（剑桥大学出版社）中关于非营利机构的章节。在受聘于肯尼迪政府学院之前，霍尔是耶鲁大学非营利性机构项目的主任，同时在耶鲁的历史系、管理学院、神学院以及伦理、政治和经济学项目拥有教职。霍尔目前的研究兴趣包括发展现代福利国家和制定社会福利政策、教育机构在培养领导才能和公民参与方面的作用，还有跨国机构、社区和身份的产生。

罗德尼·K·霍普森（Rodney K. Hopson）是杜肯大学教育学院基金会和领导力研究室的副教授兼说明性和定性研究中心教学人员。在他最近有关评估的著作中，广义上的评估学科、评估行业以及主要专业机构的对待关于有色人种（及学者）和传统上的欠服务社区的研究、话题和利益的方式得到了扩展。霍普森的研究强调了评估人员需要围绕评估文化、多样性和社会公平开发出新的技能、模型框架和伦理考虑。他关于毒品研究和教育改革的其他著述主要使用了人种学的定性评估技术，来提高对内城区艾滋病多发地的社会背景以及质疑宾夕法尼亚州西南部的学校教育环境时采用的“教育复原力”这一概念的理解。霍普森在数个与评估学有关的编辑顾问委员会都担任过委员，并于2000年获得了美国评估协会颁发的马西娅·古滕塔格奖。他于弗吉尼亚大学柯里教育学院获得了教育评估学博士学位。

迈克尔·M·豪（Michael M. Howe）是加州奥克兰（Oakland）东湾社区基金会的主席。该基金会通过利用自身对社区的了解和领导力，把阿拉米达县和康特拉科斯塔县的捐款人和社区的需求、机会进行了匹配。豪在多个致力于改善人民生活、增强社区能力的项目上和机构中都工作过。他是基金会联盟的创建者之一，也是全国预防暴力资助联盟、斯坦福大学的约翰·加德纳中心、青少年社区基金会同盟、巴克教育研究所和义工计划的理事会成员。他还是奥克兰儿童健康与安全倡议和东湾公共通道安全伙伴关系的创建者和理事会成员。在加入东湾社区基金会之前，豪在马林社区基金会工作。作为该基金会的资深规划和评估官员，他于1983—1998年协助建立了这家基金会并推动了它的发展。多年来，他已经在全国各地推动了多家社区基金会的创建和扩张。1968—1980年，豪创建了旧金山大学的专业进修学院，并担任院长兼社会学教授。

詹姆斯·R·尼克曼（James R. Knickman）是罗伯特·伍德·约翰逊基金会分管研究和评估的副主席。他负责对该基金会资助的全国性项目进行外部评估，并对基金会资助的研究项目进行指导。在1992年加入该基金会之前，尼克曼是纽约大学的一名教职人员。在此期间，他领导了健康研究项目，并针对一系列有关医疗服务供给的问题开展了研究工作。他是罗伯特·伍德·约翰逊大学医院董事会的副主席，还是卫生服务和卫生政策研究学会的董事会成员。他于宾夕法尼亚大学获得了公共政策分析博士学位，并于福德姆大学获得了学士学位。

马克·R·克雷默（Mark R. Kramer）是基金会战略小组的常务董事，并与迈克尔·E·波特共同创办了有效慈善事业中心。作为3家家庭基金会的理事、犹太资助者网络（一家由700家基金会加盟组成的机构）的创办者之一和前主席，以及该领域的一名作家和研究人员，克雷默在基金会行业已经拥有了超过20年的经验。他与别人合写的文章《慈善业的新议程：创造价值》（Philanthrophy's New Agenda：Creating Value）发表在《哈佛商业评论》（*Harvard Business Review*）（1999年11～12月刊）上。他还是《慈善业编年史》（The Chronicle of Philanthropy）的一名定期专栏作家以及《美国捐助者杂志》（*American Benefactor Magazine*）和《基金会新闻和评论》（*Foundation News & Commentary*）的投稿人。在过去20年中，他一直担任着一家风险投资和咨询公司——克雷默资产管理股份有限公司的董事长。克雷默于布兰迪斯大学获得了学士学位，于沃顿商学院获得了工商管理硕士学位，并于宾夕法尼亚大学法学院获得了法学博士学位。

维克托·郭（Victor Kuo）是位于加州洛斯拉图斯的大卫和露西尔·帕卡德基金会评估和学习服务部门的助理研究员。在2002年初加入帕卡德基金会之前，他从1999年开始就在另一家位于加州的大型基金会的评估办公室工作。2003年，他被选为美国评估协会非营利机构和基金会时事话题小组的联席主管。郭曾经参与过对加州和全国的削减班级规模项目的评估，并曾对州立学校拨款项目的教育政策制定以及全面性的学校改革进行过研究。他来自加州的阿纳海姆（Anaheim），并曾在当地中学给英语学习者上过生物和生命科学课。他从斯坦福大学获得了教育管理和生命科学的博士学位以及社会学硕士学位，从哥伦比亚大学获得了科学教育硕士学位，并从波莫纳学院获得了生物学学士学位。

瑞莎·拉维佐-默瑞（Risa Lavizzo-Mourey）于2003年1月成为了罗伯特·伍德·约翰逊基金会的主席兼首席执行官。她于2001年以高级副主席的身份加入了该基金会。在此之前，拉维佐-默瑞在宾夕法尼亚大学担任过多项职务，包括老龄化研究所主任以及医药和卫生保健体系的西尔万·艾斯曼（Sylvan Eisman）教授。她还在美国健康和社会服务学院卫生保健政策和研究机构担任过副行政官。拉维佐-默瑞曾做过白宫的卫生政策顾问，并服务于消费者权益保护和卫生保健行业质量总统咨询委员会。她于近期结束了在美国医学研究所的一个委员会上的任职，其最终产物为一份题为《不平等待遇：直面医疗服务中的种族和民族差异》（Unequal Treatment：Confronting Racial and Ethnic Disparities in Healthcare）的报告。作为一名罗伯特·伍德·约翰逊基金会的前临床学者，拉维佐-默瑞于哈佛大学医学院获得了医学博士学位，并在此前获得了宾夕法尼亚大学沃顿商学院的工商管理硕士学位。

劳拉·C·莱维坦（Laura C. Leviton）是罗伯特·伍德·约翰逊基金会的一名高级项目官员，她负责监督从学术奖金、奖学金到与医疗保健质量相关的项目的评估工作。在加入该基金会之前，她是阿拉巴马大学伯明翰分校的一名公共卫生教授。更早以前，她在匹兹堡大学公共卫生学院担任教职。莱维坦曾于2000年担任美国评估协会的主席，并曾与人合著《项目评估的基础》（Foundations of Program Evaluation）一书（赛奇出版社，1995），同时还在几家评估学期刊的编委会任职。为了表彰她对艾滋病预防和工作场所的健康促进工作所作出的巨大贡献，美国心理学会于1993年授予了她有利于公共利益的心理学的突出贡献奖。她曾服务于美国医学研究所的一个恐怖主义袭击预备情况的评估委员会，还曾是疾病预防控制中心的艾滋病和性病预防全国咨询委员会的成员。她于堪萨斯大学获得了社会心理学博士学位，并在西北大学接受了评估研究的博士后训练。

梅尔文·M·马克（Melvin M. Mark）是宾夕法尼亚大学的一名心理学教授，也是该校优秀教师称号的获得者。他目前是美国评估协会旗下的《美国评估杂志》的一名编辑。马克于西北大学获得了社会心理学博士学位。他的研究兴趣包括与项目及政策评估相关的理论、方法、实践和职业。他的著作涉及的话题包括利益相关者在评估中的角色、系统值查询、混合型方法以及准实验设计。他曾参与过很多领域的评估活动，包括潜危青少年的预防项目、联邦人事政策、小型制造企业的技术支持方案和高等教育等。他已经写下了80多篇论文和书的章节，其中最近的一本是与加里·亨利（Gary Henry）、乔治·朱尔尼斯（George Julnes）合著的《评估：一个集理解、指导和改进政策及项目于一体的框架》（Evaluation：An Integrated Framework for Understanding，Guiding，and Improving Policies and Programs）（乔西-巴斯出版社，2000）。他还与伊恩·肖（Ian Shaw）、珍妮弗·格林（Jennifer Greene）共同编辑了即将出版的《评估手册》（Handbook of Evaluation）一书。他以前的著述还包括《评估研究评论年鉴》（Evaluation Studies Review Annual）的第三卷（赛奇出版社，1978）、《社会科学和社会政策》（Social Science and Social Policy）（赛奇出版社，1985）、《项目评估的多种方法》（Multiple Methods in Program Evaluation）（乔西-巴斯出版社，1987）以及《现实主义评估：一种新兴的支持实践的理论》（Realist Evaluation：An Emerging Theory in Support of Practice）（乔西-巴斯出版社，1998）。

马里·S·梅尔顿（Marli S. Melton）于1987—2003年一直担任蒙特利县社区基金会的项目副主席。在她于1991—2001年担任副主任期间，该基金会的资产从600万美元增长到了7 000万美元。梅尔顿为该基金会引入了评估项目，担任过综合性一体化数据管理系统的安装负责人，监督过捐助者的咨询服务和一些特殊项目，并监管每年约500万美元的艺术、教育、健康、环境、社区和社会服务等方面的项目捐助。作为副主席，她每年要负责管理3个反应型的资助周期，此外还要监督管理街区捐款项目（Neighborhood Grants，是一个正在进行中的双语项目，其内容包括领导力开发）、管理层支持和组织发展项目以及一个促进东萨利纳斯青少年的教育和就业发展的新方案。梅尔顿曾经教过非营利机构管理、资助申请书写作、经济学、社会科学和数学等科目的大学课程。她出生并生长于华盛顿州的西雅图市，从斯坦福大学获得了偏重于跨学科的社会思想和制度建设的经济学学士学位，后来又从耶鲁大学获得了经济学硕士学位。作为查特韦尔学校（Chartwell School）的发展总监，梅尔顿目前正在协助建设位于原加州福特奥德（Fort Ord）军事基地的新校园，并在设计中强调了健康卫生和可持续性，以提高那些患有语言障碍的学生的表现。

里卡多·A·米利特（Ricardo A. Millett）是总部位于芝加哥的伍兹基金会的主席。该基金会主要关注减少贫困、消除影响机会平等的障碍以及增加弱势群体和社区享受市民生活的机会。在加入伍兹基金会之前，米利特在位于密歇根州巴特尔克里克（Battle Creek）的W.K.凯洛格基金会担任评估主管。他于布兰迪斯大学赫勒学院获得了社会政策规划和研究的博士学位，并在此前从布兰迪斯大学获得了研究方向为社会政策的社会福利学硕士学位和经济学学士学位。米利特与伍兹基金共同致力于帮助那些历来被排除在民主过程之外的人，增进公平和社会正义。自从离开大学以后，米利特一直致力于向被剥夺公民权的人提供更多机会，并帮助这个社会学会听取少数群体的意见、提高他们的参与度。

帕特里夏·帕特利兹（Patricia Patrizi）作为帕特利兹联合公司的创始人，在评估和组织学习领域与众多非营利组织和慈善机构有着合作关系。目前她在担任一个名为《实践很重要：改进中的慈善事业》（Practice Matters：The Improving Philanthropy Project）的旨在考察、改进基金会活动和策略的系列研究的编辑兼首席研究员。这项工作获得了罗伯特·伍德·约翰逊基金会、尤因·马里恩·考夫曼基金会、约翰和詹姆斯·奈特基金会以及大卫和露西尔·帕卡德基金会的资助。她还是“评估圆桌会议”的主席——这是一个由美国最大的一些基金会的评估和项目主管组成的、致力于改进整个慈善业的评估实践的团体。她近期的工作还包括：（1）为 W. K. 凯洛格基金会、洛克菲勒基金会、恩达·麦康奈尔·克拉克基金会和威廉·佩恩基金会设计评估、问责和组织学习系统。（2）对“一起来”——一个预防和治疗药物滥用的全国性资源项目——和“全美社区反毒品联盟”进行评估。这两项评估工作都是由罗伯特·伍德·约翰逊基金会资助的。（3）为 W. K. 凯洛格基金会进行一项针对基金会的评估和组织学习实践的研究。在此之前，她曾在皮尤慈善信托基金担任过 8 年的评估主管。在那里，她负责对健康和社会服务、教育、环境、宗教、文化和公共政策等领域的 150 多项评估进行设计和监督。帕特利兹在布林茅尔学院和宾夕法尼亚大学都获得过学位。

迈克尔·奎因·巴顿（Michael Quinn Patton）是一名独立的组织发展和项目评价顾问。他曾担任过美国评估协会的主席，并著有《注重应用价值的评估》（Utilization-Focused Evaluation）（第三版，赛奇出版社，1997）、《定性研究和评估方法》（Qualitative Research and Evaluation Methods）（第二版，赛奇出版社，2002）和《大峡谷庆典：父子的发现之旅》（Grand Canyon Celebration：A Father-Son Journey of Discovery）（Prometheus，1999），其中最后一本书进入了 1999 年明尼苏达州年度书

籍（Minnesota Book of the Year）创新型非小说组的最终一轮评选。为了表彰他“对评估学应用和实践的卓越贡献”，评估研究协会授予他米达尔奖。美国评估协会也为他颁发了拉扎斯菲尔德奖，以表彰他“对评估理论作出的终身贡献”。他在联合学院和大学的研究生部担任教师，这是一个非传统、跨学科、不住校并为每名学生量身定制的博士生项目。他在明尼苏达大学做过 18 年（1973—1991 年）的教职工作，其中有 5 年担任明尼苏达州社会研究中心主任。他还因出色的教学工作获得了明尼苏达大学的莫尔斯-阿莫科奖。此外，他还协助对明尼苏达州的“关注结果的领导力实验室”进行了项目设计和参与者培训。该项目已对 600 多名来自非营利组织、政府和慈善机构的管理人员进行了以结果为导向的领导力培训。

爱德华·波利（Edward Pauly）是华莱士基金会的评估主管。在该基金会通过自身项目获取实践知识的努力中，他起到了主导作用。华莱士基金会的评估工作目标是获得能为主要机构和政策制定者广泛应用的极具价值的发现。波利已经为该基金会开展了多个有关教育、青少年发展、成人识字率以及艺术和文化的公众参与的重大评估项目。在此之前，他是人力示范研究公司的第一位教育研究协调员。他的著述主要有《教室里的严酷考验：什么是真正有用的，什么是没用的，为什么》（The Classroom Crucible：What Really Works，What Doesn't and Why）（基础读物出版社，Basic Books，1991）、《本土课程：将学校和工作联系起来的创新项目》（Homegrown Lessons：Innovative Programs Linking School and Work）（乔西-巴斯出版社，1995）以及同朱迪思·M·格罗恩（Judith M. Gueron）合著的《从福利到工作》（From Welfare to Work）（拉塞尔·赛奇基金会，Russell Sage Foundation，1991）。波利于耶鲁大学获得了政治学博士学位。

黛布拉·J·罗格（Debra J. Rog）是范德比尔特大学公共政策研究中心的高级研究员，同时还担任心理健康政策研究中心华盛顿办事处主任。罗格于范德比尔特大学获得了社会心理学博士学位，并于肯特州立大学获得了社会心理学硕士学位，于美国国际学院获得了学士学位。她在项目评估和应用研究领域有着 20 多年的经验，并已为慈善界和政府的捐资者开展了大量评价和研究项目。罗格写过大量关于评估方法、住房、无家可归者、贫困、心理健康以及项目和政策制定的著作，她也是《应用社会研究方法系列》（Applied Social Research Methods Series）（赛奇出版社）和《应用社会研究方法手册》（Handbook of Applied Social Research Methods）（赛奇出版社，2004）的编者之一。她曾担任美国评估协会的理事会成员，还是美国心理学会、美国心理科学协会和美国公共卫生协会的会员。她的评估工作得到了国家心理健康研究所、美国评估协会、东部评估研究协会和知识运用协会的认可。

迈克尔·斯克里夫（Michael Scriven） 拥有墨尔本大学的数学学位和数学逻辑哲学学位，并从牛津大学获得了哲学博士学位。他在美国、澳大利亚和新西兰都曾做过全职工作，就职院系包括数学系、哲学系、心理学系、科学史和科学哲学系以及教育学系，其中有12年时间是在加州大学伯克利分校、位于帕洛阿尔托的行为科学高等研究中心，或是作为哈佛大学的怀特黑德研究员就职。他还在阿尔伯塔大学的理论心理学高等研究中心、位于普林斯顿的美国教育考试服务中心、位于圣塔芭芭拉的民主制度研究中心、澳大利亚社会科学院和美国国家科学基金会担任过短期或名誉职务。他发表过的330篇文章的主题主要涵盖了他的职务领域以及批判性思维、技术研究、计算机研究、精神病学和评估学领域。他曾在这10个研究领域的43份期刊担任编委会委员，并曾做过《评估新闻和大学微新闻》（Evaluation News and University MicroNews）的编辑。他是美国教育研究协会和美国评估协会的前主席，现在是奥克兰大学的评估学教授和克莱蒙研究大学的心理学教授。